Margret Taube

Grammatik und Wortschatz für kaufmännische Berufe

Eine Übungsgrammatik für Deutsch als Fremdsprache

Dieses Buch wurde hergestellt mit 100 % Ökostrom aus ökologischer Erzeugung, welcher durch den TÜV Nord und das ok-Power-Label zertifiziert ist.

Es ist gedruckt auf zertifiziertem Papier aus nachhaltigen und verantwortungsvollen Quellen.

Verlagsredaktion: Albrecht Klemm
Layout und Satz: Diana Liebers

1. Auflage 2023

Printed in Germany
ISBN: 978-3-96915-050-4

Wachsmuthstr. 10a
D-04229 Leipzig
produkt@schubert-verlag.de

Übersicht zu den Sprachhandlungen

Grammatik und Wortschatz für kaufmännische Berufe ist eine Übungsgrammatik für fortgeschrittene Deutschlernende auf Sprachniveau B2, die ihre berufsbezogenen Sprachkenntnisse vertiefen und ausbauen möchten. Sie kann sowohl als Zusatzmaterial im Sprachkurs als auch für das Selbststudium verwendet werden.

Grammatik und Wortschatz für kaufmännische Berufe erklärt die wichtigsten Grammatikthemen auf fortgeschrittenem Lernniveau und bietet eine Vielzahl an Übungen zu grammatischen Strukturen und fachspezifischem Wortschatz.

Der Anhang enthält Übersichten zu unregelmäßigen Verben, Nomen-Verb-Verbindungen und Präpositionalergänzungen. Außerdem finden Sie hier gängige Abkürzungen, eine Wortschatzübersicht für kaufmännische Berufe sowie den Lösungsteil.

Viel Erfolg wünscht

Margret Taube

Teil I

Nomen, Artikel, Pronomen, Adjektive, Adverbien

1 Das Nomen

1.1 Das Genus

Das Genus der deutschen Nomen ist für Lernende eine dauernde Quelle der Unsicherheit. Am besten lernt man das Wort mit dem Artikel zusammen, um sich das Genus über den Klang einzuprägen.

Einige Regeln aber gibt es, die das Lernen erleichtern.

Zu den **maskulinen** Nomen gehören

- die Wochentage, Monate, Jahreszeiten und Tageszeiten (außer *die Nacht*) — *der Montag, der Februar, der Frühling* (aber: *das Frühjahr*), *der Mittag*
- die meisten Getränke — *der Saft, der Wein, der Kaffee, der Tee* (aber: *die Milch, das Wasser, die Limonade*)
- männliche Personen und Berufsbezeichnungen — *der Mann, der Chemiker*
- alle Nomen auf *-and, -eur, -ist, -smus, -or, -ling* — *der Doktorand, der Ingenieur, der Prokurist, der Kapitalismus, der Sarkasmus, der Motor, der Neuling* (aber: *das Recycling*)
- viele Nomen auf *-ant, -ent, -er* — *der Praktikant* (aber: *das Deodorant*), *der Student* (aber: *das Prozent*), *der Drucker* (aber: *das Wetter*)

Zu den **femininen** Nomen gehören

- weibliche Personen und Berufsbezeichnungen — *die Frau, die Chemikerin*
- alle Nomen auf *-ade, -age, -anz, -ei, -enz, -ie [iə], -ik, -in, -ine, -ive, -ion, -heit, -keit, -schaft, -tät, -ung, -ur* — *die Fassade, die Etage, die Arroganz, die Datei, die Intelligenz, die Folie, die Kritik, die Assistentin, die Maschine, die Initiative, die Produktion, die Freiheit, die Höflichkeit, die Gesellschaft, die Qualität, die Zeitung, die Kultur*
- viele Nomen auf *-ie [i:], -e* — *die Diplomatie* (aber: *das Genie*), *die Minute* (aber: *der Kunde*)

Zu den **neutralen** Nomen gehören

- Diminutive — *das Mädchen, das Büchlein*
- alle Nomen aus Verbinfinitiven — *das Lernen, das Warten, das Telefonieren*
- alle Nomen auf *-um, -o* — *das Datum, das Konto*
- viele Nomen auf *-in [i:n], -ing, -ma, -ment, -nis* — *das Benzin* (aber: *der Termin*), *das Meeting* (aber: *der Pudding*), *das Dogma* (aber: *die Firma*), *das Dokument* (aber: *der Zement*), *das Zeugnis* (aber: *die Erlaubnis*)

Übung 1 **Der, die oder das?** • Ordnen Sie die Nomen zu!

Verzeichnis • Genehmigung • Gewerkschaft • Thema • Nikotin • Herbst • Stunde • Bürokratie • Leben • Garage • Bilanz • Brauerei • Ärztin • Konsequenz • Materie • Konstruktion • Menschheit • Neutralität • Fabrikant • Sauberkeit • Natur • Eistee • Mittwoch • Politik • Monitor • Setzling • Chauffeur • Sozialist • Feminismus • Legislative • Hefter • Rädchen • Tischlein • Demonstrant • Maximum • Assistent

Übung 2 **In der Firma** • Setzen Sie die Artikel ein!

die Fabrik
.... Abteilung
.... Büro
.... Computer
.... Datei
.... Dokument
.... Seite
.... Bearbeiten
.... Korrektur
.... Monitor
.... Tastatur
.... Schublade
.... Drucker

.... Hefter
.... Heftklammer
.... Locher
.... Schere
.... Ordner
.... Brief
.... Porto
.... Adresse
.... Empfänger
.... Datum
.... Meeting
.... Konferenz
.... Besprechung

.... Diskussion
.... Abstimmung
.... Präsentation
.... Beamer
.... Grafik
.... Frage
.... Belegschaft
.... Zeugnis
.... Geschäftsleitung
.... Marketing
.... Werbung
.... Produktion
.... Ware

.... Erzeugnis
.... Quantität
.... Kilo
.... Tonne
.... Verpackung
.... Recycling
.... Kaffeemaschine
.... Tasse
.... Becher
.... Pause
.... Kantine
.... Essen
.... Gesundheit

Übung 3 **Welches Nomen passt nicht?** • Streichen Sie und ergänzen Sie den richtigen Artikel!

➲ *der* Drucker, Hefter, Bauer, ~~Wetter~~ *das Wetter*
1. *die* Pizza, Firma, Komma, Kamera ....
2. *das* Benzin, Termin, Nikotin, Koffein ....
3. *der* Prokurist, Spezialist, Lieferfrist, Egoist ....
4. *die* Experte, Härte, Freude, Güte ....
5. *das* Zeugnis, Ereignis, Erlebnis, Erlaubnis ....

1.2 Die Deklination

Singular

	maskulin		**feminin**		**neutral**	
Nominativ	der/ein	Termin	die/eine	Ware	das/ein	Produkt
Akkusativ	den/einen	Termin	die/eine	Ware	das/ein	Produkt
Dativ	dem/einem	Termin	der/einer	Ware	dem/einem	Produkt
Genitiv	des/eines	Termins	der/einer	Ware	des/eines	Produkts

Nominativ *Ein Termin* ist noch frei. *Die Ware* verkauft sich gut. *Das Produkt* steht im Schaufenster.
Akkusativ Ich vereinbare *einen Termin*. Du bestellst *die Ware*. Er entwickelt *das Produkt*.
Dativ Sie fuhr zu *dem Termin*. Hitze schadet *der Ware*. *Dem Produkt* fehlt noch der Preis.
Genitiv Trotz *des Termins* musste sie warten. Die Qualität *der Ware* wird geprüft.
Wir reduzieren den Preis *des Produkts*.

Plural

Nominativ	die	Termine, Waren, Produkte
Akkusativ	die	Termine, Waren, Produkte
Dativ	den	Terminen, Waren, Produkten
Genitiv	der	Termine, Waren, Produkte (von Terminen, von Waren, von Produkten*)

Nominativ *Die Termine* sind noch frei. *Die Waren* verkaufen sich gut.
Produkte werden laufend entwickelt.
Akkusativ Ich notiere *die Termine*. Wir benötigen dringend *Waren*. Wer stellt *die Produkte* her?
Dativ Zwischen *den Terminen* ist noch Zeit. Wir legen *den Waren* Prospekte bei.
Produkten dieser Firma vertrauen die Kunden.
Genitiv Wegen *der Termine* ist sie heute nicht im Haus.
Die Herkunft *der Waren* steht auf der Verpackung.
Der Verkauf *von Produkten* ist Aufgabe des Vertriebs.*

▸ *Der Genitiv Plural mit unbestimmtem Artikel wird mit **von + Dativ** ausgedrückt.

Im **Nominativ** stehen das Subjekt und die Nominativergänzung, z. B. nach den Verben ***sein*** und ***werden***
➲ *Die Bewerberin* (Subjekt) ist *Journalistin* (Nominativergänzung). (Berufsbezeichnungen haben generell keinen Artikel.)

Im **Akkusativ** stehen

1. das direkte Objekt
   ➲ Ich kaufe *den Computer*.
2. das präpositionale Objekt nach Präpositionen, die den Akkusativ verlangen
   ➲ Der Computer ist *für den Betrieb*.
3. die Ortsangabe auf die Frage ***Wohin?*** (außer bei ***zu*** und ***nach***)
   ➲ Sie geht *in die Firma*.
4. die Zeitangabe ohne Präposition auf die Frage ***Wann?***
   ➲ Wir liefern *nächste Woche*.

Im **Dativ** stehen

1. das indirekte Objekt
   ➲ Wer kann *mir* Auskunft geben?
2. das präpositionale Objekt nach Präpositionen, die den Dativ verlangen
   ➲ Wir reisen *mit der Bahn*.
3. die Ortsangabe auf die Fragen ***Woher?*** und ***Wo?***
   ➲ Das Obst kommt *aus der EU*. Der Brief steckt *im Umschlag*.
4. die Zeitangabe mit Präposition auf die Frage ***Wann?***
   ➲ Wir liefern *in der nächsten Woche*.

Im **Genitiv** stehen

1. die besitzanzeigenden Objekte, die auf die Frage *Wessen?* antworten
   ➲ Die Produkte *dieser Firma* sind hochwertig.
2. die Nomen nach einer Präposition, die den Genitiv verlangt
   ➲ *Wegen des Unwetters* verspätet sich die Lieferung.

Übung 4 Nominativergänzungen • Bilden Sie Sätze!

➲ die Firma • sein • ein neues Unternehmen
Die Firma ist ein neues Unternehmen.

1. die Auszubildende • werden • Mechatronikerin
   ....
2. der Betrieb • sein • ein Ausbildungsbetrieb
   ....
3. das Geschäft • bleiben • ein Familienunternehmen
   ....
4. der Bewerber • werden • unser neuer Mitarbeiter
   ....

Übung 5 Akkusativergänzungen • Ergänzen Sie im Akkusativ!

➲ Der Azubi fragt ***den*** Chef. (*der*)

1. Die Mitarbeiterin liest .... Brief. (*der*)
2. Der Assistent notiert .... Nachricht. (*die*)
3. Wir haben heute Montag, ... ersten April. (*der*)
4. Sie stellt .... Bücher in .... Regal. (*das, Pl.; das*)
5. Übung macht .... Meister. (*der*)

Übung 6 Dativergänzungen • Ergänzen Sie im Dativ!

➲ Der Assistent gibt ***der*** Chefin die Nachricht. (*die*)

1. Die Verkäuferin zeigt .... Käufer das Produkt. (*der*)
2. Die Bewerberin verhandelt das Gehalt mit .... Arbeitgeber. (*der*)
3. Der interessanteste Artikel steht auf .... ersten Seite. (*die*)
4. Das Produkt entspricht .... Vorstellungen des Kunden. (*die, Pl.*)
5. Die IHK* bietet .... Existenzgründerin eine Beratung. (*die*)
6. In .... Dokument fehlen die Seitenzahlen. (*das*)

*IHK: die Industrie- und Handelskammer

Übung 7 Genitivergänzungen • Ergänzen Sie im Genitiv!

➲ Die Qualität ***des*** Produkts ist einwandfrei. (*das*)

1. Der Repräsentant .... Unternehmens verschiebt seinen Kundentermin. (*das*)
2. Die Produkte .... Marke sind hochwertig. (*die*)
3. Die Öffnungszeiten .... Geschäfts werden verlängert. (*das*)
4. Die Kunden kaufen das Produkt trotz .... hohen Preises. (*der*)
5. Die Versandabteilung .... Firma sucht neue Mitarbeiter. (*die*)
6. Aufgrund .... Feiertage haben wir geschlossen. (*der, Pl.*)

Übung 8 Nominativ, Akkusativ, Dativ oder Genitiv? • Ergänzen Sie!

das • dem • den (*2x*) • ~~der~~ • der • des (*3x*) • die (*3x*)

1. Dies ist ***der*** Ausbildungsbetrieb .... Azubis.
2. Nach .... Präsentation gibt es Zeit für Fragen.
3. Statt .... Tablets kaufte sie .... Handy.
4. .... Stelle wird .... Bewerber angeboten.
5. .... Frage .... Käufers wird an .... Kundendienst weitergeleitet.
6. .... Firma bietet .... Stammkund/innen Rabatt.

1.2.1 Die *n*-Deklination

Einige maskuline Nomen bilden im Singular alle Fälle außer den Nominativ mit *-(e)n*. Deshalb können sie leicht mit dem Plural verwechselt werden.

	Singular		Plural
Nominativ	der Assistent	Der Assistent bucht den Flug.	die Assistent**en**
Akkusativ	den Assistent**en**	Der Chef fragt den Assistent**en**.	die Assistent**en**
Dativ	dem Assistent**en**	Der Chef antwortet dem Assistent**en**.	den Assistent**en**
Genitiv	des Assistent**en**	Der Name des Assistent**en** fällt mir nicht ein.	der Assistent**en**

Die *n*-Deklination wird angewendet:

- bei allen maskulinen Nomen mit den Endungen
  -ant *der Lieferant, der Demonstrant, der Praktikant ...*
  -at *der Demokrat, der Bürokrat, der Technokrat ...*
  -ent *der Produzent, der Student, der Assistent ...*
  -ist *der Journalist, der Spezialist, der Kapitalist ...*
  -e *der Experte, der Kollege, der Kunde, der Deutsche, der Franzose*
  der Name, der Buchstabe, der Gedanke ...
  ➲ Der Prokurist bittet *den Praktikanten*, *dem Kunden* Bescheid zu sagen.
- bei vielen Berufsbezeichnungen aus dem Griechischen
  der Fotograf, der Architekt, der Philosoph ...
- bei den Nomen
  der Herr, der Rebell, der Bauer, der Nachbar, der Mensch
  ➲ Bitte geben Sie *Herrn* Huber Bescheid.
- **Achtung:** *der Name, der Gedanke, der Friede, der Buchstabe* und **das** *Herz* bilden den Genitiv Singular zusätzlich mit *-s*.
  ➲ Den ersten *Buchstaben* Ihres *Namens* kann ich nicht lesen.
  auch: *die Namensgebung, die Friedensverhandlung, die Herzensbildung ...*

Übung 9 **Die *n*-Deklination** • Bilden Sie Sätze!

➲ der Lieferant • beraten • der Kunde *Der Lieferant berät den Kunden.*

1. der Journalist • fragen • der Experte ....
2. der Assistent • helfen • der Kollege ....
3. der Student • widersprechen • der Dozent ....
4. wer • kennen • der Name • der Praktikant? ....
5. sie (Pl.) • notieren • der Gedanke • der Philosoph ....
6. der Spezialist • antworten • der Journalist ....
7. der Laie • vertrauen • der Spezialist ....
8. der Kunde • reklamieren • der Automat ....
9. wir • schicken • der Kunde • ein neuer Automat ....
10. der Experte • beraten • der Laie ....
11. du • sprechen mit • der Kunde? ....
12. der Chef • interviewen • der Kandidat ....
13. ich • bestellen bei • der Lieferant ....
14. die Kollegin • telefonieren mit • Herr Huber ....

Übung 10 **Gespräch am Empfang** • Wo fehlt ein *-n* oder *-en*? Ergänzen Sie!

A: Guten Tag, ich habe einen Termin mit Herr.... Scheuber. Ist er zu sprechen?

B: Guten Tag. Sagen Sie mir bitte Ihren Name....?

A: Natürlich. Hällig ist mein Name..... Mein Assistent.... hatte Sie angerufen, um den Termin zu bestätigen.

B: Stimmt, Herr.... Hällig. Nehmen Sie doch einen Moment Platz. Herr.... Scheuber ist noch im Gespräch mit einem Kandidat..... Sie wissen, wir suchen einen weiteren Repräsentant..... Er ist dann sofort bei Ihnen. Außerdem hat man Ihren Kollege......, den Franzose...... Herr...... Bernaux, gebeten, an der Sitzung.... teilzunehmen. Sie kennen Herr.... Bernaux doch, oder?

A: Ja, er ist ebenfalls Spezialist.... auf dem Gebiet. Aber hatten Sie mich als Experte.... nicht um Verschwiegenheit gebeten? Ein Umweltproblem ist doch eine vertrauliche Sache.

B: Aber wie kommen Sie auf den Gedanke....? Wir haben zu der Sitzung auch unseren Lieferant...., einen Biologe...., unseren Produzent...., einen Journalist.... und seinen Pressefotograf.... eingeladen.

A: Und mir sagt man, ich solle mit keinem Mensch.... über das Thema reden?

B: Herr Hällig, was für ein Missverständnis! Umweltschutz ist uns eine Herz.... angelegenheit!

1.3 Das Fugen-*s*

Im Deutschen gibt es Wörter, die aus zwei oder mehr Wörtern zusammengesetzt sind. Diese nennt man Komposita. Häufig steht zwischen zusammengesetzten Wörtern ein -s-.
➲ *die Beratungsgebühr, leistungsfähig*

- Das sogenannte Fugen-s steht nach Wörtern mit den Endungen:

-är	*der Aktionärsanteil*	*-schaft*	*das Gemeinschaftsgefühl*
-heit	*der Freiheitsgedanke*	*-tät*	*der Qualitätsanspruch*
-keit	*die Höflichkeitsfloskel*	*-tum*	*die Eigentumswohnung*
-ion	*das Diskussionsergebnis*	*-ung*	*die Meinungsumfrage*
-ling	*die Frühlingssaison*		

- nach substantivierten Infinitiven
  ➲ *das Leben, das Wissen, das Lesen, das Vorgehen* → *der Lebensstandard, der Wissensvorsprung ...*
- häufig nach kurzen Nomen, oft mit Ge- am Anfang
  ➲ *der Gebrauch, das Geschäft ...* → *die Gebrauchsanweisung, die Geschäftszeiten ...*
- nach dem Nomen ***die Arbeit*** (außer *Arbeitgeber, Arbeitnehmer*)
  ➲ *der Arbeitsplatz, der Arbeitslohn, der Arbeitsaufwand ...*
- **Achtung**: Bei Komposita ist das letzte Nomen ausschlaggebend für den Artikel.
  ➲ *die Arbeit* + ***der Platz*** = ***der** Arbeits**platz***
  der Gebrauch + ***die Anweisung*** = ***die** Gebrauchs**anweisung***
  die Produktion + ***das Gut*** = ***das** Produktions**gut***

Übung 11 **Das Fugen-*s*** • In welche Lücken gehört ein **-*s*-**? Ergänzen Sie!

Unsere AGB

1. Unsere Verkauf...- und Lieferbedingungen sind Bestand...teil unserer Allgemeinen Geschäft...-bedingungen.
2. Die Lieferung ist nur nach vorheriger Bonität...-prüfung möglich.
3. Dabei bleibt unser Eigentum...vorbehalt bis zum Zahlung...eingang gültig.
4. Bei eventuellen Qualität... mängeln sichern wir umgehende Ersatz...lieferungen zu.

Existenzgründer/innen aufgepasst

5. Existenz...gründer/innen brauchen einen Geschäft...plan, um einen Kredit zu bekommen. In der Anfang...phase ist der Plan auch als Orientierung...hilfe nützlich.
6. Häufig ist der anfängliche Arbeit...aufwand mit keiner sofortigen Gewinn...aussicht verbunden. Zuerst ist eine genaue Markt...analyse wichtig.
7. Auch die passende Recht...form ist zu wählen.
8. Überlegen Sie, ob Ihre Geschäft...idee wirklich eine gute Investition...möglichkeit ist.
9. Bedenken Sie außerdem, ob Sie Haftung...begrenzungen möchten und ob Sie das Unternehmen allein oder mit Geschäft...partnern führen wollen.
10. Welche Ziel...gruppe möchten Sie ansprechen?
11. Wie hoch ist der Qualität...anspruch?
12. Wer soll die Öffentlichkeit...arbeit machen?
13. Welche Vorgehen...weise ist im Verlust...fall geplant?
14. Bei einem gut durchdachten Geschäft...plan sind die Erfolg...chancen deutlich höher als bei Geschäften ohne Wachstum...prognose.
15. Wir wünschen Ihnen ein starkes Durchhalte...vermögen, viel Durchsetzung...kraft, große Geduld...reserven, finanzstarke Geld...geber und ein erfolgreiches Geschäft...modell.

Vermischtes

16. Firmen suchen vor allem lösung...orientierte und kommunikation...starke Mitarbeiter/innen.
17. Bei der Gehalt...erhöhung wurden gleichzeitig die Urlaub...tage auf 30 erhöht und die Anwesenheit...pflicht in der Firma durch eine Homeoffice-Regelung ersetzt.
18. Beim Mittag...essen in der Unternehmen...kantine berichtete der Mitarbeiter aus dem Reklamation...management heute wieder von einer unerwarteten Situation...komik. „So etwas reduziert den hohen Leistung...druck," lachte seine Abteilung...leiterin.
19. Das Dienstleistung...handwerk ist ein wachsender Wirtschaft...zweig.
20. Die Arbeit...zeiten sind dem Arbeit...vertrag zu entnehmen.
21. Die Tarif...verhandlungen zwischen Gewerk...-schaften und Arbeit...gebern brachten kleine Fortschritte für die Arbeit...nehmer.
22. Die Präsentation...dauer beträgt eine Stunde. Danach gibt es Information...material und Gelegenheit für Wissen...durstige, Fragen zu stellen.

2 Artikelwörter

2.1 Überblick

Singular

Artikelwort		bestimmt	unbestimmt	negativ	possessiv	Nomen
Nominativ	m	der	ein	kein	mein	Termin
	f	die	eine	keine	meine	Präsentation
	n	das	ein	kein	mein	Buch
Akkusativ	m	den	einen	keinen	meinen	Termin
	f	die	eine	keine	meine	Präsentation
	n	das	ein	kein	mein	Buch
Dativ	m	dem	einem	keinem	meinem	Termin
	f	der	einer	keiner	meiner	Präsentation
	n	dem	einem	keinem	meinem	Buch
Genitiv	m	des	eines	keines	meines	Termins
	f	der	einer	keiner	meiner	Präsentation
	n	des	eines	keines	meines	Buches

Plural

Artikelwort	bestimmt	unbestimmt	negativ	possessiv	Nomen
Nominativ	die	---	keine	meine	Termine, Präsentationen, Bücher
Akkusativ	die	---	keine	meine	Termine, Präsentationen, Bücher
Dativ	den	---	keinen	meinen	Terminen, Präsentationen, Büchern
Genitiv	der	---	keiner	meiner	Termine, Präsentationen, Bücher

ein, eine, ein

Der **unbestimmte Artikel** benennt Neues, Unbekanntes, Unbestimmtes oder Allgemeines. Im Plural fällt der Artikel weg.

➲ Ist das dort *ein* E-Auto?
Am Empfang steht *ein* Besucher.
Schon wieder *eine* Mail?
Ø Ratenzahlungen erleichtern den Kauf von teuren Waren.

der, die, das

Der **bestimmte Artikel** bezeichnet schon Benanntes, Bekanntes, Spezielles.

➲ Ja, *das* E-Auto gehört mir.
Der Besucher wartet auf den Chef.
Die Mail ist von der Personalabteilung.
Die Ratenzahlungen für den Lieferwagen sind sehr hoch.

kein, keine, kein

Der **Negativartikel** verneint Neues, Unbekanntes oder Allgemeines.

➲ Nein, das ist *kein* E-Auto.
Das ist *kein* Besucher, das ist ein Kurier.
Haben wir von Frau Krüger noch *keine* Mail erhalten?
Alles bezahlt! Nun brauchen wir *keine* Raten mehr zu bezahlen.

mein, meine, mein

Der **Possessivartikel** drückt die Zugehörigkeit einer Sache oder Person aus.

➲ Ja, das ist *mein* E-Auto.
Der Besucher wartet auf den Chef. Das ist *sein* Besucher.
Doch, *ihre* Mail habe ich gerade ausgedruckt.
Das war die letzte Rate für *unseren* Lieferwagen.

2.2 Possessivartikel

Personalpronomen	Personalpronomen im Dativ	Possessivartikel
ich	Das Handy gehört mir.	→ Das ist ***mein*** Handy.
du	Das Handy gehört dir.	→ Das ist ***dein*** Handy.
er	Das Handy gehört ihm.	→ Das ist ***sein*** Handy.
sie	Das Handy gehört ihr.	→ Das ist ***ihr*** Handy.
es	Das Handy gehört ihm.	→ Das ist ***sein*** Handy.
wir	das Handy gehört uns.	→ Das ist ***unser*** Handy.
ihr	Das Handy gehört euch.	→ Das ist ***euer*** Handy.
sie/Sie	Das Handy gehört ihnen/Ihnen.	→ Das ist ***ihr/Ihr*** Handy.

Übung 1 **Künstliche Intelligenz (KI)** • Ergänzen Sie die passenden Artikelwörter! Bedenken Sie, dass in einigen Fällen kein Artikel steht.

einen • eine *(2x)* • ein *(5x)* • den • der • die *(4x)* • das • unserem *(2x)* • meine • Ihre • ihre • Ihrer • keine *(4x)* • keinen • kein *(2x)* • ohne Artikel *(4x)*

A Und nun zu .... wissenschaftlichen Kurzinterview. Wir begrüßen am Bildschirm Frau Chang vom Globalen KI-Forschungsinstitut. Guten Tag, Frau Chang. Gleich .... erste Frage: Ist .... Zukunft ohne KI überhaupt noch denkbar?

B Zuerst einmal guten Tag und vielen Dank für .... Einladung, Herr Neudorf. Und nun zu .... Frage: Nein, ... Zukunft ohne KI ist nicht denkbar, denn KI ist ja längst in .... Leben fest integriert.

A Aber allein in der Arbeitswelt ist KI doch umstritten. .... Einwand zum Beispiel ist, dass KI .... Menschen (Sg.) am Arbeitsplatz überflüssig macht.

B .... Einwände gibt es gegen jede Innovation. Aber .... Einwand ist natürlich berechtigt. Denn ohne KI gibt es .... Roboter. Und .... Roboter ersetzen natürlich viele Arbeitskräfte. Allerdings …

A Wenn ich Sie unterbrechen darf: Was veranlasst .... Arbeitgeber (Sg.) dazu, ... Roboter statt .... Menschen einzusetzen?

B Ganz einfach: .... Roboter braucht .... Gehalt, ... Urlaub und .... Pausen und er wird nicht krank.

A Aber er muss vielleicht repariert werden. Wenn nun aber die Menschen .... Arbeit verlieren, können sie .... Produkte, die der Roboter produziert, nicht mehr kaufen, weil sie .... Geld haben. Das ist doch nicht nur .... menschliches, sondern auch .... ökonomisches Problem.

B .... Problem sehen wir natürlich auch. Aber .... Erfahrung lehrt uns, dass jede Innovation sowohl .... Arbeitsplätze zerstört als auch .... neue Arbeitsplätze schafft.

A Wir müssen uns also .... Sorgen machen? Ich brauche .... Angst zu haben, dass mich bald .... Chatbot ersetzt?

B *(lacht)* Nein, ... Sorge müssen Sie sich wirklich nicht machen! Zumindest nicht gleich heute.

2.3 Nullartikel

Der Nullartikel kann im Singular bei unzählbaren Nomen (*Wasser, Luft, Erfolg*), Überbegriffen (*Gemüse, Besteck, Werkzeug*), Materialien (*Holz, Metall, Glas*), Namen (*Herr/Frau Xaver*), Nationalitäten und Berufsbezeichnungen stehen. Im Plural ist er mit dem unbestimmten Artikel identisch.

➲ Vegetarier essen nur Ø Gemüse und vielleicht noch Ø Käse, also Ø tierisches Protein, aber kein Fleisch. Veganer essen nur Ø pflanzliches Eiweiß.

Übung 2 Kantinengespräche • Artikel oder nicht?

1. Sie isst wirklich nur .... Gemüse. Und .... Gemüse, das sie isst, muss bio sein.
2. Er behandelt seinen Kollegen wie .... Luft. Das heißt, er ignoriert ihn völlig. Findest du .... Luft hier nicht wieder stickig?
3. Und was macht .... Frau Walinski beruflich? – Sie ist .... Ingenieurin. – Ist sie .... Deutsche? – Nein, sie ist .... Polin und supernett.
4. Wir haben mit unserem Sortiment wirklich .... großen Erfolg. Wenn Sie mich fragen, haben wir uns .... Erfolg aber auch verdient.
5. Möchten Sie .... Tee oder .... Kaffee? – .... Tee bitte, mit .... Milch.
6. Heute gibt's wieder .... Spaghetti mit .... Tomatensauce oder .... Eintopf. Ich nehme auf jeden Fall .... Spaghetti.

Übung 3 Artikelmix: Ein Meeting vorbereiten • Ergänzen Sie die verschiedenen Artikelwörter!

A Und morgen ist noch .... Meeting!

B Ach ja, mit der Firma Fahling & Co. Um 10.00 Uhr, nicht wahr?

A Ja, aber nur, weil um 9.00 Uhr .... Konferenzraum frei war. Wir brauchen übrigens noch .... Beamer für .... Meeting. Ich konnte in der Eile noch .... Beamer finden.

B Warum nehmen wir nicht .... Beamer aus .... Büromaterialschrank? .... Beamer ist dort immer in Reserve.

A Gute Idee. Ach ja, und Herr Sonderson hat mich gebeten, ... Laptop zu organisieren, weil er .... Laptop zur Reparatur gegeben hat.

B Ich kann ihm .... Laptop leihen. Ich benutze ja sowieso fast nur den Desktop. Ich weiß nicht, wozu die Firma uns allen Laptops gegeben hat. .... Laptop steht hier nur rum.

A Sag das bloß nicht zu laut. Sonst sammeln sie .... Laptops wieder ein.
Also gut. Beamer, Laptop sind abgehakt. Ach, brauchen wir noch .... Getränke?

B Natürlich. .... Mineralwasser steht schon in der Küche. Und .... Kaffee können wir morgen früh in den Konferenzraum stellen. Wie ist es mit .... Snacks?

A Frau Nokk von .... Kantine bereitet wieder .... Schnittchen vor.

B Super. Von .... Schnittchen sind alle immer begeistert. Das wär's, oder?

A Ach, ... Notizblöcke brauchen ja wir auch. Und .... Stifte.

B Gut. Natürlich .... Notizblöcke mit .... Logo. Aber Stifte? .... Teilnehmer/innen haben doch bestimmt selber .... Stifte.

A Wir wollen ja nur zeigen, dass wir .... Teilnehmer/innen alles anbieten.

B Also noch zehn Stifte. War's das?

A Für heute ja. .... Rest erledigen wir morgen.

3 Das Pronomen

Pronomen ersetzen Nomen, d. h., sie stehen anstelle von Nomen, um Wiederholungen zu vermeiden.

Indefinit Brauchen Sie einen Stift? – Danke, ich habe *einen* ~~Stift~~.
Negativ Hätten Sie vielleicht einen Stift für mich? – Nein, tut mir leid, ich habe auch *keinen* ~~Stift~~.
Possessiv Ich habe keinen Stift. – Nehmen Sie *meinen* ~~Stift~~!
Personal Nehmen Sie meinen Stift! ~~Mein Stift~~ *Er* liegt auf meinem Schreibtisch.

Indefinit-, Negativ- und Possessivpronomen unterscheiden sich von den Artikelwörtern nur im Singular Nominativ maskulin und neutrum sowie im Singular Akkusativ neutrum. Alle anderen Formen sind mit den Artikelformen identisch.

➲ Ist das Ihr USB-Stick? – Ja, das ist *meiner*.
Ist das ein Handy? – Nein, das ist *keines*, das ist ein Tablet.

Pronomen im Nominativ und Akkusativ Singular

Pronomen		unbestimmt	negativ	possessiv
Nominativ	m	*einer*	*keiner*	*meiner*
	f	eine	keine	meine
	n	*ein(e)s*	*kein(e)s*	*mein(e)s*
Akkusativ	m	einen	keinen	meinen
	f	eine	keine	meine
	n	*ein(e)s*	*kein(e)s*	*mein(e)s*

Übung 1 **Ein Kollege stellt Fragen** • Beantworten Sie die Fragen!

➲ Ist das dein Telefon, das klingelt? (*ja*) – *Ja, das ist mein(e)s.*

1. Ist das dein Neukunde? (*ja*)
   ....
2. Ist das seine Visitenkarte? (*ja*)
   ....
3. Hat er einen Katalog von uns? (*ja*)
   ....
4. Hast du ihm auch eine Preisliste gegeben? (*ja*)
   ....
5. Ist das sein Auftrag? (*ja*)
   ....
6. Hast du ihm einen Rabatt angeboten? (*nein*)
   ....
   ....
7. Braucht er noch Verpackungsmaterial? (*nein*)
   ....
   ....
8. Verlangst du von ihm eine Vorauszahlung? (*nein*)
   ....
   ....
9. Hast du ein Taschentuch für mich? (*nein, leider*)
   ....
   ....
10. Ist das dein Kaffee hier? (*ja*)
   ....
   ....

Übung 2 **Ein Meeting vorbereiten** • Lesen Sie nochmals das Gespräch in Kapitel 2.3, Übung 3! (Seite 18)
Überlegen Sie, wo man die Nomen besser weglassen würde, um Wortwiederholungen zu vermeiden. Streichen Sie an diesen Stellen das Nomen weg und ersetzen Sie das Artikelwort mit einem Pronomen!

3.1 Personal-, Possessiv- und Reflexivpronomen

Personalpronomen			Reflexivpronomen		Possessivpronomen
Nominativ	**Akkusativ**	**Dativ**	**Akkusativ**	**Dativ**	
ich	mich	mir	mich	mir	mein, meine, mein
du	dich	dir	dich	dir	dein(e)
er	ihn	ihm	sich	sich	sein(e)
sie	sie	ihr	sich	sich	ihr(e)
es	es	ihm	sich	sich	sein(e)
wir	uns	uns	uns	uns	unser(e)
ihr	euch	euch	euch	euch	euer/eure
sie/Sie	sie/Sie	ihnen/Ihnen	sich	sich	ihr(e)/Ihr(e)

- Das **Personalpronomen** der dritten Person bezieht sich meistens auf ein vorher genanntes Nomen.
  ➲ *Der Mitarbeiter* ist heute nicht im Büro, weil *er* krank ist. Deshalb schreibe ich *ihm* eine Mail.

- Bei zwei Personalpronomen im Satz steht das Akkusativobjekt vor dem Dativobjekt.
  ➲ Sie haben Interesse an *unserem neuen Produkt*? –
  Unser Vertreter wird *es Ihnen* gerne erklären.

▸ Siehe auch Seite 20: *Syntax bei zwei Personalpronomen*

- Das **Reflexivpronomen** zeigt, dass ein Verb sich auf das Subjekt rückbezieht.
  ➲ Er erinnert *sich*. (sich selbst)
  Einige transitive Verben benutzen das Reflexivpronomen im Dativ.
  ➲ Ich kann *mir* mein Passwort einfach nicht merken.

- Das **Possessivpronomen** gibt ein Besitzverhältnis an.
  ➲ Ist das *Ihre* Tasche? Ja, die Tasche gehört mir. Das ist *meine* Tasche.
  Die Endung des Possessivpronomens reflektiert Genus *(m/f/n)*, Numerus *(Singular/Plural)* und Kasus *(Nominativ, Akkusativ, Dativ, Genitiv)* des nachfolgenden Nomens.
  ➲ **Singular** **Nominativ:** Das ist *mein* PC, *meine* Tasche, *mein* Handy.
  Akkusativ: Ich nehme *meinen* PC, *meine* Tasche, *mein* Handy.
  Das Possessivpronomen der dritten Person Singular zeigt außerdem den Genus der Besitzenden an.
  ➲ Das ist Frau Arents Aufgabe. → *ihre* Aufgabe.
  Das ist Herrn Arents Aufgabe. → *seine* Aufgabe.

Übung 3 Personalpronomen • Ergänzen Sie!

1. Frau Arents bleibt heute länger im Büro, weil .... die Präsentation vorbereitet.
2. Herr Hensel ruft an, weil .... noch Fragen zum Produkt hat.
3. Das Unternehmen annonciert, denn .... sucht weitere Vollzeitkräfte.
4. Die Beraterin ist in Eile. .... hat gleich einen Kundentermin.
5. Wir möchten .... bei .... für Ihre Hilfe bedanken.
6. Habt ihr .... den neuen Prototyp zeigen lassen?
7. Wir hätten um 10.00 Uhr Zeit für ein Meeting mit Ihnen. Passt es ....?
8. Die Chefin ist von der Bewerberin überzeugt. .... möchte .... einstellen.
9. Ich leihe dir das Buch, wenn .... noch nicht gelesen hast.
10. Wir schreiben Ihnen, weil .... zur Neueröffnung einladen möchten.
11. Haben Sie unsere Ware noch nicht erhalten? Wir haben .... vorgestern zugeschickt.

12. Der neue Mitarbeiter fragt einen Kollegen, ob .... helfen kann.
13. Der Azubi erinnert seinen Ausbilder daran, dass .... morgen seine Prüfung hat.
14. Der Ausbilder sagt dem Azubi, dass .... viel Erfolg wünscht.
15. Der Kunde fragt die Beraterin, ob .... über Kontogebühren informieren kann.

Übung 4 Reflexivpronomen • Ergänzen Sie!

1. Ich möchte .... für Ihre Zeit bedanken.
2. Unsere Zentrale befindet .... in der Innenstadt.
3. Freust du .... auf deinen Urlaub?
4. Interessiert ihr .... für Wirtschaft?
5. Wir ärgern .... nicht, wir wundern .... nur.
6. Hast du .... die Bedienungsanleitung durchgelesen?
7. Das ist zu teuer. Das kann ich .... nicht leisten.

Übung 5 Possessivpronomen • Ergänzen Sie!

1. Gehört der Mantel Ihnen?
   Ja, das ist .... Mantel. (*ich*)
2. Wessen Buch ist das?
   Das ist .... Buch. (*ich*)
   Das ist .... Buch. (*du*)
   Das ist .... Buch. (*er*)
   Das ist .... Buch. (*sie*, Sg.)
   Das ist .... Buch. (*wir*)
   Das ist .... Buch. (*ihr*)
   Das ist .... Buch. (*sie/Sie*, Pl.)
3. Wem gehört diese Tasche?
   Das ist .... Tasche. (*er*)
4. Das Unternehmen war mit .... Umsatzzahlen zufrieden. (*es*)
5. Der Akku ..../................/................/ .... Handys ist dauernd leer. (*ich, du, er, sie*)
6. Mit .... neuen Produkt haben wir tatsächlich eine Marktlücke entdeckt. (*wir*)
7. War dieser Slogan .... (*du*) oder .... (*ihr*) oder .... (*sie*) Idee?

Übung 6 Pronomen gemischt: Interne Kommunikation • Ergänzen Sie!

Von:	Marketing
An:	Personalabteilung
Betreff:	Neues Teammitglied

Liebe Frau Parzer,

gerade haben wir die letzte Kandidatin kennengelernt und möchten .... *(die Kandidatin)* gerne einstellen. Sollen wir .... *(die Kandidatin)* anrufen oder wollen Sie dies tun? Ich lasse .... *(Sie)* gerne den Vortritt, weil Sie sicher noch einiges mit .... *(der Kandidatin)* zu klären haben. Wären Sie außerdem so nett und würden den anderen Kandidat/innen absagen und .... *(den Kandidat/innen)* schreiben, dass es .... *(wir)* leid tut und wir .... *(den Kandidat/innen)* viel Erfolg wünschen? .... *(die Kandidat/innen)* waren ja alle fabelhaft. Schade, dass wir nicht alle einstellen können.

Vielen Dank für .... *(Frau Parzers)* tolle Auswahl.

Viele Grüße
Genna Nahdi

II

Von:	Personalabteilung
An:	Marketing
Betreff:	Re: Neues Teammitglied

Liebe Frau Nahdi,

danke für .... *(Frau Nahdis)* Mail. Wie schön, dass .... *(Frau Nahdis Team)* die Auswahl gefallen hat. Gerade habe ich mit der Kandidatin gesprochen. Ich schicke .... *(sie, Sg.)* heute den Arbeitsvertrag zu. Übrigens hat der erste Kandidat auch Glück. .... *(der erste Kandidat)* wurde gestern von der Verkaufsabteilung interviewt. .... *(er)* Lebenslauf passt ja auch besser für den Verkauf. Herr Wachsmuth vom Verkauf hat .... *(er)* gleich die offene Stelle angeboten. Dadurch kann er .... *(er, reflexiv)* und wir .... *(wir, reflexiv)* die Mühe mit der Stellenannonce sparen. .... *(kein)* von uns muss .... *(3. Person, reflexiv)* jetzt noch mal mit Shortlisting und Bewerbungsgesprächen beschäftigen. Freude auf allen Seiten!

Viele Grüße
Inez Parzer

3.2 Demonstrativartikel und -pronomen

Demonstrativartikel und -pronomen weisen auf eine bestimmte Person oder Sache hin.

- **dies-, jen-**
  Eine bestimmte Person oder Sache in lokaler oder zeitlicher Nähe benennt man *dieser/diese/dieses* mit der impliziten Bedeutung „hier."

  Ein wenig veraltet, aber im Schriftdeutsch noch anzutreffen ist die Bezeichnung einer weiter entfernten Person oder Sache mit *jener/jene/jenes* (implizite Bedeutung „dort").
  (**Anmerkung:** Im heutigen Sprachgebrauch ersetzt man *jener/jene/jenes* eher durch den bestimmten Artikel.)

  Beide Demonstrativa sind wie der bestimmte Artikel deklinierbar.

	Singular			Plural		
Nominativ	dieser/diese/dieses	↔	jener/jene/jenes	diese	↔	jene
Akkusativ	diesen/diese/dieses		jenen/jene/jenes	diese		jene
Dativ	diesem/dieser/diesem		jenem/jener/jenem	diesen		jenen
Genitiv	dieses/dieser/dieses		jenes/jener/jenes	dieser		jener

Übung 7 **Welches Gerät empfehlen Sie?** • Ergänzen Sie die Endungen und bilden Sie Sätze! Versuchen Sie Wortwiederholungen zu vermeiden.

➲ Dies*es* Gerät ist günstig. *(teuer)*
Jenes (Gerät) *ist teuer. Das* (Gerät) *ist teuer.*

1. Beim Kauf dies....... Produkts erhalten Sie 10 Prozent Rabatt. *(nur 5 Prozent Rabatt)*

   ....

2. Bei dies....... Produkt fallen noch Verpackungskosten an. *(die Verpackung inklusive sein)*

   ....

3. Die Garantie für dies....... Gerät beträgt vier Jahre. *(nur zwei Jahre)*

....

4. Der Akku die....... Gerätes hält lange. *(leider schnell leer sein)*

....

5. Zu dies....... Geräten erhalten wir nie Reklamationen. *(häufig)*

....

- **der, die, das als Demonstrativum**
  Der bestimmte Artikel kann als Demonstrativum benutzt werden, was ungefähr der Bedeutung von *jen-* hat. Formale Unterschiede zwischen Artikelwort und Pronomen gibt es nur im Genitiv Singular und im Dativ und Genitiv Plural. (Genau diese Pronomen werden auch als Relativpronomen verwendet.)

	Artikelwort	Pronomen
Genitiv Singular	des/der/des	dessen/deren/dessen
Dativ Plural	den	denen
Genitiv Plural	der	deren

➲ Mit *den* Geräten haben wir nie Probleme. **Oder:** Mit *denen* haben wir nie Probleme.

- **derjenige, diejenige, dasjenige**
  Das Demonstrativum ***derjenige, diejenige, dasjenige*** weist ebenfalls auf eine bestimmte Person oder Sache hin, zu der aber eine Erklärung folgt. Oft erscheint diese Erklärung in Form eines Relativsatzes. ***Der-, die-, das-*** wird wie der bestimmte Artikel dekliniert und *-jenige* wie ein Adjektiv.

	Singular	Plural
Nominativ	derjenige/diejenige/dasjenige	diejenigen
Akkusativ	denjenigen/diejenige/dasjenige	diejenigen
Dativ	demjenigen/derjenigen/demjenigen	denjenigen
Genitiv	desjenigen/derjenigen/desjenigen	derjenigen

Übung 8 Vertriebsbesprechung: Kundenbindung? • Ergänzen Sie!

➲ Sind alle ***die***jenig***en*** Mitarbeiter anwesend, die für den Verkauf zuständig sind?

1. Mein erster Vorschlag ist: Wir sollten uns vor allem um ....jenig....... Kunden kümmern, die laufend bei uns kaufen.
2. Sie meinen unsere Stammkunden. Aber dazu gehören auch ....jenig......., die nur unsere Sonderangebote kaufen.
3. Dann widmen wir uns eben hauptsächlich ....jenig......., die uns den größten Umsatz bringen.
4. Aber Kundentreue sollte doch belohnt werden, auch bei ....jenig......., die nicht so viel bei uns ausgeben.
5. Das ist klar. Aber wie ist das nun mit den Werbegeschenken? Wir brauchen doch etwas Besonderes für .... jenig......., die zu unseren Großkunden gehören. Aber was könnte das sein?
6. Ich schlage vor, wir geben ....jenig....... Mitarbeiter eine Prämie, der die beste Idee für Werbegeschenke hat.
7. Oder ....jenig....... Mitarbeiterin?
8. Natürlich. Wir geben ....jenig....... Mitarbeiter/innen eine Prämie, die die beste Idee haben.
9. Gut! ....jenig......., die eine gute Idee haben, melden sich bitte bei mir! Die Sitzung ist geschlossen!

- **derselbe, dieselbe, dasselbe ⇔ der/die/das Gleiche**
  Die Demonstrativa ***derselbe, dieselbe, dasselbe*** und ***der/die/das Gleiche*** weisen auf eine Identität hin. *Derselbe, dieselbe, dasselbe* betont die Einzelidentität, *der/die/das Gleiche* eine Gruppenidentität.
  ➲ Er kauft in ***demselben Geschäft*** ein wie sein Chef. (= ein Geschäft)
  Er trägt ***die gleiche Krawatte*** wie sein Chef. (= zwei Krawatten, die gleich sind)
  (**Anmerkung:** Keine Panik, auch Muttersprachler/innen verwechseln diese beiden Demonstrativa.)

Übung 9 *Der-/die-/dasselbe ↔ der/die/das Gleiche?* • Was ist richtig?

➲ Beziehen Sie Ihr Material von **demselben** Zulieferer wie wir?
Ja, wir beziehen unser Material von ***demselben*** Zulieferer wie Sie.

➲ Tragen die beiden Mitarbeiter **dieselbe** Krawatte?
Nein, sie tragen die ***gleiche*** Krawatte.

1. Ich glaube, wir haben **denselben** Kopierer wie Firma XYZ.
2. Morgen sitzen wir in **demselben** Flieger um 8.00 Uhr, nicht?
3. Ist das eine Lampe vom Hersteller X? **Dieselbe** Lampe steht auf meinem Schreibtisch.
4. Na sowas, Firma DEF arbeitet ja mit genau **denselben** Maschinen wie wir.
5. Ich sehe, Sie vertrauen **derselben** Computermarke wie wir.

Übung 10 Verkaufsgespräch • Ergänzen Sie die passenden Demonstrativa!

A Sie suchen einen Drucker. Hier haben wir ...., die gerade auf der Messe vorgestellt wurden. Haben Sie eine Preisvorstellung? (*diejenigen, dieselben, jene*)

B Na ja, so günstig und so leistungsstark wie möglich.

A .... sage ich auch immer, wenn ich einkaufe. Drucken Sie viel? (*dasselbe, dieses, jenes*)

B Es geht so.

A Gut, ... Drucker hier haben wir im Angebot. (*diesen, denselben, den gleichen*)
Nur .... Woche. (*jene, dieselbe, diese*)

B Und was ist mit dem dort?

A Der kostet zwar ...., ist aber bei weitem nicht so hochwertig. (*dasselbe, das Gleiche, dieses*)

B Sie meinen, das Preis-Leistungs-Verhältnis ist nicht ....? (*dasselbe, dasjenige, dieses*)

A Nicht zu vergleichen. .... (*Dieser, Jener, Derjenige*) hier druckt sowohl schwarzweiß als auch in Farbe, während .... (*der, dieser, derselbe*) dort nur schwarzweiß druckt. Also ich würde Ihnen zu .... (*diesem, jenem, demjenigen*) Drucker raten.

B Aber Moment mal. Ist das nicht .... Modell, das der Verbraucherschutz so schlecht beurteilt, weil sein Toner so teuer ist? (*das, dieses, das gleiche*)

A Na ja, aber wenn Sie nicht so viel drucken ... Und wir geben 50 Prozent Rabatt auf alle Tonerkartuschen für .... Drucker. (*jenen, den gleichen, diesen*)

B Trotzdem. Nein, danke. Ach, da sehe ich .... Drucker, den ich auch in der Firma benutze. Ist das nicht ein Multifunktionsgerät? (*den gleichen, denselben, diesen*)

A Genau, ... Geräte haben natürlich ein ganz anderes Preis-Leistungs-Verhältnis. (*dieselben, diejenigen, diese*)

B Stimmt. Aber ich möchte zu Hause nicht .... Modell wie in der Firma benutzen. Gibt es etwas Ähnliches? (*dasselbe, das gleiche, das*)

A Natürlich. Da kann ich Ihnen besonders .... Geräte hier empfehlen. (*diese, diejenigen, dieselben*) Aber die sind natürlich etwas teurer.

3.3 Indefinitartikel und -pronomen

- **jemand, irgendjemand, niemand**
  Diese Indefinita existieren nur im Singular. Sie werden wie der bestimmte maskuline Artikel dekliniert.

Nominativ	(irgend)jemand	niemand
Akkusativ	(irgend)jemanden	niemanden
Dativ	(irgend)jemandem	niemandem
Genitiv	(irgend)jemandes	niemandes

- Die unbestimmte Bedeutung wird von ***irgend-*** verstärkt.*
  ➲ Kann mir *jemand* Bescheid geben? (jemand von euch)
  Kann mir *irgendjemand* Bescheid geben?
  (egal wer; ich weiß nicht wer)
  Offensichtlich kann mir *niemand* Bescheid geben.

▸ ***ebenso:** irgendwie, irgendwo, irgendwann, irgendwelch-, irgendein-*

- **etwas, irgendetwas, nichts**
  Diese Indefinita sind nicht deklinierbar.
  Die unbestimmte Bedeutung wird von ***irgend-*** verstärkt.*
  ➲ Kann ich sonst noch *etwas* für Sie tun? (etwas in meiner Kompetenz)
  Kann ich *irgendetwas* für Sie tun? (egal was; ich weiß nicht was)
  Da kann ich leider *nichts* für Sie tun.

- **man**
  Das Indefinitum ***man*** hat eine verallgemeinernde Bedeutung.
  ➲ *Man* sollte sich nicht ärgern, nur wundern.

  Es wird wie maskulin Singular dekliniert.

Nominativ	So was macht *man* doch nicht!
Akkusativ	Das freut *einen* doch.
Dativ	Das sagt *einem* wieder niemand!
Genitiv	-----

- **jeder, jede, jedes**
  Dieses Indefinitum kann als Singular von ***alle*** betrachtet werden.
  (Und ***alle*** kann als Pluralform von ***jed-*** angesehen werden.)
  ➲ Hat *jedes* (Mitglied) einen Mitgliedsausweis?
  Haben *alle* (Mitglieder) einen Mitgliedsausweis?

  Es ist wie der bestimmte Artikel deklinierbar.
  ➲ Habe ich *jedem* (Mitglied) einen Mitgliedsausweis geschickt?
  Habe ich *allen* (Mitgliedern) einen Mitgliedsausweis geschickt?

- **alle, beide, einige, mehrere, viele**
  Diese Indefinita sind nur im Plural verwendbar.*

  Die Deklination erfolgt wie beim bestimmten Artikel.

Nominativ	*Alle/Beide/Einige/Mehrere/Viele* (Mitarbeiter/innen) sind anwesend.
Akkusativ	Für *alle/beide/einige/mehrere/viele* ist diese Frage schwierig.
Dativ	Mit *allen/beiden/einigen/mehreren/vielen* kann man reden.
Genitiv	Die Meinung *aller/beider/einiger/mehrerer/vieler* (unserer Mitarbeiter/innen) ist uns wichtig.

▸ ***Ausnahme:** Neutrum Singular für Unzählbares oder Zusammenfassbares
➲ Nicht für *alles* Geld der Welt.
Bei *allem*, was mir heilig ist!
Barzahlung oder Überweisung?
Beides ist möglich.
Wir haben heute noch *einiges* zu tun.
Vieles ist einfach durch Fleiß zu erreichen.

Beide bezieht sich zurück auf zwei genannte Personen oder Sachen.
➲ Wir haben *zwei* Azubis. *Beide* (Azubis) sind im ersten Ausbildungsjahr.

Einige drückt eine geringe Anzahl aus, kann aber auch betonen: nicht nur 1!
➲ Das Interesse an dem Produkt blieb gering. Es gab nur *einige* Käufer.
Nicht nur *ein* Interessent hat gefragt, sondern *einige*.

Mehrere drückt eine Anzahl größer als ***einige*** aus.
➲ Die Frage kam von *mehreren* Interessenten.

Viele drückt eine Anzahl größer als ***mehrere***, kleiner als ***alle*** aus.
➲ Die Frage kam nicht von *allen*, aber von *vielen* Interessenten.

Übung 11 Freitagnachmittag im Büro • Welches Indefinitum passt?

A Hat .... *(jemand, jeder, alle)* von euch die Nummer von Fahling & Co.?

B Ja, hier hast du sie. Musst du noch .... *(einige, etwas, nichts)* mit denen klären? Ich dachte, ihr hättet .... *(alles, jedes, etwas)* schon gestern verhandelt.

A Leider nicht ganz. .... *(Einige, Alle, Beide)* Fragen sind noch offen.

B Aber ob du da heute Nachmittag noch .... *(jemanden, man, mehrere)* erreichst?

A Es ist doch noch nicht 17.00 Uhr. .... *(Irgendjemand, Jeder, Viele)* wird doch noch im Geschäft sein. Und wenn's die Bürohilfe ist.

B Wer weiß? .... *(Einige, Alle, Jede)* Firmen machen freitags schon um 15.00 Uhr Schluss.

A Aber .... *(jede, alle, einige)* Firma hat doch zumindest den Anrufbeantworter an. – Nichts! Es läutet nur! Da kann der Firma doch .... *(jemand, niemand, nichts)* eine Nachricht hinterlassen.

B Mach's wie .... *(jeder, alle, jemand)* anderen. Schick eine E-Mail.

A Ich habe denen schon .... *(mehrere, alle, beide)* Mails geschickt, aber .... *(niemand, jeder, man)* hat geantwortet. Und ohne den Punkt zu klären, fehlt uns .... *(etwas, nichts, irgendetwas)* im Vertrag. Und Montag früh soll ich das .... *(alles, etwas, einiges)* Herrn Heberling vorlegen.

B Aber Herr Heberling und sein Stellvertreter sind am Montag außer Haus.

A Wirklich? Warum sagt .... *(man, jemand, irgendjemand)* mir das nicht? Bist du sicher? Herr Heberling und Herr Dörne sind außer Haus?

B .... *(Beide, Einige, Alle)* sind auf der Messe. Höchstwahrscheinlich auch am Dienstag noch.

A Aber .... *(jeder, jemand, man)* muss mir den Vertrag doch unterzeichnen! Sonst kann ich dem Kunden am Dienstag .... *(nichts, etwas, alles)* zuschicken.

B .... *(Man, Irgendjemand, Jeder)* könnte Herrn Heberling den Vertrag zur Unterschrift per Kurier schicken oder einfach als PDF.

A Na gut. Aber erst, wenn .... *(alle, einige, viele)* Fragen geklärt sind. Dass .... *(man, jeder, niemand)* bei der Firma nicht ans Telefon geht!

B Die sind klüger als wir, die machen .... *(alles, jedes, etwas)* in Ruhe.

A Aber wie soll .... *(man, jemand, jeder)* denn da seine Arbeit schaffen?

B Dann hast du heute eben nicht .... *(alles, jedes, nichts)* geschafft. Das ist doch kein Beinbruch. Ich jedenfalls mache jetzt Feierabend.

4 Das Adjektiv

4.1 Adjektivdeklination nach bestimmtem Artikel

Die Adjektivendungen beim bestimmten Artikel sind leicht erlernbar. Es gibt nur zwei Möglichkeiten: *-e* oder *-en*. Die Endung *-e* wird im Nomivativ Singular maskulin, feminin und neutrum sowie im Akkusativ Singular feminin und neutrum benutzt. Allen anderen Adjektive bekommen die Endung *-en*.

Singular	maskulin	feminin	neutral
Nominativ	***der*** wichtig**e** Termin	***die*** neue Ware	***das*** hochwertig**e** Produkt
Akkusativ	***den*** wichtig**en** Termin	***die*** neue Ware	***das*** hochwertig**e** Produkt
Dativ	***dem*** wichtig**en** Termin	***der*** neu**en** Ware	***dem*** hochwertig**en** Produkt
Genitiv	***des*** wichtig**en** Termins	***der*** neu**en** Ware	***des*** hochwertig**en** Produkts

Nominativ *Die neue Ware* ist bestellt.
Akkusativ Er vergisst *den wichtigen Termin*.
Dativ *Der neuen Ware* liegt die Rechnung bei.
Genitiv Der Hersteller *des hochwertigen Produkts* ist erfolgreich.

Plural			
Nominativ	***die*** wichtig**en** Termine	***die*** neu**en** Waren	***die*** hochwertig**en** Produkte
Akkusativ	***die*** wichtig**en** Termine	***die*** neu**en** Waren	***die*** hochwertig**en** Produkte
Dativ	***den*** wichtig**en** Terminen	***den*** neu**en** Waren	***den*** hochwertig**en** Produkten
Genitiv	***der*** wichtig**en** Termine	***der*** neu**en** Waren	***der*** hochwertig**en** Produkte

Nominativ Wann kommen *die neuen Waren*?
Akkusativ Unsere Kunden bestellen nur *die hochwertigen Produkte*.
Dativ Von *den wichtigen Terminen* erzählt er uns später.
Genitiv Einige *der neuen Waren* sind leider beschädigt.

- Im Plural funktionieren die **Possessivpronomen** *mein-/dein-/sein- ...* und die **Negation** mit *kein-* wie der bestimmte Artikel.
  ➲ Ich notiere *meine* neu**en** Termine.
  Die Firma entwickelt *keine* neu**en** Produkte.

- Anstelle des bestimmten Artikels sind möglich: *dies-, jen-, jed-, manch-, solch-, welch-, alle, beide, sämtliche.*

Übung 1 **Adjektivdeklination nach bestimmtem Artikel (Teil 1)** • Wählen Sie die passende Adjektivendung **-e** oder **-en**!

1. Die klein...... Firma macht dem wichtig...... Kunden das günstigst...... Angebot.
2. Die lang...... Ausbildung zum Erzieher macht dem jung...... Azubi Spaß.
3. Das dual...... System verbindet optimal die grau...... Theorie mit der bunt...... Praxis.
4. An die neu...... Öffnungszeiten dieses groß...... Kaufhauses haben sich die meist...... Kunden noch nicht gewöhnt.
5. Der alt...... Kunde reklamiert das defekt...... Gerät bei dem nett...... Verkäufer in dem bekannt...... Geschäft.

Übung 2 **Adjektivdeklination nach bestimmtem Artikel (Teil 2)** • Ergänzen Sie die richtigen Endungen!

1. D....... letzt....... Stellenanzeige brachte d....... neu....... Firma d....... meist....... Bewerbungen.
2. D....... Ware aus d....... letzt....... Saison wurde von d....... überarbeitet....... Verkäuferin mit d....... rot....... Schild „50 Prozent Rabatt" versehen.
3. Die aktuell....... Stellenanzeigen wurden von d....... arbeitssuchend....... alleinerziehend....... Mutter mit d....... größt....... Sorgfalt gelesen.
4. Bei dies....... überzeugend....... Bewerbung griff d....... erstaunt....... Personalchefin sofort zu .... nächst....... Telefon, um d....... nächstmöglich....... Vorstellungstermin zu vereinbaren.
5. Die klein....... Firma hat mit dies....... innovativ....... Produkt d....... erst....... Erfolg.
6. Dies....... alt....... Kaffeeautomat d....... klein....... Familienbetriebes hat noch nie gestreikt, aber d....... neu....... Kopierer muss schon wieder in d....... nächst....... Reparatur.
7. Wahrscheinlich werden d....... zehn best....... Kandidat/innen auch zu d....... zweit....... Vorstellungsgespräch eingeladen.
8. D....... gestresst....... Personalchefin liest jetzt schon d....... hundertst....... Bewerbung und trinkt d....... zehnt....... Tasse Kaffee.
9. Die best....... Werbung ist d....... gut....... Ruf einer Firma. Deshalb verkauft diese Firma ihre neu....... Produkte problemlos.
10. Während d....... lang....... Vorstellungsgesprächs wurden d....... berufserfahren....... Kandidatin d....... verschiedenst....... Fragen gestellt.
11. Die neu....... Mitarbeiterin fragt d....... hilfsbereit....... Kollegin nach d....... üblich....... Pausenzeiten.
12. Die hilfsbereit....... Kollegin antwortet d....... neu....... Mitarbeiterin und zeigt ihr auch d....... lang....... Weg zu d....... gemütlich....... Kantine.
13. In d....... gemütlich....... Kantine sehen sich d....... beid....... Kolleginnen zuerst d....... verschieden....... Gerichte an und entscheiden sich dann für d....... vegetarisch....... Essen.
14. Während d....... kurz....... Mittagspause lernt d....... neu....... Mitarbeiterin alle ander....... Kolleg/innen kennen und staunt über d....... entspannt....... Betriebsklima.

▸ Weitere relevante Übungen: Teil IV, Übung 3 und 4 (Seite 134 f.); Teil V, Übung 12 bis 14, (Seite 159)

4.2 Adjektivdeklination nach unbestimmtem Artikel

Die Adjektivendungen *-en* sind im Singular identisch mit denen beim bestimmten Artikel. Nur braucht das Adjektiv im Singular im Nominativ maskulin das *-r* und im Nominativ und Akkusativ neutrum das *-s* zur Klärung des Genus.

Singular

	maskulin	feminin	neutral
Nominativ	***ein*** wichtig***er*** Termin	***eine*** schnell***e*** Lieferung	***ein*** hochwertig***es*** Produkt
Akkusativ	ein***en*** wichtig***en*** Termin	***eine*** schnell***e*** Lieferung	***ein*** hochwertig***es*** Produkt
Dativ	ein***em*** wichtig***en*** Termin	ein***er*** schnell***en*** Lieferung	ein***em*** hochwertig***en*** Produkt
Genitiv	ein***es*** wichtig***en*** Termins	ein***er*** schnell***en*** Lieferung	ein***es*** hochwertig***en*** Produkts

Nominativ *Ein hochwertiges Produkt* verkauft sich von selbst.
Akkusativ *Für eine schnelle Lieferung* danken wir Ihnen vorab.
Dativ *Mit einer schnellen Lieferung* würden Sie uns helfen.
Genitiv *Wegen eines wichtigen Termins* ist sie heute außer Haus.

Beim unbestimmten Artikel im Plural hat nur der Dativ die Endung *-en*.

Plural			
Nominativ	--- wichtig**e** Termine	--- neu**e** Waren	--- hochwertig**e** Produkte
Akkusativ	--- wichtig**e** Termine	--- neu**e** Waren	--- hochwertig**e** Produkte
Dativ	--- wichtig***en*** Terminen	--- neu***en*** Waren	--- hochwertig***en*** Produkten
Genitiv	--- wichtig***er*** Termine	--- neu***er*** Waren	--- hochwertig***er*** Produkte

Nominativ Schnell<u>e</u> Lieferungen sind uns besonders wichtig.
Akkusativ Unser Geschäft verkauft nur hochwertig<u>e</u> Produkte.
Dativ Vor wichtig<u>*en*</u> Terminen bereitet sie sich besonders gut vor.
Genitiv Trotz wichtig<u>*er*</u> Termine nimmt sie sich Zeit für eine Kaffeepause.

- Im Singular funktionieren die **Negation** mit *kein-* und das **Possessivpronomen** *mein-/sein-* wie der **un**bestimmte Artikel.
  ➲ Er kauft *kein* neu<u>es</u> Buch./Das ist *sein* neu<u>er</u> PC.

- Anstelle des unbestimmten Artikels sind im Plural möglich:
  andere, einige, mehrere, verschiedene, viele, wenige

Übung 3 Adjektivdeklination nach unbestimmtem Artikel • Wählen Sie a, b oder c!

1. a) kleine b) kleinen c) kleiner
2. a) neue b) neuen c) neues
3. a) unnötige b) unnötigen c) unnötiges
4. a) wichtige b) wichtigen c) wichtiger
5. a) vereinbarte b) vereinbarten c) vereinbarter
6. a) zweite b) zweiten c) zweites
7. a) gelernte b) gelernten c) gelernter
8. a) viele b) vielen c) vieler
9. a) lokale b) lokalen c) lokaler
10. a) gute b) guten c) gutes
11. a) lange b) langen c) langes
12. a) klare b) klaren c) klarer
13. a) konkrete b) konkreten c) konkretes
14. a) große b) großen c) großer
15. a) freie b) freien c) freies

Unsere klein...... (1) Firma verzichtet bei ihrem neu...... (2) Produkt auf unnötig...... (3) Verpackungsmaterialien. Ein wichtig...... (4) Geschäftspartner musste einen vereinbart...... (5) Termin schon ein zweit...... (6) Mal absagen.
Ein gelernt...... (7) Dachdecker arbeitet jetzt schon seit viel...... (8) Jahren in der Verkaufsabteilung eines lokal...... (9) Gartenmarktes. Eine gut...... (10) Bewerbung ist kein lang...... (11) Schreiben, sondern antwortet in einem klar...... (12) Stil auf ein konkret...... (13) Stelleninserat. Viele groß...... (14) Unternehmen schreiben frei...... (15) Stellen auch intern aus.

Übung 4 Adjektivdeklination nach (un)bestimmtem Artikel • Ergänzen Sie die richtigen Endungen!

1. Nach lang...... Verhandlungen einigte man sich auf höher...... Löhne.
2. Ungefähr...... Gehaltsvorstellungen sollten uns interessiert...... Kandidat/innen bitte mitteilen.
3. Durch d...... wachsend...... Bedeutung erneuerbar...... Energiequellen werden neu...... Arbeitsplätze geschaffen.
4. Ist dies ein...... aktuell...... oder ein...... veraltet...... Schaubild? Man sieht kein...... genau...... Datum darauf.
5. In ein...... interessant...... Artikel stand, dass viele Arbeitnehmer/innen für ein...... kürzer...... Arbeitszeit sind, weil sie sich davon ein...... besser ...... Lebensqualität versprechen.
6. In ein...... global...... Wirtschaft sind gut...... Fremdsprachenkenntnisse sehr gefragt.
7. Ein...... schriftlich...... Vertrag ist sicherer als ein...... mündlich...... Vereinbarung.
8. Oft sind kein..... Nachrichten gut..... Nachrichten.

4.3 Adjektivdeklination nach Nullartikel

Der Nullartikel wird oft bei „unzählbaren" Nomen benutzt: z. B. *Wasser, Energie, Mut, Ehrgeiz.* Wenn ein Nomen keinen Artikel hat, hat das Adjektiv davor – außer im Dativ *(m/f/n)* und im Genitiv *(f)* – die gleichen Endungen wie ein Adjektiv mit unbestimmtem Artikel.

Singular

	maskulin	feminin	neutral
Nominativ	teur***er*** Wein	heiß***e*** Suppe	feinst***es*** Kristall
Akkusativ	teur***en*** Wein	heiß***e*** Suppe	feinst***es*** Kristall
Dativ	teur***em*** Wein	heiß***er*** Suppe	feinst***em*** Kristall
Genitiv	teur***en*** Wein***es***	heiß***er*** Suppe	feinst***en*** Kristall***s***

Nominativ Teur*er* Wein wird nur zu Festtagen getrunken.
Akkusativ Mittags gibt es heiß*e* Suppe.
Dativ Unsere Gläser sind aus feinst*em* Kristall.
Genitiv Der Preis feinst*en* Kristalls ist hoch.

Übung 5 **Adjektivdeklination nach Nullartikel** • Ergänzen Sie!

1. Wir haben uns auf die Herstellung feinst...... Salat...... spezialisiert. Wir benutzen ausschließlich best...... Ware aus ökologisch...... Anbau.
2. Sie können sich bei unseren Salaten auf höchst...... Qualität, absolut...... Frische und genau...... Haltbarkeitsdaten verlassen.
3. Unsere Mischungen bestehen aus aromatisch...... Feldsalat, zart...... Chicorée, herzhaft...... Radieschen, knackig...... Eisbergsalat, zartbitter...... Rucola, frisch...... Karotten, nahrhaft...... Sojasprösslingen und/oder süß...... Maiskörnern.
4. Natürlich bieten wir Ihnen auch interessant...... Dressings an. Dressings traditionell...... italienisch...... Art, cremig...... French Dressing, leicht...... Joghurt-Dressing, mild...... Balsamico-Dressing usw. sind unsere Stärke!
5. Probieren Sie! Leichter...... Küche und vitaminreicher...... Essen haben sich noch nie wie hier mit größer...... Genuss und abwechslungsreicher...... Auswahl vereint. Schlemmerei ohne schlecht...... Gewissen. Ihre Waage wird es Ihnen nicht übelnehmen.
6. Außerdem können Sie sich darauf verlassen: Sie erhalten garantiert handsortiert ......, für Sie gewaschen...... und geputzt...... Ware.
7. Mit groß...... Freude erwarten wir Ihre Bestellung und sichern Ihnen höchst...... Zufriedenheit zu.
8. Bei Bestellungen ab 100 Euro gibt es hochwertig...... Hochlandkaffee und sprudelnd...... Wasser gratis. Verwöhnen Sie sich mit best...... Service und erstklassig...... Qualität!

Übung 6 **Gemischte Übungen mit bestimmtem, unbestimmtem und Nullartikel** • Ergänzen Sie!

1

Aushänge am Schwarzen Brett

An alle Mitarbeiter/innen

I

Die renoviert...... Kantine soll Anfang des nächst...... Monats eingeweiht werden. Dazu möchte die Geschäftsleitung eine klein...... Feier veranstalten, damit wir uns die neu...... Einrichtung alle zusammen ansehen können. Bei der kurz...... Veranstaltung werden die verschieden...... Vorteile der neu...... Kantine vorgestellt und gleichzeitig werden die innovativ......, beeindruckend...... Menüoptionen erklärt. Für die strikt...... Vegetarier/innen unter uns wird es nun ein eigen...... Menü geben. Für die viel...... Diätbewussten werden außerdem die genau...... Kalorienwerte für jedes angebotene...... Gericht angegeben. Ab dem nächst...... Monat wünschen wir allen unseren Mitarbeiter/innen wieder einen gut...... Appetit in unserem Haus.

II

Liebe Kolleg/innen,
wir nehmen den groß...... Erfolg unseres Carsharings zum willkommen...... Anlass, das Projekt „Umweltfreundliches Pendeln" weiter auszubauen. Wer sich an dem großartig...... Projekt beteiligen möchte, kann sich jederzeit mit unserer ehrenamtlich...... Projektleiterin in Verbindung setzen beziehungsweise in unserem schnell...... Intranet frei...... Plätze in Pkws anbieten oder gewünscht...... Mitfahrten inserieren. Um unser Treibstoff einsparend...... Projekt zu unterstützen, hat sich die jetzig...... Geschäftsleitung sogar dazu bereit erklärt, allen fest...... Mitarbeiter/innen Fahrräder zur frei...... Verfügung zu stellen. Was glaubt ihr, schaffen wir es, unseren riesig...... Parkplatz in einen hübsch...... Park zu verwandeln?

2 **Gespräch über eine Schaufensterdekoration in der Wintersaison**

A: Wie finden Sie unser Konzept für die neu...... Schaufensterdekoration?

B: Hmh, ich finde es eine gut...... Idee, die populär...... Wintersportarten darzustellen, aber so haben wir keinen Platz für unsere großartig...... Winterkollektionen. Wir sind doch nicht nur als best...... Sportgeschäft bekannt, sondern mittlerweile auch als führend...... Modehaus.

A: Wo würden Sie Platz schaffen?

B: Den groß...... Skilift zum Beispiel würde ich rausnehmen, und auch das riesig...... Tor für Eishockey. Dann würden die winterlich...... Sportarten in das groß...... mittler...... Schaufenster passen. Und in den beid...... äußer...... Schaufenstern könnten wir unsere hochwertig...... Cashmeremäntel, warm...... Schals und kuschelig...... Pullover präsentieren. Die exquisit...... und handgefertigt...... Schuhe und Stiefel nicht zu vergessen. Ach, und die exklusiv...... Taschen und Handschuhe!

3 Verkaufsgespräch

A Guten Tag, kann ich Ihnen helfen?

B Ja, gern, ich brauche einen neu...... Kühlschrank.

A Hatten Sie an ein bestimmt...... Modell gedacht oder eine speziell...... Marke?

B Nein. Aber es sollte ein größer...... und stromsparend...... Kühlschrank sein.

A Wie wäre es mit diesem außergewöhnlich...... Modell? Gerade neu auf dem Markt.

B Ein knallrot...... Kühlschrank? Nein, eher nicht.

A Aber den gibt es in verschieden...... Farben. Sehen Sie sich das extragroß...... Gefrierfach an! Das ist doch heutzutage unverzichtbar.

B Wir haben einen riesig...... Gefrierschrank.

A Ich verstehe. Gleich daneben sehen Sie einen ebenso groß...... Kühlschrank von der bekannt...... und hervorragend...... Marke VML. Schauen Sie sich die lang...... Liste von Funktionen an. Sogar ein klein...... Radio ist eingebaut.

B Nein, danke. Wenn ein Kühlschrank die ganz...... Lebensmittel kühl hält, ist das eigentlich alles, was ich erwarte.

A Und wie wäre es mit diesem hier? Die Marke steht ebenfalls für hoh...... Qualität.

B Hat er ein...... hoh...... Stromverbrauch?

A Nein, er ist besonders stromsparend.

B Ausgezeichnet. Den nehme ich. Wann können Sie den liefern?

A Einen klein...... Moment bitte, ich schaue nach. ... Den könnten wir Ihnen heute noch liefern.

B Großartig. Wo bezahle ich?

A Vorne, an der groß...... Kasse bitte. Da gibt man Ihnen auch eine fest...... Lieferzeit.

B Was kostet die Lieferung?

A Bei diesem Kaufbetrag bieten wir kostenfrei...... Lieferung.

B Wunderbar. Vielen Dank für Ihre freundlich...... Hilfe.

A Ich danke Ihnen. Viel Freude mit dem neu...... Kühlschrank.

4.4 Komparation der Adjektive

Adjektive lassen sich steigern. Durch die Steigerungsformen Komparativ und Superlativ können wir Eigenschaften vergleichen.

➲ Der Mitarbeiter ist *zuverlässig*. (Positiv)
Der Mitarbeiter ist *zuverlässiger*. (Komparativ)
Der Mitarbeiter ist am *zuverlässigsten*. (Superlativ)

- Vergleiche können wir mit **Komparativ + *als*** ausdrücken.
  ➲ Herr B ist *zuverlässiger als* Herr A. (Komparativ)

- Vergleiche lassen sich auch mit *(nicht) so* **+ Grundform +** ***wie*** formulieren.
  ➲ Herr C ist *(nicht) so* zuverlässig ***wie*** Herr B.

Diese Adjektive sind unregelmäßig:

	Positiv	Komparativ	Superlativ
	viel gut gern nah hoch	mehr besser lieber näher höher	am meisten am besten am liebsten am nächsten am höchsten
a – ä o – ö u – ü	arm groß klug	ärmer größer klüger	am ärmsten am größten am klügsten
-el, -er → -e- fällt im Komparativ weg	dunkel teuer	dunkler teurer	am dunkelsten am teuersten
Sonderformen*	interessant mild hübsch	interessanter milder hübscher	am interessantesten am mildesten am hübschesten

▸ *Adjektivendungen mit *-s, -d, -sch, -ss, -ß, -t, -tz, -x, -z* → Endung oft mit *-est* im Superlativ (Ausnahmen: u. a. *am größten, am dringendsten, am praktischsten*)

Übung 7 **Komparation** • Ergänzen Sie!

Positiv	Komparativ	Superlativ
schnell	....	....
....	....	*am günstigsten*
teuer	....	....
....	*weiter*	....
gern	....	....
....	....	*am interessantesten*
viel	....	....
....	*schwächer*	....
....	....	*am wichtigsten*
nah	....	....
....	....	*am ältesten*
....	*jünger*	....
zuverlässig	....	....
....	....	*am klügsten*
lang	....	....
....	*netter*	....
gut	....	....

Übung 8 Gut, besser, am besten! • Ergänzen Sie Komparative und Superlative!

➲ Die Nachricht ist wichtig, wichtig*er*, *am* wichtig*sten*.

1. Der Bildschirm ist groß, ...
2. Die Mitarbeiterin ist klug, ...
3. Das Fachbuch ist interessant, ...
4. Der Sensor ist klein, ...
5. Das Handy ist neu, ...
6. Das Produkt ist teuer, ...
7. Das Angebot ist gut, ...
8. Die Schüler/innen lernen viel, ...
9. Die Bestellung ist dringend, ...
10. Die Nachricht ist alt, ...
11. Das Gehalt ist hoch, ...
12. Der Kandidat scheint motiviert, ...
13. Die Arbeitszeit ist flexibel, ...
14. Dieses Produkt mögen die Kunden gern, ...
15. Der Supermarkt ist nah, ...

Übung 9 Herr Schmoll ist unzufrieden. • Bilden Sie Sätze mit dem Komparativ!

➲ Der Kollege spricht sehr laut. *(leise)*
Könnte er nicht *leiser* sprechen?

1. Das Wetter ist heute schlecht. *(gut)*
2. Es ist heute sehr kalt. *(warm)*
3. Es wird morgens zu spät hell und abends zu früh dunkel. *(früh, spät)*
4. Die Internetverbindung ist heute langsam. *(schnell)*
5. Die Kantine ist so weit entfernt. *(nah)*
6. Die Präsentation ist sehr lang. *(kurz)*
7. Der Kunde spricht sehr schnell. *(langsam)*
8. Ich bekomme nur sehr wenig Gehalt. *(viel)*
9. Der Kollege vom Außendienst ist immer so hektisch. *(ruhig)*
10. Unsere Kunden sind so anspruchsvoll und kritisch. *(zufrieden und dankbar)*
11. Ich arbeite nicht gerne im Vertrieb. *(gerne im Personalwesen)*

Übung 10 Vergleiche • Verbinden Sie!

1. Dieses Unternehmen ist internationaler
2. Unsere Firma ist in diesem Jahr genauso erfolgreich
3. Der Käse ist kalorienreicher
4. Den Kulturteil liest sie lieber
5. Die Berichte in dieser Zeitung sind
6. Diese Rohstoffe sind hochwertiger
7. Bitte liefern Sie so schnell
8. Für unseren Service ist die lokale Werbung wirkungsvoller
9. Der Flug nach Hamburg
10. Die ergonomischen Stühle sind

a. wie im letzten Jahr.
b. ausführlicher als viele Online-Berichte.
c. als die kleine Firma.
d. als die, die wir letztes Jahr gekauft haben.
e. wie möglich.
f. als Werbung im Fernsehen.
g. als den Wirtschaftsteil der Zeitung.
h. dauert nicht so lange wie die Zugfahrt.
i. bequemer als unsere alten Stühle.
j. als der Joghurt.

Übung 11 Eine Besprechung nach dem Assessment-Center

Ergänzen Sie im Komparativ! Verschiedene Antworten sind möglich.

belastbar • durchsetzungsfähig • flexibel • kollegial • kundenorientiert • lernfreudig • lösungsorientiert • motiviert • stressresistent • teamfähig • hilfsbereit • empathisch

1. Bewerber A wirkt .... und .... als Bewerberin B.
2. Bewerberin B scheint nicht so .... wie Bewerber C zu sein.
3. Bewerber C ist definitiv .... und .... als Bewerber A.
4. Bewerber A scheint weniger* .... als Bewerberin D zu sein.
5. Bewerberin D wirkt .... , ... und .... als alle anderen.

▸ *Beachten Sie: Nach *weniger* (Komparativ) steht der Positiv.

Übung 12 Wie kann ich das vergleichen?

Bilden Sie aus zwei Aussagen Vergleichsvarianten! (Wenn Sie alle Sätze zuerst in der „a"-Variante, dann in der „b"-Variante usw. schreiben, kommen Sie nicht so leicht durcheinander.)

➲ Der Markenartikel ist teuer. Dieses Produkt ist günstig.
a) Der Markenartikel ist **teurer als** dieses Produkt.
b) Dieses Produkt ist **günstiger als** der Markenartikel.
c) Dieses Produkt ist **nicht so teuer wie** der Markenartikel.
d) Der Markenartikel ist **nicht so günstig wie** dieses Produkt.

1. Der PC ist neu.
   Das Handy ist alt.
2. Herr Mertens verdient wenig.
   Frau Erkan verdient viel.
3. Das Semester ist lang.
   Die Semesterferien sind kurz.
4. Im Büro ist es kalt.
   In der Kantine ist es warm.
5. Der Messestand Nummer 3 ist groß.
   Der Messestand Nummer 4 ist klein.
6. Ein Sparkonto ist sicher.
   Aktien sind riskant.
7. Die Zinsen sind hoch.
   Die Inflationsrate ist niedrig.
8. Eine Jahresplanung ist langfristig.
   Eine Tagesplanung ist kurzfristig.
9. Diese Übung ist leicht.
   Die letzte Übung war schwierig.
10. Im Büro ist es still.
    Auf dem Flur ist es laut.
11. Die Chefin macht oft Kundenbesuche.
    Ihr Vertriebsleiter macht nur selten Kundenbesuche.
12. Das Handbuch ist dick.
    Die Broschüre ist dünn.
13. Ich bin heute unkonzentriert.
    Gestern war ich konzentriert.
14. Die Buchhalterin ist eher ruhig.
    Die Vertrieblerin ist sehr extrovertiert.
15. Der neue Arbeitsablauf ist effizient.
    Der alte Arbeitsablauf war ineffizient.
16. Mit der U-Bahn zu fahren, ist umweltfreundlich.
    Mit dem Auto zu fahren, ist umweltbelastend.
17. Der erste Bericht ist für uns relevant.
    Der zweite Bericht ist für uns irrelevant.
18. Die Arbeit im Kundendienst ist stressig.
    Die Arbeit im Backoffice ist entspannt.
19. Er ist schon früh im Büro.
    Sie kommt etwas später.
20. Die Kollegin ist sehr sportlich. Der Kollege ist eher bequem.
21. Seine neue Arbeit ist sehr interessant. Seine alte Arbeit war ein bisschen langweilig.
22. Unser Vertrieb arbeitet international. Unser Einkauf arbeitet regional.

4.5 Deklination der gesteigerten Adjektive

Gesteigerte Adjektive werden wie alle anderen Adjektive dekliniert (**Ausnahmen:** *mehr* und *weniger*).

➲ +	Positiv	Dies ist ein hochwertiges Produkt.
++	Komparativ	Ein hochwertigeres Produkt werden Sie kaum finden.
+++	Superlativ	Wir produzieren die hochwertigsten Produkte unserer Branche.

Übung 13 **Eine Anfrage aus Indien** • Ergänzen Sie!

A Hallo Uwe, du warst heute gar nicht im Meeting? Dann hast du die .... *(neu +++)* Nachricht noch gar nicht gehört!

B Dass unsere Solaranlagen die .... *(gut +++)*, die .... *(preiswert +++)* und damit die .... *(erfolgreich +++)* Solaranlagen auf dem Markt sind? Dass keiner .... *(zufrieden ++)* Kunden hat? Dass unser Reklamationsmanagement im Minijob arbeiten könnte?

A *(lacht)* Nein. Obwohl es wirklich keine .... *(gut ++)* Anlagen gibt.

B „Je .... *(sonnig ++)* desto Strom – Solarplexus.de"

A Und genau darum geht's. Wir haben eine Anfrage aus Indien. Solmsen hat uns empfohlen. Einen .... *(treu ++)* und .... *(überzeugt ++)* Kunden gibt es wohl kaum. Und eine .... *(groß ++)* Liefermenge wurde noch nie angefragt. Die indische Firma will dort die .... *(groß +++)* und .... *(leistungsstark +++)* Solarfarm der Welt aufbauen. Man will .... *(wenig ++)* Kohle und Erdöl nutzen und noch .... *(viel ++)* auf Solarenergie setzen.

B Wenn doch alle so dächten!

A Und da kommst du natürlich ins Spiel. Denn wer von uns ist mit Indien .... *(vertraut ++)* als du? Du hast doch dort .... *(lang ++)* Zeit gelebt. Deshalb meint der Chef, du solltest .... *(gut +++)* mit ihm zusammen nach Delhi fliegen und den Interessenten Thar Ltd. überzeugen, dass er von keinem Hersteller .... *(günstig ++)* Bedingungen, ... *(hochwertig ++)* Qualität, ... *(kompetent ++)* Installation und .... *(gewissenhaft ++)* Training der dortigen Mitarbeiter/innen bekommen wird.

B Ich wüsste nicht, was ich .... *(gern ++)* täte. Und sollte Thar Ltd. nicht dafür sorgen, könnte ich uns auch das .... *(komfortabel +++)* Hotel und die .... *(billig +++)* Flüge buchen.

A Das kannst du gleich mit ihm selbst besprechen. Da kommt er gerade.

C Guten Morgen, Herr Rehner, haben Sie schon das .... *(neu +++)* gehört?

B Ich habe gehört, dass Solarplexus noch .... *(international ++)* wird. .... *(viel +++)* freut es mich, dass die Anfrage aus Indien kommt. Vielleicht komme ich so wieder .... *(oft ++)* dahin.

Übung 14 Kurze Besprechung • Ergänzen Sie!

A: Also, Lieferant A bietet die .... *(günstig ++)* Preise, aber Lieferant B hat .... *(kurz ++)* Lieferzeiten und räumt uns eine .... *(lang ++)* Zahlungsfrist ein.

B: Sind die Rohstoffe von Lieferant A nicht .... *(hochwertig ++)*?

A: Ja. Es gibt keine .... *(gut ++)* Ware.

B: Also, eine .... *(gut ++)* und .... *(preiswerter ++)* Qualität?

A: Aber in der Lieferzeit ist er .... *(wenig ++)* flexibel. Was ist, wenn wir sofortigen Materialbedarf haben?

B: Dann müssen wir eben unseren Bestand .... *(sorgfältig ++)* kontrollieren.

A: Und wenn wir einen dieser Expressaufträge bekommen? Sie wissen, das kommt immer .... *(häufig ++)* vor. Wollen Sie dann .... *(gern ++)* ablehnen?

B: Ungern. Damit haben Sie die .... *(schwierig +++)* Aufgabe.

A: Und die wäre?

B: Überzeugen Sie ihn, dass er den Zuschlag nur bekommt, wenn er uns eine .... *(schnell+++möglich)* Lieferung zusagt.

A: Das ist .... *(leicht ++)* gesagt als getan. Aber gut, ich versuch's.

Übung 15 Wer investiert warum in Forschung und Entwicklung (F & E)? • Ergänzen Sie!

Den .... *(rasant +++)* Innovationsrhythmus des Sekundärsektors gibt es im Technologiebereich. Deshalb gibt es hier die .... *(kostenintensiv +++)* Investitionen in Innovation. Zu den an Forschung .... *(interessiert +++)* Firmen gehören die der Elektronikbranche. Firmen dieser Branche investieren den .... *(groß +++)* Anteil ihres Kapitals in F & E. In der Automobilbranche floss zwar bisher .... *(wenig ++)* Geld in die Entwicklung neuer Ideen, aber angesichts der .... *(neu +++)* technologischen Herausforderungen wie autonomes Fahren und E-Autos müssen die Unternehmen nun einen sehr viel .... *(groß ++)* Anteil ihres Umsatzes in F & E investieren. Dabei setzen Konzerne auch auf eine .... *(stark ++)* Förderung von Jungunternehmen. Es zeigt sich immer .... *(häufig ++)*, dass die Zusammenarbeit mit sogenannten Start-ups eine .... *(gut +)* Investition ist. Denn immer .... *(viel ++)* Trends haben ihren Anfang in jungen Unternehmen. Selbstverständlich investieren auch die Firmen der Chemie- und Biochemie-Branche .... *(hoch +)* Anteile ihres Umsatzes in Forschung und Entwicklung. Denn hier gehören patentierte Produkte zu den .... *(wichtig +++)* Einnahmequellen. Mit Abstand die .... *(geringfügig +++)* Beträge für Forschung und Entwicklung geben die Hersteller von Möbeln, Bekleidung, Lebensmitteln und Genusswaren aus.

5 Das Adverb

Die gute Nachricht zuerst: Adverbien sind nicht deklinierbar!

- Adverbien können als Beschreibung des Verbs sowie des Adjektivs stehen:

  ➲ Verb: Der Lkw *fährt schnell*. *Wie fährt* der Lkw? *Schnell*.
  Adjektiv: Der Lkw ist *sehr schnell*. *Wie schnell* ist der Lkw? *Sehr schnell*.

- Adverbien sind zwar nicht deklinierbar, aber sie sind – wie die Adjektive – steigerbar:
  ➲ Der Lkw fährt *schnell*, der Pkw fährt *schneller*, das Motorrad fährt *am schnellsten*.

  Vergleich zum prädikativen Adjektiv:
  ➲ Der Lkw ist *schnell*, der Pkw ist *schneller*, das Motorrad ist *am schnellsten*.

▸ Da es also keine formalen Unterschiede zwischen Adjektiv und Adverb gibt, sei auf das Thema „Adjektiv: Komparation" (Seite 32) verwiesen.

- Einige Adverbien können auch Sätze verkürzen. Man bildet sie, indem man die Endungen ***-(er)weise***, ***-falls*** oder ***-gemäß*** an ein Adjektiv oder Nomen anfügt.

  ➲ Sie waren so freundlich und haben uns 15 Prozent Rabatt gewährt.
  Sie haben uns *freundlicherweise* 15 Prozent Rabatt gewährt.

  ➲ Im Notfall könnten wir Ihnen sofort eine Teillieferung senden.
  Notfalls könnten wir Ihnen sofort eine Teillieferung senden.

  ➲ Ihrem Wunsch gemäß unterbreiten wir Ihnen folgendes Angebot.
  Wunschgemäß unterbreiten wir Ihnen folgendes Angebot.

Übung 1 Zahlungsschwierigkeiten • Ergänzen Sie!

bestenfalls • andernfalls • ~~bedauerlicherweise~~ • ausnahmsweise • üblicherweise • glücklicherweise • keinesfalls • freundlicherweise • vertragsgemäß

1. ***Bedauerlicherweise*** können wir Ihre Rechnung nicht binnen 30 Tagen begleichen. Wir möchten Sie deshalb bitten, uns den Betrag .... bis Ende Juni zu stunden.
2. Ihr Zahlungsverzug brächte uns in eine schwierige Lage. Wir können .... drei Monate auf die Zahlung warten. .... könnten wir Ihre Zahlungsfrist bis Ende Mai verlängern. .... müssten wir unsere Ware zurückverlangen.
3. .... hat unsere Bank gerade unseren Kredit erweitert. Sie erhalten den Betrag also .... in einer Woche.
4. Das freut uns sehr. .... zahlen unsere Kunden vorab. Als unserem besten Kunden bieten wir Ihnen jedoch .... 30 Tage Ziel.

Übung 2 Wie kann man es besser ausdrücken? • Ersetzen Sie die unterstrichenen Satzteile durch ein Adverb und formulieren Sie die Sätze um!

➲ <u>Es war rein zufällig</u>, dass er seinen Chef im Zug traf. *(-erweise)*
Zufälligerweise traf er seinen Chef im Zug.

1. <u>Von Zeit zu Zeit</u> kommt es leider zu Verspätungen. *(-weise)*

   ....

2. <u>Wir haben Glück!</u> Wir haben noch genug Material, bis Ihre Lieferung eintrifft. *(-erweise)*

   ....

3. Wir hoffen, dass die Ware diesmal <u>der Sache entsprechend</u> verpackt wird. *(-gemäß)*

   ....

4. Gerne möchten wir bei Ihnen <u>zur Probe</u> den Artikel Nr. 10 bestellen. *(-weise)*

   ....

5. Im schlimmsten Fall haben Sie die Lieferung übermorgen. *(-falls)*

....

6. Es ist normal, dass wir auf Zahlung per Vorauskasse bestehen. *(-erweise)*

....

7. Die Automatisierung der Arbeitsplätze erfolgt Schritt für Schritt. *(-weise)*

....

8. Es ist verständlich, dass die Firma die Bonität ihrer Neukunden prüft. *(-erweise)*

....

9. Der Erfahrung nach reicht eine halbtägige Mitarbeiterschulung aus. *(-gemäß)*

....

10. Es ist bedauerlich, dass wir Ihren Auftrag nicht ausführen können. *(-erweise)*

....

11. Wir hoffen, dass Sie uns sofort beliefern können. Im anderen Fall müssten wir uns an einen anderen Anbieter wenden. *(-falls)*

....

12. Zum Teil zahlen unsere Kunden bar. *(-weise)*

....

6 Zahlwörter und Mengenangaben

Deklination der Kardinalzahlen

Kardinalzahlen nennt man die einfachen Zahlen ***eins, zwei, drei, vier*** ...

- Der unbestimmte Artikel ***ein/eine/ein*** kann übrigens auch „1" bedeuten.
  Als Pronomen wird das Zahlwort ***eins*** wie der bestimmte Artikel dekliniert.

Nominativ	einer	eine	eines
Akkusativ	einen	eine	eines
Dativ	einem	einer	einem
Genitiv	eines	einer	eines

➲ ***einer*** der zehn Mitarbeiter, ***eines*** der drei Bücher, ***eine*** der Bewerberinnen

- ***Zwei*** und ***drei*** werden nur im Genitiv und Dativ dekliniert.

Dativ: Mit ***zweien/dreien*** der Produkte hatte sie Probleme.
Genitiv: Der Preis ***zweier/dreier*** Produkte war ihr zu hoch.

➲ Beim Kauf ***zweier*** Produkte erhalten Sie 25 Prozent Rabatt.
Sie bewarb sich bei vielen Firmen. Bei ***dreien*** bekam sie einen Vorstellungstermin.

- Von 4 bis 999 999 werden die Zahlen nicht dekliniert.

Übung 1 **Kardinalzahlen** • Schreiben Sie die Zahlwörter aus!

➲ Früher saß er im Aufsichtsrat ***einer*** Firma. *(1)*
Heute sitzt er im Aufsichtsrat von ***dreien***. *(3)*

1. Das Projekt ist mit .... Mitarbeiter/innen nicht zu schaffen. Wir brauchen mindestens .... *(4, 5)*.
2. Die Geräte sind heute eingetroffen. .... davon ist leider defekt. *(1)*
3. Außerdem funktioniert bei .... die LED-Anzeige nicht. *(2)*
4. Für die Inbetriebnahme .... Geräte fehlen die Netzteile. *(3)*
5. Nur die Inbetriebnahme von .... Geräten ist problemlos möglich. *(7)*

- Als Nomen werden Kardinalzahlen großgeschrieben.
  ➲ Sie bekam eine *Eins* in Physik.
  Die *Fünfzehn* fährt direkt zu den Messehallen.

- Außerdem großgeschrieben werden:
  Million, Milliarde, Billion
  ➲ Für dieses Forschungsprojekt wurden mehrere *Millionen* Euro bereitgestellt.

  Hunderte, Tausende (Plural von 100/1 000, dekliniert)
  ➲ Durch den Firmenkonkurs verloren *Hunderte* ihren Arbeitsplatz. Die Arbeitnehmer/innen demonstrierten zu *Tausenden*.

  Dutzend, das (12 Stück): Als genaues Maß nicht dekliniert.
  Bei ungefähren Mengenangaben dekliniert.
  ➲ (genaues Maß): Wir benötigen fünf *Dutzend* Bildschirme.
  (ungefähre Angabe): *Dutzende* von Häusern wurden im Sturm beschädigt.

  **Paar, das*: zwei zusammengehörige Personen oder Sachen
  ➲ Bei jedem Schuhkauf über 100 Euro erhalten Sie ein *Paar* Socken gratis.

  ▸ *Nicht großgeschrieben wird *ein paar* im Sinne von *einige*:
  ➲ Vor einem Monat hatten wir noch hundert Kugelschreiber, jetzt sind nur noch ein ***paar*** übrig.

  Prozent, das: Bei genauen Mengenangaben unveränderlich, bei generellen Aussagen (mit der Bedeutung *Provision*) im Plural deklinierbar.
  ➲ Wie viel *Prozent* Skonto gewähren Sie? Wir gewähren drei *Prozent* Skonto.
  Der Reisende bekommt für jeden Kaufvertrag *Prozente*.

Übung 2 **Mögliche Folgen einer Finanzkrise** • Ergänzen Sie in Worten!

➲ ***Tausende*** *(1 000,* Pl.*)* von Unternehmen müssen schließen.

1. Arbeitnehmer verlieren zu .... *(1 000 000,* Pl.*)* ihre Arbeitsplätze.
2. .... *(12,* Pl.*)* von Banken werden mit .... *(1 000 000 000,* Pl.*)* von Steuergeldern gerettet.
3. In der Krise von 2008 wurde .... *(1)* der Investmentinstitute in die Insolvenz geschickt.
4. Die Bankguthaben der kleinen Sparer/innen sind zum Glück zu .... *(100 Prozent)* garantiert.

- **Rechenarten**

2 + 2 = 4	zwei ***plus/und*** zwei ***ist/gleich*** vier
4 – 2 = 2	vier ***minus/weniger*** zwei ***ist/gleich*** zwei
2 x 4 = 8	zwei ***mal*** vier ***ist/gleich*** acht
8 : 2 = 4	acht ***(geteilt) durch*** zwei ***ist/gleich*** vier
2^2 = 4	zwei ***hoch*** zwei ***ist/gleich*** vier

Übung 3 **Wie viel ist?** • Rechnen Sie und schreiben Sie in Worten!

➲ 20 + 17 =	***37***	In Worten:	***zwanzig plus siebzehn ist/gleich siebenunddreißig***
1. 97 – 23 =	....		....
2. 8 x 7 =	....		....
3. 132 : 12 =	....		....
4. 3^3 =	....		....

Ordinalzahlen ordnen Zusammenhänge, Reihen- und Rangfolgen.

Außer bei ***Eins*** und ***Drei*** wird an die Kardinalzahl ein *-te* angefügt und die Zahl wird wie ein normales Adjektiv dekliniert.

eins	der/die/das ***Erste***	ein ***erster*** Bericht	eine ***erste*** Lieferung	ein ***erstes*** Mal
zwei	der/die/das Zwei***te***	ein zwei***ter*** Bericht	eine zwei***te*** Lieferung	ein zwei***tes*** Mal
drei	der/die/das ***Dritte***	ein ***dritter*** Bericht	eine ***dritte*** Lieferung	ein ***drittes*** Mal
vier	der/die/das Vier***te***	ein vier***ter*** Bericht	eine vier***te*** Lieferung	ein vier***tes*** Mal

➲ Wir schreiben heute ***den fünften Dezember***.
Trotz *unserer zweiten Mahnung* konnten wir keinen Zahlungseingang feststellen.

Übung 4 **Welches Datum haben wir heute?** • Ergänzen Sie die Endungen!

➲ Montag ist schon der erst***e*** Juni.

1. Wir beziehen uns auf Ihr Schreiben vom vier..... März.
2. Ort, Datum: Hamburg, den siebzehn..... August 20xx
3. Die Lieferung erfolgt am Dritt..... des Monats.
4. Ab dem elf..... Acht..... haben wir eine neue Adresse.
5. Bis zum fünf..... Zehn..... bleibt unser Betrieb wegen Inventur geschlossen.

- Ordinalzahlen + Superlativ
  Diese Verbindung entsteht durch den Stamm der Ordinalzahl + das Adjektiv im Superlativ:
  ➲ zweit- + schnellste/r/s = zweitschnellste/r/s

Übung 5 **Wie gut sind wir?** • Kombinieren Sie die Adjektivteile und ergänzen Sie!

1. Im Ranking schnitt unsere Firma als ***zweitbester*** *(2 • gut)* Dienstleister ab.
2. Der letzten Umfrage nach ist unsere Firma die .... *(4 • bekannt).*
3. Offensichtlich haben wir die .... *(3 • günstig)* Preise.
4. Außerdem bieten wir den .... *(2 • schnell)* Kundenservice.
5. Nur in Punkto Mitarbeiterentwicklung scheinen wir der .... *(5 • letzt-)* Betrieb zu sein.

- Brüche
  Bei Brüchen wird die Kardinalzahl durch die Nachsilbe *-tel* ergänzt.
  ➲ ¼ = vier + *-tel* = ein Viertel

  Ausnahmen bilden die Zahlen *zwei* und *drei*: ½ = halb/eine Hälfte
  ⅓ = ein Drittel

- **Aussprache der Zahlen**

½ = halb (Nomen: *die Hälfte*)
1 ½ = anderthalb (zur leichteren Aussprache statt *einundeinhalb*)
4 ½ = viereinhalb
⅓ = ein Drittel

¼ = ein Viertel
aber: eine Viertelstunde
¾ = drei Viertel
als Adjektiv: ein dreiviertel Jahr
⅛ = ein Achtel

Übung 6 Zahlen bitte! • Ergänzen Sie die Mengenangaben!

➲ Bitte geben Sie mir ***ein halbes*** (½) Mischbrot.

1. Nein, 1 Kilo ist zu viel. Geben Sie mir ....! (½ – Nomen)
2. Die Maschine wiegt ca. .... (1 ½) Tonnen.
3. Ein Quartal entspricht .... (¼ Jahr).
4. Die Firma verlor .... (⅛) ihres Umsatzes durch Zuliefererschwierigkeiten.
5. Das Unternehmen spendet .... (1/10) seines Gewinns nach Steuern für wohltätige Zwecke.
6. 20 Prozent des Umsatzes, d. h. .... (⅕) des Umsatzes, erwirtschaftet der Betrieb durch Export.
7. 75 Prozent sind .... (¾) vom Ganzen.
8. Durch seine Aktienspekulation gewann er .... (½) Million.
9. Nach .... (¼ Stunde) war der Kaufvertrag unterschrieben.
10. Man sollte nicht mehr als .... (⅓) seines Gehalts für Miete ausgeben.

- **Maßangaben**
  Maßangaben werden generell im Singular benutzt.
  (Ausnahmen sind feminine Maßeinheiten: *fünf Tonnen Sand, drei Unzen Gold.*)
  ➲ ein Kilo, drei Kilo Mehl
  ein Pfund, zwei Pfund Margarine
  ein Gramm, 150 Gramm Zucker
  ein Liter, fünf Liter Milch
  ein Dutzend, vier Dutzend
  ein Euro, 20 Euro
  ein Paar Schuhe, zehn Paar Schuhe
  ein Stück Butter, fünf Stück Butter
  ein Prozent, hundert Prozent
  ein Meter, hundert Meter
  ein Grad, 30 Grad
  ein Bund Petersilie, drei Bund Schnittlauch

Übung 7 Die Einkaufsliste • Ergänzen Sie die Maßeinheiten! (Manchmal gibt es mehrere Möglichkeiten.)

Kilo • Pfund • Gramm • Liter • Dutzend • Paar • Euro • Stück

a) Auf dem Nachhauseweg muss Frau Mehring noch einkaufen. Leider hat der Regen ihre Einkaufsliste teilweise gelöscht. Helfen Sie ihr und ergänzen Sie die Maßeinheiten:

Die Einkaufsliste

1 .... Milch
500 .... Butter
2 .... Tomaten
1 .... Frühlingszwiebeln
½ .... Eier
250 .... Schokokekse
3 .... Käsekuchen
1 x 10 .... Abfalltüten
1 .... Flipflops

Sie hat aber nicht mehr als 20 .... bar und muss elektronisch bezahlen.

b) Was müssen Sie heute/morgen/für das Wochenende einkaufen? Notieren Sie.

....

....

....

....

Teil II

Verben

7 Das Verb

- Die meisten deutschen Verben sind schwache, also regelmäßige Verben und bilden Perfekt und Plusquamperfekt mit *haben*. Nur einige Verben der richtungsweisenden Bewegung oder Zustandsveränderung bilden das Perfekt und Plusquamperfekt mit *sein*.
  ➲ **steigen** Die Aktienkurse *sind* gestiegen. (Bewegung)
  aufwachen Sie *ist* gerade aufgewacht. (Zustandsveränderung)

7.1 Schwache Verben

Die schwachen Verben sind regelmäßig und bilden das Partizip II mit *ge-* + Stamm + *-t*.

	Präsens	Präteritum	Perfekt	Plusquamperfekt
ich	mach**e**	mach**te**	habe **ge**mach**t**	hatte **ge**mach**t**
du	mach**st**	mach**test**	hast **ge**mach**t**	hattest **ge**mach**t**
er/sie/es	mach**t**	mach**te**	hat **ge**mach**t**	hatte **ge**mach**t**
wir	mach**en**	mach**ten**	haben **ge**mach**t**	hatten **ge**mach**t**
ihr	mach**t**	mach**tet**	habt **ge**mach**t**	hattet **ge**mach**t**
sie/Sie	mach**en**	mach**ten**	haben **ge**mach**t**	hatten **ge**mach**t**

	Futur I	Futur II	Konj. II Gegenwart	Konj. II Vergangenheit
ich	werde machen (siehe Seite 68 f.)	werde gemacht haben (siehe Seite 68 f.)	machte/würde machen (siehe Seite 75 f.)	hätte gemacht (siehe Seite 79 f.)

▸ Erklärungen zu den Zeitebenen: siehe Seite 61 ff.

7.2 Starke Verben

Bei den starken, also unregelmäßigen Verben ändert sich der Stammvokal im Präteritum, oft auch im Perfekt.
➲ *nehmen* (Infinitiv), *nahm* (Präteritum), *genommen* (Partizip II)

- Manche Verben verändern ihren Stamm.
  ➲ *gehen* (Infinitiv), *ging* (Präteritum), *gegangen* (Partizip II)

- Einige Verben haben in der 2. und 3. Person Singular Präsens eine Vokaländerung.
  ➲ ich fahre, du f**ä**hrst, er/sie/es f**ä**hrt • ich sehe, du s**ie**hst, er/sie/es s**ie**ht

- Das Partizip II endet auf *-en*.

	Präsens	Präteritum	Perfekt	Plusquamperfekt
ich	l**e**se	l**as**	habe **ge**les**en**	hatte **ge**les**en**
du	l**ie**st	l**a**s(es)t	hast **ge**les**en**	hattest **ge**les**en**
er/sie/es	l**ie**st	l**as**	hat **ge**les**en**	hatte **ge**les**en**
wir	l**e**sen	l**a**sen	haben **ge**les**en**	hatten **ge**les**en**
ihr	l**e**st	l**a**st	habt **ge**les**en**	hattet **ge**les**en**
sie/Sie	l**e**sen	l**a**sen	haben **ge**les**en**	hatten **ge**les**en**

	Futur I	Futur II	Konj. II Gegenwart	Konj. II Vergangenheit
ich	werde lesen (siehe Seite 68 f.)	werde gelesen haben (siehe Seite 68 f.)	würde lesen (siehe Seite 60 f.)	hätte gelesen (siehe Seite 65 f.)

▸ Eine Liste der gängigen unregelmäßigen Verben finden Sie auf Seite 167 ff.

Übung 1 **Schwache Verben** • Bilden Sie Sätze in allen Zeitformen und im Konjunktiv II!

1. er • schicken • eine Mail
2. wir • kaufen • alte Bücher
3. ihr • lernen • eine neue Sprache
4. sie (Pl.) • brauchen • einen Kredit
5. ich • sagen • Bescheid
6. du • holen • den neuen Katalog
7. sie (Sg.) • üben • die Grammatik
8. er • fragen • sie

Übung 2 **Starke Verben** • Ergänzen Sie die Verbformen im Präsens, Präteritum und Perfekt!

➲ Ich vergesse den Termin. Du ***vergisst*** den Termin. *(Präsens)*
Ich ***vergaß*** den Termin. *(Präteritum)* ***Hast*** du den Termin ***vergessen***? *(Perfekt)*

1. Ich empfehle dieses Produkt.
   Du .... dieses Produkt.
   Ich .... dieses Produkt.
   .... du dieses Produkt ....?
2. Ich gebe dem Kunden Rabatt.
   Du .... dem Kunden Rabatt.
   Ich .... dem Kunden Rabatt.
   .... du dem Kunden Rabatt ....?
3. Ich nehme dieses Gerät.
   Du .... dieses Gerät.
   Ich .... dieses Gerät.
   .... du dieses Gerät ....?
4. Ich spreche mit ihm.
   Du .... mit ihm.
   Ich .... mit ihm.
   .... du mit ihm ....?
5. Ich helfe ihm. Du .... ihm.
   Ich .... ihm.
   .... du ihm ....?
6. Ich treffe sie im Büro.
   Du .... sie im Büro.
   Ich .... sie im Büro.
   .... du sie im Büro ....?
7. Ich laufe zum Bus.
   Du .... zum Bus.
   Ich .... zum Bus.
   .... du zum Bus ....?
8. Ich werfe das Papier weg.
   Du .... das Papier ....
   Ich .... das Papier ....
   .... du das Papier ....?
9. Ich fahre vorsichtig.
   Du .... vorsichtig.
   Ich .... vorsichtig.
   .... du vorsichtig ....?
10. Ich halte mein Versprechen.
    Du .... dein Versprechen.
    Ich .... mein Versprechen.
    .... du dein Versprechen ....?
11. Ich werde in der Grammatik besser.
    Du .... in der Grammatik besser.
    Ich .... in der Grammatik besser.
    .... du in der Grammatik besser
    ....?
12. Ich trage die Namen ein.
    Du .... die Namen ....
    Ich .... die Namen ....
    .... du die Namen ein ....?
13. Ich empfange die Gäste.
    Du .... die Gäste.
    Ich .... die Gäste.
    .... du die Gäste ....?
14. Ich rate zum Kauf.
    Du .... zum Kauf.
    Ich .... zum Kauf.
    .... du zum Kauf ....?
15. Ich sehe das Resultat.
    Du........................ das Resultat.
    Ich .... das Resultat.
    .... du das Resultat ....?

Übung 3 **Vokaländerung in der 2. und 3. Person Sg. – Wer macht was?** • Stellen Sie Fragen!

➲ an der Konferenz teilnehmen
Nimmst du an der Konferenz teil oder *nehme* ich an der Konferenz teil?

1. den Interessenten Bescheid geben
2. dem Kunden das Produkt empfehlen
3. die Bedienungsanleitung vorlesen
4. die Kundin unterschreiben lassen
5. zur Messe fahren
6. die Rechnungen durchsehen
7. den Kollegen vertreten
8. den Gast empfangen
9. die Präsentation anfangen
10. heute die Kund/innen beraten
11. zuerst zu Mittag essen
12. morgen unsere Geschäftspartnerin treffen
13. mit den Flyern für das Produkt werben
14. mit dem Einkäufer sprechen
15. noch schnell zum Supermarkt laufen
16. die Bewerberin zum Gespräch einladen

Übung 4 **Das habe ich schon getan! Das ist schon geschehen!** • Beantworten Sie die Fragen im Perfekt!

➲ Lesen Sie die AGB?
Ich habe die AGB (schon) gelesen.

1. Schreiben Sie das Angebot?
2. Gehen Sie jetzt einkaufen?
3. Verbinden Sie den Kunden weiter?
4. Empfehlen Sie dieses Produkt?
5. Nehmen Sie die Ware in Empfang?
6. Gehen Sie jetzt in die Pause?
7. Essen Sie jetzt zu Mittag?
8. Finden Sie den Druckfehler?
9. Wann beginnen Sie mit dem Projekt?
10. Helfen Sie beim Einarbeiten?
11. Fahren Sie noch zur Post?
12. Läuft das Projekt gut?
13. Steigt unser Umsatz?
14. Kommt heute die Lieferung?
15. Sind Sie heute am Messestand?
16. Sinkt unser Aktienkurs?
17. Sprechen Sie mit dem Kunden?
18. Schließen wir einen Kompromiss?

7.3 Mischverben

Mischverben haben das Partizip-II-Präfix und -Suffix der schwachen Verben (*ge-* + Verbstamm + *-t*). Jedoch ändern sie im Präteritum und Perfekt/Plusquamperfekt den Stammvokal. Zu den Mischverben gehören:

bringen: brachte, gebracht
denken: dachte, gedacht
kennen: kannte, gekannt
nennen: nannte, genannt
senden: sandte, gesandt (sendete, gesendet*)
wissen: wusste, gewusst

▸ *Die regelmäßige (schwache) Variante des Verbs *senden* wird z. B. für Fernseh- und Radionachrichten verwendet.

▸ Auch die Modalverben gehören zu den Mischverben.

Übung 5 **Mischverben** • Setzen Sie die Verben ins Präteritum und ins Perfekt!

➲ Präsens: Die Firma bringt das Produkt auf den Markt.
Präteritum: Die Firma *brachte* das Produkt auf den Markt.
Perfekt: Die Firma *hat* das Produkt auf den Markt *gebracht*.

1. Ich kenne die Firma.
2. Wissen Sie, dass das Meeting erst morgen stattfindet?
3. Sie nennt mir ihren Namen.
4. Das Unternehmen sendet alle Güter per Seefracht zu.
5. Denken Sie gerade an Ihre Präsentation?
6. Er wendet sich an den Kundendienst.

Übung 6 **Schwache, starke oder Mischverben?** • Setzen Sie die Perfektform ein!

1. .... du das Telefon nicht ....? *(hören)*
2. Wir .... drei Stunden auf der Messe .... *(bleiben)*
3. .... Sie unser Schreiben ....? *(erhalten)*
4. Die Firma .... die optimale Kandidatin .... *(finden)*
5. Ich .... mich auf meine Uhr .... *(verlassen)*
6. Er .... alle Stellenanzeigen auf dem Job-Portal .... *(lesen)*
7. .... ihr nicht zur Messe ....? *(fahren)*
8. Ich .... über Hamburg .... *(fliegen)*
9. .... Sie davon ....? *(wissen)*
10. Ich .... gestern länger .... *(arbeiten)*

7.4 Trennbare und untrennbare Verben

- Die wichtigsten Präfixe **untrennbarer** Verben sind:

be-	bekommen	ge-	gewähren	ver-	versuchen
ent-	enthalten	hinter-	hinterlassen	wider-*	widersprechen
er-	erhalten	miss-	missverstehen	zer-	zerreißen

▸ *Einige wenige Ausnahmen sind trennbar: z. B. *widerspiegeln, widerhallen.*

- Die wichtigsten Präfixe **trennbarer** Verben sind:

ab-	ablehnen	bei-	beilegen	hin-	hinbringen	weg-	weglaufen
an-	ankommen	ein-	einkaufen	mit-	mitmachen	zu-	zuhören
auf-	aufhalten	fest-	festhalten	nach-	nachholen	zurück-	zurücknehmen
aus-	aussuchen	her-	herholen	vor-	vorbereiten	zusammen-	zusammenkommen

- Einige Präfixe können sowohl **trennbare** als auch **untrennbare** Verben bilden:
  - ➲ Wird das Präfix nicht betont, ist das Verb untrennbar.
    übersetzen — Wer *übersetzt* den Text ins Deutsche?
  - ➲ Wird das Präfix betont, ist das Verb trennbar.
    übersetzen — Er *setzt* mit der Fähre nach Calais *über*.

	unbetont		**betont**	
durch-	durchsuchen	Er durchsucht seine Tasche.	durchlesen	Sie liest den Vertrag durch.
über-	überweisen	Wir überweisen den Betrag.	überkochen	Die Suppe kocht über.
um-	umsorgen	Sie werden von unserem Pflegepersonal umsorgt.	umfallen	Das Glas fällt um.
unter-	unterhalten	Wir haben uns über die Reise unterhalten.	unterstellen	Bei dem Regen stellt er das Fahrrad unter.
wieder-	wiederholen	Sie hat ihre Frage wiederholt.	wiederfinden	Sie findet die Rechnung wieder.

- **Untrennbare Verben** sind auch im Partizip II untrennbar.
  ➲ Präfix unbetont:
  Wir unterhalten uns gut. → Wir haben uns gut unterhalten.
  Sie hinterlässt keine Nachricht. → Sie hat keine Nachricht hinterlassen.
  Er überzieht sein Konto. → Er hat sein Konto überzogen.
- **Trennbare Verben** sind auch im Partizip II durch ein *-ge-* getrennt.
  ➲ Präfix betont:
  Das Glas fällt um. → Das Glas ist umgefallen.
  Er stellt das Fahrrad unter. → Er hat das Fahrrad untergestellt.
  Sie zieht sich eine Jacke über. → Sie hat sich eine Jacke übergezogen.

Übung 7 **Aus dem Alltag eines Assistenten** • Trennbares oder untrennbares Verb? Bilden Sie Sätze im Präsens und Perfekt!

➲ die Post durchsehen
Er *sieht* die Post *durch*.
Er hat die Post *durchgesehen*.

1. unwichtige Post wegwerfen
2. den Computer einschalten
3. die neuen Mails durchgehen
4. den Anrufbeantworter abhören
5. hinterlassene Nachrichten aufschreiben
6. die Chefin begrüßen
7. die Mail beantworten
8. den Anruf durchstellen
9. einen Anrufer zurückrufen
10. die Antwort der Chefin wiederholen
11. ein Formular unterschreiben
12. einen Kurierdienst bestellen
13. einen Besucher empfangen
14. dem Besucher Kaffee anbieten
15. der Chefin den Besucher ankündigen
16. die Besprechung der Chefin kurz mit einer Frage unterbrechen
17. sich dafür entschuldigen
18. einige Rechnungsbeträge online überweisen
19. einem Interessenten ein Angebot zusenden
20. eine Reklamation annehmen
21. der Chefin die Reiseplanung für den nächsten Tag übergeben
22. den Computer herunterfahren
23. seinen Mantel überziehen
24. seine Tasche nach dem Handy durchsuchen
25. bei der Bank Geld abheben und das Konto überziehen
26. im Supermarkt einkaufen
27. sich mit Freunden unterhalten
28. sich vom langen Tag erholen

7.5 Reflexive Verben

Reflexive Verben können in drei Gruppen unterteilt werden.

- Die Verben der ersten Gruppe stehen in fester Verbindung mit dem Reflexivpronomen im Akkusativ.
  ➲ sich bedanken, sich beeilen, sich befinden, sich beschweren, sich bewerben, sich einigen, sich entschließen, sich erkundigen, sich freuen, sich irren, sich wundern ...
  Ich bewerbe *mich* um die Stelle.

- Die Verben der zweiten Gruppe können reflexiv oder – manchmal mit einer Bedeutungsänderung – mit einem normalen Akkusativobjekt benutzt werden.
  ➲ (sich) ändern, (sich) anmelden, (sich) ärgern, (sich) aufregen, (sich) beschäftigen, (sich) entscheiden, (sich) entschuldigen, (sich) erinnern, (sich) fürchten, (sich) langweilen, (sich) treffen, (sich) unterhalten, (sich) verabreden, (sich) verabschieden, (sich) verstehen, (sich) vorstellen ...
  Darf ich *mich* vorstellen?
  Darf ich *unseren neuen Mitarbeiter* vorstellen?

- Bei der dritten Gruppe von Verben, die ein Akkusativobjekt verwendet – also transitiv ist, steht das Reflexivpronomen im Dativ.
  ➲ sich etwas ansehen, ausdenken, durchlesen, erlauben, merken, kaufen, leihen, leisten, vorstellen, waschen ...
  Du solltest *dir* den Vertrag genau durchlesen.

Übung 8 Reflexive Verben: Erste Gruppe • Ergänzen Sie!

dich *(2x)* • euch *(2x)* • mich *(2x)* • sich *(5x)* • uns

1. Wir möchten .... nach Ihren Preisen und Lieferbedingungen erkundigen.
2. Freust du .... auf deinen Urlaub?
3. Die Geschäftspartner haben .... schnell geeinigt.
4. Ich habe .... nun entschlossen, eine Ausbildung zu machen.
5. Bitte beeilt ....! Sonst verpassen wir den Zug.
6. Die Firma bedankt .... für die Anfrage.
7. Leider haben Sie .... in der Bestellmenge geirrt.
8. Ich muss .... über dieses Gerät beschweren.
9. Ihr habt in der letzten Woche so viele Überstunden gemacht. Ihr solltet .... diese Woche ein bisschen ausruhen!
10. Befindet .... der Konferenzraum im zweiten oder dritten Stock?
11. Bewirbst du .... um die Stelle?
12. Wundern Sie .... über unsere günstigen Preise?

Übung 9 Reflexive Verben: Zweite Gruppe • Wählen Sie je zwei passende Antworten!

1. Das Unternehmen beschäftigt
2. Der Vertreter unterhält
3. Die Firma stellt
4. Die Teammitglieder verstehen
5. Der Kunde ärgert
6. Die Assistentin erinnert

a. sich mit einem Kunden am Messestand.
b. sich mit der Textilproduktion.
c. sich prächtig untereinander.
d. 500 Mitarbeiter weltweit.
e. seine Kunden mit witzigen Erzählungen.
f. ihr neuestes Produkt auf der Messe vor.
g. sich möglichen Investoren vor.
h. sich über die schadhafte Ware.
i. ihre Chefin an den Termin.
j. die Anweisung des Chefs nicht.
k. den Verkäufer, indem er nach der Beratung doch lieber im Internet bestellen will.
l. sich gerne an ihren Urlaub.

Übung 10 Reflexive Verben: Dritte Gruppe • Ergänzen Sie das passende Reflexivpronomen!

1. Ich muss .... noch einen Namen für das Produkt ausdenken.
2. Kannst du .... den Trubel auf der Messe vorstellen?
3. Was für ein Auto kauft ihr ....?
4. Die Rezeptionistin kann .... den Namen des Kunden einfach nicht merken.
5. Lesen Sie .... bitte die Gebrauchsanweisung durch!
6. Wir möchten .... die Produktpräsentation ansehen.
7. Sie können .... gerne Informationsmaterial mitnehmen.
8. Kann ich .... von dir einen Stift ausleihen?
9. Kannst du .... so eine Kreuzfahrt leisten?
10. Die Kosten für Bewerbungsmappen kannst du .... durch Online-Bewerbungen sparen.

7.6 Der Imperativ

Der Imperativ wird häufig für Aufforderungen oder Anordnungen, aber auch Bitten, Empfehlungen, Ermahnungen oder Anleitungen verwendet.

Aufforderung: Setzen Sie sich doch!
Anordnung: Steh auf!
Bitte: Schicken Sie uns bitte ein Angebot.
Empfehlung: Nimm am besten das energiesparendste Modell!
Ermahnung: Seien Sie vorsichtig!
Anleitung: Biegen Sie nach der Kreuzung rechts ab.

Bildung des Imperativs

Präsens	Imperativ
du machst	Mach!
Sie machen	Machen Sie!
wir machen	Machen wir!
ihr macht	Macht!

1. Die einzige Form, die sich von der normalen Konjugation unterscheidet, ist die Singularform. Bei den meisten Verben wird der Infinitivstamm verwendet (ohne die Endung *-(e)n*).
   ➲ kommen: *Komm* bitte pünktlich!
   machen: *Mach* keine Witze!

2. Bei den Verben, deren Vokal sich in der 2. und 3. Person Singular von *e* → *i(e)* verändert, wird die Vokaländerung der 2. Person beibehalten.
   ➲ *Lies* das Buch! *Nimm* das Heft! *Sprich* nicht so schnell!
   Die Vokaländerung von *a* → *ä* wird im Imperativ nicht reflektiert.
   ➲ du fährst, **aber:** *Fahr vorsichtig!*

3. Bei Verben, deren Stamm auf *-d, -t, -ig, -n* und oft auch auf *-er* endet, wird beim Imperativ der 2. Person Singular ein *-e* angehängt.
   ➲ *Meide* den Feierabendverkehr! *Rate* mal! *Erkundige* dich!
   Öffne bitte das Fenster! Mensch, *ärgere* dich nicht!

4. Bei dem Verb *sein* werden spezielle Formen benutzt.
   ➲ *Sei* leise! *Seien* wir leise! *Seid* leise! *Seien* Sie leise!

5. Trennbare Verben sind auch im Imperativ getrennt.
   ➲ vorlesen: *Lies* vor! *Lesen* wir vor! *Lest* vor! *Lesen* Sie vor!

Übung 11 **Aufforderungen, Ermahnungen, Bitten** • Bilden Sie Imperative!

➲ zuhören: *Hören Sie (bitte) zu!*
Hör (bitte) zu!
Hört (bitte) zu!

1. hier unterschreiben
2. das Passwort eingeben
3. anrufen
4. hereinkommen
5. das Fenster schließen
6. Platz nehmen
7. das Wichtigste nicht vergessen
8. froh sein
9. vorsichtig fahren
10. lieber zuerst die AGB lesen

Übung 12 Aufforderungen, Ermahnungen, Bitten bei reflexiven Verben • Bilden Sie Imperative!

➲ sich doch freuen *(Sie)* ***Freuen Sie sich doch!***

1. sich bitte einigen *(ihr)*
2. sich beeilen *(ihr)*
3. sich bitte bald entscheiden *(du)*
4. sich ausruhen *(du)*
5. sich doch um die Stelle bewerben *(du)*
6. sich das neue Handy holen *(Sie)*
7. sich Zeit lassen *(Sie)*
8. sich lieber vergewissern *(du)*
9. sich nicht ärgern *(du)*
10. sich keine Sorgen machen *(ihr)*
11. sich vorsehen *(du)*
12. sich doch bei ihr entschuldigen *(du)*
13. sich für den Kurs anmelden *(Sie)*
14. sich nach dem Preis erkundigen *(ihr)*
15. sich über die Verspätung beschweren *(du)*
16. sich nicht zu viel davon versprechen *(ihr)*
17. sich noch Kaffee nehmen *(du)*
18. sich hier bitte eintragen *(Sie)*
19. sich nicht einschüchtern lassen *(du)*
20. sich das Passwort merken *(du)*

Übung 13 Wie starte ich einen Blog? • Setzen Sie die Verben ein!

Sie möchten mehr Verkehr zu Ihrer Website leiten? Sie möchten ganz oben auf der Ergebnisliste stehen? Starten Sie einen Blog! Suchmaschinen lieben relevante Informationen. Wir erklären Ihnen, wie es geht!

abonnieren • abwechseln • sich ansehen • bieten • einfügen • ~~sich fragen~~ • lassen • lesen • sich nehmen • sich notieren • schreiben • sein • setzen • üben • sich überlegen • vergessen • verzichten

1. ***Fragen*** Sie ***sich***, was Ihre Leser/innen wissen möchten.
2. .... Sie .... Überschriften, die neugierig machen.
3. .... Sie lange und kurze Sätze ....
4. .... Sie in kurzen Absätzen, um die Leser/innen nicht zu ermüden.
5. .... Sie Bilder ....
6. .... Sie nicht, relevante Schlüsselwörter zu verwenden.
7. .... Sie Ihren Leser/innen z. B. ein E-Book für ihre E-Mail-Adresse.
8. .... Sie bereit, den Blog auch als Newsletter zu versenden.
9. .... Sie .... Werbung im Blog.
10. .... Sie .... Zeit, die Blogthemen zu planen.
11. .... Sie .... alle Ideen dazu.
12. .... Sie das Bloggen, um immer besser und produktiver zu werden.
13. .... Sie Gastblogger/innen Beiträge schreiben.
14. .... Sie Links zu den Produktseiten Ihrer Website.
15. .... und .... Sie unseren wöchentlichen Newsletter mit Tipps zum Bloggen.
16. .... Sie ...., wie Ihre Besucherzahlen steigen.

- Erklären Sie nun einer Freundin/einem Freund, wie man erfolgreich bloggt.

  ➲ ***Frag dich***, was ***deine*** Leser/innen wissen möchten.

- Erklären Sie nun einer Gruppe von Freunden, wie man erfolgreich bloggt.

  ➲ ***Fragt euch***, was ***eure*** Leser/innen wissen möchten.

7.7 Modalverben im Präsens

Modalverben verändern die Aussage eines Satzes.

Tatsache, Fakt:	Das Unternehmen hält sich an die Lieferfrist.
Wunsch:	Das Unternehmen *möchte* sich an die Lieferfrist halten.
Obligation, Pflicht:	Das Unternehmen *muss* sich an die Lieferfrist halten.
Verpflichtung/Vermutung:	Das Unternehmen *soll* sich an die Lieferfrist halten.
Möglichkeit/Fähigkeit:	Das Unternehmen *kann* sich an die Lieferfrist halten.
Absicht, Intention:	Das Unternehmen *will* sich an die Lieferfrist halten.
Erlaubnis/Verbot:	Das Unternehmen *darf* die Lieferfrist (nicht) überschreiten.

- Die Negation von *müssen* ist *nicht müssen* (kein Zwang) oder *nicht dürfen* (Verbot).
- *Nicht müssen* wird meistens durch *nicht brauchen + zu +* Infinitiv ersetzt.
- Verpflichtungen mit *sollen* sind weniger stark als mit *müssen*.
  (zu Vermutungen siehe auch Seite 71)
- *Möchten* ist die Konjunktivform von *mögen*.
  Mögen im Sinne von *wollen* wird heute fast ganz durch *wollen* und *möchten* verdrängt.
  Als Vollverb bedeutet es, *etwas gut* oder *lecker finden*:
  ➲ Fußballspielen *mag* er gerne. Sie *mag* keinen Spinat.
- In der indirekten Rede wird *soll* oft (höflicher) mit *möchte* ersetzt.
  ➲ Sagen Sie ihr bitte, dass sie mich in einer Stunde anrufen *möchte*.
- Modalverben können in der gesprochenen Sprache auch als Vollverb verwendet werden.
  ➲ Frau Morlock *kann* Japanisch.
  Ich *muss* jetzt ins Büro.
  Was *soll* das?

Präsens

	können	**sollen**	**dürfen**	**wollen**	**müssen**	**möchten**
ich	***kann***	soll	***darf***	***will***	***muss***	möchte
du	***kannst***	sollst	***darfst***	***willst***	***musst***	möchtest
er/sie/es	***kann***	soll	***darf***	***will***	***muss***	möchte
wir	können	sollen	dürfen	wollen	müssen	möchten
ihr	könnt	sollt	dürft	wollt	müsst	möchtet
sie/Sie	können	sollen	dürfen	wollen	müssen	möchten

Übung 14 **Was kann, darf, soll, muss geschehen?** • Bilden Sie Sätze!

1. hier • niemand parken *(dürfen)*
2. die Firma • mehr verkaufen *(müssen)*
3. der Betrieb • jetzt auch ausbilden *(wollen)*
4. die Bewerberin • sich vorstellen *(möchten)*
5. das Unternehmen • sofort liefern *(können)*
6. die Kundin • nicht warten *(möchten)*
7. du • das Dokument speichern *(müssen)*
8. ihr • sich beeilen *(sollen)*
9. ich • diese Schrift nicht lesen *(können)*
10. du • schon gehen? *(dürfen)*
11. das Geschäft • Kunden binden *(wollen)*
12. wer • das bezahlen? *(sollen)*
13. wir • den Klimawandel stoppen *(müssen)*
14. was • du damit sagen *(wollen)*

Übung 15 Eine Bewerbungsmail • Ergänzen Sie die Modalverben!

darf • können • kann • möchte *(2x)* • muss • soll *(2x)*

Von: Paula Friedländer
An: Personalabteilung
Betreff: Bewerbung

Sehr geehrte Damen und Herren,

hiermit bewerbe ich mich für die auf Ihrer Karriereseite ausgeschriebene Stelle. Meinem beigefügten Lebenslauf .... Sie entnehmen, dass ich bereits über Erfahrung im Vertrieb verfüge. Mit einigen Eckdaten zu meiner Person .... ich mich Ihnen vorstellen: Ihre neue Mitarbeiterin .... eine abgeschlossene Berufsausbildung mitbringen? Ich bin ausgebildete Großhandelskauffrau und .... darüber hinaus auch mehrere Weiterbildungen vorweisen. Ihre neue Mitarbeiterin .... sich mit ERP-Systemen auskennen? Ich habe mit den Modulen für Logistik und Vertrieb gearbeitet. Ihre neue Mitarbeiterin .... mehrere Fremdsprachen beherrschen? Würden Ihnen vier Sprachen genügen? Ihre neue Mitarbeiterin .... im Homeoffice arbeiten? Nichts wäre mir lieber, denn so habe ich auch in meiner letzten Firma die Accounts betreut. Gerne .... ich Sie in einem persönlichen Gespräch von meinen Qualifikationen überzeugen.

Ich freue mich auf Ihre Antwort.
Paula Friedländer

Übung 16 Modalverben im Präsens • Ergänzen Sie das passende Modalverb im Präsens! (Manchmal gibt es mehrere Möglichkeiten.)

1. .... man das E-Book kostenfrei herunterladen?
2. .... Sie bitte meinen Termin auf morgen verschieben?
3. Eigentlich .... er keinen Kaffee trinken, aber er .... nicht widerstehen.
4. Die Firma .... ihren neuen Mitarbeiter/innen weniger Lohn zahlen.
5. Da sie aber Tarifpartner ist, ... sie sich an den Tarifvertrag halten und .... nicht weniger zahlen.
6. Sie (Pl.) .... hier noch unterschreiben!
7. .... ich Sie um einen Gefallen bitten?
8. Sagen Sie Herrn Schor, dass er in einer Stunde noch einmal anrufen ....
9. Ich .... eine Pause machen, aber ich .... zuerst diese Mails beantworten.
10. Aufgrund der kritischen Geschäftslage .... bis auf Weiteres kein neuer Mitarbeiter eingestellt werden.
11. Sagen Sie Frau Dörr, dass sie mit der Bestellung noch warten ....
12. Das Lieferkettengesetz sagt, Unternehmen .... die Produktion nicht mehr einfach an den billigsten Anbieter outsourcen.
13. Sie .... darauf achten, dass die Arbeiter/innen angemessen bezahlt werden.

Übung 17 **Telefonat am Empfang** • Ergänzen Sie die Modalverben in der passenden Form!

dürfen • können • möchten • müssen • sollen

A: Guten Tag, ABC KG, Besch am Apparat, was .... ich für Sie tun?

B: Guten Tag, Horbig hier, von der Firma DEF. Ich .... mit Frau Martens sprechen.

A: Tut mir leid, Frau Martens ist zurzeit außer Haus. .... ich fragen, worum es geht?

B: Natürlich. Ich .... Frau Martens unsere neue Verwaltungssoftware vorstellen. .... ich sie später erreichen?

A: Das ist schwierig. Hat sie Ihre Nummer? Dann .... sie Sie bei Bedarf zurückrufen.

B: Richten Sie ihr bitte aus, sie .... mich unbedingt zurückrufen. Unsere neue Software ist der Renner! Die .... sie sehen! Und diese Woche gibt es sie zum halben Preis! Nur diese Woche! Zum halben Preis! Das .... Frau Martens sich nicht entgehen lassen!

A: Das .... ich nicht beurteilen. Aber ich richte es gerne aus.

B: .... mein Assistent später versuchen, einen Termin zu vereinbaren?

A: Nein, das ist nicht nötig. Man wird Sie ja erreichen ...., wenn Bedarf besteht.

B: Jederzeit. Na, dann vielen Dank. Auf Wiederhören.

A: Auf Wiederhören.

7.8 Verb-Ergänzungen Akkusativ/Dativ

- Die meisten Verben fordern eine **Akkusativergänzung**, d. h., sie sind transitiv.
  ➲ Die Firma produziert *den Film*.
- Viele fordern eine **Akkusativ-** und **Dativergänzung**.
  ➲ Die Firma schickt *dem Interessenten ein Angebot*.
- Einige Verben fordern allerdings nur eine **Dativergänzung**.
  ➲ Zu diesen Verben gehören:

• antworten	• entnehmen	• genügen	• passieren	• zuhören
• ausweichen	• entsprechen	• gratulieren	• raten	• zureden
• begegnen	• erwidern	• helfen	• reichen	• zusehen
• beitreten	• folgen	• missfallen	• schaden	• zusetzen
• danken	• gefallen	• misslingen	• schmecken	• zustimmen
• drohen	• gehören	• nützen	• vertrauen	• zuwenden
• einfallen	• gelingen	• passen	• widersprechen	

Übung 18 Dativergänzungen • Ergänzen Sie!

➲ Bitte antworten Sie ***mir*** so schnell wie möglich. *(ich)*

1. Das kann nur .... passieren! *(ich)*
2. Unsachgemäße Verpackung schadet d....... Ware.
3. Der Politiker weicht d....... Fragen des Journalisten aus.
4. Stimmen Sie d....... Entscheidung zu?
5. Er erwiderte .... nichts. *(er)*
6. Die Kunden vertrauen d....... Handelsvertreter.
7. Nächste Woche nützt .... die Lieferung nichts mehr. *(wir)*
8. Die Medien widersprechen d....... Politiker. (Sg.)
9. .... fällt der Name einfach nicht ein! *(ich)*
10. .... fehlt ein weiterer Mitarbeiter. *(wir)*
11. Die guten Sprachkenntnisse nützen .... bei der Arbeitssuche. *(sie, Sg.)*
12. Würde d....... neu....... Kunden einen Rabatt von 10 Prozent reichen?
13. Die Mitarbeiter/innen traten d....... Gewerkschaft bei.
14. Der Hersteller antwortet d....... interessiert....... Unternehmen mit einem Angebot.
15. Wie viele Menschen folgen d....... Influencerin?
16. Wie viele Interessenten haben unser....... Podcast zugehört?
17. Passt d....... Kundin dieser Termin?
18. Wir danken .... für Ihren Auftrag. *(Sie)*
19. Ich würde .... davon abraten. *(du)*
20. Eine Teilzeitstelle reicht .... *(er)*
21. Wir gratulieren .... zu Ihrem Hauptgewinn! *(Sie)*
22. Weißt du, ... ich gestern begegnet bin? *(wer)*
23. Was hat er .... erwidert? *(du)*
24. Ein kleiner Salat genügt .... heute. *(ich)*

Übung 19 Reklamation (Verben mit Dativergänzung) • Ergänzen Sie in der passenden Form!

antworten • fehlen • gelingen • nützen • schaden • übrig bleiben • vertrauen

Betreff: Reklamation

Sehr geehrter Herr Müller,

hiermit bestätigen wir den Erhalt Ihrer Lieferung. Leider müssen wir Ihnen mitteilen, dass uns die zugesandten Waren wenig ...., da sie fast alle beschädigt sind. Außerdem .... uns die drei versprochenen Behälter zur Aufbewahrung.

Sie werden verstehen, dass uns nichts anderes ...., als von Ihnen schnellstmöglichen Ersatz zu fordern. Wir hoffen, dass es Ihnen ...., die Ware binnen 48 Stunden auszutauschen, da wir andernfalls Schadenersatz verlangen müssen.

Unsere Kunden .... der Qualität unseres Sortiments sowie der Zuverlässigkeit unserer Dienstleistung. Unsere Kunden zu enttäuschen, würde unserem Firmenimage ....

Bitte .... Sie uns umgehend, ob und wann Sie die Ware austauschen können.

Mit freundlichen Grüßen

Matthias Schulz

Übung 20 Ihre Anfrage vom … (Verben mit Dativergänzungen) • Ergänzen Sie in der passenden Form!

danken • entgegenkommen • entnehmen • entsprechen • genügen • helfen • raten • zur Verfügung stehen

Betreff: Ihre Anfrage

Sehr geehrte Frau Sedlazeck,

hiermit .... wir Ihnen für Ihre Anfrage und Ihr Interesse an unserem Unternehmen. Gerne .... wir Ihrem Wunsch und senden Ihnen anbei unseren Katalog.

Um Ihnen zu ...., das passende Modell auszuwählen, haben wir einige Artikel in unserem Katalog gekennzeichnet. Für Ihren Bedarf möchten wir Ihnen besonders zu Artikel Nr. 123 auf Seite 20 ....

Sie betonten, dass Sie prompte Lieferungen benötigen. Würde Ihnen eine Lieferfrist von fünf Werktagen ....? Bei der von Ihnen genannten Abnahmemenge von 2 000 Stück können wir Ihnen gerne im Preis .... Unsere Liefer- und Zahlungsbedingungen .... Sie bitte unseren AGB im Katalog.

Bei Fragen .... wir Ihnen jederzeit gerne telefonisch oder per Mail ....

Über Ihre Bestellung würden wir uns freuen.

Mit freundlichen Grüßen

Bettina Gerstner

Übung 21 *Sie* oder *Ihnen*? Akkusativ oder Dativ? • Ergänzen Sie!

➲ Wir bitten ***Sie*** um Geduld!

1. Wir bieten .... günstige Preise.
2. Darf ich .... eine Frage stellen?
3. Darf ich .... etwas fragen?
4. Was hat er .... geantwortet?
5. Können wir .... noch weitere Produkte zeigen?
6. Wie gefallen .... die neuen Elektroautos?
7. Wir rufen .... umgehend zurück.
8. Wir verbinden .... mit dem nächsten freien Mitarbeiter.
9. Wir danken .... im Voraus für Ihre baldige Antwort.
10. Wir garantieren .... vollste Zufriedenheit.
11. Gerne laden wir .... zu einer Firmenbesichtigung ein.
12. Leider müssen wir .... Mahngebühren berechnen.
13. Wir freuen uns, ... an unserem Messestand begrüßen zu dürfen.
14. Gerne teilen wir .... mit, dass wir Ihre Bestellung soeben abgesandt haben.
15. Gerne informieren wir .... über unsere Liefer- und Zahlungsbedingungen.
16. Kann ich .... helfen?
17. Wir beraten .... gerne.
18. Hat man .... nicht Bescheid gesagt?
19. Wir raten .... zum Urlaub in der Region.
20. Wir versprechen .... 100%ige Qualität.
21. Darf ich fragen, was .... an diesem Produkt missfällt?
22. Was genau bemängeln .... an diesem Produkt?

Übung 22 Akkusativ oder Dativ? • Wählen Sie aus!

➲ Wir vertrauen *Ihnen*. *(Sie/~~Ihnen~~)*

1. Der Kunde gratuliert .... Firma zum Jubiläum. *(die/der)*
2. Gehört das Buch ....? *(dich/dir)*
3. Die Eltern unterstützen .... während der Ausbildung. *(ihn/ihm)*
4. Die Überraschung ist .... gelungen. *(sie/ihr)*
5. Können Sie .... sagen, wie spät es ist? *(mich/mir)*
6. Die Firma ruft .... an. *(sie/ihr)*
7. Der Seitan-Aufschnitt schmeckt .... *(ihn/ihm)*. Also kauft er .... wieder. *(ihn/ihm)*
8. Die Touristen folgen .... Reiseleiterin. *(die/der)* Sie hören .... zu. *(sie/ihr)*
9. Das Unternehmen verspricht .... Bewerber ein gutes Gehalt. *(den/dem)*
10. Der Betrieb bittet .... Kunden um prompte Rechnungsbegleichung. *(den/dem)*

Übung 23 Dativ und/oder Akkusativ 2? • Bilden Sie Sätze!

➲ a) dieses E-Auto • ich • gehören
Dieses E-Auto gehört mir.

b) der Chef • ein Bonus • sein Verkaufsteam • versprechen
Der Chef verspricht seinem Verkaufsteam einen Bonus.

1. wir • der Vorschlag • zustimmen
2. er • der Chef • eine wichtige Nachricht • geben
3. die Bank • der Kunde • das Darlehen • genehmigen
4. die Qualität der Ware • nicht • unsere Vorstellungen • entsprechen
5. der Lieferant • der Käufer • ein Zahlungsaufschub • gewähren
6. der Einkauf • die Verwaltung • die neuen Rohstoffpreise • mitteilen
7. die Firma • ich • ein zu hoher Betrag • von • das Konto • abbuchen *(Perfekt)*
8. wir • Sie • bitten müssen • wir • der Schaden • ersetzen
9. gerne • wir • Sie • die Teilnahme • an • die Fortbildung • bescheinigen
10. wegen • der Baulärm • das Hotel • der Gast • ein Mietwagen • kostenfrei • überlassen
11. der Hersteller • sein Reisender • die Spesen • für alle Kundenbesuche • erstatten
12. Wir • unserem Lieferanten • die letzten zwei Rechnungen • schulden
13. Ihre Adresse • wir • ein Geschäftspartner • verdanken
14. wir • Sie • gerne • unser aktueller Katalog • zuschicken
15. der Lieferant • der Kunde • für die reklamierte Ware • eine Gutschrift • geben
16. der Monteur • seine Kund/innen • 20 Euro • für die Anfahrt • berechnen
17. Sie • ich • die Unterlagen • reichen können?

Übung 24 Antwort auf eine Reklamation • Bilden Sie Sätze!

1. hiermit • wir • bestätigen • der Erhalt Ihres Schreibens • vom 04.09. d. J.
2. wir • bedauern • die Ihnen entstandenen Unannehmlichkeiten
3. selbstverständlich • wir • liefern • Sie • umgehend • der gewünschte Ersatz
4. unser Spediteur • können • die Ware • gleich morgen • austauschen
5. allerdings • die von Ihnen genannten Mängel • überraschen • wir
6. vielleicht • ein Zwischenfall • bei • der Transport • die Schäden • verursachen?
7. wenn • unsere Untersuchung • der Grund • Ihre Reklamation • bestätigen – wir • bereit sein • Sie • als Entschädigung • die Transportkosten • erlassen
8. Unsere Entscheidung • wir • Sie • mitteilen können • voraussichtlich • nächste Woche
9. wir • garantieren • Sie • zukünftig • wieder • einwandfreie Lieferungen

7.9 Passiv Präsens

Aktiv heißt, das Subjekt *tut* etwas.

Passiv heißt, dem Subjekt *passiert* etwas.
Das Passiv kann nur von *transitiven* Verben gebildet werden (Verben, die ein Akkusativobjekt haben).

➲ **Aktiv** Wir reduzieren den Preis.
Passiv Der Preis wird (von uns) reduziert.

- Drei Regeln zur Umformung:
  1) Das Akkusativobjekt des Aktivsatzes wird zum Subjekt des Passivsatzes.
     ➲ *den Preis → der Preis*
  2) Im Passiv wird das Hilfsverb **werden** konjugiert und das Vollverb steht im Partizip II am Satzende.
     ➲ *reduzieren → wird … reduziert*
  3) Das Subjekt des Aktivsatzes wird weggelassen oder mit **von + Dativ** als Agens ausgedrückt.
     ➲ *wir → von uns*

Aktiv	Wir *(Subjekt)*	reduzieren *(Vollverb)*	den Preis. *(Akkusativobjekt)*	
Passiv	Der Preis *(Subjekt)*	***wird*** *(Hilfsverb)*	(von uns) *(von + Dativ)*	***reduziert.*** *(Partizip II)*

Übung 25 **Eine Konferenz vorbereiten** • Bilden Sie Sätze im Aktiv und im Passiv! Überlegen Sie, wo Sie *von* + Dativ weglassen können.

➲ die Teilnehmer anschreiben *(der Assistent)*
Aktiv: *Der Assistent schreibt die Teilnehmer an.*
Passiv: *Die Teilnehmer werden (von dem Assistenten) angeschrieben.*

1. einen Termin festlegen *(die Geschäftsleitung)*
2. den Konferenzraum und die Hotelzimmer buchen *(der Assistent)*
3. die Tagesordnung beschließen *(die Geschäfts-leitung)*
4. den Teilnehmer/innen die Tagesordnung mitteilen *(der Assistent)*
5. Präsentationen vorbereiten *(einige Teilnehmer/innen)*
6. die Sitzordnung planen *(die Geschäftsleitung)*
7. die Namensschilder für die Teilnehmer/innen ausdrucken *(der Assistent)*
8. Flipchart, Notebook und Beamer überprüfen *(der Assistent)*
9. Getränke und Notizblöcke in den Seminarraum bringen *(der Assistent)*
10. die Teilnehmer/innen begrüßen *(die Geschäftsleitung)*
11. allen Teilnehmer/innen Kaffee und Tee anbieten *(der Assistent)*
12. die Konferenz mit einer Rede beginnen *(die Geschäftsführerin)*
13. die wichtigsten Zahlen kurz nennen *(sie)*
14. sie unterbrechen *(ihr Kollege)*
15. den Beamer verzweifelt suchen *(er)*
16. das Problem beheben *(der Assistent)*
17. dann die geschäftliche Situation darlegen *(der Geschäftsführer)*
18. viele Fragen stellen *(die Teilnehmer/innen)*
19. danach die Strategie für das nächste Jahr besprechen *(alle)*
20. endlich das Mittagessen bestellen *(man)*

Übung 26 **Kleines Buchhaltungseinmaleins** • Ergänzen Sie die Verben im Passiv!

1. Wie nennen Unternehmen die Mehrwertsteuer auch?
   Die Mehrwertsteuer .... von Unternehmen auch Umsatzsteuer .... *(nennen)*
2. An wen zahlt ein Unternehmen die Umsatzsteuer, die es eingenommen hat?
   Die Umsatzsteuer .... dem Finanzamt .... *(überweisen)*
3. Von wem erhält ein Unternehmen die Umsatzsteuer zurück, die es anderen Unternehmen gezahlt hat?
   Die Umsatzsteuer .... dem Unternehmen vom Finanzamt .... *(zurückerstatten)*
4. Warum bekommt der Verbraucher die Mehrwertsteuer, die er auf seine Einkäufe bezahlt, nicht zurück?
   Dem Verbraucher .... die Mehrwertsteuer nicht .... *(erstatten)*, weil seine Einkäufe nur .... *(verbrauchen)* Es .... den Produkten kein weiterer Mehrwert .... *(geben)*
5. Was erstellt ein Unternehmen zum Jahresabschluss?
   Beim Jahresabschluss .... eine Schlussbilanz und eine Gewinn-und-Verlust-Rechnung .... *(erstellen)*
6. Was steht in der Bilanz auf der Aktivseite?
   Auf der Aktivseite .... alles .... *(eintragen)*, was dem Unternehmen gehört.
7. Was steht in der Bilanz auf der Passivseite?
   Auf der Passivseite steht, wie der Besitz .... *(finanzieren)*
8. Wo steht auf der Bilanz das Bankguthaben?
   Das Bankguthaben .... auf der Aktivseite unter „Umlaufvermögen" .... *(aufführen)*
9. Wo steht ein Bankkredit in der Bilanz?
   Ein Bankkredit .... auf der Passivseite unter „Fremdkapital" .... *(auflisten)*
10. Warum braucht ein deutsches Unternehmen für eine Lieferung in ein Nicht-EU-Land keine Umsatzsteuer zu zahlen?
    Hier .... keine Umsatzsteuer .... *(berechnen)*, weil Exporte .... *(fördern)*
11. Warum muss ein Unternehmen alle Belege zeitlich und sachlich ordnen?
    Alle Belege .... zeitlich und sachlich .... *(ordnen)*, damit das Ordnungsprinzip der Buchhaltungsgrundsätze .... *(erfüllen)*
12. Warum schreibt ein Unternehmen Maschinen und Geräte über Jahre ab?
    Maschinen und Geräte .... über Jahre .... *(abschreiben)*, weil der Wert durch die Nutzung .... *(mindern)*
13. Wann nimmt ein Unternehmen eine außerplanmäßige Abschreibung vor?
    Eine außerplanmäßige Abschreibung .... *(vornehmen)*, wenn zum Beispiel eine Maschine durch ein Unwetter .... *(beschädigen)*
14. Warum gibt ein Lieferant Skonto?
    Skonto .... *(geben)*, weil dadurch schnelle Rechnungsbegleichung .... *(belohnen)*
15. Warum kann ein Unternehmen Rabatte einfacher verbuchen als Skonti?
    Rabatte .... einfacher .... *(verbuchen)* als Skonti, weil Rabatte noch vor der Umsatzsteuer .... *(abziehen)* und Skonti erst nachträglich .... *(berechnen)*
16. Warum bildet ein Unternehmen Rückstellungen?
    Rückstellungen .... *(bilden)*, damit Geld für mögliche künftige Kosten .... *(sparen)* und der Gewinn für das Geschäftsjahr .... *(verringern)*

8 Die Zeitformen

- **Das Präsens** drückt die Gegenwart (Jetzt-Zeit) oder die Allgemeingültigkeit eines Satzes aus. Mit einem passenden Zeitadverb kann es sogar die Zukunft bezeichnen.
  ➲ Ich *telefoniere*. (jetzt)
  Kaffee *macht* wach. (allgemein gültig)
  Morgen *gehe* ich zum Sport. (Zukunft)

- **Perfekt** und **Präteritum** benennen dieselbe Zeitebene: Vergangenheit. Das Perfekt wird eher in der gesprochenen und das Präteritum eher in der Schriftsprache benutzt. Das Perfekt und auch das Plusquamperfekt werden mit den Hilfsverben *haben* und *sein* und dem Partizip II des Vollverbs gebildet. (siehe auch Seite 65)
  ➲ **Schriftsprache:** Sie *arbeitete* stets gewissenhaft.
  Die EZB *hob* den Leitzins *an*.
  Adam Smith *formulierte* das Prinzip der „unsichtbaren Hand".
  Gesprochene Sprache: Damals *hat* sie noch in der Logistik *gearbeitet*.
  Gestern *war* ich beim Sport. → Gestern *bin* ich beim Sport *gewesen*.

- **Das Plusquamperfekt** (Vorvergangenheit) wird benutzt, wenn eine Geschichte in der Vergangenheit erzählt wird und etwas noch davor geschehen ist.
  ➲ Wir bekamen Waren, die wir nie *bestellt hatten*.
  Er wurde Chef in der Firma, in der er mit 18 als Azubi *angefangen hatte*.
  Erst als die Kinder *eingeschlafen waren*, hatte sie Ruhe zum Lernen.

- **Das Futur I** drückt aus, 1. was in der Zukunft geschehen wird, 2. was vermutet oder beabsichtigt wird. Das Futur I wird mit dem konjugierten Hilfsverb *werden* und dem Infinitiv des Vollverbs gebildet. (siehe Seite 68)
  ➲ **Aussage über die Zukunft:** In den nächsten Jahren *werden* die CO_2-Emissionen *zurückgehen*.
  Vermutung, Prognose: So schnell *werden* die CO_2-Emissionen nicht *zurückgehen*.
  Absicht: Aber ich *werde* nicht mehr mit dem Auto *fahren*.

- **Das Futur II** ist die „Vergangenheit der Zukunft." Das heißt, dass an einem bestimmten Zeitpunkt in der Zukunft etwas schon geschehen sein wird. Auch Vermutungen, dass etwas passiert sein wird, kann man mit dem Futur II ausdrücken. (siehe auch Seite 68)
  ➲ **Aussage:** Im Jahr 2050 *werden* alle Nationen ihre CO_2-Emissionen *reduziert haben*.
  Vermutung: Jede Nation *wird* es aber erst in letzter Minute *geschafft haben*.

8.1 Zeitformen im Aktiv

Präsens	Die Firma ***liefert*** sofort.	
Präteritum	Die Firma ***lieferte*** sofort.	
Perfekt	Die Firma ***hat*** sofort ***geliefert***.	***haben/sein*** **+ Partizip II**
Plusquamperfekt	Die Firma ***hatte*** sofort ***geliefert***.	**Präteritum von** ***haben/sein*** **+ Partizip II**
Futur I	Die Firma ***wird*** sofort ***liefern***.	***werden*** **+ Infinitiv**
Futur II	Die Firma ***wird*** sofort ***geliefert haben***.	***werden*** **+ Partizip II + Infinitiv von** ***haben/sein***

Übung 1 **Eine Firmenbesichtigung** • Setzen Sie die Verben in die richtigen Zeiten!

Ich .... Sie im Namen der Firma .... *(willkommen heißen, Präsens)*. Bevor wir unsere kleine Firmenbesichtigung .... *(beginnen, Präsens)*, ... *(möchten, Präsens)* ich Ihnen einige Informationen zur Firmengeschichte und -perspektive geben.
Der Firmengründer Herr Borge .... lange mit verschiedenen Zusammensetzungen .... *(experimentieren, Plusquamperfekt)*, bis er im Jahr 1970 das Erfolgsrezept .... *(finden, Präteritum)*. Zusammen mit einem Partner .... *(schaffen, Präteritum)* er die Grundlage des heutigen globalen Unternehmens im Keller seines Elternhauses, das heute das Nebengebäude unserer Zentrale ist. In diesem Nebengebäude, das Sie auf unserem Rundgang .... *(sehen, Futur I)*, ... *(sich befinden, Präsens)* heute unsere Forschungsabteilung.
Nach fünfzig Jahren im Betrieb .... sich der Gründer im Jahr 2015 vom Geschäft .... *(zurückziehen, Präteritum)* und .... *(übergeben, Präteritum)* die Leitung seiner Tochter, die bis dahin im Finanzsektor tätig .... *(sein, Plusquamperfekt)*. Seine Tochter .... übrigens schon in ihrer Jugend Interesse am elterlichen Unternehmen .... *(zeigen, Plusquamperfekt)*.
Frau Borge-Stöhr .... *(leiten, Präsens)* auch heute noch den Betrieb, wie Sie sicher aus der Presse .... *(erfahren, Perfekt)*. Unter ihrer Leitung .... das Unternehmen internationale Produkte in sein Spezialitätensortiment *(aufnehmen, Perfekt)* .... und .... stark .... *(expandieren, Perfekt)*. Sollten Sie zu den Globetrottern gehören, ... Sie vielleicht .... *(bestätigen, Futur I)*, dass man unsere Produkte in allen größeren Supermärkten der Welt .... *(finden können, Präsens)*.
Auf unserem Weg durch das Werk .... wir immer wieder an Schaukästen .... *(vorbeikommen, Futur I)*. Darin .... Sie die Maschinen .... *(sehen, Futur I)*, mit denen der Gründer .... *(beginnen, Präteritum)*. Am Ende unseres Rundgangs .... Sie hoffentlich viel ...., ... und Neues .... *(lachen, staunen, lernen, Futur II)*. Vielleicht .... Sie sogar etwas .... *(gewinnen, Futur II)*, denn an jedem Schaukasten .... *(geben, Präsens)* es ein Rätsel zu lösen.
Zum Schluss .... wir bei Kaffee und Kuchen gerne Ihre Fragen .... *(beantworten, Futur I)*, bevor wir uns von Ihnen verabschieden.

8.2 Zeitformen im Passiv

- Das **Passiv** wird verwendet, wenn nicht wichtig ist, wer etwas macht, sondern was passiert. (zur Bildung des Passivs siehe auch Seite 59)
  ➲ **Aktiv:** Wir reduzieren den Preis.
  Passiv: Der Preis wird (von uns) reduziert.

Präsens	Der Preis ***wird*** von uns ***reduziert***.	***werden*** **+ Partizip II**
Präteritum	Der Preis ***wurde*** von uns ***reduziert***.	***werden*** **+ Partizip II**
Perfekt	Der Preis ***ist*** von uns ***reduziert worden***.	***sein*** **+ Partizip II + Partizip II**
Plusquamperfekt	Der Preis ***war*** von uns ***reduziert worden***.	***sein*** **+ Partizip II + Partizip II**
Futur I	Der Preis ***wird*** von uns ***reduziert werden***.	***werden*** **+ Partizip II + Infinitiv**
Futur II	Der Preis ***wird*** von uns ***reduziert worden sein***.	***werden*** **+ Partizip II + Partizip II + Infinitiv**

▸ Das Verb *werden* bildet zwei verschiedene Formen des Partizips II: *geworden* (von *werden* als Vollverb) und *worden* (von *werden* als Hilfsverb). Im Passiv verwenden wir *werden* als Hilfsverb, also lautet das Partizip II *worden*.

Übung 2 **Neue Entwicklungen** • Bilden Sie Passivsätze in den angegebenen Zeitformen!

1. Zurzeit .... eine Studie .... *(durchführen, Präsens)*
2. In einem Jahr .... die Ergebnisse der Studie dem Vorstand .... *(vorlegen, Futur I)*
3. Dann .... die Produktqualität aufs Neue .... *(verbessern, Futur I)*
4. Auf der Messe .... viele Innovationen .... *(vorstellen, Perfekt)*
5. Dieses Produkt zum Beispiel .... ursprünglich in einem Start-up .... *(entwickeln, Perfekt)*
6. Dann .... die Erfindung von einem Konzern .... *(kaufen, Präteritum)*
7. Auch eine weitere Zusammenarbeit .... vertraglich .... *(vereinbaren, Präteritum)*
8. Neue Funktionen .... laufend in das Produkt .... *(integrieren, Futur I)*
9. Wahrscheinlich .... das Produkt auch in diesem Jahr wieder als Innovation Nr. 1 .... *(prämieren, Futur I)*
10. Damit .... es zum fünften Mal .... *(auszeichnen, Futur II)*
11. Und die Kosten für die Erfindung .... sich .... *(rentieren, Futur II)*

8.3 Das Zustandspassiv

- Das **Vorgangspassiv** (Passiv mit *werden*) bezeichnet einen **Vorgang**, das **Zustandspassiv** (Passiv mit *sein*) beschreibt die **Situation** nach einem Vorgang. Das Zustandspassiv wird mit *sein* + **Partizip Perfekt** gebildet.
  ➲ Die Preise *sind* reduziert *worden*. *(abgeschlossener Vorgang)*
  Die Preise *sind* reduziert. *(Situation)*

Übung 3 **Was soll der Azubi noch tun? Auf seiner Liste ist alles schon abgehakt.** • Bilden Sie Sätze!

➲ die Ware • verpacken?
Soll die Ware noch verpackt werden?
Die Ware/Sie ist schon verpackt.

1. die Paletten • verladen?
2. die Lieferscheine • ausfüllen?
3. neue Lieferscheine • bestellen?
4. die eingetroffene Ware • prüfen?
5. der Versandbereich • aufräumen?
6. die Lieferung • an den Kunden B • vorbereiten?
7. die Lieferadresse • im System • aktualisieren?
8. das Kleingeld • zählen?
9. das Verpackungsmaterial • auffüllen?
10. die Aufgaben • für morgen • notieren?

8.4 Passiv-Ersatzformen

Passiv-Sätze, die eine Möglichkeit ausdrücken, kann man auch anders bilden.

1. *sich lassen* + **Infinitiv**
   ➲ Passiv + Modalverb *können*: Das kann gemacht werden.
   Passiv-Ersatzform: Das *lässt sich* machen.

2. ein Adjektiv aus Verbstamm und der Nachsilbe *-bar*.
   ➲ Passiv + Modalverb *können*: Das kann gemacht werden.
   Passiv-Ersatzform: Das ist *machbar*.

Übung 4 Häufig gestellte Fragen • Bilden Sie Sätze mit Passiv-Ersatzformen (*sich lassen* + Infinitiv)!

➲ Kann das Gerät noch repariert werden?
Lässt sich das Gerät noch *reparieren*?

1. Kann der Speicherplatz vergrößert werden?
2. Wie kann der Stromverbrauch gemessen werden?
3. Ist es möglich, die Bestellung noch zu stornieren?
4. Können die Daten automatisch aktualisiert werden?
5. Kann diese Schriftart leicht gelesen werden?
6. Kann das Material bei 40 °C gewaschen werden?
7. Wie lange können gekaufte Produkte umgetauscht werden?
8. Kann der Text anders formatiert werden?
9. Kann unser Logo auch hier eingefügt werden?
10. Kann die Lampe ohne Schrauben montiert werden?
11. Kann der Termin verschoben werden?
12. Kann die Sache anders geregelt werden?

Übung 5 Verkaufsgespräch • Bilden Sie Adjektive aus dem Verbstamm und *-bar*!

A: Sind Ihre Verkaufsbedingungen ....? *(verhandeln)*

B: Bei Ihrer Auftragsgröße ist das selbstverständlich.

A: Gut, wie wäre es mit: Rechnung .... in 60 Tagen? *(zahlen)*

B: Aber das reduziert unsere Liquidität .... *(spüren)*

A: Oder sofort .... unter Abzug von 3 Prozent Skonto? *(begleichen)*

B: Das wäre .... *(denken)*

A: Und Ihr Kundendienst ist rund um die Uhr ....? *(erreichen)*

B: Selbstverständlich, unser Kundendienst ist jederzeit .... *(verfügen)* Kostenlos!

A: Hier steht „Lieferung ab Werk." Sind die Versandkosten nicht wenigstens ....? *(aufteilen)*

B: Sie meinen „Lieferung FOB?" Das wäre .... *(machen)*

A: Dann wären die Vertragsbedingungen .... *(annehmen)*

Übung 6 Alternativen zum Passiv mit dem Modalverb *können* • Bilden Sie Sätze!

➲ Die Regalböden können verstellt werden.
Die Regalböden *lassen sich verstellen*.
Die Regalböden sind *verstellbar*.

1. Die Ware kann binnen 24 Stunden geliefert werden.
2. Der Fehler kann leicht korrigiert werden.
3. Die einzelnen Bauteile können ausgetauscht werden.
4. Das Dokument kann nun heruntergeladen werden.
5. Die Software kann in nur drei Schritten installiert werden.

Übung 7 **Im E-Commerce ist (fast) alles möglich.** • Bilden Sie Sätze!

➲ Die AGB können heruntergeladen werden.
Die AGB *lassen sich herunterladen*.
Die AGB sind *herunterladbar*.

1. Die Ware kann optimal dargestellt werden.

....

....

2. Durch nutzerfreundliches Design kann die Abbruchrate reduziert werden.

....

....

3. Werbung kann je nach Land und Kultur lokalisiert werden.

....

....

4. Die Konversionsrate kann mit Analysetools gemessen werden.

....

....

5. Durch korrekte Produktbeschreibungen können Reklamationen vermieden werden.

....

....

6. Die CO_2-Emissionen können wegen der vielen Kurierfahrten nicht verringert werden.

....

....

8.5 Perfekt und Präteritum

Perfekt und **Präteritum** beschreiben Zustände und Vorgänge in der Vergangenheit. Beide Zeitformen unterscheiden sich in der Bildung und Verwendung.

- Das **Perfekt** wird hauptsächlich mündlich, das **Präteritum** vorwiegend in der Schriftsprache benutzt (z. B. in der Presse und in literarischen Texten).
- Ausnahmen sind die Modalverben, die Hilfsverben *sein*, *haben* und *werden* und einige Vollverben, die auch in der gesprochenen Sprache meist im **Präteritum** benutzt werden, weil dies kürzer ist.
- Das **Perfekt** wird mithilfe der Hilfsverben *haben* oder *sein* gebildet. Das Perfekt mit *sein* bilden Verben der richtungsweisenden Bewegung (*gehen, laufen* etc.) und der Zustandsveränderung (*aufwachen, wachsen, werden* etc.).
  Ausnahme: Die Verben *sein* und *bleiben* bilden das Perfekt ebenfalls mit *sein*.

Übung 8 **Perfekt mit *haben* oder *sein*?** • Erzählen Sie die Geschichte im Perfekt!

1. Sie wacht verspätet auf.
2. Sie steht sofort auf und frühstückt eilig.
3. Sie duscht sich und zieht sich an.
4. Sie läuft zur U-Bahn.
5. Der U-Bahnhof ist leer.
6. Sie steigt in die Bahn und fährt fünf Stationen.
7. Sie steigt aus und geht zur Firma.
8. Vor der Firma stehen keine Autos.
9. Sie kommt an der Eingangstür an.
10. Die Tür ist verschlossen.
11. Plötzlich taucht der Hausmeister auf.
12. Er sieht sie und fragt erstaunt: „Wollen Sie auch noch am Sonntag arbeiten?“
13. Sie fällt aus allen Wolken.
14. Fröhlich fährt sie nach Hause und bleibt den ganzen Tag auf dem Balkon.

Übung 9 **Bewerbungsgespräch** • Ergänzen Sie die Perfekt- bzw. Präteritumformen!

A Frau Behrens, Sie .... in Ihrer Bewerbung .... *(schreiben)*, dass Sie sich in Ihrer bisherigen Laufbahn besonders mit dem Eventmarketing .... *(beschäftigen)*.

B Ja, es .... mich schon immer .... *(faszinieren)*, wie so eine Veranstaltung geplant und vorbereitet wird. Und das tägliche Multitasking .... mir schon immer Spaß .... *(bringen)*.

A Sie .... auch .... *(erwähnen)*, dass Sie Teamarbeit wirklich schätzen.

B Ich glaube, das kommt auf das jeweilige Team an. Bei uns .... sich jeder auf jeden .... *(verlassen können, Präteritum)*.

A Das hört sich ja fast ideal an. .... Sie in Ihrer Arbeit irgendwelche persönlichen Schwächen .... *(erkennen)*?

B Ich glaube, was mir am schwersten .... *(fallen)*, ... *(sein, Präteritum)* nach Projektende zu entspannen.

A Und welche Stärken .... Sie bei sich .... *(feststellen)* oder .... *(entwickeln)*?

B Bei Problemen eine Lösung zu suchen und zu finden.

A Und .... Sie sich als Teamleiterin nicht .... *(wohlfühlen)*?

B Doch, es .... mir Spaß .... *(machen)*. Aber leider .... unsere Firma Konkurs .... *(anmelden müssen, Präteritum)*.

A Und warum möchten Sie die Branche wechseln?

B Ich glaube, dass ich das schon in meinem Bewerbungsschreiben .... *(erklären)*. Ich .... in meiner Firma so viele Erfahrungen .... *(sammeln)*, die auf den Vertrieb übertragbar sind. Während meiner Arbeit im Eventmarketing .... mich die Arbeit im Vertrieb immer mehr .... *(interessieren)*.

A Warum .... Sie sich für uns .... *(entscheiden)*?

B Erstens .... *(sein, Präteritum)* ich immer von der Qualität Ihrer Produkte und dem sozialen Engagement Ihrer Firma überzeugt. Ihre Firmenphilosophie .... mich schon immer .... *(ansprechen)*. Außerdem sind Sie auf dem internationalen Markt präsent.

A Wie schön. Frau Behrens, ... Sie Fragen an uns .... *(vorbereiten)*?

B Ja, zum Beispiel: Warum .... die Stelle frei .... *(werden)*? .... man die Stelle auch intern .... *(ausschreiben)*? Welche Regionen .... der vorherige Vertriebsleiter .... *(betreuen)*? Wie viele Mitarbeiter hat die Vertriebsabteilung und ...?

A Gute Fragen! Aber wenn ich Sie unterbrechen darf: Es handelt sich hier um eine neue Planstelle für Fernost, um die wir unsere Vertriebsabteilung erweitern möchten. Natürlich .... wir die Stelle gleichzeitig unseren Mitarbeiterinnen und Mitarbeitern .... *(anbieten)*, aber es .... sich niemand .... *(melden)*. Frau Behrens, wir werden noch Gespräche mit zwei weiteren Kandidaten führen. Aber sollten wir uns für Sie entscheiden: Wann könnten Sie denn bei uns anfangen?

Übung 10 **Arbeitszeugnisse** • Ergänzen Sie im Präteritum!

I

Zeugnis

Herr/Frau VORNAME NACHNAME, geboren am DATUM in ORT .... *(sein)* vom DATUM bis DATUM in unserem Unternehmen tätig.

Herr/Frau NACHNAME .... *(beginnen)* seine/ihre Tätigkeit bei uns als POSITION. In dieser Funktion .... *(agieren)* er/sie außerordentlich erfolgreich.

Seine/Ihre Fähigkeiten der Kundenakquise sowie seine/ihre Problemlösungskompetenz .... *(werden)* zu einer wichtigen Ressource der Firma und .... *(beitragen)* zum Erfolg der Firma .... Zwei Jahre nach seinem/ihrem Firmeneintritt .... *(anbieten)* wir Herrn/Frau NACHNAME die Position als Abteilungsleiter/in ....

In dieser Position .... *(gelingen)* es Herrn/Frau NACHNAME, das ihm/ihr anvertraute Team zu Höchstleistungen anzuspornen. Dies .... *(zeigen)* sich besonders in den deutlich erhöhten Umsatzzahlen. Herr/Frau NACHNAME .... *(verstehen)* es, durch stets neue verkaufsfördernde Maßnahmen den Kundenstamm zu vergrößern. Er/Sie .... *(geben)* seinem/ihrem Team Anreize, sich ständig weiterzubilden und selbst zu fordern. Gleichzeitig .... *(stärken)* er/sie den konstruktiven Dialog durch teambildende Events, was sich ebenfalls positiv auf die Gesamtsituation der Firma .... *(auswirken)*.

Herr/Frau NACHNAME verlässt uns auf eigenen Wunsch. Wir bedauern diesen Entschluss sehr, danken ihm/ihr für seinen/ihren Beitrag zum Erfolg der Firma und wünschen ihm/ihr für den weiteren Berufsweg viel Erfolg.

ORT, DATUM

II

Zeugnis

Herr/Frau VORNAME NACHNAME, geboren am DATUM in ORT, war vom DATUM bis DATUM bei uns als POSITION beschäftigt.

Seine/Ihre Tätigkeit .... *(bestehen)* vor allem in der Unterstützung unseres Verkaufsteams. Aufgrund seiner/ihrer Gewissenhaftigkeit und Eigenmotivation .... ihm/ihr außerdem bald die Pflege der Website .... *(übertragen, Passiv)*. Hier .... *(beweisen)* er/sie nicht nur solide Kenntnisse, sondern auch kreatives Geschick. Alle ihm/ihr gestellten Aufgaben .... er/sie stets zu unserer vollsten Zufriedenheit .... *(ausführen)*.

Wir .... *(kennenlernen)* Herrn/Frau NACHNAME als loyale/n, kompetente/n und zuverlässige/n Mitarbeiter/in .... Sein/Ihr Verhalten .... *(sein)* stets höflich und zuvorkommend.

Herr/Frau NACHNAME wird in diesem Jahr sein/ihr Studium beginnen und steht unserer Firma damit nicht mehr zur Verfügung. Wir danken ihm/ihr für seine/ihre Mitarbeit und wünschen ihm/ihr für die berufliche Zukunft alles Gute.

ORT, DATUM

8.6 Futur I und Futur II

Das **Futur I** drückt allgemein aus, was in der **Zukunft** geschehen wird. Das Hilfsverb ***werden*** wird konjugiert, das Vollverb steht im Infinitiv am Satzende.
➲ Die Lieferung *wird* morgen *eintreffen*.

Wenn der Satz zukunftsweisende Zeitangaben wie ***morgen, nächste Woche*** usw. enthält, kann alternativ das Präsens verwendet werden.
➲ Die Lieferung trifft morgen ein.

- Das **Futur I** wird auch verwendet, um eine **Intention** auszudrücken. Hier kann auf das Futur nicht verzichtet werden.
  ➲ Wir *werden* die reklamierte Ware morgen *austauschen*.
  (Wir beabsichtigen, die reklamierte Ware morgen auszutauschen.)

Übung 11 **Firmenleitbild** • In dem Leitbild einer Firma kann man das Futur I als Ausdruck der Intention gehäuft finden. Ergänzen Sie das Verb *werden*!

In diesen Zeiten der verschärften globalen Konkurrenz .... (1) wir neben der verstärkten Qualitätskontolle auf das soziale Bewusstsein unserer Kunden setzen. Unser Unternehmen .... (2) sich durch soziales Engagement und umweltbewusste Entscheidungen von seiner Konkurrenz abheben. Deshalb .... (3) wir Umweltschutzorganisationen und soziale Maßnahmen öffentlich unterstützen. Dieses Konzept .... (4) bis in das kleinste Detail in unserer Firma realisiert werden, z. B. .... (5) wir nur recyceltes Papier benutzen. Unsere Geschäftsräume .... (6) nachts nicht beleuchtet sein. Der Abfall .... (7) getrennt werden. Wir .... (8) von unseren Mitarbeiter/innen überdurchschnittliche Motivation verlangen. Diese Motivation .... (9) jedoch weltweit mit überdurchschnittlicher Vergütung und guten Sozialleistungen honoriert werden. Unser Unternehmen .... (10) damit nichts anderes tun, als den Grundsätzen des fairen Handels gerecht zu werden.

- Außerdem verwendet man **Futur I** und **Futur II** als Ausdruck der **Vermutung**.
  ➲ Der Geschäftspartner verspätet sich. Er *wird* im Stau *stecken*. *(Futur I)*
  (Wir nehmen an, er steckt im Stau.)
  Der Kunde *wird* unsere Lieferung *erhalten haben*. *(Futur II)*
  (Wir gehen davon aus, dass er unsere Lieferung erhalten hat.)
- Das **Futur II** drückt aus, was zu einem Zeitpunkt in der Zukunft schon passiert sein wird.
  ➲ Morgen um diese Zeit *wird* die Lieferung schon *eingetroffen sein*.
  In einem Jahr *werden* wir den Kredit *zurückgezahlt haben*.

Übung 12 **Eine Prognose** • Ergänzen Sie die Verben im Futur II!

Das Jahr 2050: eine optimistische Prognose

Im Jahr 2050 .... sich das Klima zwar .... *(erwärmen)*, aber alle Industriezweige .... auf erneuerbare Energie .... *(umstellen)*. Das Polareis .... noch nicht .... *(schmelzen)*. Die Vereinten Nationen .... eine Lösung .... *(finden)*, allen Staaten zu helfen, die vom Klimawandel betroffen sind. Die Umstellung auf erneuerbare Energien .... neue Arbeitsplätze .... *(schaffen)*. Die Menschen .... sich an nachhaltigen Konsum .... *(gewöhnen)* und in Frieden leben.

Übung 13 **Alles wird gut!** • Ergänzen Sie die entsprechende Form von *werden*!

1. Ich .... ihn fragen.
2. Wann .... du das Projekt beenden?
3. Der Betrieb .... jetzt auch ausbilden.
4. Die Firma .... sehr viel investiert haben.
5. Das Unternehmen .... expandieren.
6. Wir .... neue Mitarbeiter einstellen.
7. Ihr .... keine Zeit gehabt haben.
8. Sie (Pl.) .... sich informieren müssen.
9. .... du die Arbeit allein schaffen?
10. .... ihr am Meeting teilnehmen?

Übung 14 **Stromausfall** • a) Ergänzen Sie Futur I oder Futur II!
b) Markieren Sie: Zukunft (Z), Absicht (A) oder Vermutung (V)!

A: Was ist denn das? Mein Computer ist aus!

B: Meiner auch. Und meine Schreibtischlampe auch!

A: Dann .... die Sicherung wohl raus .... *(sein, Futur I). (Z/A/V)*

B: Aber die Computer .... doch .... *(abgesichert sein, Futur I). (Z/A/V)*

A: Offensichtlich nicht! Das .... sich erst mit der neuen Anlage im Herbst .... *(ändern, Futur I). (Z/A/V)*

B: Auch das noch! Der Kunde .... keine höhere Gewalt .... *(anerkennen, Futur I). (Z/A/V)*
Ich weiß noch nicht einmal, ob der Text abgespeichert wurde. Die technischen Schwierigkeiten .... ich morgen aber .... *(ansprechen, Futur I). (Z/A/V)*.

A: Der PC .... den Text schon .... *(abspeichern, Futur II). (Z/A/V)*
Die PCs speichern die Dateien alle fünf Minuten automatisch.

B: Na, dann .... ich wohl nicht alles neu .... *(schreiben müssen, Futur I). (Z/A/V)*
Wissen wir eigentlich, ob die Bauteillieferung pünktlich beim Kunden .... *(eintreffen, Futur I)? (Z/A/V)*

A: Die Maschinenteile .... schon längst in seiner Fabrik .... *(ankommen, Futur II). (Z/A/V)* Moment, ich .... dort .... *(anrufen, Futur I). (Z/A/V)*

B: Um diese Zeit? Da .... niemand mehr im Betrieb .... *(sein, Futur I). (Z/A/V)* Nur wir arbeiten rund um die Uhr. – Huch, der PC geht wieder!

A: *(erleichtert)* Die Lampe auch. Da .... jemand die Sicherung wieder .... *(eindrehen, Futur II). (Z/A/V)*

B: *(öffnet die Datei)* Juchhu! Der Vertrag ist gespeichert und ich .... jetzt endlich Feierabend .... *(machen, Futur I)! (Z/A/V)*

8.7 Modalverben in allen Zeitformen

Präteritum

	können	**sollen**	**dürfen**	**wollen**	**müssen**	**möchten***
ich	konnte	sollte	durfte	wollte	musste	wollte
du	konntest	solltest	durftest	wolltest	musstest	wolltest
er/sie/es	konnte	sollte	durfte	wollte	musste	wollte
wir	konnten	sollten	durften	wollten	mussten	wollten
ihr	konntet	solltet	durftet	wolltet	musstet	wolltet
sie/Sie	konnten	sollten	durften	wollten	mussten	wollten

▸ *Im Präteritum wird *möchten* durch *wollen* ersetzt: *Die Sparbank möchte Fonds verkaufen.*
Die Sparbank wollte Fonds verkaufen.

Übung 15 **Warum konnten die Mitarbeiter nicht zum Meeting kommen?** • Bilden Sie Sätze im Präteritum!

➲ lange mit einem Kunden verhandeln müssen *(Frau Wirz)*
Frau Wirz musste lange mit einem Kunden verhandeln.

1. die Präsentation bis zum nächsten Tag fertigstellen sollen *(Herr Hebig)*
2. den Auswärtstermin nicht absagen können *(Frau Barching)*
3. nicht verspätet ankommen und das Meeting stören wollen *(Frau Fuchs)*
4. auf der Landebahn im Flieger sitzen müssen und nicht aussteigen dürfen *(Herr Leins)*
5. dringend den Monatsbericht abschließen müssen *(Frau Merz)*
6. ein Geschäftsessen nicht absagen können *(Herr Dorch)*
7. sich unbedingt Zeit für die Klienten nehmen wollen *(Herr Kintig)*
8. glücklicherweise per Handy absagen können *(alle)*
9. am nächsten Tag wissen wollen *(sie, Pl.)* • wie das Meeting war
10. hören müssen *(sie, Pl.)* • dass • unter anderem • ein Bonus • diskutieren sollen (Passiv)
11. da aber • nicht kommen können *(so viele)* • die Diskussion verschieben müssen *(man)*
12. sich schon ärgern wollen *(sie, Pl.)*
13. lachen müssen *(eine Kollegin)*
14. dann das Protokoll lesen dürfen *(sie, Pl.)*
15. darin lesen können *(sie, Pl.)* • dass • tatsächlich einen Jahresbonus bekommen sollen *(alle Mitarbeiter/innen)*

Übung 16 **Ein gutes Quartal** • Ergänzen Sie das richtige Modalverb im Präteritum!

können • müssen • sollen • wollen • möchten • dürfen

Dank unseres neuen Online-Shops .... wir unseren Umsatz im letzten Quartal um 25 Prozent steigern. Allerdings .... wir zwei neue Mitarbeiter/innen für die Technik einstellen. Und das, obwohl wir ja eigentlich Stellen abbauen .... Aber Herr Specht und Frau Anger .... ja in Rente gehen. Außerdem .... wir bei der Bank unseren Kreditrahmen erweitern. Das .... zwar schon vor einem Jahr geschehen, aber besser spät als nie. Insgesamt, meine Damen und Herren, ein gutes Quartal.

Perfekt und Plusquamperfekt der Modalverben

Diese Zeitformen der Modalverben werden seltener gebraucht. Die Partizipien der Modalverben als Vollverb lauten ***gekonnt, gesollt, gedurft, gewollt, gemusst, gemocht***. Die Perfektform wird mit *haben* gebildet.
➲ Das konnte ich nicht. → Das *habe* ich nicht *gekonnt*.

- Meistens wird das Modalverb jedoch nicht als Vollverb verwendet. Dann wird *haben* konjugiert und der Infinitiv des Modalverbs folgt dem Infinitiv des Vollverbs.
  ➲ **Präteritum** Das konnte ich nicht lesen.
  Perfekt Das *habe* ich nicht *lesen können*.
  Plusquamperfekt Das *hatte* ich nicht *lesen können*.

Übung 17 **Tarifverhandlung** • Setzen Sie die Sätze ins Perfekt bzw. Plusquamperfekt!

➲ Die Fabrikarbeiter ***wollten*** eine Lohnerhöhung ***durchsetzen***.
Die Fabrikarbeiter ***haben / hatten*** eine Lohnerhöhung ***durchsetzen wollen***.

1. Die Geschäftsleitung wollte nichts davon wissen.
2. Der Betriebsrat musste sich einschalten.
3. Er konnte keine Einigung mit der Geschäftsleitung erreichen.
4. Trotz guter Auftragslage konnten die Arbeiter/innen seit Jahren nicht genug verdienen.
5. Sie wollten die Arbeit niederlegen.
6. Endlich konnte man die Geschäftsleitung zum Kompromiss bewegen.

Futur I und II der Modalverben

Die Futurformen drücken oft eine Vermutung aus und werden wie folgt gebildet:
Futur I: *werden* als konjugiertes Verb + Infinitiv des Vollverbs + Infinitiv des Modalverbs
➲ Ohne Geschäftsplan *wird* sie keinen Kredit *bekommen können*.

Futur II: *werden* als konjugiertes Verb + Partizip II des Vollverbs + Infinitiv *haben* + Infinitiv
➲ Ohne Geschäftsplan *wird* sie keinen Kredit *bekommen haben können*.
▸ Futur II + Modalverb wird nur selten benutzt und steht hier nur der Vollständigkeit halber.

Übung 18 **Annahmen, Vermutungen (Teil 1)** • Ergänzen Sie! (Manchmal sind mehrere Varianten möglich.)

ablehnen können • abwarten wollen • begleichen müssen • benutzen dürfen • finden können • liefern können

1. Mit der Ausbildung wird er leicht eine gute Arbeitsstelle ....
2. Der Kunde wird die Rechnung sofort ....
3. Bei dem Unwetter wird der Hersteller nicht pünktlich ....
4. Ohne Kaufbeleg wird der Hersteller die Reklamation ....
5. Bei der Prüfung werden wir kein Wörterbuch ....
6. Der Kunde wird den Schlussverkauf ....

Übung 19 **Annahmen, Vermutungen (Teil 2)** • Bilden Sie Sätze im Futur I!

1. mit dem Startkapital die Anfangsphase überstehen können *(er)*
2. bei dem Umsatz den Kredit problemlos zurückzahlen können *(ihr)*
3. aufgrund der hohen Startkosten keine GmbH gründen wollen *(die Existenzgründerin)*
4. wegen des Personalmangels keinen Urlaub machen dürfen *(du)*
5. wegen der Sparmaßnahmen auf den Firmenwagen verzichten müssen *(der Mitarbeiter)*

Passiv mit Modalverben

Das Modalverb wird im Präsens, Präteritum und Konjunktiv II der Gegenwart konjugiert und ***werden*** steht im Infinitiv am Satzende. In den Zeitebenen mit Hilfsverben steht das Modalverb im Infinitiv nach dem Infinitiv ***werden***.

Präsens	Die Lieferfrist *muss* eingehalten werden.
Futur I	Die Lieferfrist *wird* eingehalten werden *müssen*.
Perfekt	Die Lieferfrist *hat* eingehalten werden *müssen*.
Präteritum	Die Lieferfrist *musste* eingehalten werden.
Plusquamperfekt	Die Lieferfrist *hatte* eingehalten werden *müssen*.
Konjunktiv II Gegenwart	Die Lieferfrist *müsste* eingehalten werden.
Konjunktiv II Vergangenheit	Die Lieferfrist *hätte* eingehalten werden *müssen*.

Übung 20 **Was muss/soll/kann/darf getan werden?** • Bilden Sie Sätze!

➲ das Produkt • verpacken *(müssen, Präsens)*
Das Produkt muss verpackt werden.

1. der Katalog • verschicken *(sollen, Präsens)*
2. die Uhr • reparieren *(müssen, Präsens)*
3. der Betriebsrat • informieren *(müssen, Präteritum)*
4. die Bewerberin • einstellen *(können, Präteritum)*
5. das Produkt • ausprobieren *(dürfen, Präteritum)*
6. das Gehalt • verhandeln *(müssen, Perfekt/Plusquamperfekt)*
7. die Nachricht • nicht weiterleiten *(können, Perfekt/Plusquamperfekt)*
8. die fehlerhafte Ware • nicht verkaufen *(dürfen, Futur I)*
9. die Maschine • austauschen *(müssen, Futur I)*
10. der Betrag • überweisen *(können, Futur I)*
11. die Kosten • reduzieren? *(können, Konjunktiv II Gegenwart)*
12. die Qualität • prüfen *(sollen, Präteritum)*
13. die Gläser • so nicht transportieren *(dürfen, Konjunktiv II Vergangenheit)*

Übung 21 **Firmengründung** • Verbinden Sie! (Manchmal sind mehrere Varianten möglich.)

1. Vor einem Jahr
2. Zuvor hatte von den Gründern
3. Bevor ein finanzieller Teilhaber gefunden werden konnte,
4. Als sich kein Investor finden ließ,
5. Tatsächlich konnte so
6. Als sie den Gesamtbetrag sahen,
7. Aber sie konnten endlich ein fair produziertes Smartphone
8. Um dies zu ermöglichen,
9. Heute kann von der Firma
10. In diesem Modell kann wie bei einem Legobaukasten

a. hatten die drei Gründer lange an ihrem Geschäftsplan feilen müssen.
b. das notwendige Kapital aufgebracht werden.
c. wollten sie zuerst vor Schreck das Geld gleich wieder zurücküberweisen.
d. konnte die Firma endlich gegründet werden.
e. schon ein zweites Modell angeboten werden.
f. auf den Markt bringen.
g. wollten sie es mit Crowdfunding im Internet versuchen.
h. lange ein Kapitalgeber gesucht werden müssen.
i. hatten sie mühsam nach geeigneten Lieferanten suchen müssen.
j. jedes defekte Bauteil gesondert repariert werden.

8.8 *Haben zu* und *sein zu* mit Infinitiv

Eine **Verpflichtung** beziehungsweise **Möglichkeit** kann auch ohne die Modalverben *müssen* oder *können* ausgedrückt werden. Dazu benutzt man die Konstruktionen *haben* + *zu* + **Infinitiv** oder *sein* + *zu* + **Infinitiv**.

- *Haben* + *zu* + **Infinitiv** hat eine Aktivbedeutung.
  ➲ Die Mitarbeiter/innen *haben* Schutzkleidung *zu tragen*.
  Bedeutung: Die Mitarbeiter/innen *müssen* Schutzkleidung tragen. *(Aktiv)*
- *Sein* + *zu* + **Infinitiv** hat eine Passivbedeutung.
  ➲ Die Schutzkleidung *ist zu tragen*.
  Bedeutung: Die Schutzkleidung *muss* getragen werden. *(Passiv)*
- *Sein* + *zu* + **Infinitiv** kann kontextbedingt auch das Modalverb *können* ersetzen.
  ➲ Das Problem *ist zu lösen*.
  Bedeutung: Das Problem *kann* gelöst werden. *(Passiv)*

Übung 22 Aktiv- oder Passivbedeutung? • Markieren Sie, ob der Satz eine Aktiv- (A) oder Passivbedeutung (P) hat!

1. Der/die Auszubildende hat die Berufsschule zu besuchen. *(A/P)*
2. Die Ware ist pünktlich zu liefern. *(A/P)*
3. Der Kunde hat die Ware bei Erhalt sofort zu überprüfen. *(A/P)*
4. Qualitätsmängel sind von der Qualitätskontrolle sofort der Produktion zu melden. *(A/P)*
5. Die Firma hat die Sicherheit am Arbeitsplatz zu gewährleisten. *(A/P)*

Übung 23 Vertragsdeutsch • Verbinden Sie! (Manchmal sind mehrere Varianten möglich.)

1. Die Rechnung → d.	a. zu garantieren.
2. Jede Bestellung	b. hat den Bestellungswiderruf sofort zu melden.
3. Die Wertstoffe	c. umgehend auszutauschen.
4. Die Firma hat die schadhafte Ware	d. ist umgehend zu begleichen.
5. Der Betrieb hat die Sicherheit am Arbeitsplatz	e. hat genügend Pausen zu machen.
6. Das Personal	f. ist schriftlich zu bestätigen.
7. Der Kunde	g. sind gesondert zu recyceln.

Übung 24 Aus einem Arbeitsvertrag • Ergänzen Sie!

Der/Die Arbeitnehmer/in ***hat*** die Pausenzeiten ***einzuhalten*** *(muss einhalten)*. Die Arbeitskleidung .... von dem/der Arbeitnehmer/in selbst .... *(muss gereinigt werden)*. Der/Die Arbeitnehmer/in .... Stillschweigen über Betriebsgeheimnisse .... *(muss wahren)*. Im Krankheitsfall .... der/die Arbeitnehmer/in die Firma umgehend .... *(muss benachrichtigen)*. Bei einem Ausfall von mehr als drei Tagen .... ein Attest .... *(muss eingereicht werden)*. Urlaubstage .... mit der Abteilungsleitung .... *(müssen abgesprochen werden)*. Der Einsatzplan .... nicht ohne Zustimmung der Abteilungsleitung .... *(darf nicht geändert werden)*. Das Gehalt .... jeweils am Ersten des Monats .... *(muss überwiesen werden)*. Überstunden .... mit Freizeit .... *(müssen ausgeglichen werden)*. Die Sicherheit am Arbeitsplatz.............. vom Arbeitgeber .... *(muss gewährleistet werden)*.

Übung 25 Was ist zu tun? • Formen Sie um! Erhalten Sie dabei die Passivbedeutung!

➲ Die Gebühr muss vierteljährlich entrichtet werden.
Die Gebühr *ist* vierteljährlich *zu entrichten*.

1. Defekte Maschinen müssen sofort vom Wartungsdienst repariert werden.
2. Der Lärmpegel im Produktionsbereich kann leicht reduziert werden.
3. In der Fabrik müssen Schutzhelme getragen werden.
4. Zum Glück kann das Gerät repariert werden.
5. Datenschutz kann nicht hundertprozentig garantiert werden.
6. Jede Rechnung muss auf ihre Richtigkeit geprüft werden.
7. Diese Angelegenheit muss vertraulich behandelt werden.
8. Die Mehrwertsteuer muss gesondert aufgeführt werden.
9. Hierfür muss eine Zollerklärung abgegeben werden.
10. Die Arbeitszeiten müssen auf Formblättern eingetragen werden.
11. Geschirr und Besteck müssen nach der Nutzung gespült werden.
12. Die Qualität muss in Stichproben geprüft werden.
13. Erstbestellungen müssen vorab gezahlt werden.
14. Die Ware muss sachgemäß verpackt werden.
15. Der Spesenabrechnung müssen Quittungen beigelegt werden.
16. Jede Bestellung muss ins ERP-System eingegeben werden.
17. Produktneuheiten und Aktionen müssen dem Kundendienst mitgeteilt werden.

Übung 26 Welche Pflichten entstehen den Vertragspartnern? • Formen Sie um! Erhalten Sie dabei die Aktivbedeutung!

➲ Die Mitarbeiter müssen ihren Urlaub frühzeitig beantragen.
Die Mitarbeiter *haben* ihren Urlaub frühzeitig *zu beantragen*.

1. Der Käufer muss die Transportkosten übernehmen.
2. Der Lieferant muss die Ware sachgemäß verpacken.
3. Der Hersteller muss die Maschinen regelmäßig warten.
4. Der Wartungsdienst muss defekte Maschinen umgehend reparieren.
5. Der Empfänger muss die Lieferung sofort auf eventuelle Mängel überprüfen.
6. Der Exporteur muss eine Zollerklärung abgeben.
7. Die Mitarbeiter/innen müssen die Arbeitszeiten auf Formblättern eintragen.
8. Neukunden müssen die erste Bestellung im Voraus bezahlen.
9. Ein Selbstständiger muss beim Finanzamt seine jährliche GuV*-Erklärung einreichen.
10. Bei Reklamationen muss der Kunde den Kassenbeleg vorweisen.
11. Unsere Lieferungen müssen termingerecht beim Kunden eintreffen.
12. Reisende müssen ihrer Spesenabrechnung Quittungen beilegen.
13. Der Spediteur muss die Ware pünktlich übergeben.
14. Der Kommissionär muss die Bestellung zusammenstellen.
15. Die Firmenwagen müssen E-Autos sein.
16. Unsere Bank darf nur in nachhaltige Projekte investieren.

*GuV: Gewinn und Verlust

8.9 Konjunktiv II (potentialis/irrealis)

Der Indikativ drückt Fakten aus, der Konjunktiv II Möglichkeiten oder Irrealitäten. Es gibt beim **Konjunktiv II** nur zwei Zeitebenen: Gegenwart und Vergangenheit. Und nur beim **Konjunktiv II der Gegenwart** gibt es Besonderheiten.

Der Konjunktiv II der Gegenwart wird verwendet für:

- höfliche Bitten
- Wünsche, Bedingungen, Möglichkeiten sowie
- Empfehlungen, Vermutungen, Vor- und Ratschläge
  - ➲ *Könnten* Sie bitte das Fenster *öffnen*? *(höfliche Bitte)*
  - ➲ Wenn wir Rabatt *bekämen*, *könnten* wir bei Ihnen *bestellen*. *(Bedingung, Möglichkeit)*
  - ➲ Ich *würde* den Vertrag genau *durchlesen*. *(Empfehlung, Ratschlag)*
- Der **Konjunktiv II der Gegenwart** wird aus der Präteritumform des Verbs gebildet. Bei den regelmäßigen Verben ist die Form des **Konjunktivs II** mit dem Indikativ Präteritum identisch. Deshalb wird diese Form stattdessen meist mit ***würde-* + Infinitiv** gebildet. *(ich würde sagen, du würdest fragen …)*
- Bei den starken Verben erhält der Präteritumstamm die Endungen: *-e, -est, -e, -en, -et, -en.* *(ich ginge, du gingest, er/sie/es ginge, wir gingen, ihr ginget, sie/Sie gingen)*
- Einige Verben ändern ihren Stammvokal. (kam → käme, fuhr → führe etc.)
- Im heutigen Sprachgebrauch klingen viele Konjunktivformen veraltet, und der **Konjunktiv II** wird hauptsächlich bei den Hilfsverben, den Modalverben und einigen unregelmäßigen Verben verwendet (vgl. auch Tabelle Seite 76). Ansonsten wird besonders in der gesprochenen Sprache ***würde-* + Infinitiv** verwendet.

➲ a) **regelmäßiges Verb**	Wir *besuchten* Sie gerne am Messestand. → Wir *würden* Sie gerne am Messestand *besuchen*.
b) **unregelmäßiges Verb**	Wir *kämen* gerne zum Messestand. → Wir *würden* gerne zum Messestand *kommen*.
c) **Modalverb**	Wir *könnten* zum Messestand *kommen*.
d) **Hilfsverb**	Wir *wären* bereit, zum Messestand zu *kommen*.

Übung 27 Einige Formen des Konjunktivs II der Gegenwart • Verbinden Sie!

1. Wenn die Lieferung heute *einträfe*,
2. Wenn ich die Antwort *wüsste*,
3. *Gäbe* es keinen Aufzug,
4. Wenn er sich mehr Zeit *ließe*,
5. *Ginge* sie für ein Jahr ins Ausland,
6. Wenn wir weniger Fleisch *äßen*,
7. *Spräche* jemand von uns Griechisch,
8. Wenn sie bei uns im Büro *säße*,
9. *Stünde* das schon im Vertrag,

a. *müssten* wir die Treppen steigen.
b. *reduzierten* wir die CO_2-Emissionen.
c. *wäre* er nicht so gestresst.
d. *bräuchten* wir keinen Dolmetscher.
e. *würde* ich nicht fragen.
f. *sparten* wir uns das Telefonieren.
g. *könnte* sie wertvolle Erfahrungen sammeln.
h. *hätten* wir genügend Material.
i. *müssten* wir es nicht verhandeln.

	Hilfsverben				Modalverben			
	Präteritum Indikativ		Konjunktiv II		Präteritum Indikativ		Konjunktiv II	
Infinitiv	**sein**	**haben**	**sein**	**haben**	**wollen**	**können**	**wollen**	**können**
ich	war	hatte	wäre	hätte	wollte	konnte	wollte	könnte
du	warst	hattest	wär(e)st	hättest	wolltest	konntest	wolltest	könntest
er/sie/es	war	hatte	wäre	hätte	wollte	konnte	wollte	könnte
wir	waren	hatten	wären	hätten	wollten	konnten	wollten	könnten
ihr	wart	hattet	wär(e)t	hättet	wolltet	konntet	wolltet	könntet
sie/Sie	waren	hatten	wären	hätten	wollten	konnten	wollten	könnten

	unregelmäßige und regelmäßige Verben		
	Präteritum Indikativ		Konjunktiv II
Infinitiv	**kommen**	**wünschen**	**kommen**
ich	kam	wünschte	käme
du	kamst	wünschtest	käm(e)st
er/sie/es	kam	wünschte	käme
wir	kamen	wünschten	kämen
ihr	kamt	wünschtet	käm(e)t
sie/Sie	kamen	wünschten	kämen

➲ Gegenwart (Möglichkeit):
Ich *käme* zum Termin./Ich *würde* zum Termin *kommen*, wenn ich Zeit *hätte*.
(*würde-* + Infinitiv oder Konjunktivform des Verbs)

➲ Vergangenheit (Unmöglichkeit):
Ich *wäre* zum Termin *gekommen*, wenn ich Zeit gehabt *hätte*.
(*hätte/wäre* + Partizip II)

8.9.1 Konjunktiv der Gegenwart: Höflichkeitsform

Der Konjunktiv II wird verwendet, um eine Bitte oder Aufforderung höflicher zu formulieren.

- *Möchten* ist die Höflichkeitsform von *wollen*.
- *Dürfen* bleibt eher im Indikativ.

Ich will einen Kaffee.	→	Ich möchte einen Kaffee.
Geben Sie mir Auskunft.	→	Könnten Sie mir Auskunft geben?
Wann ist ein Termin möglich?	→	Wann wäre ein Termin möglich?
Helfen Sie mir!	→	Würden/Könnten Sie mir helfen?
Ich will Sie etwas fragen.	→	Darf ich Sie etwas fragen?

Übung 28 **Bitte recht freundlich!** • Sagen Sie es höflicher!

1. Verbinden Sie mich mit der Geschäftsleitung! *(können)*
2. Warten Sie einen Moment! *(können/werden)*
3. Die Leitung ist leider besetzt. Kann Ihnen jemand anderes weiterhelfen?
4. Wollen Sie eine Nachricht hinterlassen? *(möchten)*
5. Notieren Sie! *(können)*
6. Buchstabieren Sie Ihren Namen! *(können/werden)*
7. Wollen Sie, dass er Sie zurückruft? *(möchten)*
8. Worum geht es? *(fragen dürfen, ich)*
9. Ich will Informationen über Ihr Sortiment. *(möchten)*
10. Kann ich Sie heute Nachmittag zurückrufen?
11. Ist es möglich, für nächste Woche einen Termin zu vereinbaren?
12. Haben Sie auch günstigere Geräte?
13. Ich bitte Sie um einen Gefallen. *(dürfen?)*
14. Geben Sie mir das schriftlich? *(können)*
15. Bleiben Sie einen Moment am Telefon! *(können/werden)*
16. Wir laden Sie zur Messe ein. *(dürfen)*

8.9.2 Konjunktiv der Gegenwart: Wünsche, Möglichkeiten, Bedingungen

Übung 29 **Wünsche** • Formen Sie um!

➲ Sommer sein! *Wenn (es) doch Sommer wäre!/Wäre (es) doch* Sommer!*

1. heute frei haben! *(ich)*
2. uns eine Lösung einfallen!
3. pünktlich eintreffen! *(die Ware)*
4. die Rechnung bald begleichen! *(er)*
5. die Datei finden können! *(ich)*
6. die Telefonnummer noch wissen! *(ich)*
7. die Zusage bekommen! *(wir)*
8. sich entscheiden können! *(ich)*
9. wenigstens anrufen! *(die Firma)*
10. sich verschieben lassen! *(der Termin)*

▸ *Die Modalpartikeln *doch, nur, bloß* drücken hier den Wunsch aus.

Übung 30 **Möglichkeiten, Konditionen** • Bilden Sie Sätze!

➲ die Firma • eine Vakanz haben → sich bewerben *(ich)*
Wenn die Firma eine Vakanz hätte, würde ich mich bewerben.

1. heute noch bestellen → morgen schon die Ware haben *(Sie)*
2. einen Wartungsvertrag haben → wir • Ihre Geräte jederzeit kostenfrei reparieren *(Sie)*
3. uns Zahlungsaufschub gewähren können → wir • Ihnen verbunden sein *(Sie)*
4. ihm im Preis entgegenkommen → der Kunde • uns einen Großauftrag geben *(wir)*
5. nicht alle gleichzeitig sprechen → das Meeting • produktiver sein
6. Flexzeit einführen → unsere Mitarbeiter/innen • weniger freinehmen müssen *(wir)*
7. unseren Energieverbrauch reduzieren → die Umwelt weniger belasten *(wir)*
8. Drittmittel* bekommen → das Projekt finanzieren können *(das Institut)*

* das Drittmittel (meistens Plural): öffentliche Gelder/staatliche Förderung für akademische Forschungsprojekte

Übung 31 **Eine Anfrage** • Ergänzen Sie im Konjunktiv II der Gegenwart!

Betreff: Anfrage

Sehr geehrte Damen und Herren,

Ihre Adresse verdanken wir einem unserer Geschäftspartner. Wir .... *(brauchen)* dringend einen weiteren Zulieferer für Bauteile für unsere Solaranlagen. Deshalb .... *(sein)* wir Ihnen verbunden, wenn Sie uns umgehend Ihre Prospekte mit Produktspezifikationen und Lieferfristen zuschicken .... *(können)*. Gerne .... *(werden)* wir auch einen Termin mit einem Ihrer Berater vereinbaren. Bezüglich eines Termins .... *(sein)* es am sinnvollsten, wenn Ihr Berater uns umgehend .... *(anrufen)* und dann zu uns in die Zentrale .... *(kommen)*. Allerdings .... *(geben)* es auch die Möglichkeit, ein Treffen nächste Woche auf der Messe zu vereinbaren, da Sie sicher auch dort sein werden.

Besonders interessiert .... *(sein)* wir an einer Zusammenarbeit mit Ihnen, wenn:

- Sie Bestellungen innerhalb von fünf Werktagen .... *(liefern können)*,
- uns wettbewerbsfähige Preise, Liefer- und Zahlungsbedingungen .... *(bieten)*
- und die Qualität Ihrer Produkte unseren Vorstellungen .... *(entsprechen)*.

Wir freuen uns auf Ihre Antwort.

Mit freundlichen Grüßen

Übung 32 **Anlageberatung** • Ergänzen Sie!

A Kann ich sonst noch etwas für Sie tun?

B Ja, ich suche eine Anlagemöglichkeit für 5 000 Euro.

A Prima. Da .... *(geben)* es verschiedene Möglichkeiten. Sie .... *(können)* das Geld zum Beispiel in Aktien investieren.

B Ich glaube, das .... *(sein)* mir zu riskant.

A Wenn Sie das Geld in einem Aktienfonds .... *(anlegen)*, ... *(bleiben)* das Risiko geringer.

B .... *(müssen)* ich dafür nicht Gebühren bezahlen?

A Natürlich, aber die .... *(sein)* gering, wenn Sie Ihr Depot bei unserem Discountbroker .... *(haben)*.

B Aber was wäre, wenn es mit der Wirtschaft wieder bergab .... *(gehen)*?

A Dann .... *(haben)* wir alle Pech.

B Und wenn ich ein Tagesgeldkonto .... *(eröffnen)*?

A Dann .... *(bekommen)* Sie kaum Zinsen. Aber es .... *(sein)* natürlich sicherer.

B Und wenn ich eine Beteiligung an einer Firma .... *(suchen)*?

A Wenn Sie das .... *(wollen)*, ... *(brauchen)* Sie mehr Kapital.

B Und wenn ich ein Sparkonto .... *(einrichten)*?

A Dafür .... *(erhalten)* Sie noch weniger Zinsen. Da .... *(wissen)* ich etwas Besseres für Sie. Wie wäre es, wenn Sie einen Sparvertrag .... *(abschließen)*?

B Aber das Geld .... *(liegen)* doch sicher für eine bestimmte Zeit fest.

A Sie .... *(dürfen)* es natürlich nicht kurzfristig abheben.

B Und wenn es wieder zu einer Wirtschaftskrise .... *(kommen)*?

A Dann .... *(sein)* Ihre Spareinlagen versichert.

8.9.3 Das Passiv im Konjunktiv II der Gegenwart

Im Passiv steht nur das Hilfsverb *werden* im Konjunktiv II und der Infinitiv (*werden*) steht nach dem Partizip II.
➲ Indikativ — Die Presse *wird* informiert.
Konjunktiv II — Die Presse *würde* informiert *werden*.

- Steht jedoch der Konjunktiv II Passiv in einem Nebensatz, wird der Infinitiv *werden* meist weggelassen.
  ➲ Es wäre besser, wenn die Presse informiert *(werden)* würde.

- Hat der Satz ein Modalverb, so steht nur das Modalverb im Konjunktiv II. Im Nebensatz kann auf den Infinitiv *werden* nicht verzichtet werden.
  ➲ Indikativ — Die Presse *kann* informiert werden.
  Konjunktiv II — Die Presse *könnte* informiert werden.
  Es wäre besser, wenn die Presse informiert *werden könnte*.

Übung 33 **Wäre es nicht konstruktiver, wenn ...?** • Bilden Sie Sätze!

➲ Rohstoffe fair handeln
Wäre es nicht konstruktiver, wenn *Rohstoffe fair gehandelt (werden) würden?*

1. Pflegeberufe angemessen bezahlen
2. Umweltschutzmaßnahmen verstärken
3. Massentierhaltung untersagen
4. die Menschenrechte besser schützen
5. Plastik durch kompostierbare Materialien ersetzen

Übung 34 **Bedingungssätze (potentialis)** • Verbinden Sie!

1. Wenn es nicht so teuer wäre,
2. Wenn uns ein Kredit genehmigt würde,
3. Wenn Sie zu einem Auftrag bereit wären,
4. Sollten mehr als 2 000 Stück bestellt werden,
5. Könnte die Ware frei Haus geliefert werden,
6. Würde der Preis reduziert (werden),

a. hätten wir mehr Handlungsspielraum.
b. könnte Ihnen die Ware noch heute zugestellt werden.
c. wären wir zu einem Probeauftrag bereit.
d. könnte die Produktionsstätte modernisiert werden.
e. würden mehr Kunden das Produkt kaufen.
f. bekämen Sie einen Mengenrabatt von 10 Prozent.

8.9.4 Konjunktiv II der Vergangenheit zum Ausdruck der Unmöglichkeit

Der Konjunktiv II der Vergangenheit drückt aus, dass etwas nicht mehr realisierbar ist.

- Nur die Hilfsverben ***sein*** und ***haben*** werden in den Konjunktiv II gesetzt.
  ➲ mit *haben*: Wir *haben* das Darlehen *bekommen*.
  Wir *hätten* das Darlehen *bekommen*, wenn ...
  mit *sein*: Wir *sind* pünktlich angekommen.
  Ohne den Stau *wären* wir pünktlich *angekommen*.

Übung 35 **Unter anderen Bedingungen ... (Teil 1)** • Ergänzen Sie!

hätte *(2x)* • hätten • wäre • wären *(2x)*

Unter anderen Bedingungen ...

1. .... die Zinsen gestiegen.
2. .... die Firma eine weitere Filiale eröffnet.
3. .... der Verlag an der Messe teilgenommen.
4. .... die Kunden nicht reklamiert.
5. .... die Ware rechtzeitig eingetroffen.
6. .... die Aktienkurse nicht gefallen.

Übung 36 **Beinahe wäre mir etwas passiert!** • Bilden Sie Sätze im Konjunktiv II der Vergangenheit!

➲ die Kreditkarte verlieren
Beinahe/Fast hätte ich die Kreditkarte verloren.

1. den Termin vergessen
2. den Fehler übersehen
3. die falsche Datei löschen
4. in den falschen Zug steigen
5. über die Tasche stolpern
6. Sie nicht wiedererkennen
7. den Kaffee verschütten
8. vor dem Computer einschlafen
9. die Mail ohne Betreff versenden
10. das Meeting verpassen

Übung 37 Unter anderen Bedingungen ... (Teil 2) • Setzen Sie die Sätze in den Konjunktiv II der Vergangenheit!

➲ Ich habe mich beworben. → Unter anderen Bedingungen ***hätte*** ich mich beworben.
Der Preis ist gesunken. → Unter anderen Bedingungen ***wäre*** der Preis gesunken.

1. Das Unternehmen hat Gewinn gemacht.
2. Die Verkaufszahlen sind gestiegen.
3. Die Firma ist an die Börse gegangen.
4. Der DAX* ist gefallen.
5. Die Anleger haben die Aktien gekauft.
6. Die Firma hat nachhaltig investiert.
7. Die CO_2-Emissionen sind gesunken.
8. Das Klima hat sich nicht erwärmt.
9. Die Presse hat darüber berichtet.
10. Die erneuerbaren Energien sind stärker gefördert worden.

*DAX: Deutscher Aktienindex

Übung 38 Das wäre nicht passiert, wenn (nicht) ... • Verbinden Sie!

1. Wenn es nicht so teuer gewesen wäre, → b
2. Die Mitarbeiter hätten nicht gestreikt,
3. Ich hätte ein besseres Gerät gekauft,
4. Wenn es keinen Bahnstreik gegeben hätte,
5. Dem Passanten wäre nichts passiert,

a. wenn er nicht stur auf sein Handy gestarrt hätte.
b. hätte die Firma auf der Messe ausgestellt.
c. wäre die Ware pünktlich eingetroffen.
d. wenn die Löhne erhöht worden wären.
e. wenn ich mich vorher bei der Stiftung Warentest* informiert hätte.

*Stiftung Warentest: Organisation, die Produkte bewertet und vergleicht

Übung 39 Ein Teufelskreis: Mail an eine Kollegin • Ergänzen Sie im Konjunktiv II der Vergangenheitsform!

Betreff: Teufelskreis

Liebe Dorit,

natürlich habe ich deine Mail nicht rechtzeitig gelesen. Was für ein Teufelskreis! Denn wenn ich die Mail eher ***gelesen hätte*** *(lesen)*, ***hätte*** ich ***gewusst*** *(wissen)*, dass das Meeting verschoben wurde. Wenn ich .... *(wissen)*, dass das Meeting verschoben wurde, ... ich mir mehr Zeit für den unzufriedenen Kunden .... *(nehmen)*. Wenn ich mir mehr Zeit für den unzufriedenen Kunden .... *(nehmen)*, ... der sich nicht an die Konkurrenz .... *(wenden)*. Wenn er nicht zur Konkurrenz .... *(gehen)*, ... wir seinen nächsten Großauftrag .... *(bekommen)*. Wenn wir seinen nächsten Großauftrag .... *(erhalten)*, ... wir in diesem Quartal schwarze Zahlen .... *(schreiben)*. Wenn wir schwarze Zahlen .... *(schreiben)*, ... unsere Abteilung eine neue Mitarbeiterin .... *(bekommen)*. Wenn unsere Abteilung eine neue Mitarbeiterin .... *(einstellen)*, ... *(haben)* ich nicht so viel zu tun. Wenn ich nicht so viel zu tun .... *(haben)*, ... ich die Mail früher .... *(lesen)*. Wenn ich die Mail früher .... *(lesen)*, ...

Bis später.
Sandra

8.9.5 Modalverben im Aktiv (Konjunktiv II der Vergangenheit)

Im Konjunktiv II der Vergangenheit stehen die Modalverben als Infinitive am Satzende.
Das konjugierte Verb ist der Konjunktiv II von *haben*.

➲ **Indikativ** Die NGO *hat* helfen *können*.
Konjunktiv II Die NGO *hätte* helfen *können*.

Übung 40 **Aus Erfahrungen lernen!** • Ergänzen Sie! (Manchmal sind mehrere Varianten möglich.)

annoncieren sollen • fahren dürfen • installieren sollen • erklären können • zurückrufen müssen

1. Ein Experte hätte den Zusammenhang besser ....
2. Wer hätte die Software ....?
3. Die Firma hätte das fehlerhafte Produkt sofort ....
4. Wir hätten die Stelle gleich ....
5. So schnell hätte er nicht ....

Übung 41 **In dem Fall ...** • Setzen Sie die Sätze in den Konjunktiv II der Vergangenheit!

➲ Die Firma konnte ein neues Produkt entwickeln → ***hat ... entwickeln können***.
Die Firma ***hätte*** ein neues Produkt ***entwickeln können***.
In dem Fall ***hätte*** die Firma ein neues Produkt ***entwickeln können***.

1. Der Mitarbeiter musste auf seine Weiterbildung verzichten.
2. Die Geschäftsleitung konnte weitere Erfolge verzeichnen.
3. Der Kunde durfte später zahlen.
4. Der Vorstand musste die Aktionäre informieren.
5. Das Subunternehmen konnte rentabel arbeiten.

8.9.6 Das Passiv im Konjunktiv II der Vergangenheit

Diese Form wird aus dem Perfekt Passiv Indikativ gebildet, und nur das Hilfsverb *sein* steht im Konjunktiv II.

➲ **Indikativ** Das Protokoll *ist* geschrieben *worden*.
Konjunktiv II Das Protokoll *wäre* geschrieben *worden*.

Übung 42 **Wenn es so gewesen wäre, dann ...** • Verbinden Sie! (Manchmal sind mehrere Varianten möglich.)

1. ... wären die Preise → d.
2. ... wären Sie
3. ... wäret ihr
4. ... wäre der Termin
5. ... wäre der Rechnungsbetrag

a. fristgerecht überwiesen worden.
b. auch gefragt worden.
c. benachrichtigt worden.
d. reduziert worden.
e. abgesagt worden.

Übung 43 **Sonst ...** • Setzen Sie die Sätze in den Konjunktiv II Vergangenheit Passiv!

➲ Das Produkt wurde entwickelt. → Das Produkt *ist* entwickelt *worden*.
Das Produkt *wäre* entwickelt *worden*.
Sonst *wäre* das Produkt entwickelt *worden*.

1. Die Produktion wurde nicht automatisiert.
2. Die Qualität wurde garantiert.
3. Ersatz wurde geleistet.
4. Die Löhne wurden nicht erhöht.
5. Die Ware wurde fristgemäß geliefert.
6. Der Mitarbeiterin wurde gekündigt.
7. Die Rechnung wurde beglichen.
8. Keine Mahnung wurde verschickt.

8.9.7 Modalverben im Passiv (Konjunktiv II der Vergangenheit)

Im Konjunktiv II der Vergangenheit (Passiv) stehen die Modalverben als Infinitiv nach *werden*. Das Hilfsverb *haben* steht im Konjunktiv II.

➲ Indikativ — Die Ware *hat* geliefert *werden können*.
Konjunktiv II — Die Ware *hätte* geliefert *werden können*.

Übung 44 **Das hätte nicht passieren dürfen!** • Setzen Sie die Passiv-Sätze mit Modalverben in den Konjunktiv II der Vergangenheit!

➲ Der Fehler wurde nicht korrigiert. *(müssen)*
Aber der Fehler *hätte* korrigiert *werden müssen*.

1. Die Qualität wurde nicht geprüft. *(müssen)*
2. Die Rechnung wurde nicht bezahlt. *(müssen)*
3. Das Informationsmaterial wurde nicht verteilt. *(sollen)*
4. Die Spedition wurde nicht benachrichtigt. *(müssen)*
5. Der Automat wurde nass gereinigt. *(nicht dürfen)*
6. Der Kunde wurde angemahnt. *(nicht dürfen)*
7. Die Aushilfskraft wurde nicht eingesetzt. *(können)*
8. Die Verbraucher wurden nicht informiert. *(müssen)*
9. Diese Kosten wurden nicht gespart. *(können)*
10. Gerüchte und Fake News wurden verbreitet. *(nicht dürfen)*

Übung 45 **Bedingungssätze (irrealis)** • Verbinden Sie!

1. Ein Prototyp wäre hergestellt worden,
2. Wäre der Prototyp einwandfrei gewesen,
3. Die Mahnung hätte nicht verschickt werden müssen,
4. Wäre die Rechnung fristgerecht beglichen worden,
5. Wenn der Katalog fertig gewesen wäre,
6. Wenn die Zinsen nicht erhöht worden wären,
7. Die Arbeitsbedingungen wären nicht verbessert worden,
8. Die Bewerberin wäre eingestellt worden,

a. wäre die F & E-Abteilung gelobt worden.
b. hätte er gleich verschickt werden können.
c. wären die Kredite jetzt günstiger.
d. wenn die Rechnung fristgemäß beglichen worden wäre.
e. hätten die Medien nicht darüber berichtet.
f. wenn die Produktidee überzeugt hätte.
g. wenn sie nicht schon eine andere Stelle angenommen hätte.
h. hätte sie nicht angemahnt werden müssen.

Übung 46 **Möglichkeit oder Unmöglichkeit?** • Ergänzen Sie!

➲ *Hätte* der Betrieb nicht genügend Aufträge, *würde* er Kurzarbeit *einführen*.	*Möglichkeit*
Hätte der Betrieb nicht genügend Aufträge *gehabt*, *hätte* er Kurzarbeit *eingeführt*.	*Unmöglichkeit*
1. Hätte die Firma mehr Kapital benötigt, hätte sie Investoren gesucht.	....
2. Würde Herr Stamm an der Weiterbildung teilnehmen, könnte er seine Karrierechancen verbessern.	....
3. Wären die Außenstände höher, würde die Firma in Liquiditätsschwierigkeiten geraten.	....
4. Hätte die Konferenz stattgefunden, hätte ich daran teilgenommen.	....
5. Wären wir nicht so überarbeitet gewesen, hätten wir den Fehler bemerkt.	....
6. Würden wir in ein ERP-System investieren, könnten wir unsere Arbeit erleichtern.	....
7. Hätte der Arbeitgeber die Löhne erhöht, hätten die Angestellten keinen Betriebsrat gegründet.	....
8. Hätte der Kunde nicht so lange in der Warteschleife warten müssen, hätte er nicht aufgelegt.	....
9. Wären die Finanzierungszinsen nicht so hoch, würden mehr Kunden in Raten zahlen.	....
10. Wenn die Aktienkurse fallen würden, könnten wir unsere Ersparnisse auch in Aktien anlegen.	....
11. Hätte Frau Lauber digital an der Konferenz teilgenommen, säße sie nun nicht mit Jetlag in ihrem Büro.	....

8.9.8 Bedingungssätze im Konjunktiv II

Bedingungssätze im Konjunktiv II können mit *wenn* oder mit dem konjugierten Verb (ohne *wenn*) beginnen.

➲ *Wenn* Sie uns den Auftrag *gäben (geben würden)*, *könnten* wir Sie sofort beliefern.
Würden Sie uns den Auftrag *geben*, *könnten* wir Sie sofort beliefern.
Gäben Sie uns den Auftrag, *könnten* wir Sie sofort beliefern.

Übung 47 **Berufswahl: Was würde geschehen, wenn ...? Was wäre geschehen, wenn ...?** • Bilden Sie Sätze!

➲ a) Betriebswirtin werden • (später) Firmen leiten können
Wenn ich Betriebswirtin *(werden) würde*, *könnte* ich später Firmen leiten.
Würde ich Betriebswirtin *(werden)*, *könnte* ich später Firmen leiten.

➲ b) Wenn ich Betriebswirtin *geworden wäre*, *hätte* ich Firmen leiten können.
Wäre ich Betriebswirtin *geworden*, *hätte* ich Firmen leiten können.

1. Naturwissenschaft studieren • (später) in die Forschung gehen können
2. die Geisteswissenschaften wählen • sich auf Philosophie spezialisieren
3. in der Tourismusbranche arbeiten • viele Menschen und Kulturen kennenlernen
4. Ausbildung als Gärtnerin machen • nicht im Büro sitzen müssen
5. Informatik studieren • überall einen Job finden
6. Banklehre absolvieren • (später) gute Karrierechancen haben
7. Krankenschwester/-pfleger werden • Menschen helfen können
8. Grafikdesign studieren • (später) für meine Kreativität bezahlt werden
9. als Buchhalter arbeiten • in Ruhe in einem Büro Einnahmen und Ausgaben prüfen können
10. Sprachen lernen • international arbeiten können

• Überlegen Sie sich weitere Berufe und ihre Vorteile und bilden Sie Sätze!

Übung 48 Konferenz in der Marketingabteilung: Was würde geschehen, wenn ...? (Möglichkeit)

• Bilden Sie Sätze!

Situation: Das neue Produkt verkauft sich nicht so gut wie erwartet. Der Abteilungsleiter bittet um Vorschläge zur Verbesserung der Werbung bzw. Öffentlichkeitsarbeit.

➲ mehr Links zu unserer Webseite einrichten → das Produkt wird bekannter

a) Wir *könnten* mehr Links zu unserer Webseite *einrichten*. *Dann würde* das Produkt bekannter.

b) *Wenn* wir mehr Links zu unserer Webseite *einrichten würden*, *würde* das Produkt bekannter.

c) *Würden* wir mehr Links zu unserer Webseite *einrichten*, *würde* das Produkt *bekannter*.

1. Teilnehmer A: das Produkt eine Zeitlang günstiger verkaufen → mehr Kunden würden es ausprobieren
2. Teilnehmer B: das Design verbessern → das Produkt • attraktiver wirken
3. Teilnehmer C: mit einem witzigen Slogan werben → die Kunden erinnern sich daran
4. Teilnehmer D: einen guten Zweck unterstützen → damit werben können
5. Teilnehmer B: Gewinnspiele veranstalten → Kunden gewinnen
6. Teilnehmer A: in den sozialen Medien aktiver sein → unsere Zielgruppe hundertprozentig erreichen
7. Teilnehmer C: Aktionswochen veranstalten → Kunden direkt in Geschäften ansprechen können
8. Teilnehmer B: Kundendaten sammeln und auswerten → Kundentreue aufbauen und belohnen können
9. Teilnehmer A: das Produkt in Filmen oder Fernsehserien platzieren → es indirekt empfehlen *(Passiv)*
10. Abteilungsleiter: das Produkt in Filmen oder Fernsehserien zeigen → unerlaubte Schleichwerbung sein
11. Teilnehmer C: die Qualität optimieren → „Jetzt noch besser" auf die Verpackung schreiben können
12. Teilnehmer D: eine komplette Werbekampagne starten → die Konsumenten • aufmerksam werden
13. Abteilungsleiter: eine komplette Werbekampagne organisieren → wir • unser Budget nicht einhalten können
14. Teilnehmer A: einen Blog starten → mehr Verkehr auf unsere Website leiten
15. Abteilungsleiter: einen Blog starten → dafür viel Zeit brauchen
16. Teilnehmer B: einen Influencer für das Produkt gewinnen → der Umsatz • garantiert steigen
17. Teilnehmer D: einen SEO-Spezialisten einstellen → unsere Website • bei jeder Suche ganz oben stehen
18. Teilnehmer A: eine Werbeagentur beauftragen → uns unnötige Zeit und Mühe sparen
19. Abteilungsleiter: eine Werbeagentur fragen → ich meinen Hut nehmen

Übung 49 Nachbesprechung in der Marketingabteilung: Was wäre gewesen, wenn ...? (Unmöglichkeit)

• Setzen Sie die Sätze aus Übung 45 in die Vergangenheit!

Die Vorschläge zur Verkaufsförderung wurden nicht angenommen. Ein Jahr später wird das Produkt aus dem Sortiment genommen. Die Kollegen argumentieren in einem Meeting: „Ich hab's doch gesagt! ..."

➲ a) *Hätten* wir mehr Links zu unserer Webseite *eingerichtet*, *wäre* das Produkt bekannter *geworden*.

b) *Wenn* wir mehr Links zu unserer Webseite *eingerichtet hätten*, *wäre* das Produkt bekannter *geworden*.

Übung 50 **Im Jahr 2035 – Was wurde falsch gemacht?** • Bilden Sie Sätze!

➲ den Umweltschutz viel stärker beachten
Wir hätten den Umweltschutz viel stärker beachten müssen!
Der Umweltschutz hätte viel stärker beachtet werden müssen!

1. schneller auf erneuerbare Energien umstellen
2. den Fleischkonsum stärker begrenzen
3. auf die meisten Plastikverpackungen verzichten
4. die Ölförderung früher stoppen
5. Öko-Landwirtschaft viel entschiedener fördern
6. den Flugverkehr reduzieren

• **Was werden wir nun tun müssen?** • Bilden Sie Sätze!

➲ den Umweltschutz viel stärker beachten
Wir werden den Umweltschutz viel stärker beachten müssen!
Der Umweltschutz wird viel stärker beachtet werden müssen!

Übung 51 **Stress!** • Setzen Sie die Passivformen in den verschiedenen Zeitformen ein!

➲ Die Bestellung ***muss*** noch ***aufgegeben werden***. *(aufgeben müssen, Präsens Passiv)*

Es ist schon fast 17.00 Uhr und der Kunde .... noch .... (*anrufen müssen*, Präsens Passiv) und .... (*fragen müssen*, Präsens Passiv), ob der Liefertermin um einen Tag .... (*verschieben dürfen*, Präsens Passiv). Dem Reisebüro .... noch .... (*sagen müssen*, Konjunktiv II Gegenwart Passiv), dass die Geschäftsreise .... (*stornieren sollen*, Präsens Passiv). Die Korrespondenz .... noch .... (*unterschreiben sollen*, Konjunktiv II Vergangenheit Passiv). Jetzt .... sie erst morgen früh .... (*verschicken können*, Futur I Passiv).

Also .... morgen für einige Dokumente ein Kurier .... (*bestellen müssen*, Futur I Passiv). Die Ware .... auch noch versandfertig .... (*machen müssen*, Präsens Passiv). Dann .... sie heute noch vom Spediteur .... (*abholen können*, Konjunktiv II Gegenwart Passiv). Der Lieferschein .... noch .... (........................) (*ausfüllen müssen*, Konjunktiv II Gegenwart Passiv) und der Spediteur (........................) noch .... (*anrufen müssen*, Konjunktiv II Gegenwart Passiv). Die reklamierte Ware .... von ihm auch gleich .... (*austauschen können*, Konjunktiv II Gegenwart Passiv). Der Ersatz .... also auch noch .... (*verpacken müssen*, Futur I Passiv).

Dem Außendienstler .... die Terminänderungen schon längst .... (*durchgeben müssen*, Konjunktiv II Vergangenheit Passiv). Dann .... jetzt nicht noch eine Mail .... (*schreiben müssen*, Konjunktiv II Gegenwart Passiv). Und, und, und! Wie .... das alles bis 17.00 Uhr .... (*schaffen sollen*, Präsens Passiv)?

Zum Glück klingelte da der Wecker. Und Frau Bäumle erwachte aus ihrem Alptraum!

8.10 Modalverben und ihre zusätzlichen Bedeutungsebenen

Modalverben können auch Annahmen verschiedener Gewissheitsstufen ausdrücken:

90 % sicher:	Das *kann nur/muss* ein Irrtum sein.	(sicher, bestimmt, gewiss)
70 % sicher:	Das *müsste/dürfte/wird* ein Irrtum sein.	(wahrscheinlich)
50 % sicher:	Das *kann/mag** ein Irrtum sein.	(vermutlich)
30 % sicher:	Das *könnte* ein Irrtum sein.	(vielleicht)
Außerdem:	Es wird behauptet, dass die Firma den Irrtum erkannt hat. →	Die Firma *soll* den Irrtum erkannt haben.
	Die Firma behauptet, sie hätte den Irrtum erkannt →	Die Firma *will* den Irrtum erkannt haben.

▸ **Mögen* wird eher verwendet, wenn etwas stimmen kann, aber nicht relevant ist. Häufig beginnt der Folgesatz mit *aber*.

Übung 52 **Wer bekommt den Zuschlag für den Fuhrpark?** • Stellen Sie Vermutungen an!

➲ Wissen Sie schon? Die Firma DEF hat den Zuschlag für den Fuhrpark bekommen. *(es wird erzählt • sollen)*
Die Firma DEF soll den Zuschlag für den Fuhrpark bekommen haben.

B Wie bitte? Das stimmt nicht! *(90 %)* Das ist ein Irrtum! *(90 %)* Wer hat Ihnen das erzählt?

....

A Frau Freundlich war gerade hier. DEF hat ein günstigeres Angebot gemacht als wir. *(es wird erzählt • sollen)*

....

B Aber Kanninger von ABD hat uns den Auftrag doch so gut wie versprochen!

A Das ist ja wahr, *(50 %)* aber da hat er zu viel versprochen. *(70 %)*

....

B Das stimmt, *(50 %)* aber dann ... ah, eine Mail von Kanninger: Auf Dienstreise ist er gewesen. *(er behauptet das • wollen)*

....

A Das ist doch so. *(30 %)*

....

B Natürlich, aber er ist doch trotzdem mit seiner Firma in Kontakt gewesen. *(70 %)*

....

A Naja, die Firma beschäftigt nicht nur das Thema Fuhrpark. *(70 %)*

....

B Die Chefin hat meine Mail schon gelesen. *(70 %)* Sie ist enttäuscht. *(90 %)*

....

Ah, hier ist ihre Antwort. ...
„Keine Sorge. Wir machen den Fuhrpark in Partnerschaft mit DEF." – Wie bitte? Wie ist das möglich? – „Das ist gestern beschlossen worden." *(es wird behauptet • sollen)*

....

A Ach, gestern war der monatliche Handelskammer-Abend. Da hat sie mit DEF gesprochen. *(30 %)*

....

B Na, da fällt uns allen ein Stein vom Herzen. *(70 %)*

....

Teil III

Der Satz

9 Der Satz

9.1 Syntax im Hauptsatz

Der kürzeste Satz besteht aus Subjekt und konjugiertem Verb.
➲ Ich lerne.

Fünf Regeln im Hauptsatz:

- Das konjugierte Verb steht immer an zweiter Stelle.
- Steht das Subjekt am Satzanfang, so steht das konjugierte Verb direkt dahinter. Steht eine andere Information am Satzanfang, so bleibt das konjugierte Verb auf dem zweiten Platz, gefolgt vom Subjekt. (siehe Satz 3 bis 6)
  Vorangestellte Nebensätze zählen als ein Element. (siehe Satz 7)
  Ausnahmen:
  a. Das Genitivobjekt und/oder das präpositionale Objekt dürfen zwischen Subjekt und Verb stehen, weil sie dann Teil des Subjekts werden. (siehe Satz 2)
  b. Die Konnektoren *und, oder, aber, denn, doch, sondern* stehen in der Null-Position. (siehe Seite 97)
- Ist das konjugierte Verb ein Hilfs- bzw. Modalverb, steht das Vollverb im Infinitiv oder als Partizip II am Satzende. (siehe Satz 5 bis 7)
- Die Zeitangabe steht in der Regel vor der Ortsangabe. Generell steht jedoch das, was betont werden soll, am Satzanfang.
- Wenn es sich bei den Dativ- und Akkusativobjekten um Nomen handelt, so steht das Dativobjekt vor dem Akkusativobjekt. Bei Personalpronomina gibt es Varianten. (siehe Seite 92)

	1	2	3	4	5	6	7
1.	***Der Mitarbeiter*** *(Subjekt)*	***zeigt*** *(Vollverb)*	dem Azubi *(Dativ)*	den Betrieb. *(Akkusativ)*			
2.	***Der Mitarbeiter der Firma*** *(Subjekt mit Genitiv-ergänzung)*	***zeigt***	dem Azubi	den Betrieb.			
3.	Heute *(Zeit)*	***zeigt***	***der Mitarbeiter*** *(Subjekt)*	dem Azubi	den Betrieb	im Zentrum. *(Ort)*	
4.	Deshalb *(Konnektor)*	***zeigt***	***der Mitarbeiter***	dem Azubi	heute	den Betrieb.	
5.	Den Betrieb *(Akkusativobjekt)*	***will*** *(Modalverb)*	***der Mitarbeiter***	heute	dem Azubi	***zeigen.*** *(Vollverb Infinitiv)*	
6.	Dem Azubi *(Dativobjekt)*	***hat*** *(Hilfsverb)*	***der Mitarbeiter***	gestern	den Betrieb	***gezeigt.*** *(Vollverb Part. II)*	
7.	Weil der Azubi neu ist, *(Nebensatz)*	***wird*** *(Hilfsverb)*	***der Mitarbeiter***	ihm	heute	den Betrieb	***zeigen.*** *(Infinitiv)*

Übung 1 Syntaxvarianten • Bilden Sie Sätze! (Mehrere Varianten sind möglich.)

1. die Firma • haben • den Bewerber • anrufen • vor einer Woche
2. der neue Mitarbeiter • können • die Kolleg/innen • immer • fragen
3. aus Versehen • der Assistent • haben • die Nachricht • nicht • weitergeben
4. die Firma • suchen • seit langem • einen Geschäftspartner • in Indien
5. Sie (Sg.) • haben • das Unternehmen • im Jahr 2015 • gründen
6. dann • die Assistentin • sollen • den Besuchstermin • noch • bestätigen
7. aus geschäftlichen Gründen • der Geschäftspartner • müssen • den Termin • verschieben
8. allerdings • werden • die Auswahl • der Kandidat/innen • noch etwas • dauern
9. nicht alle Firmen • den Erhalt der Bewerbungsunterlagen • bestätigen
10. so • wir • haben • die optimale Kandidatin • uns • vorstellen
11. im Vergleich zum Vorjahr • die Preise für Lebensmittel • weiter • steigen
12. die Firma • zur Verfügung • stellen • drei Ausbildungsplätze
13. seit • einem Jahr • die neue Firma • schreiben • schwarze Zahlen
14. viele Firmen • konkurrieren • um höhere Marktanteile • weltweit
15. einige Firmen • Umweltschutz • und • soziales Engagement • ernst nehmen
16. heute • wir • haben • wegen Inventur • geschlossen

Übung 2 Der Satz im Baukastensystem • Bilden Sie Sätze aus den einzelnen Elementen! Probieren Sie verschiedene Varianten aus!

die Bewerberin • der Azubi • die Mitarbeiterin • der Kollege • der Verkäufer • die Kundin • das Produkt • der Preis • die Firma • die Aufgabe • das Protokoll • der Rabatt • der Termin • mit • zeigen • erklären • vereinbaren • gewähren • wollen • können • heute • gestern • am Telefon • im Büro ...

1	2	3	4	5	6
➲ *Die Bewerberin*	*will*	*heute*	*mit der Firma*	*den Termin*	*vereinbaren.*
Heute	*will*	*die Bewerberin*	*mit der Firma*	*den Termin*	*vereinbaren.*
Mit der Firma	*will*	*die Bewerberin*	*heute*	*den Termin*	*vereinbaren.*
Den Termin	*will*	*die Bewerberin*	*heute*	*mit der Firma*	*vereinbaren.*
....	....	....	....	....	....
....	....	....	....	....	....
....	....	....	....	....	....
....	....	....	....	....	....
....	....	....	....	....	....
....	....	....	....	....	....
....	....	....	....	....	....
....	....	....	....	....	....
....	....	....	....	....	....
....	....	....	....	....	....
....	....	....	....	....	....
....	....	....	....	....	....
....	....	....	....	....	....
....	....	....	....	....	....
....	....	....	....	....	....

9.2 Satzbausteine

Subjekt	*Die Mitarbeiterin* liest. **Wer/Was** tut etwas? Die Mitarbeiterin.
Konjugiertes Verb	Die Mitarbeiterin *liest*. **Was tut** das Subjekt? **Was tut** die Mitarbeiterin? Sie liest.
Akkusativobjekt (direktes Objekt)	Die Mitarbeiterin liest *eine Mail*. Bei Sachen lautet die Frage **Was?** und bei Personen **Wen?** **Was** liest die Mitarbeiterin? Eine Mail. **Wen** ruft die Mitarbeiterin? Eine Kollegin.
Dativobjekt (indirektes Objekt)	Die Mitarbeiterin liest *der Kollegin* die Mail vor. **Wem** liest sie die Mail vor? Der Kollegin.
Genitivobjekt	Die Mitarbeiterin *der Firma* liest. Die Frage nach der Zugehörigkeit lautet: **Wessen** Mitarbeiterin liest? Der Firma.
Zeitangabe	Die Mitarbeiterin liest *jetzt*. **Wann** liest die Mitarbeiterin? Jetzt.
Ortsangabe	Die Mitarbeiterin liest *in ihrem Büro*. **Wo** liest die Mitarbeiterin? In ihrem Büro.
Präpositionales Objekt	Die Mitarbeiterin spricht *über das Projekt*. Die Frage nach dem präpositionalen Objekt richtet sich nach der Präposition: **Worüber** spricht die Mitarbeiterin? Über das Projekt.

Übung 3 **Die Satzelemente** • Notieren Sie die einzelnen Elemente oder Bausteine des Satzes! (S = Subjekt, kV = konjugiertes Verb, A = Akkusativobjekt, D = Dativobjekt, G = Genitivobjekt, P = präpositionales Objekt, O = Ort, Z = Zeit)

➲ Der Verkäufer senkt den Preis. *S, kV, A*

1. Die Firma stellt ihre Produkte auf der Messe vor. ....
2. Gestern erhielten wir Ihre Lieferung ohne den Lieferschein. ....
3. Der Azubi antwortet dem Ausbilder auf die Frage. ....
4. Heute schickt die Bewerberin der Personalchefin des Unternehmens ihre Unterlagen. ....
5. Wir danken Ihnen vorab für die umgehende Begleichung der Rechnung. ....

Übung 4 **Nach Satzbausteinen fragen** • Formulieren Sie die Fragen und beantworten Sie sie.

➲ Die Menge der Bewerbungen verzögert die Auswahl.
Wer/Was verzögert die Auswahl?
Wen/Was verzögert die Menge der Bewerbungen?
Wessen/Welche Menge verzögert die Auswahl?

2. Die Firma bietet ihren Mitarbeitern attraktive Sozialleistungen.
3. Die IHK kann z. B. in vielen Fragen der Ausbildung und der Existenzgründung behilflich sein.
4. Die Marketingabteilung soll ab nächster Woche eine neue Mitarbeiterin bekommen.
5. Die Vorgesetzte teilte ihrem Team gestern die Entscheidung des Vorstandes per E-Mail mit.
6. Dem neuen Mitarbeiter helfen die Kollegen gerne bei der Anwendung der Software.
7. Die Firma stellt das neue Produkt im Herbst auf der Messe vor.

9.3 Syntax bei zwei Personalpronomen

Bei Nomen steht das **Dativobjekt** vor dem **Akkusativobjekt**.
➲ Der Verkäufer zeigt *dem Messebesucher* **den neuesten Kopierer**.

Aber: Wenn das Akkusativobjekt ein Personalpronomen ist, steht das Akkusativobjekt vor dem **Dativobjekt**.
➲ Der Verkäufer zeigt *dem Kunden* **den PC**.
Der Verkäufer zeigt *ihm* **den PC**.
Der Verkäufer zeigt **ihn** *dem Kunden*.
Der Verkäufer zeigt **ihn** *ihm*.

Übung 5 **Syntax bei zwei Personalpronomen** • Ersetzen Sie die Akkusativ- und Dativobjekte durch Personalpronomen!

1. Der Mechaniker installiert dem Kunden die Kopierer.
2. Die Bedienungsanleitung empfiehlt dem Benutzer die regelmäßige Wartung des Geräts.
3. Die Lieferfirma bietet dem Käufer einen Wartungsvertrag.
4. Der Käufer überlässt der Firma die Wartung.
5. Der Lieferant garantiert dem Kunden das einwandfreie Funktionieren des Geräts.
6. Der Käufer überweist dem Lieferanten den Rechnungsbetrag.
7. Der Lieferant gewährt dem Kunden zwei Prozent Skonto.
8. Der Programmierer beantwortet dem technischen Leiter alle Fragen.
9. Er zeigt dem technischen Leiter alle Funktionen.
10. Der technische Leiter präsentiert der Firmenleitung die neue Software.
11. Die Firmenleitung verspricht dem Programmierer eine Bonuszahlung.
12. Die Firma beschreibt ihren Stammkunden die neue Software in einer E-Mail.
13. Einige Kunden schicken der Firma eine Antwort.
14. Die Firma gewährt den interessierten Kunden ein Musterexemplar.
15. Ein Kunde sendet der Firma sofort eine Bestellung.
16. Die Forschungsabteilung will der Geschäftsleitung den neuen Prototyp präsentieren.

9.4 Die Negation

Die Negationspartikel ***nicht*** steht

- bei Satzverneinung am Satzende oder vor dem letzten Verbteil (Infinitiv, Partizip oder Präfix) beziehungsweise den letzten Verbteilen (Partizip + Infinitiv):
  ➲ Das Gerät funktioniert *nicht*.
  Der Mechaniker kann das Gerät *nicht* reparieren.
  Das Gerät wurde *nicht* repariert.
  Die Lieferung traf auch gestern *nicht* ein.
  Das Gerät konnte *nicht* repariert werden.
- bei Teilverneinung vor dem zu verneinenden Element:
  ➲ Ich habe *nicht* diesen Artikel bestellt (, sondern den anderen).
  Ich habe diesen Artikel *nicht* in Grün bestellt (, sondern in Rot).
  Nicht ich habe diesen Artikel bestellt (, sondern meine Kollegin).
  Ich habe diesen Artikel *nicht* heute (, sondern gestern) bestellt.
  Dieser Artikel ist im Katalog *nicht* auf S. 30 (, sondern auf S. 34).

Übung 6 **Was wird verneint?** • Setzen Sie „nicht" in die richtige Lücke!

➲ Wir haben .....ø..... Ihre Lieferung ***nicht*** pünktlich .....ø..... erhalten.
(Sie traf mit einer Woche Verspätung ein.)

1. Leider können .... wir .... Ihnen .... in dieser Angelegenheit .... weiterhelfen.
2. Der Zulieferer hat .... geliefert ....
3. Die Messe .... beginnt .... nächste Woche, sondern morgen.
4. .... Firma X hat .... auf der Messe ausgestellt, sondern Firma Y.
5. Wir schicken .... die Ware .... per Bahnfracht, sondern per Lkw.
6. Der Kunde hat .... den Drucker .... gekauft, sondern das Multifunktionsgerät.
7. Der vereinbarte Mengenrabatt wurde .... in der Rechnung leider .... berücksichtigt.
8. Ich glaube ...., dass .... die Lieferung sich .... verspäten wird.
9. Das Dokument ist .... in dem grünen Ordner .... abgeheftet, sondern in dem roten Ordner.
10. Speichern .... Sie .... das Dokument .... nur als Textverarbeitungsdatei, sondern auch als PDF-Datei!
11. Nein, ... ich habe .... das gesagt, sondern du hast das gesagt.

- Der Indefinitartikel ***kein-*** (= *nicht* + unbestimmter oder Null-Artikel) steht immer vor dem zu verneinenden Nomen:
  ➲ Bis heute haben wir *keine* Ware erhalten.
  Zurzeit besteht *kein* Bedarf an Büromaterial.

- Nach ***kein-*** werden Adjektive im Singular wie nach dem unbestimmten Artikel, im Plural wie nach dem bestimmten Artikel dekliniert. (siehe auch Übungen zur Adjektivdeklination auf den Seiten 27 f., 134 f. und 159)

  ➲ **Singular:** Das ist *kein neuer* Termin.
  Wir haben *keinen anderen* Termin frei.
  Vor *keinem anderen* Termin haben wir so viel vorbereitet.
  Bezüglich *keines anderen* Termins hatten wir so viele Nachfragen.

  Plural: Das sind *keine neuen* Termine.
  Wir haben *keine anderen* Termine frei.
  Ich schaffe es heute zu *keinen weiteren* Terminen.
  Trotz *keiner weiteren* Termine habe ich heute noch viel zu tun.*

▸ *Die Negation im Genitiv Plural ist kaum gebräuchlich.

Übung 7 **Lieferverzug: Was tun?** • Ergänzen Sie die richtigen Endungen!

1. **Produktionsleiter:** Schon wieder Lieferverzug? Haben wir kein...... ander...... Lieferanten für diese Vorprodukte? *(Akk. Sg.)*
2. **Abteilungsleiter Einkauf:** Von kein...... ander...... Lieferanten haben wir bessere Preise erhalten. *(Dat. Sg.)*
3. **Produktionsleiter:** Sie meinen, die Preise kein...... ander...... Lieferanten sind so günstig? *(Gen. Sg.)*
4. **Abteilungsleiter Einkauf:** Genau. Die anderen Zulieferer konnten uns kein...... vergleichbar...... Preise bieten. *(Akk. Pl.)*
5. **Produktionsleiter:** Aber kein...... ander...... Hersteller bestellt so große Mengen wie wir. *(Nom. Sg.)*
6. **Abteilungsleiter Einkauf:** Trotzdem ! Es sind kein ...... besser...... Bedingungen möglich! *(Nom. Pl.)*
7. **Produktionsleiter:** Und unser Lieferant weiß, dass wir solche Preise bei kein...... konkurrierend...... Anbieter bekommen? *(Dat. Sg.)*
8. **Abteilungsleiter Einkauf:** Natürlich. Deswegen haben wir auch noch kein...... einzig...... pünktlich...... Lieferung erhalten. *(Akk. Sg.)*
9. **Produktionsleiter:** Wenn wir die Produktion jedes Mal stoppen müssen, spart uns der Rabatt kein...... nennenswert...... Kosten. *(Akk. Pl.)* Im Gegenteil!
10. **Produktionsleiter:** Gut. Rufen Sie dort an, damit es zu kein...... weite...... Verzögerungen kommt. *(Dat. Pl.)* Und erklären Sie denen, dass wir in Zukunft kein...... verspätet...... Lieferungen mehr annehmen. *(Akk. Pl.)* Ich wette, das hilft.

Übung 8 **Reklamation: *Nicht* oder *kein/e*?** • Ergänzen Sie!

➲ Leider haben wir ***nicht*** die Ware erhalten, die wir bestellt hatten.
Sie haben uns ***keine*** Rechnung mitgeschickt.

1. Außerdem wurden uns .... Tonerkartuschen mitgeliefert.
2. Auch haben Sie uns .... die richtigen Speichergeräte zugesandt.
3. Wir benötigen die Geräte mit 40 GB Speicherplatz, ... mit 4 GB.
4. Ferner hatten wir .... Lineale bestellt.
5. Darüber hinaus wurden die bestellten Aktenordner .... in der richtigen Farbe geliefert.
6. Außerdem hatten wir .... den Artikel Nr. 30010 bestellt, sondern 300 Stück von Artikel Nr. 10.
7. Ihr Kundenservice sagte uns, dass Artikel Nr. 10 zurzeit .... verfügbar sei.
8. Warum wurde uns das .... vorher mitgeteilt?
9. Dann müssten wir jetzt .... riesige Rücksendung veranlassen.
10. Sollten Sie .... in der Lage sein, unseren Auftrag umgehend korrekt auszuführen, können wir den Auftrag .... aufrechterhalten.
11. Falls wir binnen 24 Stunden .... Rückmeldung von Ihnen bekommen, können wir Ihnen künftig .... weiteren Aufträge zukommen lassen.

9.5 Die wichtigsten Kommaregeln

Kommas helfen, einen Satz zu gliedern und damit leichter verständlich zu machen.
Hier sind die wichtigsten Regeln:

Ein Komma steht

- zwischen zwei Hauptsätzen (es sei denn, sie sind mit ***und/oder*** verbunden) und zwischen Haupt- und Nebensätzen.
  ➲ Der Betrieb bietet Sozialleistungen, *aber* es wird kein Bonus gezahlt.
  Der Betrieb bietet Sozialleistungen *und* es wird ein Bonus gezahlt.
  Weil der Betrieb gute Sozialleistungen bietet, bekommt er viele Bewerbungen.
- bei indirekten Fragesätzen.
  ➲ Ich möchte wissen, *ob* die Stelle noch frei ist.
- zwischen Nebensätzen.
  ➲ Die gleitende Arbeitszeit, *die* sehr beliebt ist, *weil* sie den Arbeitnehmenden Flexibilität erlaubt, ist nicht in jeder Abteilung machbar.
- bei Einschüben.
  ➲ Die Arbeit im Homeoffice, seit der Pandemie populär, hat viele Vorteile.
- bei Aufzählungen.
  ➲ Wir haben Filialen in Amsterdam, Athen, Brüssel, Paris und Warschau.
- bei Korrespondenz.
  nach der Ortsangabe, vor dem Datum:
  ➲ Hamburg, den 12.12.20xx
  nach der Anrede:
  ➲ Sehr geehrte Damen und Herren,

Ein Komma steht

- vor Infinitiven mit ***zu***, wenn im Hauptsatz ***es*** oder eine Präposition (z. B. ***darüber***) steht oder der Infinitiv sich auf ein Nomen im Hauptsatz bezieht.
  ➲ *Es* würde uns freuen, Sie kennenzulernen.
  Wir freuen uns *darauf*, Sie kennenzulernen.
  Sie haben die *Möglichkeit*, unsere Firma kennenzulernen.

Ein Komma steht außerdem

- vor ***um … zu***, ***ohne … zu***, ***anstatt … zu***.
  ➲ Wir laden Sie zu einem Gespräch ein, *um* Sie kennen*zu*lernen.
  Anstatt Ihnen Fahrtkosten *zu* verursachen, bieten wir Ihnen einen virtuellen Termin an.
  So lernen Sie unsere Firma kennen, *ohne* lange im Zug sitzen *zu* müssen.

Ein Komma kann

- vor erweiterten Infinitiven mit ***zu*** stehen, um die Gliederung des Satzes hervorzuheben.
  ➲ Er wünschte sich(,) den Rest des Tages freinehmen zu können.

Kein Komma steht

- nach Adverbialbestimmungen am Satzanfang.
  - ➲ Selbstverständlich liefern wir frei Haus.
    Im Jahr 2000 übernahm sie die Geschäftsleitung.
- bei Korrespondenz
  nach der Grußformel:
  - ➲ Mit freundlichen Grüßen

  nach folgender Formulierung:
  - ➲ ... verbleiben wir mit freundlichen Grüßen

Übung 9 **Eine Stellenannonce** • Ergänzen Sie die fehlenden Kommas!

Sind Sie unser/e neue/r Bürokaufmann/frau?

Der/Die ideale Kandidat/in sollte berufserfahren dynamisch flexibel und teamfähig sein.
Wir erwarten dass unser/e neue/r Mitarbeiter/in nicht nur eine fundierte Ausbildung mitbringt sondern sich auch völlig mit den Aufgaben identifiziert.
Außerdem setzen wir beste Computerkenntnisse stete Lernbereitschaft und Fremdsprachenkenntnisse voraus.

Wenn Sie sich gerne neuen Herausforderungen stellen sind Sie bei uns richtig. Haben Sie den Wunsch in einem internationalen Umfeld zu arbeiten?
Unser Unternehmen ist die Tochterfirma eines multinationalen Konzerns und arbeitet mit einer globalen Perspektive. Wir sind in Europa und Übersee vertreten aber unsere Zentrale befindet sich in ...

Obwohl wir Sie für unsere Zentrale suchen sollten Sie auch zu Auslandsreisen bereit sein. Selbstverständlich bieten wir dem/r geeigneten Bewerber/in ein freundliches Team ein überdurchschnittliches Gehalt ausgezeichnete Sozialleistungen und ein attraktives Weiterbildungsangebot.
Sollten Sie sich durch unser Inserat angesprochen fühlen schicken Sie uns Ihre aussagekräftige Bewerbung bis zum ... an ...
Wir bitten um Verständnis dafür dass wir telefonisch keine Auskünfte erteilen können.

Übung 10 **Bitte um Informationen vorab** • Ergänzen Sie die fehlenden Kommas!

1. Nantes den ...
2. Sehr geehrte Damen und Herren
3. Ihre Stellenanzeige die mich sehr ansprach lässt noch einige Fragen offen.
4. Deshalb möchte ich Sie bitten mir folgende Informationen zukommen zu lassen.
5. Erstens möchte ich wissen welche speziellen EDV-Kenntnisse Sie verlangen.
6. Zweitens wäre ich Ihnen dankbar wenn Sie mir genauer mitteilen könnten welche Fremdsprachenkenntnisse Sie verlangen.
7. Ich selbst verfüge über Deutsch-, Englisch-, Spanisch- und Chinesischkenntnisse.
8. Drittens wäre es interessant zu wissen wie häufig Auslandsreisen notwendig wären.
9. Bieten Sie auch die Möglichkeit im Homeoffice zu arbeiten?
10. Auch wäre es gut zu wissen für welche Abteilung Sie Verstärkung suchen.
11. Über eine baldige Antwort würde ich mich freuen damit ich mich entscheiden kann ob es sinnvoll wäre mich bei Ihrer Firma zu bewerben.
12. Mit freundlichen Grüßen

Übung 11 **Komma oder nicht?** • Ergänzen Sie!

1. Ein Geschäftspartner hat uns Ihre Firma empfohlen mit der er seit langem bekannt ist.
2. Da wir expandieren brauchen wir viele neue Mitarbeiter/innen die mit uns wachsen wollen.
3. Um die besten Talente der Branche zu gewinnen haben wir unsere Karriereseite verbessert.
4. Unsere Analysetools zeigen aber dass das nicht reicht.
5. Deshalb suchen wir Rat wie wir uns als Arbeitgeber attraktiver präsentieren können.
6. Wir freuen uns auf ein erstes Gespräch mit Ihnen und Ihr Angebot.

10 Überblick Satztypen

Temporalsatz: Wann erteilten wir den Auftrag?

- Temporalsätze bringen Sätze in verschiedene zeitliche Verbindung. Sie drücken Vor-, Nach- und Gleichzeitigkeit aus.

  Konnektoren Hauptsatz: ***vorher, zuvor, dann, danach, währenddessen***
  Konnektoren Nebensatz: ***bevor, nachdem, sobald, solange, während, bis, seit(dem), wenn, als***
  ➲ Wir erteilten den Auftrag. *Vorher* hatten wir zehn Prozent Rabatt ausgehandelt.
  Bevor wir den Auftrag erteilten, hatten wir zehn Prozent Rabatt ausgehandelt.

Kausalsatz: Warum gibt uns die Firma Rabatt?

- Kausalsätze geben Antwort auf die Frage *Warum?* Sie geben einen Grund an.

  Konnektoren Hauptsatz: ***deshalb, darum, deswegen, aus diesem Grund***
  Konnektoren Nebensatz: ***weil, da***
  ➲ Die Firma möchte unseren Auftrag bekommen, *deshalb* gibt sie uns Rabatt.
  Weil uns die Firma Rabatt gibt, erteilen wir ihr den Auftrag.

Konsekutivsatz: Was ist die Folge, wenn uns die Firma Rabatt gibt?

- Konsekutivsätze benennen Folgen oder Konsequenzen. Sie ähneln in der Aussage den Kausalsätzen.

  Konnektoren Hauptsatz: ***so, also, folglich, demzufolge, somit***
  Konnektoren Nebensatz: ***sodass, so ..., dass***
  ➲ Die Firma gibt uns Rabatt, *folglich* erteilen wir ihr den Auftrag.
  Die Firma gibt uns Rabatt, *sodass* wir ihr den Auftrag erteilen.

Adversativsatz: Welchen Unterschied gibt es zwischen den Firmen? Was macht Firma B, anstatt uns Rabatt zu geben?

- Adversativsätze drücken Gegensätze aus. Der Unterschied zum Konzessivsatz ist oft schwer zu erfassen, weil einige Konnektoren zu beiden Satztypen gehören.

  Konnektoren Hauptsatz: ***aber, allerdings, dagegen, dennoch, demgegenüber, indessen, jedoch, sondern, stattdessen, vielmehr, dabei***
  Konnektoren Nebensatz: ***während, wohingegen, anstatt ... zu, anstatt dass***
  ➲ Rabatt bekommen wir bei Firma A. *Demgegenüber* gibt uns Firma B keinen Rabatt.
  Anstatt uns Rabatt zu geben, verzichtet Firma B auf unseren Auftrag.

Konzessivsatz: Was hätten wir nicht erwartet?

- Konzessivsätze stellen nicht Erwartetes dar. Sie sind leicht mit Adversativsätzen zu verwechseln.

  Konnektoren Hauptsatz: ***aber, allerdings, indessen, jedoch, nichtsdestotrotz, trotzdem***
  Konnektoren Nebensatz: ***obwohl, obschon, obgleich***
  ➲ Wir hatten Rabatt vereinbart, *trotzdem* steht nichts davon in der Rechnung.
  Obwohl wir Rabatt vereinbart hatten, steht nichts davon in der Rechnung.

Modalsatz: Wie kann die Firma unseren Auftrag gewinnen?

- Modalsätze drücken aus, wie sich Ziele erreichen lassen. Sie sind leicht mit Kausal- und Konsekutivsätzen zu verwechseln.

  Konnektoren Hauptsatz: ***dadurch, damit, so, auf diese Weise***
  Konnektoren Nebensatz: ***indem, wodurch, ohne ... zu, ohne dass***
  ➲ Die Firma gewährt uns Rabatt, *dadurch* bekommt sie unseren Auftrag.
  Indem sie uns Rabatt gewährt, gewinnt die Firma unseren Auftrag.

Finalsatz: Mit welchem Ziel gibt uns die Firma Rabatt?

- Finalsätze geben Ziele an, die erreicht werden sollen.

  Konnektoren Nebensatz: ***damit, um ... zu***
  ➲ Die Firma gibt uns Rabatt, *damit* wir ihr den Auftrag erteilen.

Konditionalsatz: Unter welcher Bedingung erteilen wir den Auftrag?

- Konditionalsätze geben die Bedingungen an, unter denen etwas geschehen kann.

  Konnektoren Hauptsatz: ***angenommen, vorausgesetzt***
  Konnektoren Nebensatz: ***wenn, falls***
  ➲ *Angenommen*, die Firma gibt uns Rabatt, (dann) erteilen wir ihr den Auftrag.
  Wenn uns die Firma Rabatt gibt, (dann) erteilen wir ihr den Auftrag.

Inhaltssatz: Was sagt der Käufer?

- Inhaltssätze geben eine Information weiter.

  Konnektor Nebensatz: ***dass***
  ➲ Im Vertrag steht, *dass* wir Rabatt bekommen.

Indirekter Fragesatz: Ich weiß nicht, was der Käufer gesagt hat.

- Konnektoren sind die Fragewörter: ***ob, wer, wann, warum, wie*** usw.

Relativsatz: Welcher Firma geben wir den Auftrag?

- Relativsätze geben Zusatzinformation zu einem Element im Hauptsatz.

  Konnektoren: **Relativpronomen, Präpositionen + Relativpronomen**
  ➲ Wir erteilen unseren Auftrag der Firma, *die* uns Rabatt gewährt.

10.1 Die Konnektoren im Hauptsatz

Einige Hauptsatzkonnektoren stehen in der Null-Position, andere in der ersten oder dritten Position. Je nachdem, in welcher Position ein Konnektor steht, beeinflusst er die Syntax.

10.1.1 Konnektoren in der Null-Position

Die Konnektoren ***und***, ***oder***, ***aber (doch)***, ***denn***, ***sondern*** stehen in der sogenannten Null-Position. Sie verändern die Struktur des Hauptsatzes nicht.
➲ Ich wollte lernen. Ich habe gelernt.
Ich wollte lernen *und* ich habe gelernt.

- Bei der Konjunktion ***und*** kann das Subjekt im zweiten Satz weggelassen werden, wenn es mit dem des ersten Satzes identisch ist.
  ➲ Ich wollte lernen *und* habe gelernt.

- Die Konjunktion ***aber*** muss nicht in der Null-Position stehen.
  ➲ Ich wollte lernen, *aber* ich hatte keine Zeit.
  Ich wollte lernen, ich hatte *aber* keine Zeit.

Übung 1 **Konnektoren in der Null-Position** • Verbinden Sie die Sätze!

➲ Die kleine Firma wirbt nicht im Fernsehen. Sie hat eine Website. *(aber)*
Die kleine Firma wirbt nicht im Fernsehen, ***aber*** sie hat eine Website.

1. Das Produkt wird von jedem Konsumenten sofort erkannt. Es ist ein Markenartikel. *(denn)*
2. Die Messe ist nicht nur regional. Sie zieht auch internationale Aussteller an. *(sondern)*
3. Wir wollten auf der Messe ausstellen. Alle Stände waren schon reserviert. *(doch)*
4. Auf der letzten Messe haben wir ausgestellt. Unser Produkt war erfolgreich. *(und)*
5. Sie können die Gebühren überweisen. Wir buchen sie von Ihrem Konto ab. *(oder)*
6. Da ist ein Geldautomat. Wo ist meine Girokarte? *(aber)*

10.1.2 Konnektoren in der 1. bzw. 3. Position

Üblicherweise steht das Verb gleich nach dem Konnektor, gefolgt vom Subjekt. Die Konnektoren können größtenteils auch an einer anderen – meistens der dritten – Position eingesetzt werden.
➲ Die Firma sucht neue Mitarbeiter, *deshalb* inseriert sie in der Tageszeitung.
Die Firma sucht neue Mitarbeiter, sie inseriert *deshalb* in der Tageszeitung.

Übung 2 **Konnektoren** • Bilden Sie Sätze. Setzen Sie die Konnektoren in die 1. und, wenn möglich, in die 3. Position.

1. Wir schicken Ihnen Ersatz. *(deshalb)*
2. Sie machte Pause. *(danach)*
3. Es kam zum Streik. *(infolgedessen)*
4. Wir haben noch ein Problem. *(allerdings)*
5. Wir haben den Auftrag erhalten. *(so)*
6. Die Rechnung steht noch offen. *(trotzdem)*
7. Das Problem hat sich erledigt. *(inzwischen)*
8. Der Kunde trat vom Auftrag zurück. *(folglich)*
9. Er wandte sich an die Konkurrenz. *(stattdessen)*
10. Sie sparen 20 Prozent. *(auf diese Weise)*

10.2 Temporalsätze

- Temporalsätze drücken eine zeitliche Relation zwischen Sätzen aus.
  a) Hauptsatz: *danach, dann, inzwischen, seitdem, vorher, währenddessen*
  b) Nebensatz: *bevor, nachdem, während, sobald, solange, bis, seit(dem), wenn, als*

Übung 3 **Temporaler Hauptsatz** • Bilden Sie Sätze!

➲ Sie machte ihr Fachabitur. Sie studierte an der Fachhochschule. *(danach)*
Sie machte ihr Fachabitur, danach studierte sie an der Fachhochschule.
Sie machte ihr Fachabitur, sie studierte danach an der Fachhochschule.

1. Die Bewerberin las die Stellenanzeige. Sie bewarb sich. *(dann)*
2. Die Kandidatin beschrieb ihre Berufserfahrung. Der Personalchef machte sich Notizen. *(währenddessen)*
3. Vor einem Jahr hat das Unternehmen eine zweite Niederlassung eröffnet. Es hat fünfzig neue Mitarbeiter/innen eingestellt. *(seitdem)*
4. Das Unternehmen wollte die am besten geeignete Kandidatin einstellen. Diese hatte jedoch eine andere Stelle gefunden. *(inzwischen)*
5. Seit drei Jahren arbeitet die Verkäuferin bei ABC & Co. Sie hat dort auch ihre Ausbildung gemacht. *(vorher)*
6. Der Kandidat hofft auf einen Vorstellungstermin. Er bewirbt sich auch bei anderen Firmen. *(inzwischen)*

Unterschiede zwischen *nachdem* und *sobald*:

- Bei *nachdem* müssen die Handlungen nicht direkt aufeinanderfolgen. Bei *sobald* schließt die zweite Handlung direkt an die erste an. Jedoch ist synonyme Nutzung oft möglich.
  ➲ *Nachdem* ich die Korrespondenz gelesen habe, beantworte ich sie.
  (Zwischendurch kann ich aber einen Kaffee trinken, telefonieren etc.)
  Sobald ich fertig bin, können wir joggen gehen. *(gleich danach)*

Übung 4 **Was geschieht danach?** • Ergänzen Sie *nachdem* oder *sobald*!

1. .... die Ware verpackt worden war, wurde sie versandt.
2. .... die Maschine gelandet ist, fährt sie langsam in ihre Parkposition.
3. .... die Maschine gelandet ist, drängen die Passagiere zu den Ausgängen.
4. .... es 17.00 Uhr ist, geht der Mitarbeiter nach Hause.

- Unterschiede zwischen *während* und *solange*:
  Beide Konnektoren drücken eine Gleichzeitigkeit aus. Jedoch impliziert *solange*, dass etwas anderes danach geschehen wird. Auch hier ist synonyme Nutzung oft möglich.
  ➲ *Während* ich telefoniere, mache ich Notizen.
  Solange ich telefoniere, sei bitte ruhig. *(Danach kannst du sprechen.)*

Übung 5 **Was passiert gleichzeitig?** • Ergänzen Sie *während* oder *solange*!

1. .... wir genug Material haben, können wir weiterproduzieren.
2. .... wir auf das Material warten, können wir schon alles andere vorbereiten.
3. .... sie studierte, hatte sie einen Studentenjob. Danach fand sie eine gute Arbeitsstelle.
4. .... sie studierte, hatte sie einen Studentenjob, um ihr Studium zu finanzieren.

Übung 6 **Ein ganz normaler Morgen** • Bringen Sie die Sätze in zeitliche Verbindung. Überlegen Sie, welche Kombinationen sinnvoll sind.

1a. Er trinkt einen Kaffee.	*während*	1b. Er hört die Nachrichten.
bevor/nachdem		*bevor/nachdem*
2a. Er zieht seinen Mantel an.	*während*	2b. Ein Kollege ruft ihn an.

➲ Er trinkt einen Kaffee, ***während*** er die Nachrichten hört.
Während er seinen Mantel anzieht, ruft ihn ein Kollege an.
Nachdem er einen Kaffee getrunken hat, zieht er seinen Mantel an.
Bevor er seinen Mantel anzieht, trinkt er einen Kaffee.

3a. Er läuft zur Bushaltestelle.	3b. Er telefoniert mit dem Kollegen.
4a. Er holt seine Monatskarte heraus.	4b. Er schaltet das Handy aus.
5a. Er steigt in den Bus.	5b. Sein Handy fällt herunter.

Als steht bei einmaligen Handlungen in der Vergangenheit, *wenn* bei wiederholten Handlungen in allen Zeitebenen und bei einmaligen Handlungen in der Gegenwart.
➲ *Als* sie anrief, war besetzt.
(Immer) *wenn* sie anruft, ist besetzt. *Wenn* sie jetzt anruft, ist sicher wieder besetzt.

Übung 7 ***Als oder wenn?*** • Ergänzen Sie!

1. .... sie das Produkt vorstellte, verteilte sie jedes Mal gleichzeitig Prospekte.
2. .... sie diesmal das Produkt vorstellte, verteilte sie gleichzeitig Prospekte.
3. .... er sich bei der Firma bewarb, hatte er noch keine Berufserfahrung.
4. .... die Firma eine Stelle neu besetzen will, schreibt sie die Stelle zuerst intern aus.
5. .... die Firma die Stelle neu besetzen wollte, schrieb sie diese zuerst intern aus.
6. .... sie sich konzentrieren will, schaltet sie das Handy aus.

Bis verweist auf einen Zeitpunkt in der Zukunft, *seitdem* auf einen in der Vergangenheit.

Übung 8 ***Bis oder seit(dem)?*** • Bilden Sie Sätze!

1. Sie • unsere Lieferung erhalten → wir • Sie um Geduld und Nachsicht bitten müssen
2. die Zahlung • bei uns nicht eingehen → der Kunde • nicht über die Ware verfügen können
3. sie (Sg.) • bei der Firma arbeiten → sie (Sg.) • Überstunden machen
4. das Unternehmen • mehr Aufträge haben → seine Mitarbeiter • in Teilzeit arbeiten
5. das Unternehmen • mehr Aufträge haben → es • seine Mitarbeiter besser bezahlen können

Übung 9 **Temporalsätze** • Verbinden Sie! (Manchmal sind mehrere Varianten möglich.)

1. Ich muss noch diese Mails beantworten,
2. Ehe ich diese Mails nicht beantwortet habe,
3. Ich kann erst Mittagspause machen,
4. Ich beantworte diese Mails,
5. Natürlich komme ich in die Kantine,
6. Mach ruhig schon Mittagspause,
7. Ich kann ein Sandwich essen,
8. Ich kann keine Mittagspause machen,

a. kann ich keine Mittagspause machen.
b. danach kann ich Mittagspause machen.
c. sobald ich diese Mails beantwortet habe.
d. während ich diese Mails beantworte.
e. wenn ich diese Mails beantwortet habe.
f. währenddessen beantworte ich diese Mails.
g. bis ich nicht diese Mails beantwortet habe.
h. bevor ich Mittagspause machen kann.

Übung 10 **Existenzgründung** • Bilden Sie Sätze!

➲ Frau Rath gründet eine Firma. Sie bereitet ihren Geschäftsplan vor. *(bevor)*
Bevor Frau Rath eine Firma gründet, bereitet sie ihren Geschäftsplan vor.

1. Frau Rath ließ sich bei der IHK beraten. Sie notierte neue Ideen. *(während)*
2. Sie ließ sich von der IHK beraten. Sie versteht den Grund für einen Geschäftsplan. *(seit)*
3. Sie spricht mit ihrer Geschäftspartnerin. Sie entscheiden, wer welche Aufgaben übernehmen wird. *(während)*
4. Frau Rath recherchiert geeignete Lieferanten im Internet. Ihre Geschäftspartnerin, Frau Seifler, spricht mit einer Werbeagentur. *(währenddessen)*
5. Frau Rath findet einige passende Hersteller. Sie bittet diese um Angebote. *(sobald)*
6. Frau Seifler spricht mit der Werbeagentur. Sie ruft Frau Rath an. *(nachdem)*
7. Frau Rath will sich mit Frau Seifler treffen. Sie überprüft die erhaltenen Angebote. *(zuvor)*
8. Die beiden Geschäftspartnerinnen arbeiten weiter an ihrem Geschäftsplan. Sie sind damit zufrieden. *(bis)*
9. Frau Seifler erkundigt sich nach den Kreditbedingungen bei Banken. Frau Rath besichtigt Büroräume. *(währenddessen)*
10. Sie gehen zu ihrem Banktermin. Sie bereiten sich auf mögliche Fragen vor. *(bevor)*

10.3 Kausalsätze

- Kausalsätze geben einen Grund an, Sie geben Antwort auf die Frage ***Warum?***
  a) Hauptsatz: *daher, darum, deshalb, deswegen, aus diesem Grund*
  b) Nebensatz: *da, weil*

Übung 11 **Kausaler Hauptsatz (Teil 1)** • Bilden Sie Sätze!

➲ Sie hat ihr Fachabitur gemacht. Sie darf nun studieren. *(deshalb)*
Sie hat ihr Fachabitur gemacht, ***deshalb*** darf sie nun studieren.

1. Das Stelleninserat gefiel dem Arbeitssuchenden. Er bewarb sich bei der Firma. *(darum)*
2. Die Firma bietet überdurchschnittliche Gehälter. Sie bekommt viele Bewerbungen. *(deshalb)*
3. Die Bewerbung gefiel dem Personalchef. Er kontaktierte den Bewerber. *(darum)*
4. Der Bewerber hat schon eine neue Stelle. Er sagt das Vorstellungsgespräch ab. *(daher)*
5. Auf der Autobahn gab es einen Stau. Der Bewerber hat sich verspätet. *(aus diesem Grund)*
6. Der Bewerber hat sich verspätet. Der nächste Kandidat muss warten. *(deswegen)*

Übung 12 Kausaler Nebensatz (Teil 2) • Bilden Sie Sätze!

➲ Wir benötigen die Ware dringend. Wir bitten um Expresslieferung. *(da/weil)*
Da wir die Ware dringend benötigen, bitten wir um Expresslieferung.

1. Wir haben nicht mehr genug Büromaterial. Wir müssen neu bestellen.
2. Dieses Geschäft schließt bald. Es verkauft alle Waren zum halben Preis.
3. Der Existenzgründer hat Geschäftsreisen gemacht. Er kann seine Reisekosten bei der Steuererklärung absetzen.
4. Der lokale Einzelhandel hat es nicht leicht. Viele Kunden kaufen im Internet.
5. Der Kunde hat die Rechnung noch nicht beglichen. Die Rechnung enthält einen Fehler.
6. Es ist kurz vor 20.00 Uhr. Wir bitten unsere Kunden, sich zum Ausgang zu begeben.
7. Die Verspätung der Ware hat uns Unannehmlichkeiten bereitet. Wir müssen um Schadenersatz bitten.
8. Die Verkaufsleiterin nimmt das Produkt aus dem Sortiment. Es ist ein Ladenhüter.
9. Das Geschäft investiert in seine Mitarbeiter/innen. Seine Mitarbeiter/innen sind loyal und motiviert.
10. Die neue Firma ist eine UG*. Die Firmengründer/innen hatten nicht genug Startkapital für eine GmbH.

* UG: Unternehmergesellschaft

Übung 13 Kausalsätze • Ergänzen Sie!

da/weil • denn • deshalb

1. .... wir einen neuen Lieferanten suchen, würden wir uns über Ihr Angebot freuen.
2. Leider steht Ihr Rechnungsbetrag noch offen. .... müssen wir Sie hiermit um die umgehende Überweisung des Betrags bitten.
3. Wir müssen Sie um Zahlungsaufschub bitten, ... wir befinden uns vorübergehend in einem finanziellen Engpass.
4. Die Firma sucht weitere Mitarbeiter, ... sie expandiert.
5. Die Firma expandiert, ... sucht sie weitere Mitarbeiter.
6. Leider können wir nicht fristgemäß liefern, ... eine unserer Maschinen ist ausgefallen.
7. Der Betrieb kann zurzeit nicht in Forschung investieren, ... er Liquiditätsschwierigkeiten hat.
8. Der Betrieb hat zurzeit Liquiditätsschwierigkeiten, ... bittet er seine Gläubiger um Stundungen.

10.4 Konsekutivsätze

- Konsekutivsätze sind in der Bedeutung den Kausalsätzen sehr ähnlich, beschreiben aber die Folge einer Handlung, Intention oder Situation.
  a) Hauptsatz: *also, demzufolge, folglich, infolgedessen*
  b) Nebensatz: *sodass, so ..., dass*

Übung 14 Konsekutiver Hauptsatz • Bilden Sie Sätze!

➲ Der Azubi ist fleißig. Er bekommt gute Noten. *(folglich)*
Der Azubi ist fleißig, ***folglich*** bekommt er gute Noten.
Der Azubi ist fleißig, er bekommt ***folglich*** gute Noten.

1. Die Lieferfrist ist überschritten. Der Lieferant befindet sich im Lieferverzug. *(folglich)*
2. Wir liefern ab Werk. Sie müssten die Transportkosten übernehmen. *(demzufolge)*
3. Die Firma achtet auf die Qualität ihrer Produkte. Sie erhält sehr selten Reklamationen. *(folglich)*
4. Das Unternehmen behandelt jede Reklamation kulant. Es hat treue Kunden. *(infolgedessen)*
5. Die Garantie für das Produkt ist abgelaufen. Sie müssten eine Reparatur selbst bezahlen. *(demzufolge)*

Übung 15 Konsekutiver Nebensatz mit *sodass; so ..., dass* • Verbinden Sie die Sätze!

➲ Die Werbung war erfolgreich. Viele Verbraucher wählen das neue Produkt. *(sodass/so ..., dass)*
Die Werbung war erfolgreich, ***sodass*** viele Verbraucher das neue Produkt wählen.
Die Werbung war ***so*** erfolgreich, ***dass*** viele Verbraucher das neue Produkt wählen.

1. Die Werbeagentur hat eine Werbekampagne gestartet. Man sieht das Produkt im Internet, im Fernsehen und auf Plakaten. *(sodass)*
2. Der Kunde hat trotz einer ersten Mahnung nicht gezahlt. Der Lieferant muss ihn ein zweites Mal mahnen. *(sodass)*
3. Sigrid hat im Urlaub ihr Konto überzogen. Nun muss sie ihren Dispokredit abbezahlen. *(sodass)*
4. Innerhalb Europas gilt fast überall der Euro. Import/Export-Unternehmen müssen hier kaum auf Wechselkurse achten. *(sodass)*
5. Die Konsumenten sind derzeit sparsam. Der Einzelhandel rechnet mit Umsatzverlusten. *(so ..., dass)*
6. Dieses Angebot ist teuer. Die Firma sucht einen anderen Anbieter. *(so ..., dass)*
7. Der Handelsvertreter hat beste Branchenkenntnisse und viel Berufserfahrung. Er kann eine höhere Provision von seinen Auftraggebern verlangen. *(sodass)*
8. Das neue Produkt verkauft sich gut. Die Investition in seine Entwicklung hat sich wirklich gelohnt. *(so ..., dass)*

Übung 16 Konsekutivsätze • Verbinden Sie! (Manchmal sind mehrere Varianten möglich.)

1. Die Präsentation war so klar gegliedert,
2. Das Meeting dauerte drei Stunden,
3. Wir werden nicht fristgemäß zahlen können,
4. Ihre Bewerbung hat uns gefallen,
5. Der Lärmpegel im Großraumbüro ist sehr hoch,
6. Die Lieferung ist gestern hier abgesandt worden,
7. Ihre Zahlung steht leider noch aus,

a. folglich verabschiedeten sich viele Mitarbeiter schon, bevor es endete.
b. infolgedessen können sich die Mitarbeiter nur mit Schwierigkeiten konzentrieren.
c. sodass wir Sie nun daran erinnern müssen.
d. dass jeder leicht folgen konnte.
e. somit müssen wir Sie bitten, uns den Betrag zu stunden.
f. also möchten wir Sie gerne persönlich kennenlernen.
g. demnach wird sie in drei Tagen bei Ihnen eintreffen.

Übung 17 Ein Umweltschutzexperte erklärt • Formen Sie die Sätze um!

➲ Plastikmüll ist sehr lange haltbar. Wir zerstören damit die Umwelt. *(sodass/folglich)*
Plastikmüll ist ***so*** lange haltbar, ***dass*** wir damit die Umwelt zerstören.
Plastikmüll ist sehr lange haltbar, ***folglich*** zerstören wir damit die Umwelt.

1. Elektronikschrott enthält viele Wert- und Giftstoffe. Er muss sachgemäß entsorgt werden. *(so..., dass/demnach)*
2. Zur Lösung dieses Problems wurde ein Gesetz verabschiedetet. Verbraucher/innen können alte Geräte in Geschäften zurückgeben. *(sodass/somit)*
3. Viele Benutzer/innen behalten jedoch ihre ausrangierten Geräte. Diese können nicht recycelt werden. *(sodass/also)*
4. Elektronikschrott wird häufig in sogenannte Schwellenländer exportiert. Von sachgemäßer Entsorgung kann keine Rede sein. *(sodass/folglich)*
5. Der Export von Müll ist ein internationales Problem. Es ist auf internationaler Ebene zu lösen. *(sodass/demzufolge)*
6. Einige elektronische Produkte sind sehr kurzlebig. Die Verbraucher/innen müssen bald neue Geräte kaufen. *(sodass/folglich)*
7. Allerdings gibt es immer mehr Werkstätten. Man könnte ein defektes Gerät wieder reparieren. *(sodass/also)*
8. Das kostet aber Zeit. Viele Menschen kaufen lieber gleich neue Geräte. *(sodass/infolgedessen)*
9. Recycling löst nur einen Teil des Problems. Wir müssen uns mit dem Problem der Müllvermeidung beschäftigen. *(sodass/demnach)*
10. Überhöhter Konsum schadet der Umwelt. Wir müssen umdenken. *(sodass/also)*
11. Wir haben nur eine Welt. Wir müssen sie schonen. *(sodass/folglich)*

10.5 Adversativsätze

- Adversativsätze drücken Gegensätze aus.
  a) Hauptsatz: *aber, allerdings, dagegen, demgegenüber, dennoch, doch, indessen, jedoch, nur/bloß, sondern, stattdessen, vielmehr*
  b) Nebensatz: *während, wohingegen, anstatt zu, anstatt dass*

Übung 18 **Ein Werbetrick?** • Bilden Sie Sätze!

➲ Das Geschäft wirbt mit einem Sonderpreis. *(die Ware im Geschäft • den Normalpreis • haben → dagegen)*
Das Geschäft wirbt mit einem Sonderpreis. ***Dagegen*** hat die Ware im Geschäft den Normalpreis.

1. Die Ware wird nicht zu dem angekündigten Sonderpreis verkauft. *(sie • das Doppelte kosten • sollen → vielmehr)*
2. Im Werbematerial steht ein unglaublich günstiger Preis. *(der Verkäufer • den doppelten Preis verlangen → indessen)*
3. Der Verkäufer verlangt den doppelten Preis. *(der erste Kunde • das Geschäft ärgerlich verlassen → allerdings)*
4. Der erste Kunde kauft nicht nur bei der Konkurrenz, *(er • sich auch an den Verbraucherschutz wenden → sondern)*
5. Der erste Kunde verlässt das Geschäft. *(ein anderer Kunde • den Preis akzeptieren → jedoch)*
6. Viele Kunden akzeptieren den Preis. *(der Verbraucherschutz • aktiv werden → dennoch)*
7. Der Verbraucherschutz fordert eine Preissenkung. *(laut Geschäft • die günstige Ware • zu schnell ausverkauft sein → aber)*
8. Das Geschäft soll die Ware nun zu dem angekündigten Preis verkaufen. *(es • den hohen Preis beibehalten → stattdessen)*
9. Das Geschäft behält den hohen Preis bei. *(die Presse • jetzt davon erfahren → nur)*
10. Das Geschäft verspricht, die Käufer/innen zu entschädigen. *(nur wenige Kunden kommen, um die Rückzahlung • erhalten → allerdings)*

Übung 19 **Kandidatenauswahl** • Bilden Sie Sätze!

➲ Kandidat 1 hat gerade das Studium abgeschlossen. Kandidat 2 hat schon viel Berufserfahrung. *(während)*
Während Kandidat 1 gerade das Studium abgeschlossen hat, hat Kandidat 2 schon viel Berufserfahrung.
Kandidat 1 hat gerade sein Studium abgeschlossen, ***während*** Kandidat 2 schon viel Berufserfahrung hat.

1. Wir haben nicht die Personalabteilung mit der Personalsuche beauftragt. Wir wollten sie selbst gerne durchführen. *(anstatt … zu)*
2. Wir wollten eine Annonce für die Projektleitung schalten. Wir haben aus Versehen eine für eine/n Projektmitarbeiter/in formuliert. *(anstatt … zu)*
3. Wir haben das Stellenprofil nicht genau beschrieben. Wir haben die Annonce sehr vage gehalten. *(anstatt … zu)*
4. Dadurch haben wir zwei sehr verschiedene Kandidaten auf der Shortlist: Kandidat 1 ist teamfähig. Kandidat 2 ist Führungskraft. *(wohingegen)*
5. Kandidat 1 ist Linguist. Kandidat 2 ist Wirtschaftswissenschaftler. *(während)*
6. Kandidat 1 arbeitet auch ehrenamtlich. Kandidat 2 denkt vorwiegend profitorientiert. *(wohingegen)*
7. Kandidat 1 reist gerne. Kandidat 2 ist ortsgebunden. *(wohingegen)*
8. Kandidat 1 sucht seine erste Arbeitsstelle. Kandidat 2 war bereits bei vier Firmen angestellt. *(während)*
9. Wir konzentrieren uns auf die Suche nach einer Projektleitung. Wir denken nun auch über eine Stelle für Kandidat 1 nach. *(anstatt dass)*

Übung 20 Adversativsätze • Verbinden Sie!

1. Während Werbung per Mail günstiger ist,
2. Der Online-Handel wird immer populärer,
3. Anstatt in Forschung und Entwicklung zu investieren,
4. Das Unternehmen investiert nicht in Forschung und Entwicklung.
5. Der Betrieb plant keine Investitionen in F & E,
6. Unser Produkt ist super,
7. Die Werbung verspricht viel,
8. Anstatt die schlechte Ware zu reklamieren,
9. Die Website ist sehr attraktiv,
10. Marke A spricht eine junge Zielgruppe an,

a. verlässt sich die Firma auf ihr altes Sortiment.
b. stattdessen verlässt es sich auf sein bisheriges Sortiment.
c. wird diese oft als Spam herausgefiltert.
d. wohingegen seine Konkurrenz verstärkt nach Innovationen sucht.
e. allerdings schaden die vielen Kurierfahrten der Umwelt.
f. allerdings hat sie kein Responsive Design.
g. wirft die Kundin sie weg.
h. demgegenüber ist Marke B für konservative Kund/innen interessant.
i. nur unsere Werbung muss besser werden.
j. doch die Verbraucherzentrale hat Zweifel.

Übung 21 Standortvergleich • Bilden Sie Haupt- und Nebensätze!

➲ Der Stadtrand hat günstige Grundstückspreise.
Das Stadtzentrum bietet eine bessere Infrastruktur. *(demgegenüber/wohingegen)*

Der Stadtrand hat günstige Grundstückspreise, ***demgegenüber*** bietet das Stadtzentrum eine bessere Infrastruktur.

Der Stadtrand hat günstige Grundstückspreise, ***wohingegen*** das Stadtzentrum eine bessere Infrastruktur bietet.

1. Die Lage am Stadtrand wäre gut für unser Online-Geschäft. Unser Ladengeschäft im Stadtzentrum kann mehr Kunden gewinnen. *(dagegen)*
2. Die Stadtrandlage ist angenehmer. Es ist profitabler, im Zentrum präsent zu sein. *(wohingegen)*
3. Am Stadtrand hätten wir größere Büroräume. Es wird schwieriger, Mitarbeiter/innen für das Büro zu finden. *(jedoch)*
4. Das Gebäude am Stadtrand müsste neu gebaut werden. Die Geschäftsräume in der Innenstadt stehen sofort zur Verfügung. *(demgegenüber)*
5. Einige unserer Mitarbeiter/innen sind von der Stadtrandalternative begeistert. Andere würden unsere Firma verlassen. *(während)*
6. Viele Mitarbeiter/innen informieren sich nicht über die Vorteile der Stadtrandlage. Sie befürworten vehement die zentrale Lage. *(stattdessen)*
7. In der Innenstadt benutzen die meisten unserer Mitarbeiter/innen die öffentlichen Verkehrsmittel. Zum Stadtrand fährt nur alle halbe Stunde ein Bus. *(wohingegen)*
8. Die meisten Mitarbeiter/innen würden nicht den Bus nehmen. Sie würden sich ein Auto kaufen. *(vielmehr)*
9. Ein eigenes Auto ist natürlich praktisch. Selbst ein Elektroauto belastet die Umwelt. *(allerdings)*
10. Die Geschäftsleitung liest unseren Bericht nicht. Sie veranstaltet eine Versammlung, um sich die Meinungen der Belegschaft anzuhören. *(anstatt … zu)*
11. Die Geschäftsleitung entscheidet sich nicht für eine der beiden Alternativen. Sie will den Standort nun ins Ausland verlegen. *(anstatt dass)*

10.6 Konzessivsätze

- Konzessivsätze drücken einen Gegengrund oder eine Einschränkung aus.
  a) Hauptsatz: *allerdings, dennoch, indessen, jedoch, nichtsdestotrotz, trotzdem*
  b) Nebensatz: *obwohl, obschon, obgleich*

Übung 22 Konzessiver Hauptsatz • Bilden Sie Sätze!

➲ Sie hat ihr Fachabitur gemacht. Sie will nicht studieren. *(trotzdem)*
Sie hat ihr Fachabitur gemacht, ***trotzdem*** will sie nicht studieren.
Sie hat ihr Fachabitur gemacht, sie will ***trotzdem*** nicht studieren.

1. Wir hatten um sofortige Lieferung gebeten. Die Lieferung ist überfällig. *(trotzdem)*
2. Unsere Qualitätskontrolle ist zuverlässig. Manchmal unterlaufen uns Fehler. *(dennoch)*
3. Wir haben Ihnen schon den günstigsten Preis berechnet. Wir könnten Ihnen noch ein Prozent Skonto einräumen. *(nichtsdestotrotz)*
4. Gerne gewähren wir Ihnen einen Mengenrabatt. Die von Ihnen gewünschten zehn Prozent sind zu viel. *(allerdings)*
5. Die Biobranche wächst. Sie verzeichnet nur einen einstelligen Prozentanteil an der Lebensmittelbranche. *(jedoch)*
6. Mit der Wirtschaft geht es wieder aufwärts. Die Löhne und Gehälter stagnieren noch. *(indessen)*
7. Die Bewerberin glänzte sowohl im Assessment Center als auch bei den Vorstellungsgesprächen. Sie bekam die Stelle nicht. *(dennoch)*
8. Die Tragetaschen aus Plastik verschwinden langsam aus den Supermärkten. Viele Produkte sind noch in Plastik verpackt. *(indessen)*
9. Gerne würde Firma A auf der Messe ausstellen. Die Kosten für den Stand erscheinen ihr zu hoch. *(allerdings)*
10. Wir kennen Sie als zuverlässigen und treuen Kunden. Wir müssen Ihnen Mahngebühren berechnen, wenn der überfällige Betrag nicht binnen der nächsten Woche auf unserem Konto eingeht. *(nichtsdestotrotz)*

Übung 23 Konzessiver Nebensatz mit *obwohl, obgleich, obschon* • Bilden Sie Sätze!

➲ Der Außendienstler darf keinen Kaffee trinken. Er trinkt schon die fünfte Tasse. *(obwohl)*
Obwohl der Außendienstler keinen Kaffee trinken darf, trinkt er schon die fünfte Tasse.
Der Außendienstler trinkt schon die fünfte Tasse Kaffee, ***obwohl*** er keinen Kaffee trinken darf.

1. Die Auftragslage ist gut. Das Unternehmen hat Liquiditätsprobleme.
2. Der Umsatz steigt. Die Gewinnmarge wird schmaler.
3. Ein Darlehen wäre möglich. Die Firma will keinen neuen Kredit aufnehmen.
4. Die Firma hat viele Außenstände. Die überfälligen Beträge werden nicht angemahnt.
5. Das jetzige Investitionsgut ist noch lange haltbar. Der Betrieb will in neue Maschinen investieren.
6. Die alte Verpackungsmaschine muss laufend repariert werden. Es wird keine neue Maschine angeschafft.
7. Die Rohstoffpreise steigen. Der Hersteller will den Preis seiner Produkte nicht erhöhen.
8. Die Bonität des Neukunden ist gut. Der Lieferant besteht auf Vorauszahlung.
9. Das Unternehmen investierte kaum in Werbung. Sein Produkt wurde ein Verkaufsschlager.
10. Die Produktionsanlage hat eine hohe Kapazität. Sie reicht aufgrund des gestiegenen Auftragsvolumens nicht mehr aus.

Übung 24 **Gibt es ein Problem?** • Bilden Sie Sätze mit *obwohl* und der angegebenen Konjunktion!

➲ Das Gerät ist neu. Es funktioniert nicht richtig. *(trotzdem)*
Obwohl das Gerät neu ist, funktioniert es nicht richtig.
Das Gerät ist neu. ***Trotzdem*** funktioniert es nicht richtig.

1. Das Programm wurde dreimal installiert. Es treten immer wieder Probleme auf. *(dennoch)*
2. Ich habe eine neue Druckerpatrone eingesetzt. Die LED-Anzeige zeigt immer noch: „Patrone wechseln!" *(trotzdem)*
3. Der Mechaniker hat den Kopierer gerade repariert. Der Kopierer zieht die Seiten immer noch schief ein. *(allerdings)*
4. Uns wurde vor drei Wochen prompte Zahlung zugesagt. Wir haben noch keinen Zahlungseingang feststellen können. *(indessen)*
5. Qualitätskontrolle ist uns sehr wichtig. Manchmal unterlaufen auch uns Fehler. *(nichtsdestotrotz)*
6. Das Büro ist im zehnten Stock. Frau Martens zieht es vor, die Treppe zu steigen. *(trotzdem)*
7. Das Unternehmen investierte nur wenig in Marketing. Die meisten seiner Produkte verkauften sich bestens. *(indessen)*
8. Bei Ihrem letzten Auftrag kam es leider zu einem Missverständnis. Wir hoffen auf weiterhin gute Geschäftsbeziehungen. *(dennoch)*
9. *Nichtsdestotrotz* ist ein kompliziertes Wort. Es ist manchmal sehr nützlich. *(nichtsdestotrotz)*
10. Die Mitarbeiter schätzen Teamarbeit. Sie arbeiten zeitweise auch gern allein. *(allerdings)*

10.7 Modalsätze

- Modalsätze geben an, wie etwas erreicht oder gemacht wird.
  a) Hauptsatz: *dadurch, damit, so, auf diese Weise*
  b) Nebensatz: *indem, wodurch, ohne ... zu, ohne dass*

Übung 25 **Marketinginstrumente** • Ergänzen Sie die Sätze!

➲ Wir veranstalten eine Werbekampagne.
Dadurch ***können wir hoffentlich den Umsatz steigern.*** *(wir hoffentlich den Umsatz steigern können)*

1. Die Ladenkette führt Kundenkarten ein.
   Damit ....
   (sie die Kundenbindung stärken wollen)
2. Die Kundendatei muss stets aktualisiert werden.
   Auf diese Weise ....
   ....
   (wir Lieferungen an falsche Adressen verhindern)
3. Die Kundenkarten geben auch Informationen über die Einkäufe der Kunden.
   So ....
   ....
   (die Ladenkette das Sortiment kundenfreundlicher gestalten können)
4. Auf der Kundenkarte können die Kunden Punkte sammeln.
   Damit ....
   ....
   (sie dann günstig Markenprodukte erwerben können)

Übung 26 **Wie lässt sich der Umsatz steigern?** • Wählen Sie die richtigen Konnektoren für Nebensätze!

➲ ***Indem*** wir Kundentreue belohnen, können wir unseren Umsatz steigern.

1. Wir werden auf E-Commerce umstellen, ... unser Umsatz steigen wird.
2. .... wir unsere Zielgruppe besser definieren, lässt sich unser Umsatz nicht steigern.
3. .... in Marketingmaßnahmen .... investieren, können wir keine besseren Umsätze erwarten.
4. Natürlich lässt sich der Umsatz steigern, ... sich dann auch die Gewinnmarge vergrößern wird.
5. .... den Umsatz .... steigern, können wir keine Gewinne erzielen.
6. Wodurch wir bessere Umsatzzahlen schreiben können? Ganz einfach, ... wir in Werbung investieren.

Übung 27 **Wie können wir die Umwelt schützen?** • Formulieren Sie Vorschläge!

➲ weniger konsumieren *(indem)*
Wir können die Umwelt schützen, ***indem*** wir weniger konsumieren.

weniger konsumieren *(ohne … zu)*
Ohne weniger ***zu*** konsumieren, können wir die Umwelt nicht schützen.

weniger konsumieren *(wodurch)*
Wir sollten weniger konsumieren, ***wodurch*** wir die Umwelt schonen können.

1. die notwendigen Gesetze erlassen *(indem)*
2. E-Flugzeuge entwickeln *(dadurch dass)*
3. weniger Nutztiere halten *(wodurch)*
4. weniger Chemikalien benutzen *(dadurch)*
5. nicht so viele Flugreisen buchen *(auf diese Weise)*
6. alle Verpackungen recyceln *(ohne dass)*
7. auf organische Landwirtschaft umstellen *(ohne … zu)*
8. die Einhaltung der Gesetze kontrollieren *(dadurch dass)*
9. nicht so oft neue Elektronikgeräte kaufen *(indem)*
10. Umweltschutz in der Schule unterrichten *(ohne dass)*

10.8 Finalsätze

Nebensätze mit ***damit*** oder ***um … zu*** geben ein Ziel an, während der Hauptsatz das Mittel ausdrückt, mit dem das Ziel erreicht werden soll.

Mittel	**Ziel**
Ich lerne Sprachen.	Ich will bessere Berufschancen haben.
Ich lerne Sprachen,	***um*** bessere Berufschancen ***zu*** haben.
Ich lerne Sprachen,	***damit*** ich bessere Berufschancen habe.

▸ Die Modalverben *sollen, wollen, müssen, möchten* fallen im Zielsatz weg.

- Ist das Subjekt in beiden Sätzen identisch, kann man sowohl ***damit*** als auch ***um … zu*** benutzen.
- Ist das Subjekt nicht identisch, kann nur ein ***damit-Satz*** gebildet werden.
  ➲ *Ich* lerne Sprachen. *Die Arbeitssuche* soll leichter werden.
  Ich lerne Sprachen, *damit* die Arbeitssuche leichter wird.
- Im ***damit-Satz*** muss ein Subjekt stehen, egal ob es identisch mit dem des Hauptsatzes ist oder nicht.
- Steht der Zielsatz im Passiv, kann ein ***um … zu***-Satz gebildet werden.
  Diese Konstruktion ist stilistisch besser als ein ***damit***-Satz.
  ➲ *Ich* lerne Sprachen. *Eine gute Stelle* soll leichter gefunden werden.
  Ich lerne Sprachen, *um* leichter eine gute Stelle *zu* finden.
- Im Hauptsatz lässt sich das Ziel mit ***dadurch, damit, so, auf diese Weise*** usw. ausdrücken.
  ➲ Ich lerne Sprachen. *Auf diese Weise* habe ich bessere Berufschancen.

Übung 28 **Finalsätze** • Verbinden Sie! (Manchmal sind mehrere Varianten möglich.)

Mittel

1. Wir achten auf Qualität,
2. Die Firma bietet hervorragende Anreize,
3. Der Prototyp wird getestet,
4. Frau Ronne gibt ihrer Bank einen Dauerauftrag,
5. Die Firma vergibt Kundenkarten,
6. Die Gesellschafter/innen gründen eine GmbH,

Ziel

a. um Kund/innen zu binden.
b. damit unsere Kund/innen zufrieden sind.
c. damit sie nicht jeden Monat daran denken muss, die Miete zu überweisen.
d. um ihre Mitarbeiter/innen zu Hochleistung zu motivieren.
e. damit ihr Privatvermögen im Verlustfall geschützt ist.
f. um eventuelle Fehler zu finden.

Übung 29 **Finalsätze** • Verbinden Sie! (Manchmal sind mehrere Varianten möglich.)

Ziel

1. Um die Umwelt nicht noch mehr zu belasten,
2. Um Skonto zu erhalten,
3. Damit das Geschäft keine Verluste schreibt,
4. Um Chancengleichheit zu fördern,
5. Damit sie ihren Profit maximieren kann,

Mittel

a. zahlen wir sofort.
b. will Firma X die hiesigen Fabriken schließen.
c. lassen wir alte Geräte reparieren, statt sie wegzuwerfen.
d. wird sehr knapp kalkuliert.
e. wären Frauenquoten für Führungspositionen interessant.

Übung 30 **Welches Ziel haben wir?** • Bilden Sie Sätze mit *um ... zu* oder *damit*! Die Sätze können mit dem Hauptsatz oder mit dem Nebensatz beginnen.

➲ **Ziel:** *Die Firma* will Skonto bekommen. **Mittel:** *Sie* bezahlt sofort.
Um Skonto zu bekommen, bezahlt die Firma sofort.
Damit sie Skonto bekommt, bezahlt die Firma sofort.

Ziel: *Der Kunde* soll bei uns kaufen. **Mittel:** *Wir* bieten Rabatt.
Damit der Kunde bei uns kauft, bieten wir Rabatt.

1. *Der Kunde* ruft an. *Er* möchte einen Termin vereinbaren.
2. *Ich* will mich konzentrieren können. *Ich* schalte das Handy aus.
3. *Das Geschäft* veranstaltet einen Tag der offenen Tür. *Der Verkauf* soll gefördert werden.
4. *Sie* möchten Informationen über unsere neuesten Angebote erhalten. Drücken *Sie* bitte die Eins!
5. *Wir* können Sie zurückrufen. Hinterlassen *Sie* uns bitte auch Ihre Telefonnummer!
6. *Wir* können Sie direkt mit Ihrem zuständigen Berater verbinden. Geben *Sie* bitte Ihre Kundennummer ein!
7. *Viele Verbraucher* nehmen Finanzierungsangebote wahr. *Sie* möchten sich teure Güter schneller leisten können.
8. Es gibt *Finanzierungsangebote*. *Konsumenten* sollen teure Güter schneller kaufen können.
9. *Die Marke* soll keinen schlechten Ruf bekommen. *Der Konzern* achtet auf die faire Bezahlung der Mitarbeiter/innen.
10. *Die Umwelt* soll geschützt werden. Auch *Alternativen zu Plastik* müssten gefunden werden.
11. *Sie* möchten unseren Newsletter erhalten? Geben *Sie* hier Ihre E-Mail-Adresse ein.

10.9 Konditionalsätze

Konditionalsätze geben an, was geschieht, wenn eine Bedingung (nicht) erfüllt wird.

Nebensatz: *wenn, falls; sollte* + Infinitiv
Hauptsatz: *angenommen, es sei denn, vorausgesetzt*

➲ **Bedingung**	**Folge**
Sie bezahlt die Rechnung sofort.	Sie bekommt Skonto.
a) *Wenn* sie die Rechnung sofort bezahlt,	bekommt sie Skonto.
b) *Falls* sie die Rechnung sofort bezahlt,	bekommt sie Skonto.
c) *Sollte* sie die Rechnung sofort bezahlen,	bekommt sie Skonto.
d) *Bezahlt* sie die Rechnung sofort,	bekommt sie Skonto.

▸ *Falls* und *sollte*- drücken eine geringere Wahrscheinlichkeit aus. Die Varianten *c* und *d* können nicht mit dem Hauptsatz beginnen, da der Konnektor fehlt.

Alle drei Hauptsatzkonnektoren stehen in der **Null-Position** und sind durch ein Komma abgetrennt. ***Angenommen*** und ***vorausgesetzt*** haben die Bedeutung ***wenn/falls***. ***Es sei denn*** bedeutet ***außer***.

a) ***Angenommen*** wird durch ***so*** oder ***dann*** im zweiten Satz ergänzt.

b) ***Angenommen*** kann – je nach Wahrscheinlichkeitsgrad – auch den Konjunktiv II einleiten.

c) Den Konnektoren ***angenommen*** und ***vorausgesetzt*** kann auch ein ***dass-Satz*** folgen.

➲ a) *Angenommen*, Sie zahlen sofort, *so/dann* geben wir Skonto.
b) *Angenommen*, Sie zahlten sofort, so *gäben* wir Skonto.
c) *Angenommen*, *dass* Sie sofort zahlen, dann geben wir Skonto.
Wir geben Skonto, *vorausgesetzt*, *dass* Sie sofort zahlen.

Übung 31 Verkaufsgespräch • *Angenommen, vorausgesetzt, es sei denn?*

Setzen Sie die richtigen Konnektoren ein.

➲ A: ***Angenommen***, Sie bestellen 30 Maschinen, dann könnten wir Ihnen 10 Prozent Rabatt geben.

1. B: Das lässt sich hören, ..., wir können auch 2 Prozent Skonto abziehen.
2. A: Das können Sie gerne, ..., Sie zahlen binnen drei Werktagen.
3. B: Generell zahlen wir nie schneller als 30 Tage Ziel, ..., wir bekommen Skonto.
4. B: Gut. ..., wir bestellen heute, wie schnell könnten Sie liefern?
5. A: Sie bekämen die Lieferung noch diese Woche, ..., Sie bestellen noch heute.
6. B: Das wäre möglich, ..., die Chefin sagt Nein.
7. B: Ach, bevor ich's vergesse! ..., eine Maschine geht in zwei Jahren kaputt, reparieren Sie die?
8. A: Wir bieten kostenfreien Service, ..., Sie haben einen Servicevertrag mit uns.
9. B: Das klingt gut. Also ..., wir hätten einen Servicevertrag mit Ihnen, wie schnell käme der Mechaniker? Und was kostet der Servicevertrag?
10. A: Wir bieten Service noch am gleichen Tag, ..., Sie rufen vor 12 Uhr an. Der Servicevertrag kostet Sie nur 399 EUR pro Jahr.
11. B: Hmh, gut, ich denke, wir bestellen bei Ihnen, ..., Ihre Konkurrenz bietet noch bessere Konditionen.

Übung 32 Verkaufsgespräch 2 • Bilden Sie Sätze!

➲ Sie • sofort bezahlen → wir Skonto geben
Angenommen, Sie bezahlen sofort, dann geben wir Skonto.
Wir geben Skonto, ***vorausgesetzt***, Sie zahlen sofort.
Wir geben kein Skonto, ***es sei denn***, Sie zahlen sofort.

1. Sie • uns den Auftrag noch heute geben → wir • schon morgen liefern könnten *(angenommen)*
2. Sie • uns im Preis entgegenkommen → wir • Ihnen den Auftrag gerne geben *(vorausgesetzt)*
3. außerdem • wir • auf einer Zahlungsfrist von 30 Tagen bestehen → Sie • uns Skonto bieten *(es sei denn)*
4. wir gerne Skonto bieten → Sie • per Vorauskasse bezahlen *(vorausgesetzt)*
5. wir • mit Vorauskasse einverstanden sein → wie viel Skonto bekommen? *(angenommen)*
6. wir • zwei Prozent Skonto gewähren → es • sich um einen Erstauftrag handeln *(es sei denn)*
7. Sie • uns trotz unseres Erstauftrags zwei Prozent Skonto geben → wir • zufrieden sein *(wenn)*
8. Sie • mit allem einverstanden sein → wir • den Vertrag sofort unterschreiben *(wenn)*
9. wir • ebenfalls zur Unterschrift bereit sein → Sie • uns Lieferung frei Haus bieten *(vorausgesetzt)*
10. wir • nicht frei Haus liefern können → Sie • ab 3 000 Stück bestellen *(es sei denn)*
11. Sie • nicht frei Haus liefern → welche Transportkosten • auf uns zukommen? *(angenommen)*
12. unsere Lieferbedingung • FOB lauten → Sie • auf Skonto verzichten *(es sei denn)*

Übung 33 **Konditionaler Nebensatz mit *wenn, falls, sollte*** • Bilden Sie Sätze!

1. Die Lieferung erfolgt frei Haus. Der Käufer muss keine Transportkosten bezahlen. *(wenn)*
2. Der Verkäufer liefert ab Werk. Der Käufer muss alle Transportkosten übernehmen. *(wenn)*
3. Der Liefertermin wird nicht eingehalten. Der Verkäufer befindet sich im Lieferverzug. *(wenn)*
4. Die Lieferung verspätet sich. Der Käufer muss den Verkäufer mahnen. *(falls)*
5. Der Verkäufer reagiert auch nicht auf die letzte Nachfrist. Der Käufer kann vom Vertrag zurücktreten. *(sollte)*
6. Ein Kaufvertrag wird geschrieben. Auch die Lieferbedingungen werden darin festgelegt. *(wenn)*
7. Sie können wegen des Unwetters nicht fristgerecht liefern. Sie geben uns bitte Bescheid. *(falls)*
8. Die Rohstoffe kommen nicht rechtzeitig an. Die Produktion müsste unterbrochen werden. *(sollten)*
9. Dies hilft Ihnen. Wir könnten wenigstens einen Teil der Bestellung sofort liefern. *(falls)*
10. Bei dem Transport ist die Ware beschädigt worden. Wir senden Ihnen natürlich sofort Ersatz. *(sollte)*

10.10 *dass*-Sätze

Dass-Sätze sind reine Inhaltssätze und werden folgendermaßen verwendet:

bei indirekten Aussagen
➲ Ich möchte meinen Termin verschieben.
Der Anrufer sagt, *dass* er seinen Termin verschieben *möchte*.

nach Verben des Denkens, Fühlens, Wünschens
➲ Sie nimmt an, *dass* der Kunde um Zahlungsaufschub bitten *wird*.

nach präpositionalen Ergänzungen
➲ Der Anrufer wartet darauf, *dass* man ihm einen neuen Termin gibt.

und nach unpersönlichen Verben
➲ Es scheint, *dass* diese Woche keine Termine mehr frei sind.

- Wenn das Subjekt in beiden Sätzen identisch ist, kann häufig – außer bei indirekten Aussagen – eine Infinitivkonstruktion gebildet werden. (siehe Seite 117 f.)
  ➲ Sie hofft, *dass* sie noch einen Termin *bekommt*.
  Sie hofft, noch einen Termin zu bekommen.

Übung 34 **Was sagt, meint, weiß, verspricht ... der Unternehmensberater?** • Bilden Sie *dass*-Sätze!

➲ Er hat sich nun genau über die Geschäftssituation informiert.
Er sagt, ***dass*** er sich nun genau über die Geschäftssituation informiert ***hat***.

1. Das Unternehmen ist momentan in den roten Zahlen. *(bestätigen)*
2. Der Aktienkurs könnte höher sein. *(wissen)*
3. Die Geschäftsbereiche müssten reduziert werden. *(sagen)*
4. Das Unternehmen sollte sich auf seinen Kernbereich konzentrieren. *(erklären)*
5. Die Mitarbeiter/innen haben Erstaunliches geleistet. *(nicht bestreiten)*
6. Die Personalkosten sind viel zu hoch. *(aber kritisieren)*
7. Der defizitäre Geschäftsbereich müsste verkauft werden. *(der Ansicht sein)*
8. Die Herstellung sollte ausgelagert werden. *(hinzufügen)*
9. Das Controlling muss dringend verstärkt werden. *(meinen)*
10. Die Firma hat großes Potenzial. *(unterstreichen)*

Übung 35 ***Dass*-Sätze** • Bilden Sie *dass*-Sätze!

➲ Die Geschäftsführung • erwarten – das nächste Quartal • bessere Umsätze bringen
Die Geschäftsführung erwartet, dass das nächste Quartal bessere Umsätze bringt.

1. die Kundin • hoffen – ihr • ein Preisnachlass • gewährt werden
2. wir • annehmen – die Exportzahlen • nächstes Jahr • steigen *(Futur I)*
3. der Experte • der Ansicht sein – die Krise • bald • ausgestanden sein
4. wir • befürchten – die Firma • dieses Jahr • Verluste machen *(Futur I)*
5. es • gut sein – der Zinssatz • vorerst • nicht erhöht werden
6. es • wichtig sein – die vollständige Marktstudie • bis Ende der Woche • vorliegen
7. die Projektleiterin • verlangen – ihr Team • die Qualität der Dienstleistung • verbessern
8. der Geschäftsführer • überzeugt sein von – die technische Leiterin • das neue Produkt • bald • vorstellen *(Futur I)*

10.11 Indirekte Fragesätze

Indirekte Fragesätze funktionieren wie indirekte Aussagesätze. Anstelle des Konnektors **dass** werden **Fragepronomen** oder *ob* verwendet.

➲ Er sagt, *dass* die Ware heute kommt.
Er fragt, *ob* die Ware heute kommt.
Er fragt, *wann* die Ware kommt.

Die Pronomen im indirekten Fragesatz richten sich nach dem Einleitungssatz. Ist das Subjekt des Einleitungssatzes in der dritten Person, so stehen im indirekten Fragesatz die Pronomen und das konjugierte Verb auch in der dritten Person.

➲ *Habe ich mich* im Datum geirrt?
Die Kollegin fragt sich, ob *sie sich* im Datum geirrt *hat*.

➲ *Habe ich Sie* missverstanden?
Der Mitarbeiter fragt den Chef, ob *er ihn* missverstanden *hat*.

➲ *Kommen Sie* zu *meiner* Präsentation?
Der Mitarbeiter fragt die Kollegin, ob *sie* zu *seiner* Präsentation *kommt*.

Übung 36 **Indirekte Fragesätze** • Vervollständigen Sie die Sätze!

➲ Können Sie mir Rabatt anbieten? Wie bitte? *(Ich fragte, ...)*
Ich fragte, ob Sie mir Rabatt anbieten können.

1. Können Sie noch diese Woche liefern? *(Ich möchte wissen, ...)*
2. Wie lautet die Vorwahl von Hamburg? *(Können Sie mir sagen, ...?)*
3. Wann können wir mit einer Entscheidung rechnen? *(Es wäre gut zu wissen, ...)*
4. Wer ist für diesen Bereich zuständig? *(Ich weiß nicht, ...)*
5. Wie viel Stück sind auf einer Palette? *(Können Sie mir sagen, ...?)*
6. Wovon spricht er? *(Ich habe keine Ahnung, ...)*
7. Welcher Produktname ist besser? *(Ich bin mir nicht sicher, ...)*
8. Warum funktioniert der Drucker nicht? *(Weiß jemand, ...?)*
9. Wo wurden die Textilien hergestellt? *(Der Kunde möchte wissen, ...)*
10. Wurde die Ware geliefert? *(Wer weiß, ...?)*
11. Kann ich die Ware umtauschen? *(Die Kundin fragt, ...)*
12. Haben Sie den Kassenbon dabei? *(Der Verkäufer will wissen, ...)*
13. Wie lange dauert die Reparatur? *(Der Autobesitzer möchte wissen, ...)*
14. Ist das mein Kaffee? *(Die Kollegin fragt, ...)*
15. Wann sagen Sie mir Bescheid? *(Der Kandidat fragt die Personalchefin, ...)*
16. Wo ist meine Lieferung? *(Der Kunde möchte wissen, ...)*

10.12 Relativsätze

Relativsätze geben Zusatzinformationen zu einem Wort im vorangegangenen Satz. Der Relativsatz ist ein Nebensatz, also steht das konjugierte Verb am Ende.

- Relativsätze stehen so nahe wie möglich an dem Wort, zu dem sie Zusatzinformationen bieten. Deshalb sind sie häufig eingeschoben.

Hauptsatz	Hauptsatz
Wir schicken Ihnen den Katalog.	Der Katalog ***zeigt*** Büromöbel.

Hauptsatz	Nebensatz
Wir schicken Ihnen den Katalog,	***der*** Büromöbel ***zeigt***.

Hauptsatz (Teil 1)	Nebensatz	Hauptsatz (Teil 2)
Den Katalog,	***der*** Büromöbel ***zeigt***,	schicken wir Ihnen.

- Die meisten Relativpronomen entsprechen dem bestimmten Artikel. Nur im Dativ Plural lautet das Relativpronomen nicht *den*, sondern *denen*, und im Genitiv werden die Artikel *des* und *der* durch die Relativpronomen *dessen* und *deren* ersetzt.

Nominativ Der Katalog ist neu. *Der* Katalog zeigt Büromöbel.
Der Katalog, *der* Büromöbel zeigt, ist neu.

Akkusativ Der Katalog ist neu. Ich bestelle *den* Katalog.
Der Katalog, *den* ich bestelle, ist neu.

Dativ Der Katalog ist neu. *Dem* Katalog liegt ein Bestellformular bei.
Der Katalog, *dem* ein Bestellformular beiliegt, ist neu.

Genitiv Der Katalog ist neu. *Sein* Sortiment umfasst Büromöbel aller Art.
Der Katalog, *dessen* Sortiment Büromöbel aller Art umfasst, ist neu.

Mit Präposition: Der Katalog ist neu. *In dem* Katalog gibt es gute Angebote.
Der Katalog, *in dem* es gute Angebote gibt, ist neu.

	Singular			Plural
	maskulin	feminin	neutral	
Nominativ	der	die	das	die
Akkusativ	den	die	das	die
Dativ	dem	der	dem	***denen***
Genitiv	***dessen***	***deren***	***dessen***	***deren***

Übung 37 **Relativsätze im Nominativ** • Bilden Sie Sätze!

➲ Ein Rabatt ist eine Preissenkung. Die Preissenkung soll den Verkauf fördern.
Ein Rabatt ist eine Preissenkung, ***die*** den Verkauf fördern soll.

1. Kapital ist Geld. Das Geld kann investiert werden.
2. Eine Investition ist eine Geldausgabe. Die Geldausgabe soll Gewinn bringen.
3. Ein Kredit ist geliehenes Geld. Es muss mit Zinsen zurückgezahlt werden.
4. Ein Überziehungs- oder Dispo(sitions)kredit ist ein Kredit. Der Kredit erlaubt dem Bankkunden, mit seinem Konto ins Minus zu gehen.
5. Buchhaltung ist eine Tätigkeit. Sie dokumentiert die finanziellen Aktivitäten einer Firma.
6. Konsumgüter sind Waren. Sie werden von Verbraucher/innen für den privaten Konsum gekauft.
7. Investitionsgüter sind Güter wie z. B. Maschinen. Sie werden möglichst langfristig im Produktionsprozess benutzt.
8. Der Euro ist eine Währung. Die Währung wird im europäischen Wirtschaftsraum benutzt.
9. Der Verbraucherschutz prüft viele Produkte und Dienstleistungen. Der Verbraucherschutz engagiert sich für die Rechte der Verbraucher/innen.

Übung 38 Relativsätze im Akkusativ (Teil 1) • Ergänzen Sie!

den • die *(2x)* • das

1. Der Drucker, ... wir benutzen, steht auf dem Flur.
2. Die Mail, ... ich lese, ist lang.
3. Das Protokoll, ... der Assistent schreibt, wird morgen verteilt.
4. Die Kunden, ... das Geschäft kontaktiert, sind Stammkunden.

Übung 39 Relativsätze im Akkusativ (Teil 2) • Bilden Sie Sätze!

➲ Der Rabatt ist ein Mengenrabatt. Der Lieferant gewährt uns den Rabatt.
Der Rabatt, ***den*** der Lieferant uns gewährt, ist ein Mengenrabatt.

1. Der Kredit hat eine Laufzeit von 48 Monaten. Die Firma nimmt den Kredit auf.
2. Die Zinsen werden per annum berechnet. Die Zinsen zahlt ein Kontoinhaber für einen Dispokredit.
3. Der Dauerauftrag ist für die Miete. Die Bankkundin gibt der Bank den Dauerauftrag.
4. Die Einzugsermächtigung gehört zu den bargeldlosen Zahlungsmitteln. Der Telefonanbieter verlangt sie.
5. Der Handel gehört zum Tertiärsektor. Wir benötigen den Handel zur Güterverteilung.
6. Der Einzelhandel verkauft die Güter an die Verbraucher. Der Großhandel beliefert ihn.
7. Das Unternehmen hat noch nie rote Zahlen geschrieben. Wir kennen es seit Jahren.
8. Der Betrieb ist endlich wieder rentabel. Die Geschäftsführung hat ihn umstrukturiert.
9. Das Sortiment umfasst Lebensmittel aller Art. Die Firma will das Sortiment erweitern.
10. Dieses Kochbuch ist für Vegetarier/innen. Ein kleiner Verlag hat es herausgegeben.

Übung 40 Relativsätze im Dativ (Teil 1) • Ergänzen Sie!

dem *(2x)* • der • denen

1. Der Kunde, ... der Verkäufer ein Produkt empfiehlt, möchte ein anderes kaufen.
2. Die Messebesucherin, ... man den richtigen Stand zeigt, bedankt sich.
3. Das Geschäft, ... wir die Ware liefern, ist ein Fachgeschäft.
4. Die Mitarbeiter/innen, ... der Vertreter die Software zeigt, sind begeistert.

Übung 41 Relativsätze im Dativ (Teil 2) • Bilden Sie Sätze!

➲ Der Kunde wendet sich an den Verkäufer. Er vertraut ihm.
Der Kunde wendet sich an den Verkäufer, ***dem*** er vertraut.

1. Eine GmbH muss ihre Geschäftspartner informieren. Der GmbH droht Insolvenz.
2. Der Interessent ist bereit zu bestellen. Wir haben ihm ein günstiges Angebot unterbreitet.
3. Der Kunde hat soeben einen Großauftrag gegeben. Der Lieferant dankt ihm herzlich.
4. Unsere Kund/innen sind treu. Unser Kundendienst steht ihnen stets zur Verfügung.
5. Anbei erhalten Sie unser Angebot. Dem Angebot können Sie auch alle notwendigen Produktinformationen entnehmen.
6. Gestern erhielten wir Ihr Schreiben. Dem Schreiben lag leider nicht der gewünschte Prospekt bei.
7. Ein Geschäftspartner hat uns Ihre Firma empfohlen. Wir verdanken ihm Ihre Adresse.
8. Die Firma besteht seit 50 Jahren. Man gratuliert ihr zum Jubiläum.
9. Die Mitarbeiterin entschuldigt sich. Ihr ist ein Fehler unterlaufen.
10. Wir danken Ihnen für die Lieferung. Der Lieferung liegt jedoch keine Rechnung bei.

Übung 42 Relativsätze im Genitiv (Teil 1) • Ergänzen Sie!

dessen *(2x)* • deren *(2x)*

1. Der Mitarbeiter, ... Handy vom Schreibtisch fiel, hört es im Papierkorb klingeln.
2. Die Kollegin, ... Frühschicht gerade endet, geht nach Hause.
3. Das Gerät, ... Bedienungsanleitung fehlt, ist leicht zu benutzen.
4. Die Mitarbeiter/innen, ... Löhne erhöht wurden, sind erleichtert.

Übung 43 Relativsätze im Genitiv (Teil 2) • Bilden Sie Sätze!

➲ Die Angestellte nimmt den Aufzug. Ihr Büro ist im zehnten Stock.
Die Angestellte, ***deren*** Büro im zehnten Stock ist, nimmt den Aufzug.

1. Der Mitarbeiter verspätet sich. Seine Uhr ist stehen geblieben.
2. Der Kunde bittet um Expresslieferung. Seine Bestellung wird gerade bearbeitet.
3. Wo ist die Kundin? Ihre Kundenkarte liegt hier noch.
4. Wir bestellen bei der Firma. Ihr Angebot hat uns am besten gefallen.
5. Hiermit bestellen wir den Artikel Nr. 123. Seine Spezifikationen haben Sie uns gestern geschickt.
6. Der Geschäftsreisende macht alle Mitreisenden nervös. Sein Handy klingelt andauernd.
7. Das Geschäft ist heute ein globales Unternehmen. Seine Gründerin begann ihre Arbeit im eigenen Wohnzimmer.
8. Die Firma ist jetzt auch auf dem asiatischen Markt vertreten. Ihr Vertriebsleiter ist sehr aktiv.
9. Das Unternehmen ist im Bereich erneuerbare Energien tätig. Sein Kundenstamm wächst stetig.
10. Das Wirtschaftsjournal empfiehlt die Aktien. Ihr Kurs steigt kontinuierlich.
11. Der Konzern übernimmt ein weiteres Unternehmen. Sein Marktanteil liegt bei 30 Prozent.
12. Firmen bleiben häufig erfolgreich. Ihr Kundenservice ist zuvorkommend.
13. Unternehmen wählen gerne einen Standort. Seine Infrastruktur ist einwandfrei.
14. Die Forschungsabteilung entwickelt ein neues Produkt. Ihr Budget wurde erhöht.
15. Die Bewerber/in möchten wir kennenlernen. Ihre Bewerbung hat uns überzeugt.
16. Unsere Kund/innen können unseren Service jederzeit bewerten. Ihre Meinung ist uns wichtig.

Übung 44 Relativsätze mit Präpositionen (Teil 1) • Ergänzen Sie!

für die • mit dem • über den • mit denen • von dem • wegen der • auf der

1. Die Zahlung, ... wir Ihnen danken, ist heute auf unserem Konto eingegangen.
2. Die Konferenz, ... viele Fragen diskutiert wurden, war produktiv.
3. Das ERP-Programm, ... die Firma arbeitet, ist effizient.
4. Der Betrieb, ... wir unser Büromaterial beziehen, liefert frei Haus.
5. Die Kunden, ... wir sprechen, sind mit unserem Kundendienst zufrieden.
6. Der Auftrag, ... wir sprechen, ist von der Firma Zelig.
7. Die Lieferung, ... der Kunde anruft, geht morgen raus.

Übung 45 Relativsätze mit Präpositionen (Teil 2) • Bilden Sie Sätze!

➲ Führen wir das Produkt? Der Kunde fragt nach dem Produkt.
Führen wir das Produkt, ***nach dem*** der Kunde fragt?

1. Wie heißt der Bericht? In dem Bericht ist die Geschäftslage eines Unternehmens beschrieben.
2. Das Geschäft ist erfolgreich. Wir sind finanziell an dem Geschäft beteiligt.
3. Ihre schnelle Lieferung hat uns sehr geholfen. Für die schnelle Lieferung danken wir Ihnen.
4. Wir feiern die Wiedereröffnung unseres Betriebes. Zur Wiedereröffnung laden wir Sie herzlich ein.
5. Die Auftragslage liegt weit unter der Kapazität der Fabrik. Wegen der Auftragslage wird Kurzarbeit eingeführt.
6. Bei Kurzarbeit verringert sich das Gehalt. Mit dem Gehalt müssen die Arbeiter/innen auskommen.
7. Der Börsengang ist ein wichtiger Schritt. Durch den Schritt kann ein Unternehmen neues Kapital gewinnen.
8. Die Assistentin macht schon seit Monaten Überstunden. Gegen die Überstunden wird sie sich nun wehren.
9. Erinnern Sie sich an die Messe vor fünf Jahren? Während der Messe haben wir unseren ersten Kaufvertrag geschlossen.
10. Die Firma X & Co. KG hat ein neues Produkt entwickelt. Um das Produkt reißen sich die Kunden schon auf der Messe.
11. Auf das Stelleninserat antworteten viele. Von ihnen wurden nur drei Kandidat/innen zum persönlichen Gespräch eingeladen.
12. Grammatik gibt jeder Sprache eine Struktur. Ohne die Struktur wäre es schwer, sich zu verständigen.
13. Die OHG ist eine Firmenform. Bei der Firmenform ist das gegenseitige Vertrauen der Partner/innen besonders wichtig.
14. Viele Aktionär/innen gehen zur jährlichen Hauptversammlung. Auf der Hauptversammlung können sie sich über die Geschäftsentwicklung informieren und ihre Meinung äußern.

Übung 46 Relativpronomen-Mix • Setzen Sie ein!

das • dem • den • denen • der *(2x)* • dessen *(2x)* • die • durch die • für die • mit der • seit der • unter der • zu der • ohne die

1. Der Betrieb, ... so viel Kundendienst bietet, ist auf dem Markt sehr erfolgreich.
2. Das Unternehmen, ... Zentrale sich in Europa befindet, hält sich an die EU-Bestimmungen.
3. Die Firma, ... man einen Geschäftspartner empfohlen hat, kontaktiert diesen.
4. Der Kunde, ... der Lieferant mahnen musste, hatte die Rechnung übersehen.
5. Das Gerät, ... Motor eingeschweißt ist, kann nur vom Hersteller repariert werden.
6. Die Angebote, ... wir auf unsere Anfrage hin bekommen haben, müssen nun geprüft werden.
7. Wir bestellen das Produkt, ... auf Seite drei Ihres Kataloges abgebildet ist.
8. Die Firma, ... wir zusammenarbeiten, können wir nur weiterempfehlen.
9. Der Azubi, ... die Aufgabe erklärt wird, stellt Fragen.
10. Die Mitarbeiter/innen, ... die Firmenleitung eine Lohnerhöhung zusagt, freuen sich.
11. Gentechnologie, ... Saatgut verändert wird, ist umstritten.
12. Die Kund/innen, ... der Kundendienst immer erreichbar ist, sind zufrieden.
13. Ich gebe Ihnen die Nummer, ... Sie den Kundendienst erreichen können.
14. Gibt es eine bestimmte Uhrzeit, ... es Ihnen am besten passt?
15. Die Firmengründung, ... die Firma schnell gewachsen ist, ist erst zwei Jahre her.
16. Wir danken unseren Mitarbeiter/innen, ... unser Geschäft nicht existieren könnte.

Übung 47 **Ein Geschäftstermin** • Der folgende Text besteht nur aus Hauptsätzen. Verbinden Sie diese – soweit möglich – zu Haupt- und Relativsätzen!

➲ Der Manager, ***für den ein Taxi bestellt worden war***, kam aus dem Bürogebäude ...

Der Manager kam aus dem Bürogebäude. Für den Manager war ein Taxi bestellt worden. Der Taxifahrer vertrieb sich die Wartezeit mit Zeitunglesen. Der Taxifahrer wartete schon zehn Minuten. Der Manager stieg ein und gab dem Taxifahrer die Adresse. Der Manager war gleichzeitig am Handy. Der Fahrer startete den Wagen und fuhr los. Der Wagen stotterte ein bisschen. Der Manager telefonierte mit seiner Geschäftspartnerin. Er hatte die Geschäftspartnerin lange nicht gesehen. Er hatte einen Termin mit ihr vereinbart. Der Termin sollte in ihrem Büro stattfinden.

Der Taxifahrer versuchte nicht zuzuhören und stellte das Radio an. Das Radio brachte die Verkehrsnachrichten. Man sollte die Innenstadt meiden, hieß es. In der Innenstadt gab es ein komplettes Verkehrschaos und kilometerlange Staus. Leider hörte der Fahrer das nicht. Sein Handy klingelte gerade. Er versprach seiner Frau, auf dem Weg nach Hause noch Lebensmittel einzukaufen. Die Frau hatte heute Spätschicht. Als der Fahrer in die Hauptstraße bog, sah er einen Stau. Der Stau schien sehr lang. Der Manager stutzte, als der Wagen hielt. Er hatte sich auf sein Telefonat konzentriert. „Was ist denn da los?“, fragte er den Fahrer. Der Fahrer kratzte sich am Kopf und zuckte mit den Schultern. „Können Sie nicht irgendwo abbiegen?“, fragte der Manager. Der Taxifahrer schüttelte den Kopf: „Erst in einem Kilometer.“ Der Manager sprach ins Handy. Er hatte das Handy sinken lassen: „Wir scheinen hier im Stau zu stehen. Dass so etwas nicht im Radio durchgegeben wird ...“

Dann kam er zurück zu dem Thema. Über das Thema hatten die beiden gerade gesprochen. Das Radio wiederholte die Verkehrsnachrichten. Diesmal hörten der Fahrer und der Manager die Nachrichten. „Und nun?“, fragte der Manager genervt. Der Fahrer antwortete: „Jetzt hilft nur Geduld.“ Der Fahrer hatte schon wieder die Zeitung vor sich. „Und zurück?“, fragte der Manager. Der Fahrer lachte: „Drehen Sie sich doch mal um.“ Der Fahrer las gerade einen interessanten Artikel. Der Manager stöhnte ins Handy: „Das kann noch Stunden dauern. Ich versteh das nicht.“ Dann besprach er weiter mit der Geschäftspartnerin die Punkte. Über die Punkte wollten sie sich eigentlich im Büro unterhalten. Nach und nach löste sich der Stau und der Fahrer kam immerhin einen Meter pro Minute vorwärts. Der Fahrer konnte jetzt nicht mehr weiterlesen. Der Manager wurde immer ungeduldiger. Er handelte gerade einen Mengenrabatt für seine Bestellung aus.

Als sie endlich die Adresse der Geschäftspartnerin erreicht hatten, drehte der Fahrer sich zum Fahrgast um. „Wir sind da.“ Der Fahrgast schaltete sein Handy aus und sagte: „Zu spät. Jetzt haben wir alles telefonisch besprochen und ich habe um drei Uhr einen Termin in meinem Büro. Fahren Sie mich zurück.“ Der Fahrer seufzte und fuhr zurück. Diesmal waren die Straßen frei. Auf den Straßen hatten die Autos gerade noch Stoßstange an Stoßstange gestanden. In zehn Minuten waren sie vor dem Bürogebäude des Managers. Von dem Bürogebäude waren sie vor einer Stunde losgefahren. Der Manager bezahlte und sagte: „An Ihrer Stelle würde ich in solchen Fällen einen Kaffeeservice anbieten.“ Der Taxifahrer lachte und antwortete: „An Ihrer Stelle hätte ich einen höheren Mengenrabatt verlangt. In meinem Heimatland hatte ich früher ein florierendes Geschäft.“ Der Manager stutzte. Der Manager bezahlte gerade für die Fahrt. Der Taxifahrer fuhr weiter. Er freute sich über den hohen Betrag und das Trinkgeld.

10.13 Infinitivkonstruktionen mit oder ohne *zu*

10.13.1 Infinitiv ohne *zu*

Der Infinitiv ohne *zu* wird in folgenden Fällen benutzt:

- Bei Modalverben
  ➲ Der Assistent *muss* Büromaterial *bestellen*.
- Im Futur I
  ➲ Der Assistent *wird* Büromaterial *bestellen*.
- Im Konjunktiv II
  ➲ Der Assistent *würde/könnte/müsste* Büromaterial *bestellen*.
- Bei den Verben ***bleiben, fahren, fühlen, gehen, hören, lassen, lernen**, *sehen***
  ➲ Der Chef *lässt* den Assistenten Büromaterial *bestellen*.

▸ *Dem Verb *lernen* folgt ein Infinitiv ohne *zu* nur bei kürzeren Satzkonstruktionen.

Übung 48 **Infinitivkonstruktionen ohne *zu* (Teil 1)** • Verbinden Sie!

1. Die Firma → b.
2. Der Betrieb kann
3. Das Taxi bleibt
4. Der Rezeptionist
5. Die Fahrschülerin
6. Die Mitarbeiterin geht

a. im Stau stecken.
b. lässt im Ausland produzieren.
c. sieht den Chef aus der Konferenz kommen.
d. die Ware liefern.
e. in der Mittagspause einkaufen.
f. lernt einparken.

Übung 49 **Infinitivkonstruktionen ohne *zu* (Teil 2)** • Bilden Sie Sätze!

➲ der Assistent • Büromaterial • bestellen können
Der Assistent ***kann*** Büromaterial bestellen.

1. die Mitarbeiter/innen • einen Betriebsrat • bilden wollen
2. man • den Verkaufsleiter • sprechen hören
3. wegen Personalmangels • viel Arbeit • liegen bleiben
4. der Chef • den Lohn seiner Angestellten • um drei Prozent • erhöhen *(Futur I)*
5. alle Fehler • nicht • sich vermeiden lassen
6. eine gestresste Führungskraft • delegieren lernen
7. die Fluggäste • das Flugzeug • beim Start • stark • beschleunigen fühlen
8. wir • einen neuen Standort • suchen können *(Konjunktiv II Gegenwart)*
9. das Unternehmen • die Verkaufszahlen • durch die Werbekampagne • steigen sehen
10. in der neuen Schwimmhalle • viele Menschen • gerne • schwimmen gehen
11. die Firma • eine Umfrage • durchführen lassen
12. der Fluggast • im Duty-free-Shop • einkaufen gehen
13. der Fluggast • den Lautsprecher • seinen Namen • ausrufen hören
14. er • sich beeilen müssen
15. man • die Maschine • durch Turbulenzen • fliegen spüren
16. die Fluggäste • sich anschnallen sollen
17. bei der Ankunft • der Fluggast • seinen Geschäftspartner • schon • winken sehen
18. sie • gleich zusammen • ins Geschäft • fahren *(Futur I)*

10.13.2 Infinitiv mit *zu*

Infinitivkonstruktionen mit *zu* sind Nebensätze, haben aber kein eigenes Subjekt. Sie beziehen sich auf das Subjekt im Hauptsatz. Obwohl der Sinn auch als *dass*-Satz ausgedrückt werden kann, ist die Variante mit **Infinitiv + *zu*** meist eleganter und effizienter.

➲ *Wir* hoffen, dass *wir* Sie als Kunden gewinnen.
Wir hoffen(,) Sie als Kunden zu gewinnen.

- Viele Verben, Adjektive, Partizipien und Nomen können eine **Infinitivkonstruktion mit *zu*** fordern.
  Hier finden Sie eine Auswahl:

▸ Bei Infinitivkonstruktionen mit *zu* muss meist kein Komma gesetzt werden, es kann aber als Verständigungshilfe eingefügt werden.

Wenn Infinitivkonstruktionen mit *es*, einem Präpositionaladverb (z. B. *darauf, davon*) oder einem Nomen stehen, muss ein Komma gesetzt werden. (siehe Seite 94)

Verben	anfangen, aufhören, beabsichtigen, beginnen, sich bemühen, beschließen, bedauern, bitten, denken an, sich entschließen, sich erinnern, erlauben, fürchten, sich freuen, gefallen, gelingen, hoffen, versuchen, vorhaben, vergessen, versprechen, sich weigern ...
Adjektive + *sein*	falsch, leicht, richtig, schön, schwierig, wichtig sein ...
Partizipien + *sein*	beabsichtigt, entschlossen, erlaubt, erstaunt, gewohnt, überzeugt, verboten sein ...
Nomen + *haben/sein/machen*	Absicht, Angst, Lust, Plan, Problem, Spaß, Zeit ...

➲ **Verben:** Er *begann*(,) sich an die Schichtarbeit *zu* gewöhnen.
Adjektiv + *sein*: Es *ist* nicht immer *leicht*, bei Stress ruhig *zu* bleiben.
Partizip + *sein*: Beide Seiten *waren überzeugt*(,) recht *zu* haben.
Nomen + *haben/sein/machen*: Es *macht Spaß*, Sprachen *zu* lernen.

Übung 50 Infinitivkonstruktionen mit *zu* • Bilden Sie Sätze!

➲ Dem Mechaniker • gelingen • es • die Maschine • reparieren
Dem Mechaniker gelingt es, die Maschine ***zu reparieren***.

1. die Firma • planen • ihr Geschäft • diversifizieren
2. der Pressesprecher • bedauern • zurzeit • nichts Genaueres • sagen können
3. der Azubi • hoffen • nach der Ausbildung • beim Ausbildungsbetrieb • bleiben dürfen
4. man • sich bemühen • den Verkaufsleiter • ohne Mikrofon • sprechen hören
5. es • notwendig sein • den Jahresbericht • noch diese Woche • publizieren?
6. bitte • Sie • nicht vergessen • bei der Überweisung • die Auftragsnummer • angeben
7. die Mitarbeiterin • darüber nachdenken • berufsbegleitend • ein Fernstudium • absolvieren
8. in • die Branche der Finanztechnologie • man • erwägen • Bargeld abschaffen
9. durch • der Online-Handel • beginnen • lokale Geschäfte • Umsatz • verlieren
10. die Firma • versichern • nur • regenerative Energien • für ihre Produktion • einsetzen
11. der Betriebsrat • die Belegschaft • motivieren • solidarisch • sich verhalten
12. der Supermarkt • versuchen • durch Kundenkarten • die Kund/innen • binden
13. die Kollegin • anbieten • dir • deine Schicht • übernehmen
14. der Anrufer • bitten • die Rezeptionistin • ihn • mit dem Chef • verbinden
15. dem Team • erscheinen • es • schwierig • die Vorgaben • genau • einhalten

Übung 51 Mahnung wegen Zahlungsverzugs • Bilden Sie Sätze!

1. wir hoffen • Ihnen • mit unserer Expresslieferung • gedient haben
2. wir bedauern • Ihnen • mitteilen müssen • dass • unsere Rechnung • noch offenstehen
3. sicher • Sie • bisher • keine Gelegenheit haben • den Betrag • überweisen
4. wir • Sie • bitten • die Rechnung • baldmöglichst • begleichen
5. sollte bis Monatsende keine Zahlung eingehen, wir • sich gezwungen sehen *(Konjunktiv II)* • Ihnen • Mahngebühren • berechnen
6. bitte helfen Sie uns • dies • vermeiden

Übung 52 Ihre Mahnung vom ... • Bilden Sie Sätze!

1. bezüglich Ihres Schreibens vom ... • wir • unsere Buchhaltung • anweisen • den überfälligen Rechnungsbetrag • sofort • überweisen
2. wir • Sie • bitten • unser Versehen • entschuldigen
3. leider • wir • zurzeit • aufgrund eines finanziellen Engpasses • nicht • in der Lage sein • die offenstehende Rechnung • begleichen
4. wir • Sie bitten müssen • uns • den Betrag bis 30.04. d. J. • stunden
5. wir • zuversichtlich sein • bis • zu dem genannten Datum • wieder • liquide sein
6. aufgrund unserer bisher guten Geschäftsbeziehung • wir • hoffen auf • Ihre Bereitschaft • uns • in dieser Angelegenheit • entgegenkommen

Übung 53 Infinitiv mit oder ohne *zu*? • Ergänzen Sie!

1. Herr Helbig will bei der Bank gegenüber ein Konto .... eröffnen.
2. Aber zuerst möchte er mit einem Berater .... sprechen.
3. Die Bankberaterin bittet ihn in ihrem Büro Platz .... nehmen.
4. Die Gebühren sind gering und die Bank wäre bereit ihm einen Dispokredit zu 12 Prozent ein........räumen.
5. Herr Helbig weigert sich allerdings für seinen Dispokredit 12 Prozent Zinsen .... bezahlen.
6. Die Beraterin wird mit ihrem Vorgesetzten deswegen .... sprechen.
7. Herr Helbig wünscht über eventuelle versteckte Gebühren informiert .... werden.
8. Die Beraterin soll ihm bitte eine Liste aller Gebühren aus........drucken.
9. Die Beraterin beeilt sich ihm mit........teilen, dass alles inklusiv ist.
10. Herr Helbig bittet sie, ihm das schriftlich .... geben.
11. Er lässt sich auch über Sparverträge .... informieren.
12. Die Beraterin sieht ihn alle Anlageprospekte durch........blättern.
13. Sie hört ihren Vorgesetzten nach der Mittagspause herein .... kommen.
14. Sie stellt ihn vor, erklärt den Kundenwunsch und lässt ihn .... rechnen.
15. Der Vorgesetzte freut sich den Dispo zu 11 Prozent anbieten .... können.
16. Herr Helbig beginnt zufrieden das Formular aus........füllen.
17. Die Bankberaterin freut sich einen neuen Kunden gewonnen .... haben.
18. Der Einzelhandel sieht den Umsatz aufgrund einer Rezession .... schwinden.
19. Es ist wichtig sich für Kundenberatung Zeit .... nehmen.
20. Die Firmenleitung beschloss eine neue Filiale .... eröffnen.
21. Abends lernt die Mitarbeiterin .... programmieren.
22. Diese Uhr bleibt dauernd .... stehen.
23. Der Assistent vergisst den Anrufer zum Kundendienst durch........stellen.
24. Die Existenzgründerin denkt darüber nach, sich im Steuerrecht weiter........bilden.
25. Wir bedauern Ihnen nicht weiterhelfen ...... können.
26. Wird es jetzt leichter sich die Regeln für den Infinitiv mit *zu* und ohne *zu* .... merken?
27. Oder möchten Sie das Thema lieber noch einmal .... wiederholen?

10.14 Das Ersatz-Subjekt *es*

- Einige Verben (z. B. die sogenannten Wetterverben) fordern das unpersönliche Subjekt es, da sie nicht mit anderen Pronomina *(ich, du ...)* stehen können.
  ➲ *Es* regnet.
- Auch bei Verben wie ***gehen um, sich handeln um, kommen zu ...*** übernimmt **es** die Ersatzfunktion als Subjekt.
  ➲ **gehen um**
  In der Diskussion geht es um den Umweltschutz.
  sich handeln um
  Es handelt sich um ein innovatives Produkt.
  kommen zu
  Wegen des Unwetters kommt es zu Verspätungen im Zugverkehr.
- Andere Verben können sehr wohl mit allen anderen Pronomen verwendet werden, benötigen aber in einem bestimmten Kontext das unpersönliche Subjekt **es**.
  Zu diesen Verben gehören *aussehen, geben, gehen, scheinen, vorkommen ...*

Übung 54 **Wo fehlt ein *es*? (Teil 1)** • Ergänzen Sie!

1. .... handelt sich um folgendes Problem: ...
2. .... regnet, ... hagelt sogar.
3. Durch Bauarbeiten kommt .... heute bei der Linie 5 zu Verspätungen.
4. Gibt .... bei dieser Hitze kein Hitzefrei?
5. .... sieht so aus, als ob sich die Verhandlungspartner einig werden.
6. Uns geht .... vor allem um Ihre Zufriedenheit.
7. .... scheint, dass sich das neue Team gut eingearbeitet hat.
8. Worum handelt .... sich?
9. Wie geht .... Ihnen? – Danke, ... geht.
10. Kein Kundendienst? So etwas gibt .... doch nicht!
11. Sie scheinen nicht zufrieden zu sein. Zumindest sieht .... so aus.
12. Wenn .... um Qualität geht, greifen viele Verbraucher zu Markenartikeln.
13. .... scheint wieder heller zu werden.
14. Auf der A1 kommt .... immer wieder zu Staus.
15. Meinungsverschiedenheiten müssen möglich sein, darum geht .... ja gerade.
16. Wenn Sie in jede Lücke ein *es* gesetzt haben, haben Sie .... richtig gemacht.

Das Ersatz-Subjekt **es** muss außerdem stehen

- bei Passivkonstruktionen und Verben, die ein unpersönliches Subjekt verwenden, wenn die Verben am Satzanfang stehen sollen.
  ➲ Bewerbungen *werden* noch bis Ende des Monats angenommen.
  Es *werden* noch bis Ende des Monats Bewerbungen angenommen.
- Zu den Verben, die ein unpersönliches Subjekt verwenden, gehören außerdem:
  ärgern, beunruhigen, erschrecken, freuen, interessieren, langweilen, wundern ...
  ➲ Es ***freut*** uns, Sie bei uns zu begrüßen.
  Es *ärgert* ihn, dass er immer erreichbar sein soll.
- wenn das Subjekt dieser Verben als Nebensatz ausgedrückt wird. In diesem Fall steht **es** als Ersatz-Subjekt. Wird der Nebensatz jedoch vorangestellt, dann fällt das **es** weg.
  ➲ *Es* ärgert ihn, dass er immer erreichbar sein soll.
  Dass er immer erreichbar sein soll, ärgert ihn.
  Es freut mich, dass Sie bei uns bestellen.
  Dass Sie bei uns bestellen, freut mich.
- wenn auf Adverbien mit ***sein*** ein Nebensatz folgt.
  ➲ *Es* ist sinnvoll, sich auf ein Bewerbungsgespräch vorzubereiten.
  Sich auf ein Bewerbungsgespräch vorzubereiten, ist sinnvoll.

Übung 55 Wo fehlt ein *es*? (Teil 2) • Ergänzen Sie!

1. Ob die Konferenz morgen stattfindet, ... ist nicht sicher.
2. .... ist nicht sicher, ob die Konferenz morgen stattfindet.
3. .... freut uns, Sie kennenzulernen.
4. Sie kennenzulernen, ... freut uns.
5. .... interessiert die Verbraucher/innen, die Nährwerte von Lebensmitteln zu erfahren.
6. Die Nährwerte von Lebensmitteln zu erfahren, ... interessiert die Verbraucher/innen.
7. Hier das Datum und Ihre Initialen einzufügen .... reicht.
8. .... reicht, hier das Datum und Ihre Initialen einzufügen.
9. Die Aktienkurse fallen zu sehen, ... beunruhigt die Anleger/innen.
10. .... beunruhigt die Anleger/innen, die Aktienkurse fallen zu sehen.
11. Dass die Firma Stellen abbauen will, ... wird allgemein behauptet.
12. .... wird allgemein behauptet, dass die Firma Stellen abbauen will.
13. Können Sie uns sagen, wann .... Ihnen passt?
14. .... wundert mich, nichts von unserem Lieferanten zu hören.
15. Nichts von unserem Lieferanten zu hören, ... wundert mich.
16. Passt .... Ihnen am nächsten Donnerstag?

Übung 56 *Es* ist gar nicht so schwer! • Bilden Sie Sätze mit *es*!

➲ wichtig sein • gründlich • durchlesen • die Geschäftsbedingungen
Es ist wichtig, die Geschäftsbedingungen gründlich durchzulesen. (Infinitivsatz)

stimmen • wir • unser Geschäft • erweitern
Es stimmt, dass wir unser Geschäft erweitern. (dass-Satz)

1. wichtig sein • guten Kundendienst • bieten
2. uns freuen • Ihnen • folgendes Angebot • unterbreiten können
3. notwendig sein • alle Belege • für die Steuererklärung • aufbewahren
4. stören • die Website-Besucher/innen • das Laden der Seite • so lange • dauern
5. leid tun • wir • wir • Ihnen • in dieser Angelegenheit • nicht • weiterhelfen können
6. spannend sein • die Entwicklung des Start-ups • verfolgen
7. stimmen • viele Unternehmen • ihre Geschäfte diversifizieren wollen
8. sein können • der Kunde • sich verspäten
9. riskant sein mögen • bei Im- und Export • nicht auf Zahlung per Akkreditiv bestehen
10. sicher sein • die EZB* • der Zinssatz • erhöhen werden
11. sinnvoll sein • vor einem Kauf • die Preise • vergleichen
12. schade sein • kaum noch • kleine Geschäfte • geben
13. möglich sein • der Wechselkurs • bis zum Zahlungstermin • sich ändern

*EZB: Europäische Zentralbank

Übung 57 Antwort auf eine Reklamation • Bilden Sie Sätze!

1. uns leid tun • dass • Sie • unsere Lieferung • nicht • in einwandfreiem Zustand • erhalten haben
2. Sie • uns • schreiben • dass • gleich • bei der Inbetriebnahme der Geräte • Störungen • kommen zu
3. zu unserem Bedauern • uns • nicht möglich sein • die Ware • sofort • austauschen
4. leider • noch eine Woche • dauern • bis • wir • Ersatz • leisten können
5. wenn • für Sie • akzeptabel sein • wir • allerdings • die defekte Ware • reparieren können
6. uns • freuen würden • Sie • bei der nächsten Bestellung • mit einem Rabatt • entschädigen können

10.15 Mehrgliedrige Konjunktionen

10.15.1 *Je* + Komparativ … *desto/umso* + Komparativ

Je … desto/umso-Sätze vergleichen zwei Bedingungen und stellen eine Relation zwischen diesen beiden Bedingungen her. Der *je*-Satz ist der Nebensatz, der *desto*-Satz ist der Hauptsatz. Der Konnektor *desto* (+ Komparativ) steht an der ersten Position.
➲ Der Akku ist *stark*. Das Handy muss *selten* aufgeladen werden.
Je stärker der Akku ist, *desto/umso seltener* muss das Handy aufgeladen werden.

Übung 58 **Logistisches** • Ergänzen Sie! (Manchmal sind mehrere Varianten möglich.)

besser • genauer • größer • länger • leichter • mehr • öfter • sicherer • weiter • wichtiger

1. Je .... der Transportweg ist, desto .... muss die Logistik planen.
2. Je .... die Güter verpackt sind, desto .... sind sie beim Transport.
3. Je .... die Güter verladen werden, desto .... können sie beschädigt werden.
4. Je .... Güter verschifft werden, desto .... werden die Containerschiffe.
5. Je .... ein Transportweg ist, desto .... ist eine sachgemäße Verpackung.

10.15.2 *Entweder … oder*

Die mehrteilige Konjunktion *entweder … oder* verwendet man bei der Entscheidung zwischen zwei Möglichkeiten. Der Konnektor *oder* steht in der Null-Position. Der Konnektor *entweder* steht in der Null-Position oder in der ersten Position, kann aber auch direkt vor dem ersten Teil der Auswahl stehen.
➲ *Entweder* bekommt die Bewerberin den Job *oder* der Bewerber bekommt ihn.
Entweder die Bewerberin bekommt den Job *oder* der Bewerber bekommt ihn.
Die Bewerberin bekommt *entweder* den Job *oder* (sie bekommt) eine Absage.

Übung 59 **Es gibt nur zwei Möglichkeiten *(entweder … oder)*** • Bilden Sie Sätze!

1. Der PC ist kaputt. Der Stecker ist nicht in der Steckdose.
2. Die Veranstaltung findet nicht statt. Wir haben uns im Datum geirrt.
3. Im Warenhaus kann man die Rolltreppe nehmen. Man kann auf den Aufzug warten.
4. Wir erweitern unser Sortiment. Wir verlieren Kunden.
5. Wir stellen eine neue Mitarbeiterin ein. Wir können das Auftragsvolumen nicht erfüllen.
6. Wir ergreifen verkaufsfördernde Maßnahmen. Wir werden Verluste schreiben.
7. Die Industrie denkt um. Der Klimawandel ist nicht aufzuhalten.
8. Wir finden einen Kompromiss. Wir müssen einen anderen Lizenznehmer suchen.
9. Unsere Kunden können die Ware selbst mitnehmen. Sie können sie sich liefern lassen.
10. Sie liefern die Ware noch diese Woche. Wir müssen vom Auftrag zurücktreten.
11. Sie geben uns einen Preisnachlass. Wir müssen Ihrer Konkurrenz den Zuschlag geben.
12. Der Geschäftsreisende kann den Flieger nehmen. Er kann mit der Bahn reisen.
13. Die Menschheit wird umweltfreundlich. Die Umwelt wird menschenfeindlich.
14. Wir reduzieren unsere CO_2-Emissionen. Wir verursachen eine Klimakatastrophe.

10.15.3 *Sowohl ... als auch, nicht nur ... sondern auch*

Diese Konjunktionen verbinden Wörter, Wortgruppen oder Sätze.
➲ Wir produzieren hochwertiges Geschirr *und* Kristallgläser.
Wir produzieren *sowohl* hochwertiges Geschirr *als auch* Kristallgläser.

Der Konnektor ***als auch*** kann keinen eigenen Satz einleiten, dazu benutzt man ***(nicht nur ...) sondern auch***.
➲ Wir produzieren *nicht nur* hochwertiges Geschirr, *sondern auch* Kristallgläser.
Wir produzieren *nicht nur* hochwertiges Geschirr, *sondern* wir stellen *auch* Kristallgläser her.

Übung 60 **Betonen Sie das Wörtchen *und*!** • Ergänzen Sie! (Manchmal sind beide Varianten möglich.)

sowohl ... als auch • nicht nur ... sondern auch

1. In der Abteilung finden Sie .... Damenmäntel(,) .... Herrenmäntel.
2. Wir liefern .... frei Haus, ... wir versprechen .... ein Prozent Rabatt bei Lieferverzug.
3. Das Unternehmen ist .... in Europa(,) .... in Asien und Amerika vertreten.
4. Der Betrieb bietet .... unbefristete Arbeitsverträge(,) .... Ausbildungsplätze.
5. Die Firma bittet .... um ein Angebot, ... sie möchte .... einen Beratungstermin vereinbaren.
6. Der Reisende besucht .... Neukunden .... bestehende Kunden.

Übung 61 ***Sowohl ... als auch, nicht nur ... sondern auch*** • Bilden Sie Sätze!

1. Wir bieten Ihnen höchste Qualität und günstigste Preise.
2. Wir stellen Sportbekleidung und Fitnessgeräte her.
3. Der Käufer verlangt schnelle Lieferung und einen Rabatt von drei Prozent.
4. Die Firma hat eine Filiale in der Innenstadt und zwei Filialen am Stadtrand.
5. Die neue Mitarbeiterin spricht zwei romanische Sprachen und Englisch und Deutsch.
6. Die Geschäftsführung wird vom Aufsichtsrat kontrolliert und beraten.
7. Wir können Ihnen im Stückpreis entgegenkommen und die Transportkosten übernehmen.
8. Bei Zahlungsverzug müssen wir Ihnen leider Mahngebühren und Verzugszinsen berechnen.
9. Der Landwirtschaftsbetrieb verkauft an den Großhandel und direkt an den Verbraucher.
10. Da Ihre Reklamation berechtigt ist, werden wir Ihnen die Ware ersetzen und Ihnen einen Preisnachlass von zehn Prozent gewähren.
11. Das Unternehmen achtet auf die Sicherheit am Arbeitsplatz. Es bietet seinen Mitarbeiter/innen außerdem hervorragende Sozialleistungen.
12. Unser Kundendienst garantiert telefonischen Rat rund um die Uhr. Außerdem bietet er die sofortige Reparatur vor Ort.
13. Unser Handelsvertreter berät Sie persönlich in Ihren Räumlichkeiten und er ist nach der Lieferung bei allen Fragen gerne für Sie erreichbar.
14. Ein Franchisenehmer erhält vom Franchisegeber das Firmenkonzept. Er wird technisch und kaufmännisch vom Franchisegeber geschult und unterstützt.

10.15.4 *Weder … noch*

Die mehrteilige Konjunktion ***weder … noch*** negiert zwei Wörter oder Wortgruppen.
Der Konnektor ***weder*** kann an der ersten oder – üblicherweise – dritten Position stehen, der Konnektor ***noch*** steht an der ersten Position. Beide Konnektoren leiten Hauptsätze ein oder stehen vor den jeweiligen zu verneinenden Elementen. (Zwischen den Sätzen steht kein Komma.)

➲ Sie haben nicht pünktlich geliefert. Sie haben nicht die richtige Ware geliefert.
Sie haben *weder* pünktlich geliefert *noch* haben Sie die richtige Ware geliefert.
Weder haben Sie pünktlich geliefert *noch* haben Sie die richtige Ware geliefert.
Sie haben *weder* pünktlich *noch* die richtige Ware geliefert.

Übung 62 ***Weder … noch*** • Bilden Sie Sätze!

1. In diesem Geschäft gibt es keine Lebensmittel. In diesem Geschäft gibt es keine Haushaltswaren.
2. Vegane Produkte enthalten kein Fleisch. Sie enthalten keine Milchprodukte.
3. Bio-Agrarbetriebe dürfen keine Chemikalien verwenden. Sie dürfen keine Gentechnik einsetzen.
4. Der Kunde wollte kein E-Book. Er wollte kein Taschenbuch. Er wollte ein Hardcover-Buch.
5. Die Geschäftspartnerin ist nicht mit dem Auto gekommen. Sie hat nicht den Zug genommen. Sie kam mit dem Fahrrad.
6. Der kleine Familienbetrieb braucht keine Personalabteilung. Der kleine Familienbetrieb braucht kein Organigramm.
7. Wir sind nicht mit dem Preis einverstanden. Wir sind nicht mit den Lieferbedingungen einverstanden.
8. Die bestellten Bildschirme kamen nicht in den bestellten Größen und nicht in den gewünschten Farben.
9. Leider können wir die gewünschte Menge nicht kurzfristig liefern. Wir können Ihnen keinen anderen Fabrikanten empfehlen.
10. Die AG hat in diesem Quartal keinen Gewinn gemacht. Sie hat im letzten Quartal keine schwarzen Zahlen geschrieben.
11. Die Verbraucher wissen oft nicht, wo eine Firma produzieren lässt, und auch nicht, unter welchen Bedingungen sie produzieren lässt.
12. Wegen eines finanziellen Engpasses können wir Ihre Rechnung nicht in zwei Wochen und auch nicht in drei Wochen begleichen. Wir bitten um Zahlungsaufschub.
13. Leider passt es mir diese Woche nicht und nächste Woche auch nicht.
14. Fossile Energiequellen sind nicht umweltfreundlich und Atomkraft ist es auch nicht.
15. Manche Menschen haben kein Mobiltelefon und keinen Zugang zum Internet.
16. Wir lassen keine Kataloge und keine Broschüren drucken. Sie finden alles auf unserer Website.

10.15.5 *Einerseits … anderseits, zwar … aber*

Mit diesen Konjunktionen können Sie ausdrücken, dass etwas (mindestens) zwei Seiten hat.
Die Konnektoren ***einerseits … andererseits*** und ***zwar*** stehen an der ersten oder dritten Position, ***aber*** nimmt in Verbindung mit ***zwar*** die Null-Position ein. Alle Konnektoren leiten Hauptsätze ein.

➲ Lebenslanges Lernen ist interessant. Es kostet viel Zeit.
Einerseits ist lebenslanges Lernen interessant, *andererseits* kostet es viel Zeit.
Lebenslanges Lernen ist *einerseits* interessant, es kostet *andererseits* viel Zeit.
Zwar ist lebenslanges Lernen interessant, *aber* es kostet viel Zeit.
Lebenslanges Lernen ist *zwar* interessant, *aber* es kostet viel Zeit.

Übung 63 **Alles hat zwei Seiten** • Ergänzen Sie!

einerseits ... andererseits • zwar ... aber

1. .... möchten wir gerne Ihr Kunde bleiben, ... wir müssen dem günstigsten Anbieter den Zuschlag geben.
2. .... ist ein Haus am Stadtrand ruhig, ... ist der Weg zur Arbeit weit.
3. Die Firma hatte uns .... Lieferung bis morgen zugesagt, ... sie hat gerade Lieferverzug angekündigt.
4. Der Kunde war .... ungeduldig, ... konnte er die Gründe für den Verzug verstehen.
5. Eine Vier-Tage-Woche bietet .... mehr Freizeit, ... verringert sich dadurch das Gehalt.
6. .... möchte ich mich weiterbilden, ... mir fehlt die Zeit.

Übung 64 ***Einerseits ... andererseits, zwar ... aber*** • Bilden Sie Sätze!

1. Meetings sind notwendig. Sie sind zeitaufwendig.
2. Die Käufer verlangen Qualität. Die Käufer erwarten günstige Preise.
3. Wir finden Ihre Produkte sehr gut. Die Preise halten wir für überhöht.
4. Wir könnten Ihnen einen Rabatt einräumen. Wir müssen auf Lieferung ab Werk bestehen.
5. Wir möchten gerne bei Ihnen bestellen. Ihr Konkurrent bietet die günstigeren Konditionen.
6. Es ist gut, immer erreichbar zu sein. Es verringert die Zeit der Erholung.
7. Ich würde gerne eine Zeitung abonnieren. Ich habe nicht genug Zeit, sie zu lesen.
8. Die GmbH ist eine sichere Unternehmensform. Das benötigte Startkapital ist hoch.
9. Ein Kredit kann die Liquidität einer Firma erhöhen. Ein Kredit verursacht zusätzliche Kosten.
10. Massenproduktion macht viele Konsumgüter erschwinglicher. Das Handwerk schafft individuelle Produkte.
11. Die konstante Entwicklung von neuen Elektronikgeräten ist verblüffend. Man muss sich fragen, wie all die alten Geräte entsorgt werden sollen.
12. Der erste Bewerber verfügt über alle erforderlichen Qualifikationen. Der zweite Bewerber scheint lernfähiger und flexibler zu sein.

Übung 65 **Doppelkonnektoren-Mix** • Ergänzen Sie! (Manchmal sind mehrere Varianten möglich.)

einerseits ... andererseits • entweder ... oder • je ... desto • nicht nur ... sondern auch • sowohl ... als auch • weder ... noch • zwar ... aber

1. .... innovativer ein Produkt ist, ... größer sind seine Erfolgschancen.
2. .... sucht die Firma qualifizierte Mitarbeiter/innen, ... sie will keine entsprechenden Löhne zahlen.
3. Wir produzieren .... in Europa .... wir lagern die Produktion nach Asien aus.
4. Die Bewerberin spricht .... Deutsch .... Englisch.
5. Die Firma hat uns .... Lieferung frei Haus(,) .... 3 Prozent Skonto versprochen.
6. Der Lieferant hat .... zuverlässig geliefert, ... er hat .... unsere Reklamation kulant behandelt.
7. .... ist dieser Drucker günstig, ... ist der Toner dazu teuer.
8. .... studieren die Abiturient/innen .... sie machen eine Ausbildung.
9. Der Hersteller bietet .... günstige Preise(,) .... kostenfreie Lieferung.
10. .... riskanter eine Geldanlage ist, ... höher sollte die erwartete Rendite sein.
11. .... kostet dieses Investitionsgut etwas mehr, ... ist es länger haltbar als alle vergleichbaren.
12. Dieses Erfrischungsgetränk enthält .... Nährstoffe(,) .... Vitamine.
13. Diese Verhandlung soll entscheiden: .... bleibt das Unternehmen als großer Arbeitgeber in der Region und zahlt geringere Abgaben .... es sucht sich einen neuen Standort.

Übung 66 **Rundmail** • Ergänzen Sie die richtigen Doppelkonnektoren!

entweder … oder • nicht nur … sondern auch • sowohl … als auch • weder … noch • je … desto

Betreff: Bitte um Schichttausch

1 Hallo liebe Kolleginnen und Kollegen,

ich habe eine Bitte. Am nächsten Montag habe ich vormittags einen dringenden Termin. Leider bin ich für die Frühschicht eingeplant. Ich muss den Termin aber wahrnehmen, weil ich die Angelegenheit .... telefonisch .... schriftlich erledigen kann. Könnte jemand von euch die Frühschicht übernehmen? Ich könnte dann .... an dem Tag die Spätschicht .... an irgendeinem anderen Tag eine Doppelschicht machen. Es würde mir wirklich helfen.

Viele Grüße
Miriam

2 Hallo Miriam,

leider kann ich dir nicht helfen, weil ich .... diese Woche(,) .... nächste Woche im Urlaub bin. Aber ich wünsche dir viel Glück.

Viele Grüße
Hamza

3 Hallo Miriam,

kein Problem, ich könnte .... die Frühschicht am Montag machen, ... bei anderen Terminen die Frühschicht übernehmen, da für mich die Frühschicht sowieso am besten ist. Wenn du dann eine meiner Spätschichten übernehmen willst, könntest du .... gleich am Montag tauschen .... einen anderen Tag wählen. Ich hoffe, das hilft dir.

Herzliche Grüße
Antje

4 Hallo Miriam,

wenn .... Hamza .... Antje dir helfen können, könnte ich einspringen. Ich besuche zwar .... diese .... nächste Woche täglich noch einen Sprachkurs, aber wenn es nicht anders geht, sag mir bitte Bescheid. Du kannst mich .... unter meiner Durchwahl (233) .... – wenn ich nicht im Büro bin – mobil erreichen. Die Nummer habt ihr ja.

Viel Glück!
Ronny

5 Hallo zusammen,

vielen Dank für eure Rückmeldungen. Liebe Anja, ich könnte die Spätschicht gleich am Montag übernehmen. Ist dir das recht? Tausend Dank an alle. .... länger ich hier arbeite, ... mehr weiß ich, was ich für tolle Kolleg/innen habe.

Ganz herzliche Grüße
Miriam

Übung 67 **Können wir das Meeting verschieben?** • Streichen Sie die falschen Konnektoren durch!

Betreff: AW: Meeting am 21. oder 23.3.20xx

1 Hallo Corinna,

gerade habe ich deine Mail erhalten. Leider kann ich *(weder/sowohl)* am 21. *(noch/als auch)* am 23. dabei sein. An beiden Tagen bin ich außer Haus. Wäre es möglich, das Meeting auf den 28. zu verschieben? *(Einerseits/Entweder)* wäre das später als geplant, *(andererseits/oder)* könnten wir dann noch die Ergebnisse der Kundenumfrage besprechen, die wir erst am 25. bekommen. Am 28. wären bei mir *(sowohl/zwar)* der Vormittag *(aber/als auch)* der Nachmittag möglich. Was meinst du?

Riccardo

2 Hallo Riccardo,

danke für deine Mail. Der 28. ist leider nicht möglich, weil *(je/weder)* Antonio *(desto/noch)* Beate an dem Tag Zeit haben. Wie wäre es am 24.? Da habe ich *(sowohl/zwar)* schon drei Sitzungen, *(als auch/aber)* frühmorgens wäre wohl noch machbar. Sag mir bitte Bescheid.

Corinna

3 Hallo Corinna,

danke für deine schnelle Rückmeldung. Der 24. wäre *(nicht nur/zwar)* kompliziert, *(sondern auch/aber)* machbar. Allerdings müssten wir dann bezüglich der Kundenumfrage noch ein weiteres Meeting vereinbaren! Das würde *(weder/nicht nur)* Zeit für die Terminvereinbarung, *(noch/sondern auch)* für die zusätzliche Besprechung kosten. Und ich muss *(sowohl/weder)* die Marktanalyse *(als auch/noch)* die Produktpräsentation bis zum 30. fertigstellen. *(Je/Einerseits)* mehr Zeit ich dafür habe, *(desto/andererseits)* besser!

Riccardo

4 Hallo Riccardo,

keine Sorge, *(entweder/einerseits)* ist die Kundenumfrage schon am 23. ausgewertet *(oder/andererseits)* wir besprechen die Ergebnisse im nächsten Monat. Ist ja sowieso bald. Es bleibt bei einem Meeting am 24. um 7:30 Uhr. Viel Erfolg bei Marktanalyse und Präsentation.

Corinna

5 Hallo Corinna,

wie das Leben so spielt. Gerade bittet mich unser Großkunde Karst um einen Termin am 24. frühmorgens bei ihm im Geschäft. *(Entweder/Einerseits)* möchte ich ihn natürlich auf den Montag, den 28. vertrösten, *(oder/andererseits)* hat er die Kundenumfrage noch nicht beantwortet. Was meinst du, können wir unser Meeting noch mal verschieben? Tut mir wirklich leid. Melde dich bitte so bald es geht, weil ich ihm antworten muss.

Riccardo

Übung 68 Interne Kommunikation: Gespräch mit der Qualitätskontrolle • Wählen Sie den richtigen Konnektor!

(Vorab per Mail)

A Guten Morgen, Herr Schirmer, *(nachdem/bevor/während)* ich Sie telefonisch nicht erreichen konnte, bitte ich Sie dringend, sich sofort mit mir in Verbindung zu setzen. Es gibt ein Problem. Kuliç, Qualitätsmanagement.

(Am Telefon)

B Guten Morgen, Schirmer am Apparat. Frau Kuliç, ich habe gerade Ihre Mail gelesen. Was scheint das Problem zu sein?

A Das Problem ist, *(was/um/dass)* das Waschmittel nicht nach Apfelblüten, sondern nach Benzin riecht. *(Trotzdem/Denn/Folglich)* sollte die Produktion gestoppt werden.

B Nach Benzin? *(Weil/Aber/Währenddessen)* das ist unmöglich! Wir benutzen nur die besten Duftstoffe.

A Es riecht nicht, wie es riechen sollte, Herr Schirmer, *(obwohl/da/deshalb)* bitte ich Sie, die Produktion zu stoppen, *(vorher/zuvor/bevor)* wir viel Geld verlieren.

B Moment. *(Bevor/Nachdem/Während)* ich das tue, muss ich mich selbst davon überzeugen. Bleiben Sie am Apparat? ... Nicht zu fassen! Es riecht nach Benzin!

A Meine Worte!

B *(Dennoch/Also/Stattdessen)* lasse ich die Produktion stoppen, *(bis/danach/nachdem)* wir wissen, *(was/warum/wie)* los ist. Gut, dass wir eine Qualitätskontrolle haben.

A Wie kann so etwas passieren?

B *(Wenn/Weil/Obwohl)* ich das wüsste, Frau Kuliç. *(Aber/Außerdem/Vorausgesetzt)* ich werde mich schlau machen. Wir können nur hoffen, *(dass/weil/sowohl)* es kein Maschinenschaden ist. Ich melde mich, *(sobald/nachdem/solange)* ich mehr weiß.

(Einen Moment später)

B Hier Schirmer noch mal. Sie werden es nicht glauben, Frau Kuliç, *(weil/aber/dennoch)* gerade kam ein Mitarbeiter, Herr Henze, zu spät zur Arbeit und sagte mir, ihm sei sein Moped liegen geblieben. *(Obwohl/Dennoch/Nichtsdestotrotz)* der Tank voll war, hätte es sich nicht mehr gerührt. *(Denn/Aber/Demnach)* gut gerochen hätte es. Wissen Sie wonach? Nach Apfelblüten! Gefiel ihm gut und hat ihn an die Firma erinnert.

A Und das bedeutet?

B Herr Henze macht zahlreiche Botengänge für uns und bekommt dafür sein Benzin von uns. *(Da/Obwohl/Denn)* die Duftstoffe in Kanistern lagern, wird er in der gestrigen Hektik einfach den falschen Kanister genommen haben.

A Na, Gott sei Dank! Dann ist ja alles klar.

B Ja, ich lasse die Produktion weiterlaufen, *(sobald/solange/währenddessen)* der Duftstoff ausgetauscht ist. Vielen Dank nochmals für Ihre Benachrichtigung. *(Wenn/Während/Weil)* wir Sie nicht gehabt hätten ... das wäre teuer geworden!

Übung 69 **Konnektorenquiz** • Ergänzen Sie a, b oder c!

Sehr geehrte Frau Benn,

bezüglich Ihrer Anfrage müssen wir Ihnen mitteilen, ... (1) wir den gewünschten Artikel Nr. a789 zurzeit leider nicht vorrätig haben. .... (2) könnten wir Ihnen als Alternative unseren Artikel Nr. x123 beziehungsweise Nr. y456 anbieten.

.... (3) Ihnen die Entscheidung zu erleichtern, senden wir Ihnen anbei unseren Prospekt sowie genaue Produktinformationen. .... (4) Sie mit dieser Alternative einverstanden sind, könnten wir Ihnen die Ware sofort liefern.

.... (5) wir Sie als langjährigen, treuen Kunden kennen, sind wir bereit, Ihnen bei einer Bestellung im Preis entgegenzukommen, ... (6) Sie über 1 000 Stück bestellen.

Gerne sehen wir Ihrer Bestellung entgegen.

Sehr geehrter Herr Rohwedder,

vielen Dank für Ihre Nachricht vom 4.3. Leider haben wir nicht erfahren, ... (7) wir auf Artikel Nr. a789 warten müssten. .... (8) möchten wir Sie bitten, uns dies kurz mitzuteilen.

.... (9) wir einen anderen Lieferanten ausfindig machen konnten, der Artikel a789 sofort liefern könnte, würden wir lieber bei Ihnen bestellen, ... (10), Sie können den Artikel auch nicht bis Ende dieses Monats liefern.

Wir bitten um kurze Nachricht.

Sehr geehrte Frau Benn,

vielen Dank für Ihr Vertrauen. Wir haben gute Nachrichten. Unser Zulieferer könnte die gewünschte Ware binnen einer Woche liefern. .... (11) hätten Sie Ihre Bestellung binnen zehn Tagen, denn natürlich müssen wir die Qualität der Artikel überprüfen, ... (12) wir sie Ihnen zustellen. .... (13) könnten natürlich immer Verzögerungen beim Zoll entstehen.

Sehr geehrter Herr Rohwedder,

glücklicherweise haben wir noch genug Vorrat für zehn Tage, ... (14) wir gerne bei Ihnen bestellen. .... (15) müssten wir uns auf die Lieferfrist verlassen können.

Bitte bestätigen Sie unsere Bestellung über 1 500 Stück sowie die von Ihnen genannte Lieferfrist.

1. a) dass
   b) weil
   c) weil
2. a) Obwohl
   b) Jedoch
   c) Sodass
3. a) Damit
   b) Da
   c) Um
4. a) Denn
   b) Trotzdem
   c) Falls
5. a) Da
   b) Folglich
   c) Sodass
6. a) dennoch
   b) wenn
   c) folglich
7. a) ob
   b) wie lange
   c) wenn
8. a) Somit
   b) Obwohl
   c) Dass
9. a) Deswegen
   b) Obwohl
   c) Da
10. a) es sei denn
    b) um
    c) dass
11. a) Bevor
    b) Als
    c) Demzufolge
12. a) bevor
    b) nachdem
    c) seitdem
13. a) Somit
    b) Außerdem
    c) Damit
14. a) deshalb
    b) sodass
    c) dann
15. a) Solange
    b) Aber
    c) Allerdings

Übung 70 Hauptsatzkonnektoren gemischt • Ergänzen Sie! (Manchmal gibt es mehrere Möglichkeiten.)

aber • also • denn • deshalb • trotzdem • vorher

Betreff: Mail vom Messeteam an den Innendienst

Hallo Thomas,

momentan ist es ruhig. .... gerade sprach ich mit einem Interessenten für unser neues Produkt. Bei unserem Preis zögerte er, ... blieb er sehr interessiert. .... möchte ich fragen, ob ich ihm einen Rabatt anbieten kann. Ich weiß, dass er Interesse hat, ... er hat sich für drei Uhr einen Termin geben lassen. .... möchte ich gerne das Okay für einen Preisnachlass bekommen. .... ruft mich an oder schickt mir eine Mail. Und drückt uns die Daumen!

Grüße
Lena

allerdings • oder • deswegen • demzufolge

Betreff: Mail vom Backoffice ans Messeteam

Hallo Lena,

das hört sich ja interessant an. .... sind wir gerade beim Rechnen. .... können wir noch nicht viel sagen, bevor wir nicht die Bestellmenge wissen. .... wäre es besser, wenn du erst mit dem Interessenten sprichst. .... du kannst uns während des Termins anrufen und uns die Zahlen durchgeben.

Viel Erfolg, bis später
Thomas

Übung 71 Reklamation • Ergänzen Sie!

jedoch • aber *(2x)* • folglich • zuerst • deshalb • stattdessen • zwar

Betreff: Reklamation

Sehr geehrte Damen und Herren,

vor einer Woche habe ich bei Ihnen ein Barometer gekauft. .... funktioniert es leider nicht. .... dachte ich, dass die Batterie leer wäre, ... es braucht keine Batterie. .... bin ich ratlos und möchte mein Geld zurück.

.... liegt das Barometer schon drei Monate bei mir, ... ich habe es nie benutzt. .... hoffe ich, dass der Umtausch kein Problem sein wird.

Sollten Sie mir das Geld nicht zurückerstatten können, würde ich .... ein anderes Modell, nämlich das BX23, auswählen.

Mit freundlichen Grüßen
Max Scharne

Teil IV

Präpositionen

11 Präpositionen

11.1 Lokale Wechselpräpositionen

Die meisten lokalen Präpositionen sind Wechselpräpositionen, d. h., sie wechseln bei lokalen Angaben den Kasus. Auf die Fragen *Woher? Wo?* folgt der Dativ und auf die Frage *Wohin?* der Akkusativ. Nur die Präpositionen *nach* und *zu* fordern stets den Dativ und die Präposition *um* fordert immer den Akkusativ.

Woher kommt er?	Wo ist er?	Wohin fährt er?
Aus dem Geschäft. Aus der Schweiz. Vom Sport.	***An der*** U-Bahn-Station. In der Ukraine. Beim Meeting.	***In das*** Schwimmbad. In die USA. Zur Schule.
Ort (Herkunft) Dativ	Ort (Situation) Dativ	Ort (Richtung, Ziel) Akkusativ (außer: ***zu*** und ***nach*** + Dativ)

Welche lokalen Präpositionen fordern welchen Kasus?

	Wohin?	Wo?	Woher?
Akkusativ	an, auf, hinter, in, neben, über, unter, vor, zwischen	um, um … herum	
Dativ	nach, zu	an, auf, hinter, in, neben, vor, über, unter, zwischen, bei, gegenüber	aus, von

➲ *Wohin* legt der Assistent die Korrespondenz? *Auf den Schreibtisch. (Akkusativ)*
Aber: *Wohin* geht der Azubi? Er geht *zur Berufsschule. (zu + Dativ)*

Wo ist der Chef? Er ist *in einer Besprechung. (Dativ)*
Wo gibt es Kundenparkplätze? *Vor dem Geschäft. (Dativ)*
Aber: *Wo* sitzen die Tagungsteilnehmer? *Um den Konferenztisch* herum. *(um + Akkusativ)*

Woher haben Sie die Grafik? *Aus dem Wirtschaftslexikon. (Dativ)*
Woher kommen Sie? *Aus* der Schweiz/der Türkei/dem Iran/dem Irak/der Ukraine/der Tschechischen Republik/der Mongolei …

Übung 1 **Wo? Wohin? Woher? (Teil 1)** • Verbinden Sie! (Manchmal sind mehrere Varianten möglich.)

1. Die Zentrale liegt
2. Der Mitarbeiter kommt gerade
3. Ich lege Ihnen die Unterlagen
4. Die Unterlagen liegen
5. Sie stellt den Papierkorb
6. Der Azubi geht heute
7. Am besten fahren Sie
8. Unsere Firma finden Sie
9. Der Computer fällt
10. Die Adresse steht

a. unter dem Absender.
b. in der Hauptstraße.
c. zwischen dem Bahnhof und dem Rathaus.
d. vom Tisch.
e. auf dem Schreibtisch.
f. aus der Pause.
g. um den Bahnhof herum und parken dort.
h. zur Berufsschule.
i. in die Ecke.
j. auf den Schreibtisch.

Übung 2 Wo? Wohin? Woher? (Teil 2) • Ergänzen Sie! (Manchmal sind mehrere Varianten möglich.)

dem *(2x)* • den • der *(4x)* • die *(2x)* • diesem • dieser • Ihrem • seiner • unserem • unserer

1. Der Beamte setzt den Stempel neben .... Unterschrift.
2. Die Geschäftsbedingungen finden Sie auf .... Rückseite.
3. Bei Fragen besuchen Sie uns auf .... Website!
4. Zwischen .... beiden Terminen hätte Frau Baumers noch Zeit.
5. Der Personalberater setzt sich zu .... Kandidatin und der Chefin.
6. Herr Frese kommt gerade aus .... Besprechung.
7. Heute gehen wir zu .... Messe.
8. In .... Schreiben reklamierten Sie die Ware.
9. Man erwartet Sie schon in .... Konferenzraum.
10. Bitte hinterlassen Sie uns eine Nachricht auf .... Anrufbeantworter!
11. Der Parkplatz ist direkt vor .... Firma.
12. Wir haben Ihnen die Ware vor .... Tür gestellt.
13. In .... Meeting haben wir viel erreicht.
14. Die Mitarbeiter arbeiten schon lange bei .... Firma.
15. Die Lampe hängt über .... Schreibtisch.

Übung 3 Ihr neues Büro! (Teil 1) • ... ist leider noch nicht eingerichtet. Beschreiben Sie, wo alles *steht, liegt* oder *hängt*!

- Die Verben *stehen*, *liegen*, *sitzen* sind intransitiv, d. h., sie stehen ohne Akkusativobjekt.
  Die Verben *hängen*, *stecken*, *kleben* können sowohl transitiv (mit Akkusativobjekt) als auch intransitiv (ohne Akkusativobjekt) verwendet werden. (zur Adjektivdeklination siehe Seite 27 f.)
- Die Frage *Wo?* verlangt den Dativ.

➲ der Teppich *(aufgerollt)* • in • die Ecke *(dunkel)* • liegen
Wo liegt der aufgerollte Teppich? Der aufgerollte Teppich liegt in der dunklen Ecke.

1. der Schreibtisch *(groß)* • hinter • der Aktenschrank *(modern)* • stehen
2. der Stuhl *(bequem)* • auf • der Schreibtisch *(groß)* • stehen
3. der Drucker *(defekt)* • auf • der Stuhl *(bequem)* • stehen
4. der Computer *(neu)* • neben • der Stuhl *(bequem)* • stehen
5. der Papierkorb *(grau)* • auf • der Drucker *(defekt)* • stehen
6. der Kalender *(neu)* • in • der Papierkorb *(grau)* • liegen
7. der Kalender *(alt)* • an • die Wand *(weiß)* • hängen
8. der Aktenschrank *(modern)* • neben • das Fenster *(hoch)* • stehen
9. die Jalousien *(bunt)* • auf • der Fußboden *(gefliest)* • liegen
10. die Tastatur *(ergonomisch)* • zwischen • die Jalousien *(bunt)* • und • das Fenster *(hoch)* • liegen
11. das Telefon *(mobil)* • auf • das Fensterbrett *(schmal)* • liegen
12. die Termine *(aktuell)* • auf • ein Zettel *(klein)* • stehen
13. der Zettel *(klein)* • an • der Monitor *(schwarz)* • kleben
14. der Monitor *(schwarz)* • auf • der Aktenschrank *(modern)* • stehen
15. die Korrespondenz *(wichtig)* • unter • der Monitor *(schwarz)* • liegen
16. die Ablage *(praktisch)* • neben • der Schreibtisch *(groß)* • auf • der Fußboden *(gefliest)* • stehen
17. das Regal *(breit)* • neben • die Tür *(offen)* • stehen

Übung 4 **Ihr neues Büro! (Teil 2)** • Wohin stellen, setzen, legen, hängen Sie die Gegenstände, um Ihr Büro einzurichten?

- Die Verben *stellen*, *legen*, *werfen* sind transitiv, d. h., sie fordern ein Akkusativobjekt. Die Verben *hängen*, *stecken* können sowohl transitiv (mit Akkusativobjekt) als auch intransitiv (ohne Akkusativobjekt) verwendet werden.
- Auf die Frage *Wohin?* folgt der Akkusativ.

➲ ich • der Teppich *(hell)* • auf • der Fußboden *(gefliest)* • legen
Wohin lege ich den hellen Teppich? Ich lege den hellen Teppich auf den gefliesten Fußboden.

1. ich • der Schreibtisch *(groß)* • auf • der Teppich *(hell)* • vor • das Fenster *(hoch)* stellen
2. ich • der Computer *(neu)* • unter • der Schreibtisch *(groß)* • stellen
3. ich • der Monitor *(schwarz)* • auf • der Schreibtisch *(groß)* • stellen
4. ich • die Tastatur *(ergonomisch)* • vor • der Bildschirm *(schwarz)* • legen
5. ich • der Stuhl *(bequem)* • an • der Schreibtisch *(groß)* • auf • der Teppich *(hell)* • stellen
6. ich • die Ablage *(praktisch)* • neben • der Bildschirm *(schwarz)* • stellen
7. ich • die Korrespondenz *(wichtig)* • in • die Ablage *(praktisch)* • legen
8. ich • der Aktenschrank *(modern)* • an • die Wand *(weiß)* • neben • das Fenster *(hoch)* • stellen
9. ich • das Regal *(breit)* • neben • der Aktenschrank *(modern)* • stellen
10. ich • der Papierkorb *(grau)* • unter • der Schreibtisch *(groß)* • stellen
11. ich • der Kalender *(alt)* • in • der Papierkorb *(grau)* • werfen
12. ich • der Kalender *(neu)* • an • die Wand *(weiß)* • hängen
13. ich • die Jalousien *(bunt)* • vor • das Fenster *(hoch)* • hängen
14. ich • das Telefon *(mobil)* • in • meine Tasche *(schwer)* • stecken
15. ich • die Termine *(aktuell)* • in • der Terminkalender *(bunt)* • schreiben
16. ich • der Zettel *(klein)* • in • der Papierkorb *(grau)* • werfen
17. ich • alle Kisten *(leer)* • und • der Drucker *(defekt)* • auf • der Flur *(hell)* • stellen
18. ich • der Kaffeebecher *(voll)* • auf • der Schreibtisch *(groß)* • zwischen • die Tastatur *(ergonomisch)* • und • die Ablage *(praktisch)* • stellen
19. ich • meine Jacke *(warm)* • an • die Garderobe *(klein)* • hängen
20. ich • die Zeitung *(heutig)* • auf • der Schreibtisch *(groß)* • neben • der Kaffeebecher *(voll)* • legen
21. ich • auf • der Stuhl *(bequem)* • an • der Schreibtisch *(groß)* • sich setzen

Übung 5 **Entschuldigung, wo finde ich die Kantine?** • Welche Präposition passt?

an *(2x)* • auf • aus *(2x)* • hinter • im • in • über • von • vor • zu *(2x)*

Ganz einfach! Gehen Sie .... den Fahrstühlen. Wenn Sie .... den Fahrstühlen stehen, nehmen Sie den rechten. Das ist der Express. .... rechten Fahrstuhl drücken Sie .... den Knopf mit der 15. Wenn Sie .... dem Fahrstuhl steigen, gehen Sie .... unserem Konferenzsaal und der Poststelle vorbei. Dann kommen Sie .... einer großen Tür und gleich .... der Tür geht es .... eine lange Brücke .... den anderen Teil der Firma. Wenn Sie .... der Brücke kommen, sehen Sie die Kantine schon. Ach, könnten Sie mir etwas .... der Kantine mitbringen? Das wäre nett. Ich esse nämlich heute .... meinem Schreibtisch.

11.2 Präpositionen mit festem Kasus

Hier sehen Sie die wichtigsten Präpositionen:

mit Akkusativ	mit Dativ	mit Genitiv
bis	ab	angesichts
durch	aus	anlässlich
… entlang *(Postposition)*	außer	außerhalb
für	bei	bezüglich
gegen	dank*	dank*
ohne	entgegen	entlang … *(Präposition)*
um	gegenüber** *(Prä- oder Postposition)*	hinsichtlich
	gemäß, entsprechend	infolge
	laut*	innerhalb, binnen
	mit	laut*
	nach***	seitens
	seit	statt, anstatt, anstelle
	von	trotz
	zu	während
	… zufolge *(Postposition)*	wegen, aufgrund
		zugunsten
		zufolge … *(Präposition)*
		zwecks

- *Die Präpositionen *laut* und *dank* können im heutigen Sprachgebrauch sowohl mit dem Genitiv als auch mit dem Dativ verwendet werden. Die Präposition *laut* wird meist ohne Artikel gebraucht.
  ➲ laut Regierungssprecher
- **Die Präposition ***gegenüber*** wird bei Ortsangaben vorangestellt, bei Personen auch nachgestellt (Postposition).
  ➲ Das Museum liegt *gegenüber* des Bahnhofs.
  Er hat *gegenüber* seinem Sohn/seinem Sohn *gegenüber* ein schlechtes Gewissen.
- ****Nach*** im Sinne von ***gemäß*** wird als Postposition verwendet.
  ➲ Meiner Meinung *nach* ist das falsch.

Akkusativ

Übung 6 **Präpositionen mit dem Akkusativ** • Ergänzen Sie! (Manchmal sind mehrere Varianten möglich.)

bis • durch • entlang • für • gegen • ohne • um

1. Können Sie die Produkte .... nächste Woche liefern?
2. .... das Unwetter hat sich die Lieferung leider verzögert.
3. Die Fahrt .... den Tunnel dauerte 30 Minuten.
4. Die Straße .... werden neue Bäume gepflanzt.
5. Die Rechnung .... die letzte Lieferung steht noch aus.
6. Die Mitarbeiter/innen waren .... die Kurzarbeit.
7. Aber .... neue Aufträge konnte die Firma nicht alle Mitarbeiter/innen in Vollzeit beschäftigen.
8. Bei der Besprechung ging es .... die Frage einer neuen Niederlassung.
9. Die Tagungsteilnehmer saßen .... den großen Tisch herum.
10. Der Parkplatz ist nur .... unsere Kunden.
11. .... eine Gebühr können Sie bei uns Fahrräder ausleihen.

Dativ

Übung 7 Präpositionen mit dem Dativ (Teil 1) • Ergänzen Sie! (Manchmal sind mehrere Varianten möglich.)

ab • aus • bei • gemäß/entsprechend • laut *(2x)* • mit • von • zu • ... zufolge

1. .... dem nächsten Monat gilt unsere neue Preisliste.
2. Wir importieren Rohstoffe .... den Niederlanden.
3. .... der Besprechung kam es zu keinem Ergebnis.
4. .... welcher Firma beziehen Sie Ihre Vorprodukte?
5. Gerne laden wir Sie .... unserem Messestand ein.
6. Ihrem Wunsch .... empfehlen wir Ihnen folgendes Produkt: ...
7. Wir rechnen nicht .... einem Lieferverzug.
8. Einem Bericht .... wird die EZB* den Leitzins nicht so bald erhöhen.
9. .... Regierungssprecherin tritt das neue Gesetz erst im nächsten Jahrzehnt in Kraft.
10. .... dpa** wurden die Verhandlungen erfolgreich abgeschlossen.

* Europäische Zentralbank
** Deutsche Presseagentur

Übung 8 Präpositionen mit dem Dativ (Teil 2) • Ergänzen Sie! (Manchmal sind mehrere Varianten möglich.)

ab • außer • bei *(2x)* • dank *(2x)* • entgegen • gegenüber • nach • seit • zu

1. Den Kunden .... ist der Verkäufer sehr zuvorkommend.
2. .... dem letzten Jahr arbeiten wir auch mit Fair-Trade-Partnern.
3. Können Sie uns .... dieser Bestellmenge im Preis entgegenkommen?
4. .... unserer Erwartung brachte unsere Messepräsenz keine Vorteile.
5. .... einer kostenpflichtigen Reparatur kann ich Ihnen leider nichts vorschlagen.
6. Ihren AGB .... erwartet die Firma Vorauszahlung.
7. .... der langen Verhandlung kam es .... einem Kompromiss.
8. Wir suchen .... dem 01.12. d. J. eine neue Assistentin.
9. .... der Arbeit unseres Teams haben wir ein Qualitätszertifikat erhalten.
10. .... Ihrer Expresslieferung konnten wir den Großauftrag ausführen.

Genitiv

Übung 9 Präpositionen mit dem Genitiv (Teil 1) • Ergänzen Sie! (Manchmal sind mehrere Varianten möglich.)

anlässlich • anstatt/anstelle/statt • aufgrund/wegen • bezüglich • trotz

1. .... der Messe geben wir Rabatt auf alle Bestellungen.
2. .... unserer Mahnung steht Ihre Rechnung noch offen.
3. .... des 11.10. haben Sie den 10.11. d. J. als Liefertermin notiert.
4. .... seiner guten Qualität ist dieses Produkt überall begehrt.
5. .... Ihres Vorschlags zum Schadenersatz möchten wir Ihnen mitteilen, dass ...

Übung 10 **Präpositionen mit dem Genitiv (Teil 2)** • Ergänzen Sie! (Manchmal sind mehrere Varianten möglich.)

anlässlich • anstatt/anstelle/statt • aufgrund/wegen • außerhalb • bezüglich • binnen/innerhalb • hinsichtlich • trotz • während • zugunsten

1. .... unseres Jubiläums findet eine Feier statt.
2. Sie haben uns Nähmaschinen .... der Mähmaschinen geliefert.
3. .... Ihres Schreibens möchten wir Ihnen Folgendes mitteilen: ...
4. Wir könnten .... einer Woche liefern.
5. .... aller Bemühungen kam die Lieferung verspätet an.
6. .... der Konferenz waren alle Handys ausgeschaltet.
7. .... des Zahlungsverzugs müssen wir leider Mahngebühren berechnen.
8. Sie rufen uns leider .... unserer Geschäftszeiten an.
9. .... dieser Frage benötigen wir noch Zusatzinformationen.
10. Das Oberlandesgericht entschied .... der Verbraucher/innen.

Übung 11 **Präpositionen mit dem Genitiv (Teil 3)** • Ergänzen Sie! (Manchmal sind mehrere Varianten möglich.)

aufgrund/wegen • binnen/innerhalb • dank • hinsichtlich/bezüglich *(2x)* • trotz • zufolge • zwecks

1. .... der finanziellen Hilfe konnte die NGO das Projekt durchführen.
2. .... des Berichts wird die Firma die schadhaften Geräte zurückrufen.
3. Bitte begleichen Sie die überfällige Rechnung .... eines Monats.
4. .... eines neuen Termins melden Sie sich bitte telefonisch.
5. Der Umsatz stieg .... der allgemeinen Zurückhaltung der Konsumenten.
6. Die Gewinnmarge wurde .... des günstigen Wechselkurses verbessert.
7. .... besserer Kommunikation wurde ein Intranet installiert.
8. .... Ihrer Anfrage können wir Ihnen folgendes Angebot machen: ...

Übung 12 **Gemischte Präpositionen (Teil 1)** • Ergänzen Sie!

angesichts • anstatt • auf • aufgrund • bei • binnen • durch • für *(2x)* • um

Sehr geehrte Damen und Herren,

vielen Dank .... Ihr Schreiben. Leider hat sich die Lieferung .... eines Fehlers im Lieferdatum verzögert. .... des 11.2. d. J. wurde der 1.12. d. J. notiert. Nur .... Ihre Mahnung wegen Lieferverzugs haben wir diesen Fehler bemerkt. .... diesen Irrtum möchten wir uns entschuldigen. Die Lieferung wird .... Ihnen noch .... dieser Woche eintreffen. .... dieses Versehens unsererseits möchten wir Ihnen 1 Prozent Skonto gewähren oder 10 Prozent Rabatt .... Ihre nächste Bestellung anrechnen. Wir bitten nochmals .... Entschuldigung und hoffen, dass Ihnen keine Unannehmlichkeiten entstanden sind.

Mit freundlichen Grüßen

Übung 13 Gemischte Präpositionen (Teil 2) • Ergänzen Sie!

ab • auf • aufgrund • bei *(2x)* • durch • für • laut • mit *(2x)* • ohne • seit • zu

Die Messeleitung lädt Sie hiermit herzlich .... der Eröffnung der diesjährigen INTERALIA ein. .... vielen Jahren ist diese Eröffnungsveranstaltung .... den Ausstellern beliebt. .... hiesiger IHK werden hier zahlreiche Kontakte geknüpft und Impulse gesetzt. Denn Sie werden .... dieser Veranstaltung die Gelegenheit haben, ... den Vertretern der internationalen Marktführer zu sprechen und .... die Hallen zu spazieren, bevor der Messetrubel beginnt. .... 19.00 Uhr ist das Gelände .... Sie geöffnet. .... der großen Nachfrage bitten wir um vorherige Anmeldung. Bitte lassen Sie uns wissen, ob Sie .... oder .... Begleitung kommen werden. Wir freuen uns .... Sie!

Übung 14 Gemischte Präpositionen (Teil 3) • Verbinden Sie! (Manchmal sind mehrere Varianten möglich.)

1. Der Lieferant kann
2. Sie haben uns nur zehn
3. Anbei erhalten Sie unser Angebot
4. Gegenüber treuen Kunden
5. Wir liefern entsprechend
6. Ein Teil des Preises wird
7. Außer Produkt XC2ii steht
8. Seitens unseres Zulieferers
9. Bei Fragen stehen wir Ihnen
10. Bezüglich Ihrer Anfrage

a. können wir Ihnen mitteilen, dass ...
b. unserer AGB.
c. infolge eines Unwetters nicht fristgemäß liefern.
d. sind wir gerne kulant.
e. anstelle von hundert Geräten geschickt.
f. steht der sofortigen Zusendung nichts im Wege.
g. zugunsten eines guten Zwecks gespendet.
h. alles zum Versand bereit.
i. gemäß Ihren Wünschen.
j. gerne zur Verfügung.

Übung 15 Welche Präposition passt? • Markieren Sie die korrekte Präposition!

1. *(Über • Von • Mit)* die Preisänderungen wurden wir nicht informiert.
2. *(Wegen • Durch • Für)* den Generalstreik konnte nicht rechtzeitig geliefert werden.
3. Mit Bezug *(auf • in • von)* Ihr Stelleninserat möchte ich mich bei Ihnen *(um • auf • über)* die Stelle bewerben.
4. Hiermit möchten wir Sie *(über • vor • auf)* die veränderten Geschäftsbedingungen aufmerksam machen.
5. *(Samt • Bei • Gemäß)* unserer Vereinbarung senden wir Ihnen heute die bestellte Ware frei Haus.
6. *(Bei • Infolge • Gegenüber)* eines Produktionsproblems kann es zu Verzögerungen kommen.
7. *(Ohne • Zwecks • Für)* Ihr Einverständnis möchten wir keine Entscheidung treffen.
8. Leider können wir Ihnen derzeit nur zehn *(statt • infolge • trotz)* der gewünschten zwanzig Stück liefern.
9. *(Auf • Über • Für)* Ihr Interesse an unserer Firma danken wir Ihnen.
10. *(Ohne • Von • Mit)* freundlichen Grüßen

Übung 16 **Die Gewerkschaften** • Ergänzen Sie die passenden Artikel und Adjektivendungen!

Die Gewerkschaften haben sich **zu**.... größt........ Teil **aus** d........ europäisch........ Arbeiterbewegung entwickelt. **Seit** ihr........ Bestehen setzen sie sich **für** d........ Verbesserung der Lebens- und Arbeitsbedingungen ihrer Mitglieder ein. Sie verhandeln **mit** d........ Arbeitgeberverbänden **über** höher........ Löhne, besser........ Arbeitsbedingungen und mehr Mitbestimmung. **Ohne** d........ Arbeit der Gewerkschaften wären dem Wirken der Unternehmer keine Grenzen gesetzt. Eines der besten Argumente der Gewerkschaften **bei** d........ Verhandlungen **über** d........ Tarife ist J. M. Keynes' Theorie der Erhaltung bzw. Erhöhung der Massenkaufkraft: Wer nicht viel verdient, kann auch nicht viel kaufen.
Durch ein........ kurz........ Überblick über die Ursprünge und die Geschichte der Gewerkschaften sollen deren Errungenschaften **zugunsten** d........ Arbeitnehmer/innen deutlich gemacht werden.
Während d........ Industrialisierung kam es **infolge** d........ rasant........ technisch........ Fortschritt........ **zu**.... Entstehung der Massenproduktion und des Massenproletariats. Die Unternehmer mussten sich **auf** d........ Markt **gegenüber** d........ Konkurrenz behaupten. **Entsprechend** ihr........ Profitstreben........ investierten sie in Technologie und drückten die Löhne der Arbeiter/innen. **Aus** dies........ Grunde entstand ein Proletariat, das **unter** unmenschlich........ Bedingungen arbeiten musste. Kinderarbeit, 13–14 Stunden Arbeit pro Tag und Unterbringung in Elendsquartieren waren die Norm.
Angesichts dies........ unerträglich........ Zustände schlossen sich Arbeiter/innen zu Vereinen und Gewerkschaften zusammen. In Deutschland war der wichtigste Vorläufer der modernen Gewerkschaft der „Allgemeine Deutsche Arbeiterverein" (ADAV) unter der Leitung von Ferdinand Lassalle. Lassalle gehörte von 1860 bis 1876 neben August Bebel und Wilhelm Liebknecht **zu** d........ Begründern der sozialdemokratischen Bewegung. Außerdem entwickelten sich Berufsgruppengewerkschaften, die sich nur **um** d........ Arbeiter/innen ihrer Berufsgruppe kümmerten.
Trotz konstant........ Repressionen **seitens** d........ Unternehmer und d........ Monarchie blieben Arbeitervereine und Gewerkschaften aktiv. **Nach** ein........ Reform von 1869/71 konnten sie legal als Vertragspartner der Unternehmerverbände agieren und Streiks und Kaufboykotts organisieren. **Zwischen** d........ Jahren 1878 und 1890 wurden allerdings alle gewerkschaftlichen Aktivitäten **durch** d........ hart........ Sozialistengesetz von Bismarck verboten. (Interessanterweise achtete Bismarck seinen politischen Gegner Ferdinand Lassalle **nach** lang........ Gesprächen (1863/64) als den „intelligentesten und liebenswürdigsten Menschen", **mit** d........ er je gesprochen hätte.) Erst 1892 gewannen die Gewerkschaften wieder an Einfluss.
Während d........ Zeit d........ Nationalsozialismus wurden die Gewerkschaften verboten, ihre Vermögen beschlagnahmt und viele frühere Funktionäre und Mitglieder erlitten schlimmste Schicksale.
Nach d........ Zweit........ Weltkrieg wurde 1949 **in** d........ Bundesrepublik der Deutsche Gewerkschaftsbund (DGB) als Dachverband der Gewerkschaften gegründet. **In** d........ DDR wurden unabhängige Gewerkschaften aufgelöst.
In d........ 1990er-Jahren verzeichneten die meisten Gewerkschaften **aus** verschieden........ Gründen Mitgliederverluste.
Durch d........ Automatisierung und d........ Verlagerung von Produktionsstätten in sogenannte Billiglohnländer gibt es weniger „klassische" Arbeiter/innen **in** d........ hiesig........ Industrie.
Statt ein........ „Motivierung" durch Angst werden die Mitarbeiter/innen **durch** d........ Möglichkeit der Mitbestimmung und Weiterentwicklung **in** viel........ modern........ Betrieben motiviert.
Infolge ein........ Trends zu befristeten Verträgen und Leiharbeit in vielen Branchen gibt es eine Tendenz **zu** ein........ Entsolidarisierung.
Für viel........ zugewandert........ Arbeitnehmer/innen sind die Leistungen der Gewerkschaften wenig bekannt.
Trotz dies........ genannt........ Gründe bleibt die Arbeit der Gewerkschaften gerade **in** ein........ global........ Wirtschaft **von** existentiell........ Bedeutung und z. B. **in** d........ Technologiebranche beginnen die Arbeitnehmer/innen, das mehr und mehr zu verstehen.

Quellen: ver.di 2010, Encyclopaedia Britannica 2007

Übung 17 Sind Sie ein Unternehmertyp? • Ergänzen Sie!

Egal, ob Sie sich **aus** ein....... fest....... Arbeitsverhältnis oder aus d....... Arbeitslosigkeit heraus **für** d....... Selbstständigkeit entscheiden: **Über** ein....... gewiss....... Maß **an** unternehmerisch....... Denken sollten Sie verfügen. **Bei** ein....... Existenzgründung **aus** d....... Arbeitslosigkeit heraus kann die Arbeitsagentur **mit** verschieden....... Mitteln helfen. Erkundigen Sie sich am besten **über** d....... Möglichkeiten und d....... Bedingungen **bei** Ihr....... zuständig....... Agentur. Aber auch **durch** d....... örtlich....... IHK und andere Organisationen erhalten Sie Beratung und finden Sie relevante Seminare.

Bei d....... notwendig....... Erarbeitung eines Geschäftsplanes können unterschiedliche Organisationen **mit** entsprechend....... Seminaren helfen. **Für** d....... genau....... Entwicklung eines Geschäftsplanes spricht nicht nur, dass Sie **ohne** ein....... klar....... Konzept **bei** kein....... Bank oder Behörde Starthilfen bekommen. **Für** ein....... detailliert ausgearbeitet....... Geschäftsplan spricht auch, dass Sie sich **in** d....... erst....... Jahren **an** dies....... Plan orientieren können. Finanzielle Starthilfen gibt es **von** verschieden....... Seiten, je **nach** d....... Art Ihrer unternehmerischen Ambitionen. Das Finanzamt unterscheidet **zwischen** d....... freiberuflich....... und d....... gewerblich....... Tätigkeiten. **Zu** d....... Freiberufler/innen werden unter anderem Dolmetscher/innen, Übersetzer/innen, Steuerberater/innen, Journalist/innen gezählt. **Außer** d....... Freiberufler/innen müssen sich die meisten Firmen **in** d....... Handelsregister eintragen.

Deshalb sollte man sich **vor** ein....... Firmengründung **über** d....... verschieden....... Rechtsformen informieren, um die passende herauszufinden. **Über** d....... Vor- und Nachteile der verschiedenen Rechtsformen können Sie sich **in** d....... üblich....... Medien wie dem Internet, in Büchern, aber auch **bei** d....... zuständig....... Handelskammern und anderen Organisationen informieren. **Infolge** d....... Anzahl an verschieden....... Rechtsformen kann die Auswahl einige Zeit in Anspruch nehmen. So werden z. B. **wegen** d....... hoh....... Startkosten GmbHs seltener gegründet. **Wegen** dies....... finanziell....... Hürde gibt es nun auch die UG*, die der Struktur der GmbH ähnelt, **bei** d....... aber das Startkapital nur einen Euro beträgt **statt** ein....... üblich....... Startkapitals von 25.000 Euro.

Trotz ein....... vielfältig....... Beratungsangebots kommen Sie **um** ein....... ehrlich....... Selbstanalyse nicht herum. **Aufgrund** d....... oft unerwartet....... Situationen – besonders in der Anfangsphase – sollten **zu** Ihr....... persönlich....... Qualitäten ein....... groß....... Portion Eigenmotivation, überdurchschnittlich....... Durchhaltevermögen und stet....... Lernbereitschaft gehören.

Vor d....... Entschluss **zu** ein....... selbstständig....... Tätigkeit sollten Sie auch **um** d....... Rat Ihrer Freunde und Familie bitten, denn gerade **auf** d....... Verständnis **aus** Ihr....... familiär....... Umgebung sollten Sie besonders **in** d....... Anfangszeit zählen können.

*Unternehmergesellschaft

Übung 18 Und nun die Nachrichten! • Ergänzen Sie die richtige Präposition! (Manchmal sind mehrere Varianten möglich.)

durch • zufolge • nach • anlässlich • über • binnen • zwischen • zugunsten • anstelle

1. Berlin: Die Bundesregierung will .... der fossilen Energiequellen die erneuerbaren Energien stärker ausbauen. Dies solle Deutschland .... des nächsten Jahrzehnts klimaneutral machen.
2. Der Wirtschaftsministerin .... erholt sich die Wirtschaft in diesem Jahr schneller als erwartet.
3. Einer Umfrage .... fürchten immer mehr Landwirte Ernteverluste .... Unwetter.
4. .... der Debatte .... den sozialen Wohnungsbau demonstrierten Tausende von Menschen vor dem Regierungsgebäude.
5. Brüssel: Die EU-Kommission fordert Maßnahmen zum verbesserten Datenschutz .... der Verbraucher/innen.

11.3 Verben, Adjektive und Nomen mit Präpositionen

Viele Verben verlangen feste Präpositionalergänzungen. Es gibt auch Nomen und Adjektive mit festen Präpositionen. Diese werden hier zusammen mit den Verben behandelt.
➲ Ich *bedanke mich für* die Lieferung.
Wir *legen Wert auf* gute PC-Kenntnisse.

- Die Wechselpräpositionen *auf* und *über* verlangen in Verbindung mit einem Verb fast ausnahmslos den Akkusativ, aber bei *an* z. B. gibt es Unterschiede:
  ➲ Akkusativ Ich *denke an* den Termin.
  Dativ Er *nimmt an* der Versammlung *teil*.

Übung 19 **Die Präposition *auf* (Teil 1)** • Verbinden Sie! (Manchmal sind mehrere Varianten möglich.)

1. *Achten* Sie bitte
2. Sie haben *sich* sicher schon
3. Uns *kommt* es besonders
4. Bitte *antworten* Sie uns baldmöglichst
5. Wir müssen
6. Auf die Ergebnisse der Umfrage
7. Wir *hoffen*
8. Wir *setzen*

a. auf unsere Anfrage.
b. sind wir sehr *gespannt*.
c. in dieser Situation auf Ihr Entgegenkommen.
d. auf die Lautsprecheransagen!
e. auf strikte Qualitätskontrolle.
f. auf unseren neuen Katalog *gefreut*.
g. auf Kundenzufriedenheit *an*.
h. auf einem Schadenersatz *bestehen*. *(+ Dativ)*

Übung 20 **Die Präposition *auf* (Teil 2)** • Verbinden Sie! (Manchmal sind mehrere Varianten möglich.)

1. Wir *beziehen* uns
2. Könnten wir den Termin
3. Viele Bioproduzenten *verzichten*
4. Sie können *sich*
5. Am besten *konzentriert* man *sich*
6. *Bereiten* Sie *sich* gerade
7. Wir *warten*
8. Wir nehmen *Bezug*

a. auf seine eigenen Aufgaben.
b. auf Ihr Schreiben vom ...
c. auf morgen *verlegen*?
d. auf Ihre Lieferung.
e. auf Ihr Schreiben vom 10.10. d. J.
f. auf unseren Kundendienst *verlassen*.
g. auf die Prüfung *vor*?
h. auch auf unnötige Verpackungen.

Notieren Sie sich nun aus den Übungen 17 und 18 die Verben und Nomen mit der Präposition *auf*!
➲ *achten auf (+ Akkusativ)*

Übung 21 **Die Präposition *an* (Teil 1)** • Verbinden Sie! (Manchmal sind mehrere Varianten möglich.)

1. Herr Möllner kann
2. Ein stiller Teilhaber
3. Bitte *denken* Sie
4. Viele Unternehmen
5. Wir *glauben* an
6. Der Konsument *zweifelt*
7. Sollten Sie
8. Die Azubi hat

a. an die zeitnahe Begleichung der Rechnung.
b. *erkennt* man am Logo.
c. an der Besprechung nicht *teilnehmen*.
d. die Unverzichtbarkeit der Menschenrechte.
e. an unseren Produkten *interessiert* sein, informieren wir Sie gerne.
f. *Freude* an ihrer Arbeit.
g. an der Qualität der Ware.
h. ist an einer Firma finanziell *beteiligt*.

Übung 22 Die Präposition *an* (Teil 2) • Verbinden Sie!

1. Wenn Sie *Interesse*
2. Die Firma *schreibt*
3. Auch viele internationale Firmen
4. *Erinnern* Sie sich
5. In einem neuen Land
6. Der Lieferverzug
7. Die Mitarbeiterin *leidet*
8. Der Kunde *stellt* hohe *Ansprüche*

a. an alle Stammkunden.
b. muss man *sich* an viel Neues *gewöhnen*.
c. an unser Gespräch auf der Messe?
d. an die Qualität des Produkts.
e. *nehmen* an der Messe *teil*.
f. an unserem Angebot haben, informieren wir Sie gerne.
g. *lag* an dem Bahnstreik.
h. an Migräne.

Notieren Sie sich nun aus den Übungen 19 und 20 alle Verben, Adjektive und Nomen mit der Präposition *an*!
➲ *teilnehmen an (+ Dativ)*

▸ Bei der Präposition *an* kann entweder eine Dativ- oder Akkusativergänzung stehen.

Übung 23 Die Präposition *aus* • Verbinden Sie!

1. Der neue Mitarbeiter
2. Der Kuchen *besteht* unter anderem
3. Nach einem Streit *traten* viele Mitglieder
4. Eine gute Work-Life-Balance würde viele Arbeitnehmer/innen
5. Können wir *Konsequenzen* aus

a. dem Missverständnis *ziehen*?
b. aus dem alltäglichen Hamsterrad *retten*.
c. *kommt* aus der Ukraine.
d. aus Mehl, Milch und Zucker.
e. aus dem Verein *aus*.

Notieren Sie sich nun die Verben und Nomen mit der Präposition *aus*!
➲ *kommen aus (+ Dativ)*

Übung 24 Die Präposition *bei* • Verbinden Sie!

1. Wir *kaufen* seit Jahren
2. Der Kunde *beklagt* sich
3. Wir *bedanken* uns
4. Bei wem kann ich
5. Hiermit möchten wir uns

a. bei der Verkäuferin über das Produkt.
b. bei derselben Firma.
c. mich über den Service *beschweren*?
d. bei Ihnen nach Ihren Preisen *erkundigen*.
e. bei unseren Stammkunden für ihre Treue.

Notieren Sie sich nun die Verben mit der Präposition *bei*!
➲ *kaufen bei (+ Dativ)*

Übung 25 Die Präposition *für* • Verbinden Sie! (Manchmal sind mehrere Varianten möglich.)

1. Die Rohstoffe *benötigen/brauchen*
2. Hiermit *danken* wir Ihnen
3. Die Arbeitnehmer/innen *demonstrieren*
4. Diese Mitarbeiterin *halten* wir
5. Die Messebesucher/innen *interessieren sich*
6. Die Eltern *bürgen* für
7. Das Unternehmen *entscheidet sich*

a. für Ihre schnelle Lieferung.
b. für sehr zuverlässig.
c. wir für die Produktion.
d. für die Innovationen in der Branche.
e. für bessere Arbeitsbedingungen.
f. für eine bessere Luftfilteranlage.
g. die Zahlungsfähigkeit ihrer Tochter.

Notieren Sie sich nun die Verben mit der Präposition *für*!
➲ *benötigen/brauchen für (+ Akkusativ)*

Übung 26 Die Präposition *mit* • Verbinden Sie!

1. Am Montag *fangen* wir
2. Am Montag *beginnen* wir
3. Womit *beschäftigen* Sie sich
4. Um 17.00 Uhr *hören* die Angestellten
5. Es ist konstruktiver,
6. Wann werden Sie
7. Mit den Verkaufsbedingungen
8. Die Branche *rechnet* für dieses Halbjahr

a. mit der Produktion.
b. in Ihrer Freizeit?
c. mit dem Projekt *fertig* sein?
d. mit der Produktion *an*.
e. mit jemandem direkt zu *sprechen*.
f. mit der Arbeit *auf*.
g. mit einer Umsatzsteigerung.
h. sind wir leider nicht *einverstanden*.

Notieren Sie sich nun die Verben mit der Präposition *mit*!
➲ *anfangen mit (+ Dativ)*

Übung 27 Die Präposition *nach* • Verbinden Sie! (Manchmal sind mehrere Varianten möglich.)

1. Hiermit möchte ich *mich* bei Ihnen
2. Eine Kundin hat
3. Die Seife *riecht*
4. Das Essen *schmeckt*
5. Wir *wählen* unsere Kandidat/innen

a. nach gar nichts.
b. nach Limonen.
c. nach Ihren Lieferfristen *erkundigen*.
d. nach den neuen Handytaschen *gefragt*.
e. nach folgenden Kriterien *aus*.

Notieren Sie sich nun die Verben mit der Präposition *nach*!
➲ *sich erkundigen nach (+ Dativ)*

Übung 28 Die Präposition *von* • Verbinden Sie! (Manchmal sind mehrere Varianten möglich.)

1. Ob die Open-Air-Veranstaltung stattfindet, *hängt*
2. Leider sind wir
3. Der Außendienstler *erzählt*
4. Die Buchhalterin *hält nichts/viel*
5. Gerne möchten wir Sie von
6. Was *versprechen* Sie sich

a. von der Qualität Ihrer Ware *enttäuscht*.
b. vom Wetter *ab*.
c. der Qualität unserer Produkte *überzeugen*.
d. von seiner letzten schwierigen Verhandlung.
e. von der Teilnahme an dem Seminar?
f. von der neuen Buchhaltungssoftware.

Notieren Sie sich nun die Verben und Adjektive mit der Präposition *von*!
➲ *abhängen von (+ Dativ)*

Übung 29 Die Präposition *zu* • Verbinden Sie! (Manchmal sind mehrere Varianten möglich.)

1. Zu der Frage möchte momentan
2. Der Kandidat wäre
3. Haben Sie den *Mut*
4. Schließlich *kamen* die Verhandlungspartner
5. Wir *gratulieren* zu
6. Die Stiftung Warentest *rät*

a. Ihrem Firmenjubiläum.
b. niemand in der Firma *Stellung nehmen*.
c. zu einer Einigung.
d. zu dieser Marke.
e. zu Auslandsreisen *bereit*.
f. zur Existenzgründung?

Notieren Sie sich nun die Verben, Nomen und Adjektive mit der Präposition *zu*!
➲ *Stellung nehmen zu (+ Dativ)*

Übung 30 Die Präposition *um* • Verbinden Sie! (Manchmal sind mehrere Varianten möglich.)

1. Bei diesem Produkt *handelt* es *sich*
2. Die Mitarbeiterin *bewirbt sich* um
3. Es *geht* uns vor allem um
4. Viele Firmen *kämpfen* um
5. Auf der Fachmesse Eurobike
6. Und wer *kümmert sich*
7. Wegen des Lieferverzugs *bitten* wir Sie
8. Viele Bewerber/innen *bemühen sich*

a. die Zufriedenheit unserer Kunden.
b. Marktmacht.
c. um ein hochsensibles Messgerät.
d. die intern ausgeschriebene Stelle.
e. um die Angehörigen?
f. um die hoch dotierte Stelle.
g. *dreht sich* alles um Fahrräder.
h. um Geduld und Nachsicht.

Notieren Sie sich nun die Verben mit der Präposition *um*!
➲ *sich handeln um (+ Dativ)*

Übung 31 Die Präposition *über* • Verbinden Sie! (Manchmal sind mehrere Varianten möglich.)

1. Über dieses Problem
2. Wir sollten noch einmal
3. Könnten Sie uns
4. Über Ihr Interesse an unseren Produkten
5. Leider müssen wir *uns* bei Ihnen
6. *Verfügen* Sie
7. *Ärgern* Sie sich oft über
8. Der Messebesucher *staunt* über

a. über Ihre Preise und Verkaufsbedingungen *informieren*?
b. über die mangelnde Qualität Ihrer Produkte *beschweren*.
c. über Fremdsprachenkenntnisse?
d. über das Thema *nachdenken*!
e. haben wir noch gar nicht *gesprochen*.
f. haben wir *uns* sehr *gefreut*.
g. die Messeneuheit.
h. Verkehrsstaus?

Notieren Sie sich nun die Verben mit der Präposition *über*!
➲ *sprechen über (+ Akkusativ)*

Übung 32 Gemischte Präpositionen • Ergänzen Sie!

an • auf *(4x)* • mit *(2x)* • über *(2x)* • um

1. Wir freuen uns .... Ihre baldige Antwort.
2. Hiermit bitten wir Sie .... Geduld und Nachsicht.
3. .... Ihre Anfrage haben wir uns sehr gefreut.
4. Gerne antworten wir .... Ihre Fragen.
5. Unsere Firma ist schon seit Jahren .... die Herstellung von Bioprodukten spezialisiert.
6. Denken Sie auch manchmal .... die Konsequenzen des Plastikmülls nach?
7. Bitte denken Sie .... die Begleichung unserer nun überfälligen Rechnung.
8. Das Unternehmen beschäftigt sich .... dem Recycling von Altpapier.
9. Anfang des Monats werden wir .... der Produktion beginnen.
10. Wir achten stets .... einwandfreie Qualität.

Übung 33 Welche Präposition passt? • Markieren Sie die korrekte Präposition!

1. Wir haben fest *(mit • für • auf)* Ihrer pünktlichen Lieferung gerechnet.
2. Der Firma kommt es vor allem *(von • über • auf)* Kundenzufriedenheit an.
3. Der Beitrag berichtet *(mit • an • von)* den Arbeitsbedingungen im Sekundärsektor.
4. Der Pressesprecher nimmt *(auf • zu • für)* dem Bericht Stellung.
5. Bitte denk *(auf • über • an)* den Termin.
6. Bei Interesse wenden Sie sich bitte *(zu • an • gegen)* unsere Kundenberatung.
7. Das Unternehmen setzt *(für • an • auf)* Qualität statt Quantität.
8. Der Kunde dankt dem Berater *(bei • für • mit)* seine Geduld.
9. Wir möchten uns *(um • über • für)* den Lieferverzug entschuldigen.
10. Wir bitten für den Lieferverzug *(um • über • für)* Entschuldigung.
11. Wer wird sich *(mit • nach • auf)* der Projektplanung beschäftigen?
12. Interessieren Sie sich *(für • um • an)* die neuen Technologien?
13. Sind Sie *(für • auf • an)* den neuen Technologien interessiert?
14. Haben Sie Interesse *(für • an • über)* den neuen Technologien?
15. Würden Sie mir *(mit • an • zu)* diesem Produkt raten?
16. In dem Bericht geht es *(über • von • um)* die Entscheidung der EZB.
17. Die leitende Mitarbeiterin hat sich sehr *(um • für • zu)* die Erweiterung des Kundenstamms bemüht.
18. Leider sind wir *(über • von • auf)* der Qualität Ihrer Ware enttäuscht.
19. Der Vorstand denkt *(an • über • auf)* eine Diversifizierung des Geschäfts nach.
20. Die Mitarbeiter/innen freuen sich *(auf • über • für)* das Wochenende.
21. Die Mitarbeiter/innen freuen sich *(auf • über • für)* die gelungene Tarifverhandlung.
22. Die Gewerkschaft freut sich *(mit • um • für)* die nun besser bezahlten Mitarbeiter/innen.
23. Unsere Gewinnmarge hängt stark *(mit • über • von)* dem jeweiligen Wechselkurs ab.
24. Folgende Unternehmen sind *(an • mit • zu)* der Veranstaltung finanziell beteiligt: ...
25. Halten Sie diese Übung *(für • an • von)* schwierig?

Übung 34 Verben mit Präpositionen (gemischt) • Ergänzen Sie die richtige Präposition, den richtigen Kasus und die richtige Adjektivendung!

1. Der Liefertermin hängt .... d......... Bestellmenge ab.
2. Bei der Verpackung achten Sie bitte .... d......... richtig......... Folie.
3. Seit vielen Jahren arbeitet sie .... Fachverkäuferin.
4. Wäre der Bewerber .... Überstunden bereit?
5. Der Kunde bittet .... Zahlungsaufschub.
6. .... ein......... baldig......... Antwort wären wir Ihnen sehr dankbar.
7. .... ein......... baldig......... Antwort würden wir uns sehr freuen.
8. Wir freuen uns .... Ihr......... baldig......... Antwort.
9. Bei der Kostenkalkulation denken Sie bitte auch .... d......... Verpackungskosten.
10. Wir hoffen .... weiterhin gute Geschäftsbeziehungen.
11. Die Firma setzt .... Qualität und Kundendienst.
12. Bei guter Qualität können Sie .... größer......... Folgeaufträgen rechnen.
13. Dieses Brot besteht nur .... ökologisch......... Zutaten.
14. Der Kunde besteht .... ein......... Schadenersatz.
15. Firma X interessiert sich .... neu......... Absatzmärkte.
16. Firma X ist .... neu......... Absatzmärkten interessiert.
17. Firma X hat Interesse .... neu......... Absatzmärkten.
18. Wie viele Bewerber/innen bemühen sich .... dies......... Stelle?
19. Die NGO beschäftigt sich .... d......... Umweltschutz.

Übung 35 **Anfrage** • Ergänzen Sie!

an • auf *(2x)* • für • mit *(2x)* • über

Betreff: Anfrage

Sehr geehrte/r ...,

unser Geschäftspartner, die Firma ZYX, empfahl uns Ihre Firma, da Sie .... die Herstellung von biologisch abbaubarem Verpackungsmaterial **spezialisiert** sind.

Unsere Firma **beschäftigt sich** .... dem Vertrieb von Lebensmitteln. Wir **interessieren uns** besonders .... Obst- und Gemüseverpackungen. .... die Zusendung von Informationsmaterial und gegebenenfalls Produktmustern würden wir uns **freuen**.

Sollten Sie .... einer Zusammenarbeit **interessiert sein**, können Sie .... laufenden Aufträgen **rechnen**.

Wir **freuen uns** .... Ihre baldige Antwort.

Mit freundlichen Grüßen

Übung 36 **Ein Werbebrief** • Ergänzen Sie die Präpositionen und Artikel!

Sehr geehrte Damen und Herren,

sicher **interessieren** auch Sie sich .... d......... Umweltschutz (1). Wer **kümmert sich** heutzutage nicht .... d......... Recycling (2)? Wer **ärgert sich** nicht .... d......... Verpackungsmüll (3)?

Wir **gehören** .... d......... Firmen (4), die .... umweltbewusst......... Handeln (5) setzen. Unsere Firma **beschäftigt sich** .... d......... Herstellung (6) von Einrichtungsgegenständen aller Art. Bei unseren Produkten **handelt** es **sich** .... Güter (7), die ausschließlich aus recycelbaren Materialien hergestellt werden. Außerdem **verzichten** wir .... jed......... unnötig......... Verpackung (8). Unser Produktionsablauf **beginnt** .... d......... sorgfältig......... Auswahl (9) von Materialien. Bei der Energiezufuhr für den gesamten Produktionsablauf **verlassen** wir **uns** .... d......... erneuerbar......... Energien (10). Wir **verfügen** sogar .... ein......... eigen......... Solaranlage (11). Damit sind wir .... d......... konventionell......... Stromanbietern (12) **unabhängig**.

Natürlich **achtet** unsere Qualitätssicherung .... d......... optimal......... Qualität (13) unserer Produkte. Deshalb werden Sie sich nie .... ein......... fehlerhaft......... Produkt (14) **beschweren** müssen.

Sie können unsere Produkte .... unser......... Logo (15) **erkennen**. Dann werden Sie **sich** vielleicht .... dies......... Schreiben (16) **erinnern**. In jedem Fachgeschäft können Sie .... unseren Produkten (17) **fragen** und **sich** .... jed......... Verbraucherzentrale .... d......... Bewertung (18) unserer Erzeugnisse **erkundigen**. Überall wird man Ihnen .... d......... Kauf (19) unserer Waren **raten**. Denn wir **konzentrieren uns** nicht nur .... d......... Herstellungsweise und d......... Qualität (20), sondern wir **denken** auch .... d......... Portemonnaie (21) unserer Kunden. Sie werden .... unser......... verbraucherfreundlich......... Preise (22) **staunen**. Selbst unsere Konkurrenz **wundert sich** .... unser......... günstig......... Preise (23). Dabei **halten** wir nichts .... Produktion (24) zu Billiglöhnen.

Wenn Sie **Interesse** .... unser......... Erzeugnissen (25) **haben**, können Sie **sich** gerne auf der nächsten Messe, ... d......... wir **teilnehmen** (26), ... unser......... Produkte (27) **informieren**. Wir **danken** Ihnen .... Ihr......... Interesse (28) und **freuen uns** .... Ihr......... Besuch (29) an unserem Messestand oder auf unserer Website.

Mit freundlichen Grüßen

Übung 37 **Eine kurze Konferenz** • Ergänzen Sie die Präpositionen und Artikel!

A Können wir .... d......... Besprechung anfangen?

B (*kommt zu spät*) Ich möchte mich .... mein......... Verspätung entschuldigen. Aber ich sprach noch .... ein......... Käufer und der wollte und wollte nicht .... d......... Gespräch aufhören.

A Kein Problem. Es ist wichtig, sich .... ein......... ausführliche Kundenberatung zu konzentrieren.

B Danke. Ich lege ebenfalls Wert .... gute Kundenberatung. Ich hoffe .... ein......... Folgeauftrag von diesem Kunden.

A Wunderbar. In welcher Größenordnung?

C Darf ich Sie .... d......... Uhrzeit erinnern? Wir müssen uns .... d......... Tagesordnung halten.

A Sehr gut. Danke. (*räuspert sich*) Ich danke Ihnen allen, die .... dies......... Besprechung teilnehmen.

D Na ja, es geht ja auch .... ein......... Sache, die .... uns alle interessant ist.

A Genau. Erster Punkt auf der Agenda: Die Leitung denkt .... ein......... Standortverlegung nach.

B Und was verspricht man sich .... ein......... Standortverlegung?

A Die Firmenleitung rechnet .... ein......... höheren Profitabilität. Natürlich bemühen wir uns .... Ihr......... Einverständnis.

E .... welch......... Standort sprechen wir denn?

A .... ein......... bestimmten Standort hat sich die Firma noch nicht entschieden. Aber zuerst einmal bitte ich jemanden .... d......... Führung des Protokolls.

C Wenn wir .... den Standort nicht informiert sind, wie können wir .... d......... Frage Stellung nehmen?

A Es kommt jetzt erst einmal .... d......... generelle Reaktion .... einen Standortwechsel an. Wer wäre .... ein......... Umzug bereit? (*B und C lachen*)
Lachen Sie .... die Frage?

E Wer kann .... so ein......... Frage schon antworten? Ich halte dies......... Punkt .... verfrüht.

C Ich auch.

B Ich auch.

A Schade. Alle anderen Punkte beziehen sich .... dies......... erst......... Punkt. (*überlegt*)
Dann müssen wir die Besprechung der nächsten Punkte .... ein......... ander......... Tag verlegen.
Ich bedanke mich .... Ihr......... Teilnahme. (*will den Konferenzraum verlassen*)
Ich denke, ... ein......... Protokoll können wir verzichten. (*verlässt den Konferenzraum*)

C Also, ... so etwas kann ich mich ärgern.

B Nimmt denn hier niemand .... unsere Arbeit Rücksicht? Ich habe wirklich keine Zeit .... unnötige Meetings.

E Regen Sie sich doch nicht .... so ein......... Kleinigkeit auf. Wenigstens kann ich mich jetzt .... d......... Quartalsabschluss konzentrieren.

11.4 Weitere Präpositionalergänzungen

Viele Verben verlangen eine oder mehrere Präpositionalergänzungen.
➲ sich interessieren *für* (+ *Akkusativ*)
Wir interessieren uns *für Ihre Produktlinie*.

sprechen *mit* (+ *Dativ*), *über* (+ *Akkusativ*)
Der Kunde spricht mit *dem Verkäufer über den Preis*.

Was wird aus diesen Präpositionen, wenn sie eine Frage oder einen Nebensatz einleiten beziehungsweise eine Aussage verkürzen?

- **Fragewort**
  wo(r) + Präposition bzw. Präposition + Fragewort (bei Personen)
  ➲ *Wofür* interessieren wir uns? *Für* Ihre Produktlinie.
  Worüber spricht der Kunde? *Über* den Preis.
  Mit wem spricht der Kunde? *Mit* dem Verkäufer.

▸ Das *-r-* wird eingesetzt, wenn die Präposition mit einem Vokal beginnt.

- **Verkürzung einer Aussage**
  da(r) + Präposition
  ➲ **über**
  Worüber spricht der Kunde mit dem Verkäufer? – *Über* den Preis.
  Ach so, *darüber* spricht er mit ihm.
- **Einleitung zu einem Nebensatz**
  da(r) + Präposition
  ➲ **Nebensatz mit *dass*:** Der Kunde spricht *darüber*, dass er einen Preisnachlass erwartet.
  Indirekter Fragesatz: Der Verkäufer denkt *darüber* nach, wie er den Preis reduzieren kann.
  Infinitiv mit *zu*: Es geht beiden *darum*, einen Kaufvertrag zu abzuschließen.

Übung 38 Präpositionalergänzungen • Ergänzen Sie!

bei wem • dafür *(2x)* • damit • darauf *(3x)* • darüber *(2x)* • davon *(2x)* • dazu • wodurch • wofür • womit *(2x)* • worauf • worüber *(2x)* • wozu *(2x)*

1. .... warten wir? Beginnen wir mit der Arbeit!
2. .... kann ich mich nach den Lieferzeiten erkundigen? Bei der Beraterin dort drüben.
3. Wir konzentrieren uns ...., die Produktqualität zu verbessern.
4. .... rechnet die Firma? Sie rechnet ...., dass ihr Umsatz durch das neue Produkt im Sortiment steigt.
5. Ich möchte Ihnen .... danken, dass Sie die Reparatur so kurzfristig und sachgemäß durchgeführt haben.
6. Wir gehen .... aus, dass ein Hersteller oft nicht die gesamte Lieferkette kontrollieren kann.
7. Der Mitarbeiter verlässt sich ...., dass sein Kollege für ihn einspringt.
8. Bei Bioprodukten kommt es .... an, dass weder Chemie noch Gentechnik bei der Erzeugung eingesetzt werden.
9. Der Preis für unser Produkt wird auch .... abhängen, welche Zielgruppe wir im Auge haben.
10. .... verschwimmt die Grenze zwischen Arbeit und Freizeit? Durch unsere ständige Erreichbarkeit.
11. .... setzen sich Organisationen wie atmosfair ein? Sie setzen sich .... ein, dass Flugzeugemissionen durch Umweltprojekte wenigstens teilweise ausgeglichen werden.
12. .... ärgert sich der Assistent? Er ärgert sich ...., dass er vergessen hat, die Nachricht weiterzugeben.
13. .... nahm die Pressesprecherin Stellung? Zu den Vorwürfen, dass ihre Firma die Produktion in ein Schwellenland auslagern will.
14. .... ist die Firma bereit? ...., soziale Arbeitsstandards von ihren Subunternehmen zu verlangen.
15. .... freuen sich die Mitarbeiter/innen? Sie freuen sich ...., dass die hiesige Produktionsstätte trotzdem nicht stillgelegt werden soll.
16. .... wirbt die Bank? Mit ihren Investitionen in umweltschonende Projekte.

Übung 39 Meeting: Vorschläge zur Problemlösung • Ergänzen Sie die Verben in der passenden Form!

ausgehen • bemerken • danken • erinnern • erkundigen • halten • hören • kommen • liegen • nachdenken • sein *(Konj. II)* • überzeugt sein

1. Nun .... wir dazu, unseren letzten Tagesordnungspunkt zu besprechen. Unser Umsatz ist im letzten Jahr zurückgegangen.
2. Dazu möchte ich ...., dass dies nicht an unserem Verkaufsteam liegt.
3. Das behauptet auch niemand. Wir .... davon ...., dass alle Vertriebsmitarbeiter/innen ihr Bestes tun.
4. Ich glaube, es .... eher daran, dass es seit der Fusion mit ABC Spannungen im Vertriebsteam gibt.
5. Dann sollten wir darüber ...., wie wir solche Spannungen beseitigen können.
6. Ich habe davon ...., dass es Seminare zur Teambildung gibt.
7. Und wie .... es damit, alle Vertriebsmitarbeiter/innen zu Lösungsideen zu befragen?
8. Sehr gut. Was .... Sie davon, das zu übernehmen? Könnten Sie sich auch danach ...., wie teuer diese Seminare wären?
9. Gut, aber ich muss Sie daran ...., dass ich dann das laufende Projekt nicht fristgerecht abschließen kann.
10. Ich .... davon ...., dass das kein Problem sein wird und .... allen dafür, dass sie sich Zeit für unser Gespräch genommen haben.

Übung 40 Präpositionalergänzungen • Bilden Sie Infinitivsätze, Fragen und Kurzaussagen!

➲ der Betrieb • spezialisiert sein auf – Fertiggerichte produzieren
Der Betrieb ist darauf spezialisiert, Fertiggerichte zu produzieren.
Wie bitte? Worauf ist der Betrieb spezialisiert?
Ach so, darauf ist er spezialisiert.

1. es • uns • gehen um – jeden einzelnen Kunden • zufriedenstellen
2. viele Firmen • sich konzentrieren auf – das Stammgeschäft • erweitern
3. der neue Geschäftsführer • arbeiten an – das Unternehmen • expandieren
4. der Möbelhersteller • denken an – seine Online-Präsenz • ausbauen
5. immer mehr Geschäfte • bereit sein zu – elektronische Zahlungen • akzeptieren
6. die Schuldnerberatung • Schuldner/innen • helfen bei – ihre Schulden • tilgen
7. der Vorstand der Bank • sich entschließen zu – die Gebühren • erhöhen
8. die Kund/innen • sich nicht scheuen vor – gegen die Erhöhung • protestieren
9. der Telefonkunde • hoffen auf – seinen Vertrag • vor Vertragsablauf kündigen können
10. der Chef • nachdenken über – einen Betriebskindergarten • einrichten
11. Die Verbraucherzentrale • raten zu – Produkte • vor dem Kauf • vergleichen
12. wir • müssen • achten auf – unsere Rechnungen • pünktlich bezahlen
13. Experten • warnen vor – weiter fossile Energien • nutzen
14. Die IHK • uns • bitten um – diesen Fragebogen ausfüllen
15. Einige Firmen • nichts • halten von – ihre Mitarbeiter/innen im Homeoffice • arbeiten lassen
16. Viele Start-ups • sich fürchten vor – ihre Investoren • verlieren
17. Diese Firma • sich verlassen auf – durch Crowdsourcing • sich finanzieren können
18. wir • sich freuen auf – Sie • bei uns • begrüßen dürfen
19. der Kunde • bestehen auf – sein Geld • zurückbekommen
20. wir • Sie • müssen erinnern an – die letzte Rechnung • bald • begleichen

Teil V

Stil

12 Stil

12.1 Vom Verb zum Nomen

Durch die Nominalisierung von Verben wird ein Text kompakter, wirkt aber meistens auch unpersönlicher. Diese Alternative zu Nebensätzen ist häufig in amtlicher bzw. offizieller Kommunikation zu finden.

mit Verb	***die Rechnung*** schnell ***bezahlen*** Es ist uns wichtig(,) die Rechnung schnell zu bezahlen. Es ist uns wichtig, dass die Rechnung schnell bezahlt wird.
Nominalstil	***die*** schnelle ***Bezahlung der Rechnung*** Die schnelle Bezahlung der Rechnung ist uns wichtig. (Das schnelle Bezahlen der Rechnung ist uns wichtig.)*

▸ *Nominalisierte Infinitive erhalten den Artikel *das*. Der Infinitiv als Nomen bezeichnet eher eine Aktivität. ➲ Auf dem Bahnsteig hört man *das Einfahren* der Züge.

1. Aus dem Verb wird ein Nomen: *bezahlen → die Bezahlung*
2. Das Subjekt oder Akkusativobjekt wird zum Genitivobjekt: *die Rechnung → die Bezahlung der Rechnung*
3. Das Adverb wird zum Adjektiv, es wird dekliniert: *schnell → schnelle Bezahlung*

Übung 1 **Vom Verb zum Nomen** • Ergänzen Sie die passenden Nomen!

➲ zahlen – *die Zahlung (das Zahlen)*

1. installieren – ....
2. in Betrieb nehmen – ....
3. schulen – ....
4. warten (pflegen, reparieren) – ....
5. zustellen – ....
6. einbauen – ....
7. erhalten – ....
8. herstellen – ....
9. garantieren – ....
10. aufstellen – ....
11. reklamieren – ....
12. berechtigen – ....

Übung 2 **Aus den AGB einer Firma** • Ergänzen Sie die Nomen aus Übung 1!

➲ *Die Lieferung der Maschinen* erfolgt ab Werk binnen 20 Werktagen. *(die Maschinen liefern)*

1. .... und .... werden von unseren Technikern übernommen. *(installieren und in Betrieb nehmen)*
2. .... ist Bestandteil des Kaufvertrags und im Gesamtpreis inbegriffen. *(die Mitarbeiter schulen)*
3. .... ist über unseren Servicepartner möglich. *(die Maschinen warten)*
4. .... und .... erfolgen in der Regel binnen 24 Stunden nach .... *(Ersatzteile zustellen und einbauen; die Bestellung erhalten)*
5. Die Garantiezeit beträgt zwei Jahre, kann aber durch .... verlängert werden. *(einen Aufpreis zahlen)*
6. .... *(die Geräte herstellen)* erfolgt im europäischen Raum.
7. .... *(der Hersteller garantiert)* beinhaltet Sofort-Service bei Reparaturen sowie .... *(die Leihgeräte aufstellen)* bei größerem Schaden.
8. Bei .... *(ein Gerät reklamieren)* wird .... *(die Reklamation berechtigen)* durch unsere Techniker/innen überprüft, bevor es zur kostenlosen .... *(ein Ersatzgerät liefern)* kommt.

Übung 3 **Welche Abteilung ist wofür verantwortlich?** • Ergänzen Sie die Sätze im Nominalstil!

Abteilungen: die Buchhaltung • der Einkauf • die Marketingabteilung • die Personalabteilung • die Produktion/die Produktionsabteilung • der Versand • der Vertrieb

➲ Marktstudien durchführen — *Die Durchführung von Marktstudien* ist Aufgabe *der Marketingabteilung*.

1. Mitarbeiter/innen einstellen .... ist Aufgabe ....
2. Material beschaffen .... ist Aufgabe ....
3. Kund/innen akquirieren .... ist Aufgabe ....
4. Bestellungen entgegennehmen .... ist Aufgabe ....
5. nach Lieferanten suchen .... ist Aufgabe ....
6. Kund/innen befragen .... ist Aufgabe ....
7. Gehälter pünktlich überweisen .... ist Aufgabe ....
8. Rabatte aushandeln .... ist Aufgabe ....
9. Ware sachgemäß verpacken .... ist Aufgabe ....
10. Außenstände anmahnen .... ist Aufgabe ....
11. Spediteur benachrichtigen .... ist Aufgabe ....
12. Zahlungstermine einhalten .... ist Aufgabe ....
13. Mitarbeiter/innengespräche führen .... ist Aufgabe ....
14. Produktion planen .... ist Aufgabe ....
15. Urlaubsanträge genehmigen .... ist Aufgabe ....
16. Bestellte Ware fristgemäß versenden .... ist Aufgabe ....

12.2 Vom Nomen zum Verb

Im Gegensatz zum Nominalstil wirkt der Verbalstil weniger distanziert und ist oft auch leichter verständlich.

Nominalstil	Wir versprechen **die** pünktliche **Lieferung der Ware**.
mit Verb	Wir versprechen(,) **die Ware** pünktlich **zu liefern**. Wir versprechen, dass wir **die Ware** pünktlich **liefern**. Wir versprechen, dass **die Ware** pünktlich **geliefert wird**.

1. Aus dem Subjekt oder Akkusativobjekt wird ein Verb: die Lieferung → liefern
2. Aus dem Genitivobjekt wird das Subjekt oder Akkusativobjekt: die Lieferung der Ware → die Ware
3. Aus einem Adjektiv wird ein Adverb: pünktliche Lieferung → pünktlich

- Je nach Art des Satzes kann das Verb konjugiert, im Infinitiv, im Infinitiv mit **zu** oder im Passiv stehen.
  ➲ Wir liefern die Ware pünktlich. *(konjugiertes Verb)*
  Wir werden die Ware pünktlich liefern. *(Infinitiv)*
  Wir versprechen(,) die Ware pünktlich zu liefern. *(Infinitiv mit zu)*
  Die Ware wird pünktlich geliefert. *(Passiv)*

- Diese Übung hilft Ihnen, aus Stichwörtern (z. B. in den Korrespondenzaufgaben) komplette Sätze zu formulieren!

Übung 4 Vom Nomen zu Verb • Bilden Sie Sätze!

➲ Export der Ware (Gerne würden wir ...)
Gerne würden wir die Ware exportieren.

1. Absatz der Ware auf dem europäischen Markt
(Kann unser Unternehmen ...?)
2. Begleichung des Rechnungsbetrages
(Bitte geben Sie uns noch einen Monat Zeit ...)
3. Verspätung der Lieferung
(Wir bedauern, dass sich ...)
4. leichte Bedienung des Geräts
(Es wurde versprochen, dass ...)
5. umgehender Austausch der Ware
(Die Firma verspricht, ...)
6. Besichtigung der Geschäftsräume
(Wir haben einen Termin, ...)
7. dauerndes Telefonieren des Kunden
(Der Berater findet es störend, dass ...)
8. Erstellung eines entsprechenden Angebots
(Wir bitten Sie, uns ...)
9. Erstattung des Reisepreises
(Wir verlangen, dass Sie uns ...)
10. Teilnahme an einer Fortbildung
(Die Mitarbeiterin ...)
11. Aufbau neuer Geschäftsbeziehungen
(Es ist wichtig, dass wir ...)
12. Bestellung von Büromaterial
(Wir möchten ...)

Übung 5 Tagesordnungspunkte (TOP) • Bilden Sie Sätze aus den Stichwörtern!

➲ 1. Begrüßung der Teilnehmer
Als Erstes möchte ich Sie alle sehr herzlich (bei unserem Vertriebsmeeting) begrüßen.

2. Vorstellung des neuen Produkts *(Frau Lüber)*
Gleich zu Beginn ...

2.1 Hervorhebung der innovativen Funktionen *(sie)*

2.2 Vergleich mit den Produkten der Konkurrenz *(sie)*

2.3 Darlegung unserer neuen Verkaufsstrategie *(Frau Beck)*

2.4 Zeit für Fragen, Meinungen, Kommentare

3. Messebericht *(Herr Konzel)*

4. Festlegung der Ziele für kommendes Geschäftsjahr/Ende des Meetings *(wir)*

Übung 6 Mahnung wegen Lieferverzugs • Bilden Sie Sätze!

Betreff: Mahnung wegen Lieferverzugs

Sehr geehrte/r ...,

1. unsere Bestellung Nr. 2345 vom 1.10. d. J.
wir beziehen uns auf unsere Bestellung Nr. 2345 vom 1.10. d. J./am 1.10. d. J. haben wir bei Ihnen Ware bestellt/bezüglich unserer Bestellung vom 1.10. d. J. müssen wir Ihnen mitteilen, dass ...
2. vereinbarter Liefertermin: 1.11. d. J.
3. heutiges Datum 15.11.: bisher kein Warenerhalt, keine Benachrichtigung
4. durch Verzug bereits Unannehmlichkeiten mit Kunden
5. Bitte um sofortige Nachricht bzw. Expresslieferung
6. Hoffnung auf schnelle Problemlösung

Mit freundlichen Grüßen

12.3 Nominalgruppen und ihre Umformung in Nebensätze

Nominalgruppen verkürzen Sätze. Sie werden fast ausschließlich in offizieller oder amtlicher Kommunikation benutzt.

➲ *Bei Fragen* steht Ihnen unser Kundendienst zur Verfügung.
Wenn Sie Fragen haben, steht Ihnen unser Kundendienst zur Verfügung.

- Nur wenige Präpositionen lassen sich in gleicher oder ähnlicher Form als Konjunktion verwenden. Meistens müssen die Nebensätze sinngemäß umformuliert werden.

	Konnektor (Satz)		Präposition (Nominalgruppe)
final	um ... zu, damit	→	zu *(+ Dativ)*, für *(+ Akkusativ)*
kausal	weil, da; deshalb; denn	→	wegen, aufgrund *(+ Genitiv)* durch *(+ Akkusativ)*
konditional	wenn, falls, sollte-	→	bei *(+ Dativ)*
konsekutiv	sodass; folglich, infolgedessen	→	infolge *(+ Genitiv)*
konzessiv	obwohl; trotzdem, dennoch zwar ..., aber ...	→	trotz *(+ Genitiv)*
modal	indem dadurch, dass	→	durch *(+ Akkusativ)*, mit *(+ Dativ)*
temporal	seit, seitdem nachdem; danach als, wenn bis bevor; vorher während; währenddessen	→	seit *(+ Dativ)* nach *(+ Dativ)* bei *(+ Dativ)*, mit *(+ Dativ)* bis zu *(+ Dativ)* vor *(+ Dativ)* während *(+ Genitiv)*

Übung 7 **Wie kann man es auch formulieren?** • Welche Formulierungen haben die gleiche Bedeutung?

1. Bei Fragen ... → c.
2. Zur schnelleren Lösung des Problems ...
3. Während des Telefonats ...
4. Bei der Lieferung ...
5. Durch sofortige Zahlung ...
6. Für die Auswertung der Studie ...
7. Bis zur Ersatzlieferung ...
8. Aufgrund eines Irrtums ...
9. Trotz Recyclings ...
10. Vor der Bestellung ...
11. Nach der Ankunft ...
12. Seit unserem Telefonat ...
13. Mit Ihrer Unterschrift ...
14. Durch den Stau ...

a. Während sie telefonierte, ...
b. Obwohl wir recyceln, ...
c. Wenn Sie Fragen haben, ...
d. Um das Problem schneller zu lösen, ...
e. Um die Studie auszuwerten, ...
f. Als wir lieferten, ...
g. Da uns ein Irrtum unterlief, ...
h. Bis wir Ersatz liefern (können), ...
i. Bevor wir bestellen, ...
j. Indem wir sofort zahlen, ...
k. Seitdem wir telefonierten, ...
l. Dadurch, dass es einen Stau gab, ...
m. Indem Sie hier unterschreiben
n. Nachdem wir angekommen waren, ...

Übung 8 **Umformung in Nebensätze** • Bilden Sie aus den Nominalgruppen Nebensätze!

1. Aufgrund des Anstiegs der Rohstoffpreise erhöhten sich die Produktionskosten. *(da/weil)*
2. Durch die vielen Aufträge lief die Produktion auf Hochtouren. *(da/weil)*
3. Nach dem Messebesuch konnte der Mitarbeiter seiner Firma einige Neuaufträge vorweisen. *(nachdem)*
4. Während der Verhandlungen zwischen Betriebsrat und Arbeitgeber wurde eine für beide Seiten akzeptable Lösung erarbeitet. *(während)*
5. Trotz der dritten Mahnung hat der Kunde noch nicht reagiert. *(obwohl)*
6. Bei der Eingangskontrolle der Lieferung stellte sich heraus, dass einige Produkte beschädigt waren. *(als)*
7. Beim Auftreten technischer Probleme rufen Sie bitte den Kundendienst an. *(wenn)*
8. Vor der Produktpräsentation notierte die Handelsvertreterin ihre Verkaufsargumente. *(bevor)*
9. Nach Erhalt des neuen Arbeitsvertrages kündigte Herr Diets bei seiner Firma. *(nachdem)*
10. Vor einer Investition in eine neue Technologie müssen wir von deren Leistungsfähigkeit überzeugt sein. *(bevor)*
11. Zur Auftragsbesprechung rufen Sie uns bitte an. *(damit)*
12. Während der Reparatur des Kopierers stellte der Mechaniker fest, dass der Kopierer nicht mehr zu reparieren war. *(während)*
13. Bei Rechnungsausstellung vergessen Sie bitte nicht die gesonderte Angabe der Mehrwertsteuer. *(wenn)*
14. Durch die Installation des neuen ERP-Systems erleichtern wir die Auftragsbearbeitung. *(indem)*
15. Mit dem Anstieg der Temperaturen stiegen auch die Verkaufszahlen wieder. *(als)*
16. Zur Gewährleistung der Qualität haben wir eine Qualitätskontrolle. *(um … zu)*

Übung 9 **Umformung in Nominalgruppen** • Bilden Sie aus den Nebensätzen Nominalgruppen!

➲ Indem Sie die Tasten *Strg* und *V* drücken, fügen Sie den ausgewählten Text ein. *(durch)*
Durch Drücken der Tasten Strg und V fügen Sie den ausgewählten Text ein.

1. Bevor Sie das Dokument schließen, vergessen Sie nicht, es zu speichern. *(vor)*
2. Um Auskünfte zu neuen Serviceangeboten zu erhalten, drücken Sie bitte die Drei. *(für)*
3. Wenn man eine neue Sprache erlernt, hilft nichts besser als: üben, üben, üben. *(bei)*
4. Indem wir Müll konsequent trennen, leisten wir einen Beitrag zum Umweltschutz. *(durch)*
5. Weil sich die Auftragslage verschlechterte, musste die Firma Kurzarbeit einführen. *(wegen)*
6. Bis das Projekt beginnt, haben wir noch zwei Wochen Zeit. *(bis zu)*
7. Seitdem der Euro eingeführt wurde, haben sich innereuropäische finanzielle Transaktionen vereinfacht. *(seit)*
8. Nachdem die Werbekampagne durchgeführt worden war, verzeichnete das Unternehmen einen Umsatzanstieg. *(nach)*
9. Während die Firma auf der Messe ausstellte, knüpfte sie viele neue Kontakte. *(während)*
10. Obwohl das Unternehmen einen hohen Werbeetat hatte, fielen seine Verkaufszahlen. *(trotz)*
11. Wir haben schon die dritte Mahnung versandt. Wir konnten noch keinen Zahlungseingang feststellen. *(trotz)*
12. Indem das Geschäft sein Sortiment erweitert hat, hat es einen Schritt in die richtige Richtung getan. *(mit)*
13. Indem Sie eine Zusatzversicherung abschließen, können Sie sich vor eventuell hohen Kosten schützen. *(durch)*
14. Bis das Quartal endet, müssen wir dieses Umsatzziel erreichen. *(bis zu)*
15. Zwar stiegen die Preise im zweiten Halbjahr, aber das Kaufverhalten der Verbraucher veränderte sich nicht. *(trotz)*

12.4 Partizipien als Adjektive

Aus Verben lassen sich zwei Partizipien formen. Das **Partizip II** kennen Sie vom Passiv und Perfekt bzw. Plusquamperfekt.

➲ Die Rechnung wird *bezahlt*. *(Passiv)*
Er hat/hatte die Rechnung *bezahlt*. *(Aktiv Perfekt/Plusquamperfekt)*

Das **Partizip I** wird aus dem **Infinitiv** und der Endung *-d* gebildet *(fahrend, essend, schreibend, telefonierend)* und kann eine Gleichzeitigkeit von Aktionen ausdrücken.

➲ Ein Sandwich *essend*(,) saß er vor dem Computer. = Er saß vor dem Computer und aß ein Sandwich.
Eine Mail *schreibend*(,) telefonierte sie. = Während sie eine Mail schrieb, telefonierte sie.

Partizipien können auch als Adjektive verwendet werden:

Das Partizip II als Adjektiv hat eine passivische Bedeutung und/oder eine Bedeutung der Vergangenheit. Die Zeitebene wird durch den Kontext bestimmt.

➲ Die *bezahlte* Rechnung war hoch. = Die Rechnung, die *bezahlt* wurde, war hoch.
Das *geplante* Meeting wird nicht stattfinden. = Das Meeting, das geplant ist, wird nicht stattfinden.
Die *gewachsene* Infrastruktur ist solide. = Die Infrastruktur, die *gewachsen* ist, ist solide.

Das Partizip I hat eine aktivische Bedeutung. Die Zeitebene wird durch den Kontext bestimmt.

➲ Der *telefonierende Kollege* surft im Internet. = Der Kollege, der *telefoniert*, surft im Internet.
Die *reisende* Vertreterin war müde. = Die Vertreterin, die *reiste*, war müde.

- Als Adjektive brauchen Partizipien – wie jedes attributive Adjektiv – eine Adjektivendung.

das gute Buch	ein gutes Buch *(normales Adjektiv)*
das gelesene Buch	ein gelesenes Buch *(Partizip II als Adjektiv)*
der beratende Verkäufer	ein beratender Verkäufer *(Partizip I als Adjektiv)*

Übung 10 **Aktiv oder Passiv? (Teil 1)** • Markieren Sie *A (Aktiv)* oder *P (Passiv)*!

1. die steigenden Aktienkurse *(A/P)*
2. die gut besuchte Hauptversammlung *(A/P)*
3. die investierten Gelder *(A/P)*
4. die fragenden Aktionär/innen *(A/P)*
5. das oft kritisierte Management *(A/P)*
6. die gehaltene Rede *(A/P)*
7. die angekündigte Dividendenausschüttung *(A/P)*
8. die sich freuenden Aktionäre/innen *(A/P)*
9. die geplante Diversifizierung des Geschäfts *(A/P)*
10. die von einer Journalistin gestellten Fragen *(A/P)*
11. die Fragen stellende Journalistin *(A/P)*
12. das berichtende Nachrichtenmagazin *(A/P)*
13. der kommentierende Experte *(A/P)*
14. der viel gelesene Artikel *(A/P)*
15. der in einer Talkshow gefragte Experte *(A/P)*
16. das aufmerksam zuhörende Publikum *(A/P)*
17. das expandierende Unternehmen *(A/P)*
18. die profitierenden Investor/innen *(A/P)*
19. das bestätigte Management *(A/P)*
20. das neu beginnende Geschäftsjahr *(A/P)*
21. die geplanten Investitionen *(A/P)*
22. die eingestellten Mitarbeiter/innen *(A/P)*
23. die ausgezahlten Löhne und Gehälter *(A/P)*
24. der wachsende Marktanteil *(A/P)*
25. die reduzierten Kosten *(A/P)*
26. die verhandelnden Geschäftspartner *(A/P)*

Übung 11 **Aktiv oder Passiv (Teil 2)** • Formen Sie die Konstruktionen aus Übung 10 in Relativsätze um!

➲ die steigenden Aktienkurse = ***die Aktienkurse, die steigen/stiegen***
die gut besuchte Hauptversammlung = ***die Hauptversammlung, die gut besucht ist/wird/wurde***

Übung 12 **Partizip I oder Partizip II?** • Wählen Sie a oder b!

1. Die .... Kreditsumme wird Ihnen noch heute überwiesen.
2. Den alles .... Versicherungsschutz bieten wir Ihnen zu einem Sonderpreis.
3. Den .... Vertrag senden wir Ihnen anbei.
4. Bei regelmäßig .... Zahlungen ist ein Dauerauftrag sinnvoll.
5. Für das .... Quartal plant die Firma keine weiteren Ausgaben.
6. Zu der Höhe des .... Betrags hat der Kunde eine Frage.

1. a) bewilligende
   b) bewilligte
2. a) umfassenden
   b) umfassten
3. a) unterschreibenden
   b) unterschriebenen
4. a) wiederkehrenden
   b) wiedergekehrten
5. a) laufende
   b) abgelaufene
6. a) abbuchenden
   b) abgebuchten

Übung 13 **Morgens im Büro** • Setzen Sie ein! (Manchmal sind mehrere Varianten möglich.)

angeforderter • anstehenden • bestellte • eingegangenen • eintretende • gebrühten • gefragten • geplante • heruntergefahrenen • klärendes • sprechende • telefonierenden

1. Morgens fährt die Kollegin den .... PC hoch.
2. Sie bittet den .... Kollegen, leiser zu sprechen.
3. Sie liest die .... Mails.
4. Der immer noch .... Kollege bringt ihr einen Kaffee.
5. Zusammen besprechen sie die .... Aufgaben des Tages.
6. Um 10.00 Uhr beginnt das .... Meeting.
7. Um 11.00 Uhr muss der Kollege ein .... Gespräch mit einem Azubi führen.
8. Heute soll auch ein .... Heißgetränkeautomat eintreffen.
9. Der .... Chef fragt, ob der .... Automat schon angekommen ist.
10. Die beiden .... Mitarbeiter verneinen und geben ihm einen frisch .... Kaffee.

Übung 14 **Eine Messeneuheit (Teil 1)** • a) Ergänzen Sie die Endungen!
b) Entscheiden Sie, ob es sich um Partizip I oder Partizip II handelt!

Das vorgestellt......... **Produkt** erregt viel Aufsehen auf der Messe. **Der** alles erklärend......... **Repräsentant** beantwortet **der** versammelt......... **Menge alle** gestellt......... **Fragen**. **Ein** ankommend......... **Wirtschaftsreporter** fragt **einen** zuhörend......... Messebesucher, was **der** begeistert sprechend......... **Repräsentant** bisher erzählt hat. Aber **der** zuhörend......... **Messebesucher** zeigt **dem** fragend......... **Reporter** mit **einer** abwehrend......... **Handbewegung**, dass er weiter zuhören will. **Der** sich konzentrierend......... **Reporter** versucht nun alles zu verstehen. **Das** vorgestellt........., autonom fahrend......... **E-Auto** hat **viele** verblüffend......... **Funktionen**. Es verfügt über verschiedene eingebaut......... **Programme**, wie zum Beispiel **ein** nicht irreführend......... **Navigationsprogramm**, **einen** empfindlich reagierend......... **Distanzsensor**, sogar **eine** eingebaut......... **Radarkontrollenwarnung** und und und. **Die** begeistert......... **Menge** bemerkt nicht, dass **der** grummelnd......... **Reporter** weitergeht. „Und was wird aus **dem** selbst denkend......... **Menschen**?"

Übung 15 **Eine Messeneuheit (Teil 2)** • Ersetzen Sie jetzt die Partizipien aus Übung 14 durch Relativsätze! Das wird den Text umständlicher und länger machen, aber es wird Ihnen helfen, die Bedeutung der Partizipien zu verstehen.

➲ *Das Produkt, das vorgestellt wird, erregt viel Aufsehen auf der Messe ...* usw.

12.5 Die erweiterte Partizipialkonstruktion

Die erweiterte Partizipialkonstruktion wird besonders von der Presse, dem Handelsdeutsch und der Fachliteratur geschätzt. Sie ist platzsparend, aber oft schwerer verständlich und fast nur in der Schriftsprache zu finden.

Hier steht zwischen dem Artikel und dem Nomen nicht nur ein Partizip, sondern eine ganze Konstruktion, die in der Bedeutung einem Relativsatz gleichzusetzen ist.
➲ Das Produkt, *das vorgestellt wurde*, ... → Das *vorgestellte* Produkt ...
Das Produkt, *das heute vorgestellt wurde*, ... → Das *heute vorgestellte* Produkt ...
Das Produkt, *das heute von der Firma vorgestellt wurde*, ... → Das *heute von der Firma vorgestellte* Produkt ...
Das Produkt, *das heute von der Firma auf der Messe vorgestellt wurde*, ... →
Das *heute von der Firma auf der Messe vorgestellte* Produkt ...

Übung 16 **Auf der Messe** • Bilden Sie Relativsätze!

➲ **Partizip I:** Der *auf den Hallenplan sehende* Messebesucher findet den gesuchten Stand.
Der Messebesucher, der auf den Hallenplan sieht, findet den gesuchten Stand.

Partizip II: Der *vom Messebesucher benutzte* Hallenplan ist sehr übersichtlich.
Der Hallenplan, der vom Messebesucher benutzt wird, ist sehr übersichtlich.

1. Die *auf der Messe ausstellende* Firma produziert Haushaltsgeräte.
2. Die *von der Firma produzierten* Haushaltsgeräte sind in Halle B zu sehen.
3. Der *den Messestand entwerfende* Designer ist bekannt.
4. Der *vom Designer entworfene* Messestand ist beeindruckend.
5. Die *internationale Messen organisierende* Messeleitung sorgt für einen reibungslosen Ablauf.
6. Die *von der Messeleitung organisierte* Messe ist gut besucht.
7. Die *mit der Bahn anreisenden* Messebesucher können an einem Bahnhof direkt vor den Messehallen aussteigen.
8. Der *direkt vor den Messehallen gebaute* Bahnhof ist äußerst praktisch für die Messebesucher.
9. Die *aus aller Welt kommenden* Aussteller können auf der Messe ihre Innovationen präsentieren.
10. Die *auf der Messe gezeigten* Innovationen ziehen ein großes Fachpublikum an.
11. Die *drei Hallen beanspruchende* Messe dauert fünf Tage.
12. Die fünf Tage bringen den Ausstellern viele *schon gleich am Stand getätigte* Bestellungen.
13. Die *alle zwei Jahre stattfindende* Messe bringt der ganzen Stadt wirtschaftliche Vorteile.
14. Besonders die Hotellerie und Gastronomie freuen sich über die *viele Gäste bringende* Messe.
15. Deshalb fürchtet man hier eine *nur noch digital stattfindende* Messe.
16. Deshalb meint die IHK: Es geht nichts über *analog geknüpfte* Kontakte.
17. Der persönliche Austausch kann *lang andauernde* Geschäftsbeziehungen schaffen.
18. Bei einem persönlichen Gespräch lässt sich für fast jede *vom Kunden gestellte und unannehmbar scheinende* Forderung ein Kompromiss finden.

Vom Relativsatz zur Partizipialkonstruktion

Natürlich kann man auch aus Relativsätzen Partizipialkonstruktionen bilden.
Diese sind – wie erwähnt – fast ausschließlich in der Schriftsprache gebräuchlich.
➲ Die Nachricht, *die wir heute erhalten haben*, hat uns überrascht. →
Die *heute erhaltene* Nachricht hat uns überrascht.

Die Nachricht, *die uns überrascht hat*, kam heute. →
Die *uns überraschende* Nachricht kam heute.

Übung 17 **Eine Innovation!** • Formen Sie die Sätze um!

➲ Der Verkäufer, der das Produkt anbietet, erhält eine Provision.
Der das Produkt anbietende Verkäufer erhält eine Provision.

1. Für jedes Reinigungsgerät, das von ihm verkauft wird, erhält er fünf Prozent des Kaufpreises.
2. Er spricht einen Kunden an, der zum Stand kommt.
3. Er beantwortet alle Fragen, die vom Kunden gestellt werden.
4. Außerdem betont er die Qualität, die stets streng geprüft wird.
5. Er demonstriert dem Kunden die Software, die auf dem PC installiert ist.
6. Er bittet den Kunden, der sich alles skeptisch ansieht, die Reinigungsmaschine auszuprobieren.
7. Der Kunde gibt einen Programmwunsch ein, der ihm gerade einfällt.
8. Sofort beginnt die Reinigungsmaschine, die alle Funktionen beinhaltet, den Fußboden zu wischen.
9. Der Kunde, der neugierig geworden ist, gibt einen neuen Programmwunsch ein.
10. Das Gerät, das sofort mit dem Wischen aufhört, schaltet den Staubsauger ein.
11. Der Verkäufer, der triumphiert, sieht dem Gerät lachend zu.
12. Aber nun geschehen Dinge, die überraschen und so nicht eingeplant waren.
13. Die Maschine, die auf Hochtouren arbeitet, verlässt den Stand und begibt sich auf den Hallengang, der mit Besuchern überfüllt ist.
14. Dort bringt sie alle Messebesucher durcheinander, die gerade gemütlich durch die Halle schlendern.
15. Der Verkäufer, der sich beim Kunden entschuldigt, gibt den Programmwunsch „Stop!" ein und versucht die Maschine einzufangen, die gerade den Stand der Konkurrenz reinigt.
16. Durch das Chaos werden viele Messebesucher auf den Stand, der die Reinigungsmaschinen verkauft, aufmerksam.
17. Am Abend lobt der Chef den Verkäufer, der glücklich, aber erschöpft über die hundert neuen Bestellungen lächelt.

Übung 18 **Aus den AGB einer Bank** • Ergänzen Sie! (Manchmal sind mehrere Varianten möglich.)

angegebenen • ausgeführten • ausreichendes • entstandenen • erfolgten • folgenden • genannten • grenzüberschreitenden • mitgeteilte • wiederkehrende

Das SEPA[1]-Firmenlastschriftsmandat[2] muss die .... Erklärungen des Kunden enthalten. Außerdem hat der Kunde die ihm .... IBAN und bei .... Zahlungen zusätzlich den BIC[3] zu verwenden. SEPA-Firmenlastschriften[4] des Zahlungsempfängers werden am im Datensatz .... Fälligkeitstag mit dem vom Zahlungsempfänger .... Betrag dem Konto des Kunden belastet. Eine Kontobelastung erfolgt nicht, wenn der Kunde über kein für die Einlösung der Lastschrift .... Guthaben[5] auf seinem Konto verfügt. Das Mandat muss eine Kennzeichnung als einmalige Zahlung oder als .... Zahlung enthalten.
Bei einer nicht .... autorisierten Zahlung oder einer verspätet .... Zahlung kann der Kunde von der Bank den Ersatz eines hierdurch .... Schadens verlangen.

[1] SEPA *(Single European Payment Area)*: vereinfacht Zahlungen innerhalb Europas
[2] das Mandat: der Auftrag
[3] der BIC *(Bank Identifier Code)*: international gültige Bankleitzahl
[4] die Lastschrift: das Geld, das vom Konto abgeht
[5] das Guthaben: das Geld auf dem Konto

12.6 Das Gerundiv (Partizip I + *zu*)

Das Gerundiv ist eine Konstruktion aus Partizip I + *zu*. Es wird vorwiegend in der Schriftsprache verwendet und ist vor allem ein Ersatz für das Passiv mit *müssen, sollen, können, nicht dürfen*, kann aber auch im Aktiv mit *man* ausgedrückt werden.

➲ Das *zu erweiternde* Sortiment wird den Umsatz steigern.
Das Sortiment, *das erweitert werden muss/soll/kann*, wird den Umsatz steigern.
(Das Sortiment, *das man erweitern muss/soll/kann*, wird den Umsatz steigern.)

Übung 19 Vom Gerundiv zum Relativsatz • Formen Sie um!

➲ Die zu lösende Fahrkarte gibt es am Fahrkartenautomaten. *(müssen)*
Die Fahrkarte, die gelöst werden muss, gibt es am Fahrkartenautomaten.

1. Der zu unterschreibende Vertrag kommt Ihnen in den nächsten Tagen zu. *(müssen)*
2. Das zu reparierende Gerät wird nicht verschrottet. *(können)*
3. Die nun zu erwartenden Kosten sind höher als geplant. *(müssen)*
4. Die zu lernende Grammatik gibt jeder Sprache ihre Struktur. *(müssen)*
5. Die in der Altstadt zu besichtigenden Gebäude sind eine Touristenattraktion. *(können)*
6. Das nicht mehr zu verkaufende Produkt wird aus dem Sortiment genommen. *(können)*
7. Die nicht zu übersehenden AGB enthalten wichtige Informationen. *(dürfen)*
8. Die auszuhandelnden Löhne und Gehälter sollen steigen. *(müssen)*
9. Wie lautet das einzugebende Passwort? *(müssen)*
10. Das nicht zu verwertende Material wird entsorgt. *(können)*

Übung 20 Vom Relativsatz zum Gerundiv • Formen Sie um!

➲ Die Termine, die nicht vergessen werden dürfen, stehen im Terminkalender.
Die nicht zu vergessenden Termine stehen im Terminkalender.

1. Die Ware, die geliefert werden muss, steht zum Versand bereit.
2. Die Jacke, die nicht in der Maschine gewaschen werden darf, ist aus Wolle.
3. In dieser Tabelle stehen die Kosten, die eingespart werden können.
4. Die Datenbank, die aktualisiert werden muss, ist die Kundendatenbank.
5. Die Rechnung, die bezahlt werden muss, liegt auf Ihrem Schreibtisch.
6. Die Reklamation, die geprüft werden muss, fordert Schadenersatz.
7. Die Lautsprecheransage, die jetzt gehört werden kann, ist schwer verständlich.
8. Der Text, der übersetzt werden soll, ist ein wissenschaftlicher Beitrag.

Übung 21 Das Gerundiv • Ergänzen Sie! (Manchmal sind mehrere Varianten möglich.)

zu beanstandende • zu erstellende • zu gewährleistende • zu lesenden • zu lösende • vorherzusehende • zu versichernden • zu überweisende

1. Das schwer .... Rätsel ist ein Preisausschreiben.
2. Der nicht .... Fall der Aktie hat viele Anleger/innen alarmiert.
3. Die im Wirtschaftsteil der Zeitung .... Artikel sind interessant.
4. Die .... Qualität der Lieferung zwingt uns, die Ware zurückzusenden.
5. Der .... Jahresbericht muss bis Ende des Monats vorliegen.
6. Die .... Güter werden per Luftfracht transportiert.
7. Die .... Qualität ist im Normenhandbuch festgelegt.
8. Der .... Betrag steht auf der Rechnung.

Übung 22 **Regeln für Geschäftsreisen** • Ergänzen Sie die Gerundiv-Form!

1. die ***abzurechnenden*** Spesen *(sollen abgerechnet werden)* bitte mit Originalquittungen in das Fach „Spesen Eingang" legen
2. die .... Geschäftsreisen *(sollen genehmigt werden)* bitte an „Planung Geschäftsreisen" senden
3. .... Spesenüberweisungen *(können beanstandet werden)* bitte an „Reklamation" senden
4. die bei jeder Kommunikation .... Daten *(müssen angegeben werden)* wie Name, Datum, Durchwahl bitte nicht vergessen

Übung 23 **Angebot** • Ergänzen Sie die Gerundiv-Form!

Betreff: Angebot

Sehr geehrte Frau Heuwig,

die .... Maschine *(soll repariert werden)* dürfte in einer Woche wieder einsatzbereit sein. Der restliche Maschinenpark ist in gutem Zustand. Gemäß Vertrag würden wir ihn einmal pro Quartal warten. Der .... Wartungsvertrag *(soll unterschrieben werden)* geht Ihnen in den nächsten Tagen zu. Wir freuen uns auf Ihren Auftrag.

Mit freundlichen Grüßen

Martin Teinert

12.7 Konjunktiv I

Der Konjunktiv I wird in der indirekten Rede benutzt. Die indirekte Rede ist häufig in Pressetexten zu finden, wenn die Aussage eines Sprechers wiedergegeben werden soll, ohne zu werten, ob die Aussage wahr ist oder nicht.

Direkte Rede: Er sagt: „Die Firma *hat* einen guten Ruf."

Indirekte Rede: Er sagt, die Firma *habe* einen guten Ruf.

- Relevant sind in unserem Kontext hauptsächlich die dritte Person Singular und Plural.

Direkte Rede: Indikativ		Indirekte Rede: Konjunktiv I
Sie sagt: ...		**Sie sagt, ...**
„Ich mache die Hausaufgaben."	→	sie ***mache*** die Hausaufgaben.
„Ich werde die Hausaufgaben machen."	→	sie ***werde*** die Hausaufgaben machen.
„Ich habe die Hausaufgaben gemacht."	→	sie ***habe*** die Hausaufgaben gemacht.
„Ich bin müde."	→	sie ***sei*** müde.

- Im Konjunktiv I werden die Endungen *-e, -est, -e, -en, -et, -en*, die Sie schon vom Konjunktiv II kennen, an den Infinitivstamm gehängt. Dies gilt auch für die Modalverben. Wenn die Form des Konjunktivs I mit dem Indikativ identisch ist, verwendet man stattdessen den Konjunktiv II. Nur das Verb *sein* kann man im Konjunktiv I in allen Formen sofort erkennen.

	kommen	haben	sein	werden
ich	käme	hätte	*sei*	würde
du	*kommest*	*habest*	*seist*	*werdest*
er/sie/es	*komme*	*habe*	*sei*	*werde*
wir	kämen	hätten	*seien*	würden
ihr	*kommet*	*habet*	*seiet*	würdet
sie/Sie	kämen	hätten	*seien*	würden

➲ Sie sagen, sie *kämen* täglich um 8.00 Uhr ins Büro./Sie sagen, sie *hätten* nichts davon gewusst.

- Bei den zusammengesetzten Zeiten (Perfekt, Plusquamperfekt, Futur) und dem Passiv verändern sich im Konjunktiv I nur die konjugierten Hilfsverben *haben, sein* und *werden*.
  ➲ Vergangenheit: Er sagt: „Ich habe die Mail beantwortet."
  Er sagt, er *habe* die Mail beantwortet.
  Futur: Er sagt: „Ich werde die Mail beantworten."
  Er sagt, er *werde* die Mail beantworten.

Übung 24 **Wirtschaftsnachricht** • Unterstreichen Sie den Konjunktiv I in diesem Zeitungsartikel!

Auslagerung der Produktion: Firma X in der Pflicht?

In der gestrigen Pressekonferenz nahm der Pressereferent der Firma X zu den Gerüchten über seine Firma Stellung. Er versicherte, seine Firma gehöre zu den Firmen, die global faire Löhne zahle. Jeder Mitarbeiter erhalte einen schriftlichen Arbeitsvertrag, der die Entlohnung und die Arbeitszeiten festsetze. Überstunden und Nachtschichten würden selten verlangt und extra bezahlt. Die Sicherheitsvorschriften innerhalb der Fabriken seien so vorbildlich, dass die Gefahr von Betriebsunfällen fast ausgeschlossen sei. Jeder Mitarbeiter sei automatisch krankenversichert, egal, in welchem Land die Firma produziere. Die Pausen würden auch bei hohem Auftragsvolumen nicht verkürzt. Diese Regelungen seien auch für Subunternehmer verbindlich.

Dagegen brachte ein ehemaliger Arbeitnehmer der Firma X in einem Interview Folgendes zu Protokoll: Die Mitarbeiter in seinem Land arbeiteten für einen äußerst geringen Lohn, der außerdem oft nicht pünktlich ausgezahlt werde. Von einem schriftlichen Arbeitsvertrag könne keine Rede sein und die Pausenzeiten würden oft einfach ignoriert. Die Produktionsfläche sei eng und schlecht belüftet. Dadurch und durch die häufig verlangten Überstunden komme es immer wieder zu Arbeitsunfällen.

Nach Anhörung dieses Interviews räumte der Pressesprecher ein, dass die Beschwerden des Mitarbeiters in der Vergangenheit berechtigt gewesen seien, dass die Firma X sich aber seit Jahren bemühe, in ihren Produktionsstätten gute Arbeitsbedingungen zu schaffen. Man orientiere sich jedoch weiterhin an den jeweiligen lokalen Vorstellungen von „Arbeitnehmerrechten".

Übung 25 **Indirekte Rede** • Setzen Sie die direkte in die indirekte Rede!
Beachten Sie, dass die Personal- und Possessivpronomen der ersten Person Singular und Plural hier zur dritten Person Singular und Plural werden!

➲ „Ich habe mich um die Stelle beworben." Er sagt, ***er habe sich um die Stellen beworben.***

1. „Die Sicherheit am Arbeitsplatz wird bei mir großgeschrieben." Der Firmengründer sagt, ...
2. „Wir sind hart am Verhandeln." Die Gewerkschaften verkünden, ...
3. „Zur Arbeit im Homeoffice braucht man viel Eigenmotivation." Ein Experte stellt fest, dass ...
4. „Zeitarbeit hat viele Jobs geschaffen." Eine Zeitarbeitsfirma argumentiert, dass ...
5. „Ich spende die Vergütung für meine Aufsichtsratsarbeit." Der Vorsitzende erklärt, ...

Anhang

Anhang

Die unregelmäßigen Verben

- Bei den ergänzend angegebenen möglichen Vorsilben bedeutet „-" untrennbar und „-/" trennbar. Beachten Sie, dass das Partizip Perfekt bei untrennbaren Verben kein *ge-* hat.

Infinitiv	Präsens	Präteritum	Perfekt
beginnen	ich beginne	ich begann	ich habe begonnen
bekommen	ich bekomme	ich bekam	ich habe bekommen
bestehen	ich bestehe	ich bestand	ich habe bestanden
sich bewerben	ich bewerbe mich	ich bewarb mich	ich habe mich beworben
bieten, an-/, über-	ich biete	ich bot	ich habe geboten
bitten	ich bitte	ich bat	ich habe gebeten
bleiben, ver-	ich bleibe	ich blieb	ich bin geblieben
brechen, ab-/, unter-	ich breche	ich brach	ich habe gebrochen
bringen, über-, ver-	ich bringe	ich brachte	ich habe gebracht
denken, nach-/	ich denke	ich dachte	ich habe gedacht
empfangen	ich empfange	ich empfing	ich habe empfangen
empfehlen	ich empfehle	ich empfahl	ich habe empfohlen
essen	ich esse	ich aß	ich habe gegessen
fahren, er-	ich fahre	ich fuhr	ich bin gefahren
fallen, ge-	ich falle	ich fiel	ich bin gefallen
fangen, an-/, emp-	ich fange	ich fing	ich habe gefangen
fliegen, über-	ich fliege	ich flog	ich bin geflogen
fließen	Wasser fließt	Wasser floss	Wasser ist geflossen
geben, nach-/ über-	ich gebe	ich gab	ich habe gegeben
gefallen *(+ Dat.)*	es gefällt	es gefiel	es hat gefallen
gehen	ich gehe	ich ging	ich bin gegangen
genießen	ich genieße	ich genoss	ich habe genossen
geschehen	es geschieht	es geschah	es ist geschehen
gewinnen	ich gewinne	ich gewann	ich habe gewonnen
gießen	ich gieße	ich goss	ich habe gegossen
greifen, be-	ich greife	ich griff	ich habe gegriffen
halten, er-, be-	ich halte	ich hielt	ich habe gehalten
heben, ab-/, auf-/	ich hebe	ich hob	ich habe gehoben
helfen, nach-/, weiter-/	ich helfe	ich half	ich habe geholfen
kennen, er-	ich kenne	ich kannte	ich habe gekannt
klingen	ich klinge	ich klang	ich habe geklungen
kommen, an-/, be-	ich komme	ich kam	ich bin gekommen
laden, ab-/, be-, ein-/, ent-	ich lade	ich lud	ich habe geladen
lassen, unter-, ver-	ich lasse	ich ließ	ich habe gelassen
laufen, sich be-, sich ver-	ich laufe	ich lief	ich bin gelaufen
lesen, ab-/, vor-/	ich lese	ich las	ich habe gelesen

liegen	ich liege	ich lag	ich habe gelegen
messen, ver-	ich messe	ich maß	ich habe gemessen
nehmen, über-, unter-, vor-/	ich nehme	ich nahm	ich habe genommen
raten, be-	ich rate	ich riet	ich habe geraten
reißen, zer-, ent-	ich reiße	ich riss	ich habe gerissen
riechen	ich rieche	ich roch	ich habe gerochen
rufen, an-	ich rufe	ich rief	ich habe gerufen
scheinen, er-	ich scheine	ich schien	ich habe geschienen
schieben, ver-	ich schiebe	ich schob	ich habe geschoben
schlafen, aus-/, ein-/, über-, ver-	ich schlafe	ich schlief	ich habe geschlafen
schlagen, über-, unter-, vor-/	ich schlage	ich schlug	ich habe geschlagen
schließen, be-, sich ent-	ich schließe	ich schloss	ich habe geschlossen
schneiden	ich schneide	ich schnitt	ich habe geschnitten
schreiben, be-	ich schreibe	ich schrieb	ich habe geschrieben
schweigen, ver-	ich schweige	ich schwieg	ich habe geschwiegen
sehen, über-, vorher-/	ich sehe	ich sah	ich habe gesehen
sein	ich bin	ich war	ich bin gewesen
sinken	ich sinke	ich sank	ich bin gesunken
sitzen, be-	ich sitze	ich saß	ich habe gesessen
sprechen, be-, ver-	ich spreche	ich sprach	ich habe gesprochen
springen, über-	ich springe	ich sprang	ich bin gesprungen
stehen, be-, über-	ich stehe	ich stand	ich habe gestanden
steigen, über-	ich steige	ich stieg	ich bin gestiegen
stoßen, an-/	ich stoße	ich stieß	ich bin/habe gestoßen
tragen, be-, er-, nach-/	ich trage	ich trug	ich habe getragen
treffen, an-/, be-, über-	ich treffe	ich traf	ich habe getroffen
treiben, be-, über-, ver-	ich treibe	ich trieb	ich habe getrieben
tun	ich tue	ich tat	ich habe getan
überweisen	ich überweise	ich überwies	ich habe überwiesen
verbieten	ich verbiete	ich verbot	ich habe verboten
vergessen	ich vergesse	ich vergaß	ich habe vergessen
verlieren	ich verliere	ich verlor	ich habe verloren
verschieben	ich verschiebe	ich verschob	ich habe verschoben
verstehen	ich verstehe	ich verstand	ich habe verstanden
vertreiben	ich vertreibe	ich vertrieb	ich habe vertrieben
waschen	ich wasche	ich wusch	ich habe gewaschen
weichen	ich weiche	ich wich	ich bin gewichen
werben, sich be-	ich werbe	ich warb	ich habe geworben
werden	ich werde	ich wurde	ich bin geworden
werfen, ver-	ich werfe	ich warf	ich habe geworfen
wiegen, über-	ich wiege	ich wog	ich habe gewogen
wissen	ich weiß	ich wusste	ich habe gewusst
ziehen, er-, über-, um-/, vor-/	ich ziehe	ich zog	ich habe gezogen
zwingen, be-, er-	ich zwinge	ich zwang	ich habe gezwungen

Die häufigsten genusbestimmenden Endungen

der	die	das
-and (Doktorand, Proband)	***-ade*** (Fassade, Olympiade)	***-chen*** (Mädchen, Städtchen)
-ant (Lieferant, Konsonant)	***-age*** (Garage, Etage)	***-ent*** (Argument, Dokument) *siehe auch Maskulinum*
-är (*bei Personen:* Aktionär, Pensionär)	***-anz*** (Bilanz, Distanz)	***-in*** [i:] (Benzin, Magazin)
-ent (*bei Personen:* Interessent) *siehe auch Neutrum* (*aber:* der Zement)	***-e**** (Breite, Lage, Liste) (*aber:* der Kunde, das Interesse)	***-ing*** (Meeting, Training) (*aber:* der Pudding)
-er (Roboter, Transfer, Keller) (*aber:* die Mutter, Tochter)	***-ei*** (Datei, Bücherei)	***-lein*** (Büchlein, Tischlein)
-ich (Teppich)	***-enz*** (Tendenz, Konsequenz)	***-um*** [u] (Datum, Universum)
-ig (Honig, Käfig)	***-heit*** (Freiheit, Kindheit)	
-ist (Jurist, Kommanditist)	***-ie*** [i:] (Geografie, Empathie)	
-ling (Neuling, Prüfling)	***-ie*** [ijə] (Materie, Folie)	
-ismus (Optimismus)	***-ik*** (Mechanik, Statistik)	
-tor (Motor, Autor)	***-ine*** (Maschine, Kabine)	
	-keit (Kleinigkeit, Höflichkeit)	
	-schaft (Mannschaft, Gewerkschaft)	
	-tät (Qualität, Kapazität)	
	-tion (Intention, Qualifikation)	
	-tur (Kultur, Natur)	
	-ung (Zeitung, Mahnung)	

▸ *80 Prozent der Wörter auf -e sind feminin.

Nomen-Verb-Verbindungen

ein Angebot
ablehnen
akzeptieren/annehmen
erstellen/kalkulieren
machen
überprüfen
um … bitten
unterbreiten

einen Antrag
ablehnen
bearbeiten
genehmigen
stellen

eine Annonce, Anzeige, ein Inserat
aufgeben
entwerfen
in die Zeitung setzen
platzieren
schalten

eine Ausbildung
anfangen/beginnen
abschließen/absolvieren
abbrechen
beenden

einen Auftrag
ablehnen
annehmen
ausführen
bearbeiten
geben

einen Beruf
ausüben
erlernen
wechseln

eine Bestellung
aufgeben
ausführen
liefern
tätigen

einen Betrag
abziehen
anmahnen
einfordern
einzahlen
in Rechnung stellen
schulden
überweisen
verrechnen

die Bonität
attestieren
garantieren
prüfen

Ersatz
bieten
fordern
leisten
schicken

eine Frist
einhalten
geben, gewähren
setzen
vereinbaren
verlängern
versäumen, verpassen

Gebühren
berechnen
erheben
zahlen

Gehalt, Lohn
auszahlen
erhöhen
kürzen
verhandeln

Geld
abbuchen
abheben
anlegen
ausgeben
auszahlen
einzahlen
sparen
überweisen

eine Gelegenheit
ergreifen
nutzen
verpassen

ein Geschäft, eine Firma, ein Unternehmen
gründen
leiten
umstrukturieren
schließen

Geschäftsbeziehungen
aufbauen
gefährden
pflegen
suchen
verbessern

Kontinuität
bewahren
sichern

ein Konto
eröffnen
haben
schließen
überziehen

einen Kostenvoranschlag
erbitten
erstellen

einen Kredit
aufnehmen
beantragen
bewilligen
gewähren
zurückzahlen
tilgen

eine Lizenz
erwerben, kaufen
geben
haben
verlieren

ein Problem
erkennen
lösen
verursachen

ein Produkt
ausstellen, präsentieren
entwerfen, entwickeln
erzeugen, herstellen
auf den Markt bringen
reklamieren
für … werben

ein Projekt
entwickeln
planen
vorstellen, präsentieren
finanzieren
fördern

eine Rechnung
ausstellen
begleichen
korrigieren
überprüfen

einen Termin
ausmachen, vereinbaren
absagen
verschieben, verlegen
einhalten
vorverlegen

einen Vertrag
(ab)schließen
auflösen
brechen
einhalten
kündigen
unterschreiben/unterzeichnen

eine Unterschrift
leisten
um … bitten

Zeit
geben
haben
investieren
sich … nehmen für
nutzen
sparen
verschwenden

Zinsen
berechnen
erhalten
erhöhen/senken (trans.)
steigen/sinken (intrans.)
zahlen

Zufriedenheit
garantieren
gewährleisten

---

bringen
in Ordnung
unter Kontrolle
zu Ende
zum Abschluss
zum Ausdruck
zur Sprache

finden
Anerkennung
Beachtung
Unterstützung
Zustimmung

garantieren
Bonität
Qualität
Zufriedenheit

geben
Antwort
Auskunft
Erlaubnis
Garantie
sein Wort

kommen
infrage
zum Abschluss
zur Einsicht
zu einer Entscheidung

machen
Gebrauch … von
sich Gedanken … über
einen Vorschlag
einen Vorwurf

nehmen
in Anspruch
in Betrieb
in Kauf
zur Kenntnis
Rücksicht
Stellung

sein
der Auffassung
der Meinung
imstande
liquide

setzen
eine Frist
in Kenntnis
sich in Verbindung … mit
unter Druck
sich zum Ziel

stehen
in Verhandlung
unter Termindruck
zur Diskussion
zur Verfügung

stellen
einen Antrag
eine Forderung
eine Frage
etwas infrage
eine Rechnung
zur Diskussion
zur Verfügung

vertreten
eine Ansicht
eine Meinung
einen Standpunkt
eine Firma/Organisation

Abkürzungen

AG	Aktiengesellschaft
AGB	Allgemeine Geschäftsbedingungen
Az., AZ	Aktenzeichen
BLZ	Bankleitzahl
b. w.	bitte wenden
bzgl.	bezüglich
bzw.	beziehungsweise
ca.	circa = ungefähr, etwa
d. h.	das heißt
DIN-Norm	Standard des Deutschen Instituts für Normung
Dipl.	Diplom
d. J.	des/dieses Jahres
EDV	elektronische Datenverarbeitung
etc.	et cetera = usw.
e. V.	eingetragener Verein
evtl.	eventuell
Fa.	Firma
ff.	und die folgenden Seiten
ggf.	gegebenenfalls
GL	Geschäftsleitung
GmbH	Gesellschaft mit beschränkter Haftung
i. A.	im Auftrag: Unterschreibender hat Vollmacht für dieses Schreiben
incl./inkl.	inklusive
ISO	Internationale Organisation für Normung
i. V.	in Vertretung: Unterschreibender hat fast allgemeine Handlungsvollmacht
jmd., jmdn.	jemand, jemanden, jemandem
KG	Kommanditgesellschaft
KW	Kalenderwoche; Kilowatt
MwSt.	Mehrwertsteuer
o. a.	oben angegeben
o. Ä.	oder Ähnliches
ppa. pp.	per procura: Unterschreibender ist Prokurist
PS	Postskriptum
s. o.	siehe oben
sog.	sogenannt
s. u.	siehe unten
u. a.	unter anderem
ugs.	umgangssprachlich
usw.	und so weiter
u. U.	unter Umständen
vgl.	vergleiche
z. B.	zum Beispiel
zzgl.	zuzüglich (plus)

Verben, Nomen und Adjektive mit Präpositionen

Verb	Präposition	Kasus
abhängen	von	Dat.
achten	auf	Akk.
anfangen	mit	Dat.
ankommen	auf	Akk.
antworten	auf	Akk.
arbeiten	als/für/mit	Nom./Akk./Dat.
sich ärgern	über	Akk.
sich aufregen	über	Akk.
sich bedanken	bei/für	Dat./Akk.
sich beklagen	bei/über	Dat./Akk.
sich bemühen	um	Akk.
bereit sein	zu	Dat.
berichten	über/von	Akk./Dat.
sich beschäftigen	mit	Dat.
sich beschweren	bei/über	Dat./Akk.
bestehen	auf/aus	Dat./Dat.
sich beteiligen	an	Dat.
beteiligt sein	an	Dat.
sich bewerben	um	Akk.
sich beziehen	auf	Akk.
bitten	um	Akk.
brauchen	für/als	Akk./Akk.
bürgen	für	Akk.
danken	für	Akk.
demonstrieren	für/gegen	Akk./Akk.
denken	an	Akk.
einverstanden sein	mit	Dat.
sich entscheiden	für/gegen	Akk./Akk.
enttäuscht sein	von	Dat.
erfreut sein	über	Akk.
(sich) erinnern	an	Akk.
erkennen	an	Dat.
sich erkundigen	bei/nach	Dat./Dat.
erzählen	von	Dat.
fertig sein	mit	Dat.
fragen	nach	Dat.
sich freuen	auf/über	Akk./Akk.
gehören	zu	Dat.
gespannt sein	auf	Akk.
sich gewöhnen	an	Akk.
glauben	an	Akk.
gratulieren	zu	Dat.
halten	für	Akk.
halten *(viel, nichts)*	von	Dat.

Verb	Präposition	Kasus
handeln	von	Dat.
sich handeln	um	Akk.
hoffen	auf	Akk.
interessant sein	für	Akk.
sich interessieren	für	Akk.
interessiert sein	an	Dat.
klagen	über	Akk.
sich konzentrieren	auf	Akk.
sich kümmern	um	Akk.
lachen	über	Akk.
leiden	an/unter	Dat./Dat.
nachdenken	über	Akk.
neugierig sein	auf	Akk.
protestieren	für/gegen	Akk./Akk.
raten	zu	Dat.
rechnen	mit	Dat.
reden/sprechen	mit/von/über	Dat./Dat./Akk.
riechen	nach	Dat.
sich scheuen	vor	Dat.
schimpfen	über	Akk.
schreiben	an	Akk.
setzen	auf	Akk.
staunen	über	Akk.
teilnehmen	an	Dat.
sich überzeugen	von	Dat.
überzeugt sein	von	Dat.
verfügen	über	Akk.
verlegen *(Termin)*	auf	Akk.
vertrauen	auf	Akk.
verzichten	auf	Akk.

Nomen + Verb	Präposition	Kasus
Angst haben	vor	Dat.
Ärger haben	mit	Dat.
Bezug nehmen	auf	Akk.
Freude haben	an	Dat.
Interesse haben	an	Dat.
Konsequenzen ziehen	aus	Dat.
Mut haben	zu	Dat.
Reaktion zeigen	auf	Akk.
Rücksicht nehmen	auf	Akk.
sich Sorgen machen	um	Akk.
Stellung nehmen	zu	Dat.
Wert legen	auf	Akk.
Zeit haben	für	Akk.

Wortschatz

	Erklärung/Synonym/Antonym/Beispiel	Übersetzung
ab Werk	Incoterm: Der Käufer bezahlt den gesamten Transport.	
Abbruchrate, die	sagt, wie viele Besucher/innen eine Website verlassen, ohne etwas gekauft zu haben	
abbuchen	einen Betrag von einem Konto buchen	
Abfall, der	der Müll	
Abfallentsorgung, die	wie der Abfall entfernt wird, was damit gemacht wird	
Abnahmemenge, die	die Kaufmenge: wie viel jmd. kauft	
abonnieren	z. B. eine Zeitschrift für ein Jahr bestellen und bezahlen	
absagen (einen Termin)	Bescheid sagen, dass man einen Termin nicht einhalten kann	
Absatz, der	der Verkauf	
achten auf *(+ Akk.)*	auf jmdn./etwas aufpassen, etwas im Blick behalten, wichtig finden	
AG, die	Akronym für Aktiengesellschaft (Kapitalgesellschaft, deren Grundkapital aus Aktien besteht)	
AGB *(Pl.)*, die	Allgemeine Geschäftsbedingungen	
Agenda, die	die Tagesordnung: das, was in einem Meeting besprochen werden soll	
Akkreditiv, per	sicherste Zahlungsart beim Außenhandel, bei der die Banken des Käufers und des Verkäufers miteinander kommunizieren	
akquirieren	kaufen, erwerben, beschaffen (z. B. Firma); gewinnen (Aufträge)	
Aktenschrank, der	Büromöbel, in dem man Akten aufbewahrt	
Aktie, die	ein Anteilsschein an einer Aktiengesellschaft (siehe: *AG*)	
Aktienkurs, der	wie viel eine Aktie an einem bestimmten Tag wert ist (kann steigen oder sinken)	
Aktionär, der	jmd., der Aktien besitzt	
Aktivseite, die	steht links in der Bilanz; zeigt, was die Firma besitzt	
alleinerziehend	Nur ein Elternteil, entweder Mutter oder Vater, erzieht die Kinder.	
Alptraum, der	ein sehr schlechter Traum	
Ambition, die	der Ehrgeiz, der Wunsch, erfolgreich zu sein	
Analysetool, das	ein Werkzeug, mit dem man prüfen kann, wie gut die Website funktioniert, wie viele Besucher sie hat usw.	
anbei	einem Schreiben beigefügt, beigelegt, mit im Briefumschlag enthalten; im Anhang einer Mail	
Anfangsphase, die	die Startphase, die erste Zeit (z. B. eines Projekts)	
anfordern	bestellen	
Anfrage, die	schriftliche Bitte um Informationen bzw. um ein Angebot	

	Erklärung/Synonym/Antonym/Beispiel	Übersetzung
Angebot, das	enthält Bedingungen, unter den ein Unternehmen bereit ist, Produkte zu liefern oder Dienstleistungen zu erbringen	
Angelegenheit, die	das, was besprochen werden muss	
angesichts *(+ Gen.)*	wenn man das betrachtet/ansieht *Angesichts der Inflation/Wenn man die Inflation betrachtet, müssen die Löhne steigen.*	
ankommen auf *(+ Akk.)*	etwas ist der entscheidende Faktor *Es kommt auf das Wetter an, ob das Open-Air-Konzert stattfindet.*	
anlässlich	ähnlich wie *aufgrund/wegen* *Wir nehmen unser Jubiläum zum Anlass für große Sonderangebote. Anlässlich unseres Jubiläums haben wir große Sonderangebote.*	
Anleger, der	jmd., der sein Geld (in Aktien, Fonds usw.) investiert	
anmahnen	*einen Betrag anmahnen* = eine Mahnung schreiben, weil die Rechnung noch nicht bezahlt wurde	
annehmen	1. akzeptieren 2. denken, glauben	
Annonce, die	die Anzeige, das Inserat	
Anreiz, der	stärkt die Motivation (z. B. ein Bonus)	
anspornen	Mut geben, motivieren	
Anspruch, der	1. das Recht auf etwas haben 2. eine bestimmte Erwartung haben (z. B. an gute Qualität)	
anspruchsvoll	Jemand mit hohen Erwartungen (z. B. an die Qualität) ist anspruchsvoll.	
Arbeitgeberverband, der	der Verband der Arbeitgeber einer Branche, Verhandlungspartner von Gewerkschaften	
Arbeitsablauf, der	der Arbeitsprozess: wie eine Arbeit von A bis Z durchgeführt wird	
Argument, das	in einer Diskussion Grund „für“ oder „gegen“ eine Meinung	
artgerecht	Artgerechte Haltung bedeutet, dass ein Tier möglichst so gehalten wird, wie es natürlich leben würde oder zumindest so, dass es nicht leidet.	
Aufsehen erregen	Interesse wecken, auf sich aufmerksam machen	
Aufsichtsrat, der	ein Gremium, das vor allem bei Aktiengesellschaften die Geschäftsleitung kontrolliert und berät	
Auftrag, der	die Bestellung, der Zuschlag	
Auftragslage, die	Anzahl der Aufträge, die eine Firma hat	
Auftragsvolumen, das	Umfang eines Auftrags	
aus allen Wolken fallen	ugs: sehr überrascht sein	
ausführlich	in allen Details, in allen Einzelheiten	
ausgewogen	beachtet Pro und Kontra, berücksichtigt Vor- und Nachteile	
ausgezeichnet	sehr gut, hervorragend	

	Erklärung/Synonym/Antonym/Beispiel	**Übersetzung**
Auskunft, die	die Information	
auslagern	outsourcen: einen Teil des Geschäfts nicht selbst machen, sondern eine andere Firma oder ein Subunternehmen damit beauftragen	
ausrangiert werden	Ein altes Gerät, das nicht mehr benutzt wird, wird ~.	
ausrichten (jmdm. etwas)	jmdm. eine Nachricht übermitteln	
ausschließlich	nur, nichts anderes; exklusive	
Außendienst, der	Teil der Vertriebsabteilung; Die Mitarbeiter des Außendienstes besuchen Kunden.	
Außendienstler/in, der/die	Vertreter/in, Repräsentant/in; reist zu den Kunden, arbeitet nicht im Innendienst	
Außenstände, die *(Pl.)*	vom Schuldner noch nicht bezahlte, offene Rechnungen	
äußerst	sehr (aber auch: bestmöglich): *äußerst günstige Preise* = sehr günstigste Preise	
ausweichen *(+ Dat.)*	einer Sache/Frage aus dem Weg gehen; um etwas herumgehen, etwas vermeiden	
auszeichnen	jmdm. z. B. ein sehr gutes Zeugnis geben	
Azubi, der/die	der Lehrling, der/die Auszubildende	
beabsichtigen	planen, die Absicht/Intention haben, etwas zu tun	
Bedarf, der	der Wunsch, das Bedürfnis; das, was man braucht oder sich wünscht	
bedauern	*Wir bedauern, dass …* = Es tut uns leid, dass …	
beeindruckend	etwas, was erstaunt und was man nicht so schnell vergisst, z. B. ein tausend Jahre alter Baum, eine hervorragende sportliche Leistung	
beeinflussen	Einfluss nehmen auf, manipulieren	
begutachten	testen und zertifizieren	
Beitrag, der	*einen Beitrag leisten* = etwas dazugeben/sagen/schreiben/tun	
Bekanntheitsgrad, der	Wie viele Menschen kennen diese Firma/dieses Produkt?	
belastbar	etwas/jmd. kann viel (er)tragen	
belasten	jmdn. eine Last, etwas Schweres (psychisch, physisch) tragen lassen	
Belohnung, die	z. B. zusätzliche Vergütung für gute Arbeit (Bonus)/für gute Noten in der Schule	
belüftet	Ein Raum ist gut oder schlecht belüftet, hat viel oder wenig frische Luft.	
benötigen	brauchen	
benutzerfreundlich	leicht zu benutzen	
beschädigt	ein Gegenstand, der nicht mehr einwandfrei ist, z. B., wenn durch einen Sturz ein Teil abgebrochen ist	
Bestandteil, der	ein Teil von einem Ganzen	
bestehen auf *(+ Dat.)*	etwas fordern, verlangen	
Bestellungswiderruf, der	die Stornierung einer Bestellung	
Betreff, der	das Thema eines Briefes, einer Mail; der Grund, warum man schreibt	

	Erklärung/Synonym/Antonym/Beispiel	Übersetzung
Betriebsklima, das	die Atmosphäre im Betrieb	
Betriebsrat, der	Vertretung der Arbeitnehmer/innen in Unternehmen; setzt sich für die Interessen der Mitarbeiter/innen ein	
beurteilen	etwas gut oder schlecht finden	
Bezug nehmen auf *(+ Akk.)*	sich auf etwas beziehen (um dem Empfänger eines Schreibens zu zeigen, worauf der Brief antwortet oder zu welchem Thema er geschrieben ist)	
bezüglich *(+ Gen.)*	informiert den Empfänger, worauf der Brief antwortet: *bezüglich Ihres Schreibens vom ...*	
Bilanz, die	zeigt das Vermögen, den Gewinn oder Verlust eines Unternehmens zu einem bestimmten Moment (z. B. Jahresabschluss)	
Bildschirm, der	der Monitor	
Billiglohnland, das	ein Land, in dem die Löhne sehr niedrig sind	
binnen *(+ Gen.)*	innerhalb *(+ Gen.)*, z. B. *binnen einer Woche*	
Blog, der	eine Sammlung von Texten auf einer Website, die immer neu ergänzt wird	
Bonität, die	Zahlungsfähigkeit/Kreditwürdigkeit einer Firma	
Bonus, der	Zahlung/Zulage für gute Arbeit	
Börsengang, der	Durch den Börsengang einer Firma werden ihre Aktien auf dem Kapitalmarkt zum Kauf angeboten. (siehe: *AG*)	
Branche, die	der Wirtschaftszweig (z. B. Chemieindustrie, Werbebranche, Metallindustrie, Finanzbranche)	
Broschüre, die	das kleine Informationsheft, der Prospekt	
Buchhaltung, die	die Buchführung, Abteilung bzw. Aktivität in einer Firma, die die Einnahmen und Ausgaben notiert	
bürgen für	bereit sein, für jmdn. im Schadensfall zu haften	
Bürgschaft, die	Erklärung, dass jmd. für einen anderen Menschen im Schadensfall haftet (z. B. wenn ein Kredit nicht zurückgezahlt werden kann)	
Chancengleichheit, die	Alle Menschen sollen die gleichen Bildungs- und Karrierechancen haben, z. B. Frauen und Männer.	
Darlehen, das	der Kredit	
Datenschutz, der	soll die Daten z. B. von Kunden vor Weiterverkauf oder Missbrauch schützen	
Dauerauftrag, der	gibt man der Bank, damit die Bank einen bestimmten Betrag regelmäßig auf ein anderes Konto überweist	
defekt	kaputt	
defizitär	Etwas macht Verluste, ist mangelhaft. Es gibt zu wenig.	
detailliert	in allen Details, in allen Einzelheiten, ausführlich, genau	
niederlegen	*die Arbeit niederlegen* = streiken	
Dispo(sitions)kredit, der	ein Betrag, bis zu dem man mit seinem Konto ins Minus gehen kann (auch Überziehungskredit genannt)	
diversifizieren	*ein Geschäft diversifizieren* = sich nicht nur mit einem Bereich beschäftigen, sondern in verschiedenen Bereichen aktiv sein	

	Erklärung/Synonym/Antonym/Beispiel	Übersetzung
Dividende, die	Teil des Jahresgewinns einer AG (Aktiengesellschaft), der an Aktionäre ausgezahlt wird	
Dividendenausschüttung, die	Auszahlung der Dividende	
Dolmetscher, der	mündlicher Übersetzer	
dringend	etwas muss sofort erfolgen/bearbeitet werden	
drohen mit *(+ Dat.)*	„Wenn du nicht den Teller leer isst, gibt es morgen schlechtes Wetter."/„Wenn Sie die Rechnung nicht bis Ende des Monats begleichen, müssen wir rechtliche Schritte einleiten." jmdm. ankündigen, dass eine Handlung negative Konsequenzen haben wird	
duale Ausbildung, die	berufliche Ausbildung in Theorie und Praxis	
Durchhaltevermögen, das	die Ausdauer; die Kraft, in schlechten Zeiten weiterzumachen	
durchsetzungsfähig	wenn man eine Idee realisieren kann bzw. andere dazu bringen kann, diese Idee zu realisieren	
ebenfalls	auch, ebenso, gleichfalls	
EDV-Kenntnisse *(Pl.)*	Computerkenntnisse (EDV = elektronische Datenverarbeitung)	
Effekt, der	die Wirkung: *Der Effekt einer Kopfschmerztablette ist, dass die Kopfschmerzen verschwinden.*	
effizient	bestmögliches Resultat bei möglichst wenig Kosten	
Eigenmotivation, die	die Fähigkeit, sich selbst zu motivieren	
Einfluss, der	das Mitspracherecht, Entscheidungsrecht; die Macht, eine Entscheidung zu treffen/zu verändern	
Einkauf, der	Abteilung, die Rohstoffe, Büromaterial etc. für eine Firma einkauft	
einloggen, (sich)	mit einem Passwort z. B. eine App öffnen	
eintreffen	ankommen	
einwandfrei	fehlerlos, fehlerfrei	
Einwegflasche, die	Flasche, die nach der Nutzung weggeworfen wird	
Einzelhandel, der	kauft vom Großhandel und verkauft an Verbraucher/Konsumenten	
Einzugsermächtigung, die	gibt einer Firma das Recht, von Kundenkonten Beträge abzubuchen (z. B. Telefonanbieter)	
Elend, das	die Not, die Armut, das Leiden	
Emissionen *(Pl.)*	Abgase, z. B. CO_2	
empathisch	Jemand, der verstehen kann, wie sich ein anderer Mensch fühlt, ist ~.	
empfangen	(Post) erhalten, (Gäste) bekommen	
empfehlen	sagen, dass etwas gut/geeignet ist	
eng	Gegenteil von weit/nicht viel Platz: *Im Aufzug ist es eng.*	
Engagement, das	die Motivation; die Arbeit für ein (soziales) Ziel	
Engpass, der	temporär zu wenig Finanzen/Personal/Material usw. haben	
Entgegenkommen, das	der Gefallen	

	Erklärung/Synonym/Antonym/Beispiel	Übersetzung
entgegenkommen, (jmdm. in einer Sache ~)	jmdm. einen Gefallen tun	
enthalten	was bzw. wie viel in einem Produkt/Behälter ist; der Inhalt	
Entlohnung, die	der Lohn, das Honorar, die Bezahlung einer Arbeit	
entnehmen *(+ Dat.)*	etw. herausnehmen, erkennen, z. B.: *Ihrer Bewerbung entnehmen wir, dass Sie noch keine Berufserfahrung haben.*	
entschädigen	einen Schaden, der durch einen Fehler entstanden ist, wiedergutmachen	
entsprechend *(+ Gen.)*	gemäß, z. B.: *so wie Sie wünschten = gemäß/ entsprechend Ihres Wunsches*	
entwerfen	etwas Neues schreiben, zeichnen, bearbeiten, entwickeln; der Entwurf	
Entwurf, der	die Skizze oder Zeichnung, z. B. eines neuen Produkts	
Erfolg, der	positives, gutes Resultat/Ergebnis einer Handlung	
erfolgen	*Die Lieferung erfolgt/geschieht frei Haus.*	
ergonomisch	körperfreundlich, sodass wiederholte Arbeit (an einem Gerät) keine körperlichen Schäden verursacht	
erneuerbare Energien *(Pl.)*	z. B. Gewinnung von Strom aus Wind, Wasser und Sonne	
ernst nehmen	wichtig finden	
ERP-System, das	Anwendungssoftware, die zur Unterstützung der Ressourcenplanung eines Unternehmens eingesetzt wird. (Personalwirtschaft, Materialbeschaffung und -verwaltung usw.)	
Eröffnung, die	ein Geschäft/ein Unternehmen zum ersten Mal öffnen	
Errungenschaft, die	das, was jmd. geschafft hat, ein erreichtes Ziel (meistens im Sinne von Verbesserungen für die Gesellschaft)	
Ersatz, der	anstelle von; Wenn etwas nicht funktioniert, schickt der Verkäufer Ersatz oder der Käufer verlangt Ersatz.	
erschwinglich	ist nicht zu teuer, kann man sich leisten	
ersetzen	z. B. ein schadhaftes Gerät gegen ein funktionierendes Gerät austauschen	
erstklassig	am besten, optimal	
erwägen	etwas überlegen, nachdenken über	
erwähnen	etwas sagen, nennen, kurz erzählen	
erweitern	etwas vergrößern, ausbauen	
etc.	et cetera = und so weiter	
Eventmarketing, das	Werbung für eine Veranstaltung, z. B. Konzert, Turnier, Olympiade	
Existenzgründer, der	jmd., der sich selbstständig macht bzw. eine Firma eröffnet	
expandieren	(sich) vergrößern, größer werden	
Export, der	der Verkauf von Waren in das Ausland	
EZB	Europäische Zentralbank	
Fabrik, die	das Werk, die Produktionsstätte, wo Güter hergestellt werden	

	Erklärung/Synonym/Antonym/Beispiel	Übersetzung
fair	gerecht	
Fair Trade, der	gerechter Handel, bei dem z. B. den Bauern ein gerechter Preis für ihre Ernte bezahlt wird	
Fälligkeitstag, der	der Tag, an dem eine Rechnung bezahlt werden muss	
Fehler, der	der Irrtum	
fehlerhaft	nicht fehlerlos, mit Fehlern	
Filiale, die	die Niederlassung	
Finanzamt, das	das Amt, das die Steuern von Bürger/innen und Unternehmen verlangt	
Firma, die	der Betrieb, das Unternehmen, das Geschäft	
flexibel	z. B. *zeitlich oder lokal flexibel sein;* wenn man zu verschiedenen Tageszeiten oder an verschiedenen Orten arbeiten kann	
Flieger, der	ugs.: das Flugzeug	
Flugzeugemissionen *(Pl.)*	Abgase, z. B. CO_2	
Flyer, der	das Flugblatt; ein Blatt Papier mit Werbung oder Informationen darauf, das verteilt wird	
FOB	free on bord = frei an Bord; Incoterm, bei dem der Verkäufer die Transportkosten bis zum Schiff bzw. Flugzeug und die Verladung bezahlt. Die Restkosten trägt der Käufer.	
fördern	unterstützen, helfen	
fordern	verlangen, bestehen auf *(+ Dat.)*	
Forschung und Entwicklung (F & E)	F & E = R & D *(Research and Development)*, Abteilung, die neue Produkte entwickelt	
Fortschritt, der	der Progress, die (technische) Weiterentwicklung; z. B.: *Handys verdanken wir dem Fortschritt in der Kommunikationstechnologie.*	
Fracht, die	das, was versendet/transportiert wird	
frei Haus	Incoterm: kostenlose Lieferung für den Käufer (Der Verkäufer zahlt die gesamten Versandkosten.)	
freiberuflich	nicht fest angestellt, sondern mit Honorarvertrag, aber nicht gewerblich tätig	
Frist, die	ein Zeitraum, in dem etwas geliefert, bezahlt oder erledigt werden muss, z. B. innerhalb einer Woche, binnen 30 Tagen	
fristgemäß	fristgerecht, innerhalb der vereinbarten Frist, rechtzeitig	
fundiert	*fundierte Kenntnisse* = sehr solide, gute Kenntnisse	
funktionstüchtig	etwas funktioniert, ist nicht defekt	
Fusion, die	der Zusammenschluss, z. B. von zwei Firmen	
fusionieren	sich zusammenschließen, z. B. zwei Firmen werden eine Firma	
gängig	üblich, normal; etwas, was viel gekauft wird	
Gebühr, die	Geldbetrag für eine Dienstleistung	
Gehalt, das	das monatliche Einkommen	
Gehaltsvorstellung, die	wie viel ein Bewerber verdienen möchte bzw. wie viel Gehalt die Firma bezahlen will	

	Erklärung/Synonym/Antonym/Beispiel	Übersetzung
gelingen *(+ Dat.)*	*Mir gelingt etwas.* = Ich habe etwas gut gemacht.	
genehmigen	etwas erlauben, zulassen	
Gerät, das	der Automat, die Maschine	
gering	wenig, niedrig	
geringfügig	wenig, gering, niedrig	
Gerücht, das	inoffizielle Information, die falsch oder richtig sein kann	
Geschäft, das	das Ladengeschäft; der Betrieb, die Firma, das Unternehmen	
Geschäftslage, die	wirtschaftliche Situation eines Geschäfts	
Geschäftsplan, der	der Businessplan, den jmd. ausarbeitet, um ein Geschäft zu gründen	
gespannt sein auf *(+ Akk.)*	etwas gerne wissen wollen, z. B. wie ein Film endet	
gewähren	geben, erlauben	
gewährleisten	garantieren	
gewerblich	kaufmännisch, ein Gewerbe betreibend	
Gewerkschaft, die	Organisation, die für die Interessen/Rechte der Arbeiter/Angestellten eintritt	
Gewinn, der	der Profit	
Gewinnmarge, die	meist in Prozent berechnet; zeigt, wie viel Gewinn man mit einem Produkt macht/machen kann	
Girokarte, die	Wer ein Girokonto hat, bekommt eine Girokarte, mit der man bezahlen oder Geld abheben kann.	
glänzen	*hier:* sehr gut sein	
Gläubiger, der	Person/Firma, die Geld verliehen hat und auf die Rückzahlung wartet. Gegenteil: Schuldner	
Globetrotter, der	jmd., der durch die Welt reist	
GmbH, die	Gesellschaft mit beschränkter Haftung, Rechtsform	
Grafik, die	das Schaubild, macht Statistik visuell verständlich	
Großhandel, der	kauft vom Hersteller und verkauft an den Einzelhandel (gehört zum indirekten Absatz)	
Großraumbüro, das	ein großer Raum mit vielen Schreibtischen	
gründen	eine Firma, Organisation, einen Verein starten, aufbauen	
Gründer, der	jmd., der eine Firma, Organisation usw. startet	
Gründung, die	Start einer Firma, Organisation, eines Vereins	
gültig	*Die Fahrkarte ist einen Tag lang gültig.* = Sie gilt einen Tag lang. Sie ist danach ungültig (wertlos).	
günstig	preiswert, billig; gut	
Gut, das *(Pl.:* Güter)	die Ware	
Guthaben, das	das, was auf dem Konto im Plus ist	
Gutschrift, die	Wenn Geld auf ein Konto kommt, ist das eine Gutschrift. Gegenteil: Lastschrift	
Haltbarkeit, die	z. B. bei Lebensmitteln: wie lange etwas gut/frisch ist	
halten für	*Sie hält ihn für zuverlässig.* = Sie denkt, er ist zuverlässig.	

	Erklärung/Synonym/Antonym/Beispiel	Übersetzung
halten von	*Sie hält viel/wenig/nichts davon.* = Sie findet es gut/ nicht so gut/gar nicht gut.	
Handelsregister, das	öffentliches Verzeichnis aller eingetragenen Kaufleute eines bestimmten Gebietes	
Handelsvertreter, der	Gewerbetreibender, der für einen anderen Unternehmer Geschäfte vermittelt oder abschließt	
häufig	oft	
Hauptversammlung, die	Versammlung, zu der eine AG alle Aktionäre einlädt	
Hektik, die	die Eile, wenn alles schnell gehen muss; Gegenteil: die Ruhe	
Herausforderung, die	etwas Neues, woran man wächst, z. B. an einer neuen Aufgabe	
herstellen	produzieren, erzeugen	
Hersteller, der	der Produzent, Erzeuger	
hervorragend	sehr gut, ausgezeichnet	
hiesig	etwas, das sich hier befindet, z. B. *das hiesige Geschäft* = das Geschäft, das sich in dieser Stadt, an diesem Ort befindet	
hinsichtlich *(+ Gen.)*	*Hinsichtlich dieser Frage benötigen wir noch Informationen.* = Zu dieser Frage benötigen wir noch Informationen.	
Hochtouren (auf ~ laufen)	*Die Produktion läuft auf Hochtouren.* = Es wird sehr viel produziert.	
hochwertig	Adjektiv für gute Qualität	
höhere Gewalt, die	z. B. Erdbeben, Sturmflut, Streik; etwas, was man nicht beeinflussen/ändern kann	
Homeoffice, das	Wenn Mitarbeiter/innen von zu Hause aus arbeiten, arbeiten sie im Homeoffice.	
Hürde, die	das Hindernis; etwas, das man überwinden muss	
hybrides Arbeiten	sowohl analog als auch digital, z. B. ein Meeting, bei dem einige im Raum sind und andere via Internet teilnehmen	
IHK, die	die Industrie- und Handelskammer	
im Voraus	*Wir danken im Voraus für Ihre baldige Antwort.* = Wir danken schon, bevor wir die Antwort bekommen haben.	
Immobilie, die	Haus, Grundstück (nicht mobiler Besitz)	
improvisieren	etwas ad hoc, ohne Plan, ohne Vorbereitung machen	
in der Lage sein, etwas zu tun	etwas tun können	
in Empfang nehmen	etwas annehmen, z. B. die Post	
inbegriffen	inklusive	
Inbetriebnahme, die	das Starten (einer Maschine)	
Incoterm, der	International Commercial Term: klärt u. a., wer (Käufer oder Verkäufer) die Versandkosten bezahlen muss	
infolge *(+ Gen.)*	*infolge des Unwetters* = als Folge des Unwetters	
Infrastruktur, die	Straßen, öffentliche Verkehrsmittel, Strom- und Wasserversorgung, Einkaufsmöglichkeiten, Schulen etc.	
Initiativbewerbung, die	Bewerbung aus Interesse an einer Firma oder Organisation (nicht als Reaktion auf eine Stellenanzeige)	

	Erklärung/Synonym/Antonym/Beispiel	Übersetzung
Innovation, die	die (technische) Neuheit, neue Idee	
innovativ	neuartig, mit neuen Ideen	
Inserat, das	die Anzeige, Annonce	
Insolvenz, die	der Konkurs, Bankrott (ugs. die Pleite); wenn eine Firma nicht mehr zahlen kann	
intern	innerhalb der Firma	
Inventur, die	Ein Geschäft prüft, wie viele Waren es vorrätig hat (notwendig für die Bilanz).	
investieren	Geld (Zeit, Arbeit) ausgeben, um Gewinn zu machen, oder etwas Positives zu erreichen	
Investitionsgut, das (*Pl.:* Investitionsgüter)	z. B. Maschinen; Güter, die zur Produktion benötigt werden und erst langfristig Gewinn bringen	
Investor, der	jmd., der Geld in ein Unternehmen investiert, um Gewinn zu machen	
irreführen	jmdm. falsche Informationen geben	
Irrtum, der	der Fehler	
Jahresbonus, der	siehe: *Bonus*	
Jobbörse, die	Messe, auf der Vertreter von Firmen und Arbeitssuchende direkt miteinander sprechen können	
Jubiläum, das	runde „Geburtstagszahl" einer Firma oder Organisation, z. B. *25-, 50-, 100-jähriges Jubiläum*	
Kapazität, die	z. B. was ein Mensch, eine Maschine leisten kann; wie viel in einen Behälter passt	
Kapital, das	Geld, das man investieren kann	
Karriere, die	der Berufsweg, die berufliche Laufbahn	
Karriereseite, die	Teil der Internetseite eines Unternehmens, das die offenen Stellen des Unternehmens zeigt	
Kaufkraft, die	Geldmenge, die Verbraucher für den Konsum zur Verfügung haben	
Kaufverhalten, das	zeigt, welche und wie viele Waren Konsumenten kaufen	
KI, die	künstliche Intelligenz; von der Technologiebranche entwickelt	
Kfz, das	das Kraftfahrzeug (Auto)	
Kleingedruckte, das	Die AGB einer Firma sind normalerweise klein gedruckt, sodass Papier gespart wird, man sich aber anstrengen muss, sie zu lesen.	
Klient, der	der Kunde	
klimaneutral	z. B.: *Windenergie verursacht keine CO_2-Emissionen, ist also klimaneutral.*	
Klimawandel, der	die Veränderung des Klimas	
kollegial	fair im Umgang mit Kollegen	
Kommanditgesellschaft, die	eine Firmenrechtsform	
kompetent	fähig, berufserfahren	
kompostierbar	Ein Material, das wieder zu Erde wird, ist ~.	
Kompromiss, der	eine einvernehmliche Lösung, z. B.: Der Verkäufer verlangt 10,00 Euro, der Käufer bietet 5,00 Euro. Ein Kompromiss wäre 7,50 Euro.	

	Erklärung/Synonym/Antonym/Beispiel	Übersetzung
Kondition, die	die Bedingung	
Konferenz, die	die Sitzung, Tagung, das Gespräch	
Konkurrenz, die	der Wettbewerb: z. B. Firma A verkauft die gleichen Produkte wie Firma B, sie ist ihre Konkurrenz.	
konkurrenzfähig	wettbewerbsfähig, kann mit anderen konkurrieren	
konkurrieren	Firmen, die ähnliche Produkte anbieten, konkurrieren miteinander.	
Konkurs, der	die Insolvenz, der Bankrott (ugs. die Pleite)	
Konsequenz, die	die Folge	
Konsument, der	der Verbraucher	
Konsumentenrecht, das	z. B. das Recht des Verbrauchers, ein Produkt wieder zurückzugeben oder die Zutatenliste zu sehen oder das Herkunftsland zu erfahren	
Konsumgut, das, (*Pl.:* Konsumgüter)	Waren, die zum Verbrauch/Konsum bestimmt sind, z. B. Lebensmittel, Kleidung	
Kontakte knüpfen	neue Kontakte gewinnen	
kontinuierlich	etwas läuft immer weiter; jmd. macht etwas immer weiter, z. B. lernen	
Konto, das	*1. das Konto belasten:* Geld vom Konto nehmen/abbuchen *2. das Konto überziehen:* mehr Geld vom Konto nehmen, als darauf ist; nur möglich, wenn man einen Dispo- oder Überziehungskredit hat	
Konversionsrate, die	gibt an, wie viele Besucher/innen beim Besuch einer Website etwas gekauft haben	
Kostenkalkulation, die	die Berechnung der Kosten	
kostenpflichtig	etwas ist nicht kostenlos, muss bezahlt werden	
Kreativität, die	Fähigkeit, neue Ideen zu haben und zu realisieren	
Kredit, der	das Darlehen	
kulant	wenn eine Firma dem Kunden mehr entgegenkommt, als sie rechtlich müsste	
Kulturteil, der	der Teil einer Zeitung, der sich mit Kultur beschäftigt	
Kundendienst, der	der Service	
kundenorientiert	Jemand, der darauf achtet, was Kunden gefallen würde, arbeitet ~.	
Kundenstamm, der	alle Kunden, die bei einer Firma kaufen	
Kurierdienst, der	transportiert Dokumente etc. sehr schnell	
Kurzarbeit, die	Wenn eine Firma nicht genug Aufträge hat, aber keine Mitarbeiter entlassen will, wird weniger gearbeitet (und gezahlt).	
kurzfristig	nicht lange geplant, von heute auf morgen	
kurzlebig	Ein Produkt, das nicht lange hält, ist ~.	
Ladenhüter, der	ein Produkt, das sich nicht verkaufen lässt	
Ladeschein, der	ähnlich dem Lieferschein, auf dem die transportierten Waren stehen	
Laie, der	jmd., der sich nicht berufsmäßig mit einem Thema beschäftigt	
langfristig	für lange Zeit, auf lange Sicht (siehe auch: *kurzfristig*)	

	Erklärung/Synonym/Antonym/Beispiel	Übersetzung
Lärm, der	als störend empfundene laute Geräusche	
Lärmpegel, der	das Level des Lärms; wie laut etwas ist, wird in Dezibel gemessen	
Lastschrift, die	Wenn Geld vom Konto gebucht wird, ist das eine Lastschrift. Gegenteil: Gutschrift	
Laufbahn, die	*hier:* der Lebenslauf, die Karriere	
laut	1. Gegenteil von leise 2. genau so, wie gesagt, z. B. *laut Regierung* (Präposition + *Dat./Gen.)* = Die Regierung sagt es.	
Lebensmittel, das	das Nahrungsmittel	
legal	gesetzlich erlaubt; Gegenteil: illegal	
Leiharbeit, die	die Zeitarbeit; Zeitarbeitsfirmen stellen Mitarbeiter ein und vermitteln diese an andere Firmen, die gerade temporär Personal brauchen.	
Leistungsdruck, der	verursacht Stress, wenn man sehr gut arbeiten oder in der Schule sehr gute Noten bringen muss	
Leistungsfähigkeit, die	wie viel ein Mensch/Gerät leisten kann	
lernfreudig	jmd., der gerne lernt	
Lieferant, der	eine Firma, bei der man bestellen kann, von der man Waren bezieht/kauft	
Lieferbedingungen *(Pl.)*	~ klären die Fragen: a) Wie schnell wird geliefert? b) Wie wird geliefert? c) Wer bezahlt den Transport?	
Lieferfrist, die	der Zeitraum, in dem geliefert wird (z. B. zwei Wochen)	
Lieferkette, die	alle Lieferanten, die an der Herstellung eines Produkts beteiligt sind (vom Rohstoff über Bauteile)	
Lieferschein, der	Dokument, das alle Informationen über die gelieferten Waren enthält	
Lieferung, die	die bestellte Ware, die geliefert wird	
Lieferverzug, der	Verspätung der Lieferung	
liquide sein	Geld zur Verfügung haben	
Liquidität, die	die Fähigkeit, Geld zur Verfügung zu stellen/haben	
Logistik, die	beschäftigt sich mit dem Transport von Gütern	
Logo, das	das Zeichen oder Symbol, an dem man eine Firma erkennt	
Lohn, der	die Bezahlung der Arbeit nach Stunden	
lösungsorientiert	Wer ein Problem als Chance sieht, eine Lösung zu finden, ist ~.	
loyal	treu; *jmdm. loyal gegenüber sein* = für und nicht gegen jmdn. sein, zu jmdm. stehen	
Mahngebühr, die	Extrakosten, wenn man nicht pünktlich zahlt, sondern erst nach ein oder zwei Mahnungen	
Mahnung, die	Erinnerung, dass eine Rechnung noch nicht bezahlt bzw. eine Bestellung noch nicht geliefert wurde	
Mangel, der	Defizit; zu wenig von etwas	
mangelhaft	qualitativ nicht mehr ausreichend; zu schlecht, um akzeptiert zu werden	

	Erklärung/Synonym/Antonym/Beispiel	Übersetzung
Marktanteil, der	Wie viele andere Anbieter gibt es für ein Produkt/einen Service? (immer in Prozent angegeben)	
Marktlücke, die	dort, wo Platz auf dem Markt ist, um neue Produkte oder Dienstleistungen zu verkaufen	
Marktstudie, die	Analyse des Marktes, z. B.: Wie viel gibt ein junger Mensch zurzeit für die Altersvorsorge aus?	
Meeting, das	die Besprechung, die Konferenz	
Mehrwegverpackung, die	Verpackung, die mehrere Male benutzt werden kann	
Mehrwertsteuer, die	VAT; Steuer, die beim Kauf von Gütern oder Dienstleistungen bezahlt wird	
Meister, der	1. jmd., der etwas sehr gut kann 2. in den meisten Handwerksberufen die Ausbildungsstufe, mit der man sich selbstständig machen kann	
Menge, die	wie viel(e); die Masse, Anzahl	
Mengenrabatt, der	Wenn viel bestellt wird, wird der Stückpreis günstiger.	
Menschenrecht, das	ein Recht, das alle Menschen haben, weil sie Menschen sind, z. B. das Recht auf Leben, auf Schutz vor Gewalt, auf Bildung, auf Privatsphäre	
Messe, die	eine Ausstellung, bei der viele Firmen derselben Branche ihre neuen Produkte präsentieren	
Messeleitung, die	Organisation/Firma, die Messen plant und veranstaltet	
Messestand, der	die Fläche in den Messehallen, auf der eine Firma ihre Produkte präsentiert	
Mindestlohn, der	gesetzlich festgelegte untere Lohngrenze	
misslingen	nicht gelingen, nicht gut werden	
Missverständnis, das	*Ich dachte, wir sollten uns um 4.00 Uhr treffen, nicht um 14.00 Uhr! Das war ein Missverständnis.*	
Mitglied, das	jeder, der zu einem Verein oder einer Organisation gehört	
Monitor, der	der Bildschirm	
Mühe, die	die Arbeit, der Arbeitsaufwand; z. B.: *Vielen Dank für Ihre Mühe, mir die Informationen zu senden.*	
mühsam	etwas kostet Mühe oder Arbeit	
Müll, der	der Abfall	
Multitasking, das	mehrere Sachen gleichzeitig machen	
Musterexemplar, das	das Probeexemplar, Muster, die Probe	
Nachfrist, die	eine zweite Frist, wenn die erste Frist verpasst wurde	
nachlässig	nicht sorgfältig	
Nachsicht, die	das Verständnis für etwas; z. B.: *Es ist nicht so schlimm, dass die Lieferung nicht pünktlich war.*	
Nachteil, der	die negative Seite; z. B.: *Der Nachteil von Schokolade sind die vielen Kalorien.*	
namhaft	bekannt, renommiert	
Newsletter, der	Ein Newsletter informiert Kund/innen und/oder Interessenten per E-Mail über Neues von einem Unternehmen oder einer Organisation.	

	Erklärung/Synonym/Antonym/Beispiel	Übersetzung
NGO, die	Nichtregierungsorganisation *(Non-governmental organization)*	
Niederlassung, die	die Filiale	
Norm, die	Normen sind festgelegte Regeln in Wissenschaft und Technik, z. B. DIN-Normen, EN- und ISO-Normen.	
notwendig	nötig, man braucht es	
Öffnungszeiten *(Pl.)*	die Zeiten, zu denen ein Geschäft geöffnet hat	
OHG, die	Firmenrechtsform: Offene Handelsgesellschaft	
ökologisch	in der Landwirtschaft: ohne Chemie oder Gentechnik	
Ölförderung, die	*Öl fördern* = Öl aus der Erde holen	
optimal	am besten	
optimieren	etwas verbessern, bestmöglich machen	
Organigramm, das	eine Grafik, die die Struktur einer Firma zeigt	
outsourcen	auslagern; Eine Autofirma stellt z. B. nicht alle Teile selbst her, sondern lagert die Produktion einiger Teile aus.	
Palette, die	1. Angebotspalette, Sortiment 2. Holzplatte, auf die verpackte Waren gelegt werden	
Passivseite, die	steht rechts in der Bilanz; zeigt, das Kapital/die Finanzen der Firma	
Passwort, das	eine Zeichenfolge, die man zur Sicherheit eingeben muss, um z. B. an seinem Computer arbeiten zu können	
Pauschalreise, die	eine Reise, bei der alles im Preis inklusive ist (Fahrt, Hotel, Verpflegung ...)	
PDF, die	Portable Document Format; eine Datei, die von jedem Drucker gedruckt werden kann	
per Akkreditiv	eine der sichersten Zahlungsarten beim Im- und Export, bei der die Banken des Käufers und des Verkäufers kommunizieren	
per Vorauskasse	Zahlungsart, bei der der Käufer bezahlt, bevor er die Ware erhält	
Personalmangel, der	Eine Firma hat nicht genug Mitarbeiter.	
PIN, die	Persönliche Identifikationsnummer = *Personal Identification Number*	
plädieren für	argumentieren für; sich für etwas aussprechen	
Planstelle, die	Stelle in einem Unternehmen, der bestimme Aufgaben aufgrund einer Stellenbeschreibung zugewiesen sind	
Portemonnaie, das	die Geldbörse	
Preisausschreiben, das	ein Rätsel, bei dem man etwas gewinnen kann, wenn man es gelöst hat	
Preisnachlass, der	der Rabatt	
preiswert	günstig, billig	
Primärsektor, der	erster Wirtschaftssektor: holt Rohstoffe aus der Natur (Landwirtschaft, Bergbau)	
Produktionsstätte, die	die Fabrik	
Profit, der	der Gewinn, der Ertrag, die Rendite	

	Erklärung/Synonym/Antonym/Beispiel	Übersetzung
Profitabilität, die	die Rentabilität; wie profitabel ein Geschäft ist, wie viel Gewinn etwas bringt	
Profitmarge, die	siehe: *Gewinnmarge*	
Prokurist, der	jmd., der Vollmacht zur Führung eines Unternehmens hat	
prompt	sofort, umgehend	
Protokoll, das	offizielle Mitschrift z. B. bei einer Konferenz	
Prototyp, der	erstes Modell eines neuen Produkts, das getestet werden kann, bevor das Produkt in Serie hergestellt wird	
Qualifikation, die	die Ausbildung, Kenntnis, Berufserfahrung, das Know-how	
Qualitätskontrolle, die	kontrolliert firmenintern die Qualität der Produkte	
Quantität, die	die Menge	
Quartal, das	das Vierteljahr, drei Monate	
Quartalsabschluss, der	Die Bilanz, die alle drei Monate erstellt wird; zeigt die finanzielle Lage einer Firma.	
Quereinsteiger, der	jmd., der aus einer anderen Branche kommt, der aber in einer neuen Branche nicht wieder eine Ausbildung machen muss, sondern in vergleichbarer Position wie in der alten Branche beginnt	
Quittung, die	ein Beleg für eine Zahlung, z. B. Taxiquittung, Restaurantquittung	
Quote, die	Prozentzahl, die erreicht werden muss	
Ratenzahlung, die	wenn nicht der gesamte Rechnungsbetrag, sondern in Teilzahlungen bezahlt wird	
rechnen mit *(+ Dat.)*	etwas erwarten	
Rechnungsbetrag, der	die Summe, die auf der Rechnung steht	
Rechtsform, die	z. B. GmbH, OHG, KG, AG	
rechtswidrig	nicht legal, illegal	
rechtzeitig	pünktlich, fristgemäß, fristgerecht	
recyceln	wiederverwerten: Papier, Glas usw.	
Recycling, das	der Vorgang, in dem man Papier usw. wiederaufbereitet	
regelmäßig	in gleichmäßigen zeitlichen Abständen	
Region, die	das Gebiet, die Umgebung	
reibungslos	problemlos	
reißen (sich um etwas)	*Die Leute reißen sich darum.* = Alle wollen es haben.	
Reklamation, die	die Beschwerde, Mängelrüge	
reklamieren	sich über etwas beschweren	
relevant	wichtig für eine Sache/für ein Thema sein	
renovieren	z. B. ein Haus neu streichen	
rentabel	profitabel, etwas lohnt sich, ist lohnend	
Rente, die	Wenn man im Alter aufhört zu arbeiten, geht man in Rente.	
Reparatur, die	die Instandsetzung	
Repräsentant, der	der Vertreter	

	Erklärung/Synonym/Antonym/Beispiel	Übersetzung
Ressource, die	die Reserve, der Vorrat	
Resultat, das	das Ergebnis	
Rohöl, das	Öl, wie es aus der Erde kommt	
Rohstoff, der	Material, das direkt aus der Natur kommt	
rote Zahlen schreiben	Verlust (= Minus) machen	
Rückseite, die	Wenn man ein Blatt Papier umdreht, sieht man die Rückseite.	
Ruf, der	wie über eine Firma, einen Menschen gesprochen wird (gut oder schlecht)	
Saatgut, das	Pflanzensamen, die man in die Erde legt, damit neue Pflanzen daraus wachsen	
Saison, die	die Jahreszeit, meistens nur Sommer- und Wintersaison	
säumig	verspätet, z. B.: Der Kunde hat die Rechnung noch nicht bezahlt. = *Er ist ein säumiger Kunde.*	
Schadenersatz, der	Ersatz (Kompensation), wenn z. B. durch Liefer- oder Zahlungsverzug ein Vertragspartner Verluste hat	
schadhaft	beschädigt, kaputt, defekt, nicht einwandfrei	
schätzen	1. einen ungefähren Wert feststellen 2. jmdn./etwas wichtig oder wertvoll finden	
scheuen vor (sich)	*sich vor etwas scheuen* = vor etwas Angst haben	
schlendern	langsam gehen	
schonen	etwas nicht strapazieren; Wenn etwas lange halten soll, schont man es. Wenn man krank war, muss man sich danach zuerst noch schonen.	
Schulung, die	ein kurzer Kurs	
Schwäche, die	etwas, was man nicht so gut kann	
schwarze Zahlen schreiben	Profit/Gewinn machen	
Schwellenland, das	ein Land, das wirtschaftlich auf dem Weg zum Industrieland ist	
schwinden	weniger werden, langsam verschwinden	
Seefracht, die	Güter, die per Schiff transportiert werden (*analog zu:* Bahnfracht, Luftfracht)	
Sekundärsektor, der	zweiter Wirtschaftssektor: die Industrie, das Handwerk; mit der Verarbeitung von Rohstoffen beschäftigt	
Selbstständige, der/die	jmd., der/die nicht angestellt ist, der/die für sich selbst arbeitet	
SEO-Experte, der/die	Suchmaschinenoptimierung (SEO) schafft es, dass eine Website schnell gefunden wird.	
setzen auf	glauben, dass etwas Erfolg haben wird	
sich beeilen	schnell machen	
sich erkundigen bei/nach	fragen nach, sich informieren über	
sich etwas entgehen lassen	etwas verpassen (z. B. ein Sonderangebot)	
sich konzentrieren auf	sich nicht ablenken lassen	
sich vergewissern	noch einmal nachschauen, nachfragen, damit man keinen Fehler macht	

	Erklärung/Synonym/Antonym/Beispiel	Übersetzung
sich verlassen auf	sicher sein, dass jmd. anderes eine Aufgabe macht, sodass man sie nicht selbst tun muss	
Sitzung, die	das Meeting, die Konferenz	
skeptisch sein	Wer etwas nicht leicht glaubt, ist ~.	
Skonto, das	Rabatt für schnelles Zahlen	
soeben	gerade eben, vor einem Moment	
Soft Skills *(Pl.)*	z. B. Einfühlungsvermögen, Empathie, Kommunikationsfähigkeiten; im Unterschied zu Hard Skills = Fachkenntnissen	
Solaranlage, die	erzeugt Strom aus Sonnenenergie	
solide	haltbar, robust, auf starkem Fundament; seriös	
Sorgfalt, die	die Genauigkeit, Sorge, Aufmerksamkeit	
Sortiment, das	die Angebotspalette, Auswahl	
Sozialleistungen *(Pl.)*	z. B. durch Krankenversicherung, Rentenversicherung	
Spediteur, der	die Transportfirma	
Stammgeschäft, das	das Hauptgeschäft einer Firma; meistens das, worauf sie spezialisiert ist	
Stammkunde, der	ein Kunde, der immer wieder bei einer Firma kauft	
Standort, der	Ort, an dem sich eine Firma befindet	
Stärke, die	etwas, worin man gut ist, was man gut kann	
Start-up, das	ein neu gegründetes Unternehmen	
Statistik, die	Zahlen, die eine Situation oder eine Entwicklung darstellen	
Stau, der	wenn etwas nicht weitergeht, z. B. Papierstau im Drucker, Verkehrsstau auf der Straße	
Staudamm, der	ein Damm, der Wasser eines Flusses staut (z. B. zur Stromerzeugung)	
Stellenabbau, der	erfolgt, wenn Stellen gestrichen werden bzw. Mitarbeitern gekündigt wird und die freien Stellen nicht wieder besetzt werden	
Stellenannonce, die	zeigt, dass eine Arbeitsstelle frei ist; auch: das Stelleninserat, die Stellenanzeige	
Stelleninserat, das	zeigt, dass eine Arbeitsstelle frei ist; auch: Stellenannonce, die Stellenanzeige	
Stellungnahme, die	was jmd. zu einem Problem sagt, z. B.: *Der Pressesprecher einer Firma nimmt zu einem Problem Stellung.*	
Stellung nehmen zu	zu einer Situation einen Kommentar geben	
stets *(Adv.)*, stetig *(Adj.)*	immer, andauernd	
Stichprobe, die	Nicht jedes Produkt wird geprüft, sondern nur z. B. jedes tausendste.	
Stiftung Warentest, die	Organisation, die Produkte und Dienstleistungen prüft und vergleicht	
stornieren	eine Bestellung absagen, widerrufen	
Storno, der/das	der Widerruf/die Absage einer Bestellung	
Stoßstange, die	Teil vom Auto, der das Auto vor Schäden schützt, wenn es gegen etwas fährt	

	Erklärung/Synonym/Antonym/Beispiel	Übersetzung
Streik, der	organisierter Arbeitsstopp, um z. B. mehr Lohn zu bekommen	
streiken	die Arbeit niederlegen, eine Zeitlang nicht arbeiten, um z. B. die Arbeitsbedingungen zu verbessern	
stressresistent	belastbar, bleibt bei Stress ruhig	
Stückpreis, der	wie viel ein Stück des Produkts kostet	
stunden	*einen Betrag stunden* = mehr Zeit geben, den Betrag zu bezahlen	
Suchmaschine, die	sucht im Internet nach relevanten Websites, z. B. um eine Frage zu beantworten	
Tagesordnung, die	Agenda für eine Konferenz (in welcher Reihenfolge welche Themen besprochen werden sollen)	
Tagung, die	große Konferenz	
Tarifverhandlung, die	Löhne und Gehälter werden zwischen Arbeitgebern und Gewerkschaften verhandelt.	
Tertiärsektor, der	dritter Wirtschaftssektor: Dienstleistungen und Handel	
tilgen	hauptsächlich: *Schulden tilgen* = Schulden zurückzahlen	
Toner, der	Farbe für Kopierer und Laserdrucker	
überdurchschnittlich	über der Norm, höher/besser als die Norm	
überfällig	verspätet (z. B. Rechnung: am Zahlungstermin fällig, nach dem Zahlungstermin noch unbezahlt)	
überzeugen von	in einem Gespräch die besseren Argumente haben, jmdm. versichern, dass etwas stimmt/nicht stimmt	
überziehen (Konto)	mit dem Konto ins Minus gehen *(untrennbares Verb)*	
UG	Unternehmergesellschaft (Firmenrechtsform)	
umgehend	sofort, prompt	
Umsatz, der	finanzieller Gegenwert (Geld) aus dem Verkauf von Gütern oder Dienstleistungen	
Umsatzsteuer, die	die Mehrwertsteuer, die ein Unternehmen einnimmt und dem Finanzamt zahlen muss	
umstritten	Die Menschen streiten sich darüber, ob etwas gut oder schlecht ist. = *Es ist umstritten.*	
Unannehmlichkeit, die	das Problem, etwas Unangenehmes	
unbefristet	Ein unbefristeter Vertrag wird auf unbestimmte Zeit abgeschlossen.	
ungeahnt	unerwartet, überraschend	
unsachgemäß	*unsachgemäße Verpackung* = unpassende Verpackung, z. B. ein Glas ohne Polsterung versenden	
unscheinbar	wird nicht gleich bemerkt	
unterbieten	einen geringeren Preis als die Konkurrenz verlangen	
unterbreiten (Angebot)	ein Angebot machen *(Schriftsprache)*	
unterlaufen (ein Fehler) *(+ Dat.)*	*Mir unterläuft ein Fehler.* = Ich mache einen Fehler.	
Unternehmen, das	der Betrieb, die Firma, das Geschäft	
untersagen	verbieten	
unverbindlich (Angebot)	nicht verpflichtend; z. B.: Der Anbieter kann am nächsten Tag den Preis ändern.	

	Erklärung/Synonym/Antonym/Beispiel	Übersetzung
unverzüglich	sofort, ohne Verzug/Verspätung, umgehend, prompt	
Vakanz, die	die freie Stelle	
verabschieden	etwas wird zum Gesetz gemacht = *ein Gesetz verabschieden*	
vegan	Lebensmittel ohne tierisches Eiweiß; Ein Mensch, der weder Fleisch noch Milch noch Eier etc. isst, lebt vegan.	
Vegetarier, der	jmd., der kein Fleisch isst	
Veranstaltung, die	etwas, was (planmäßig) stattfindet: Kurs, Konzert, Festival, Messe	
verbindlich	1. sehr freundlich 2. Das Angebot ist verbindlich. = Der Anbieter muss sich an die Preise etc. halten.	
verblüffend	erstaunlich, überraschend, unerwartet	
Verbraucher, der	der Konsument	
Verbraucherzentrale, die	eine Organisation, die die Interessen der Konsumenten schützt	
verbunden	dankbar, z. B.: *Für eine schnelle Antwort wären wir Ihnen verbunden.*	
vereinbaren	z. B. einen Termin (aus)machen	
verfügen über	haben, besitzen	
Vergütung, die	die Bezahlung (für Arbeit oder z. B. die Überlassung von Rechten)	
Verkaufsargument, das	Grund, warum wir ein Produkt kaufen sollten	
Verkaufszahlen *(Pl.)*	siehe: *der Umsatz, die Umsatzzahlen*	
Verlag, der	eine Firma, die Bücher, Zeitschriften oder Zeitungen veröffentlicht	
Verlust, der	das, was man verloren hat	
vermeiden	verhüten, aufpassen, dass etwas nicht passiert	
Vermögen, das	der Besitz, das Eigentum	
vermuten	denken, glauben, schätzen, nicht hundertprozentig sicher sein	
vermutlich	mit ziemlicher Sicherheit; wahrscheinlich	
Vermutung, die	Man weiß es nicht, denkt/glaubt es aber.	
vernachlässigen	sich nicht um etwas/jmdn. kümmern; etwas nicht pflegen	
vernetzen (sich)	Kontakte suchen und pflegen	
Verpackungsmaterial, das	Papier, Plastik, Klebstoff, Pappe ... alles, was man zum Verpacken benötigt	
Verpackungsaufwand, der	Wenn ein Produkt in sehr viel Verpackungsmaterial steckt, ist der Verpackungsaufwand groß.	
verpassen	etwas versäumen, z. B. Flug, Termin	
verringern (sich)	weniger werden, weniger machen	
versäumen	verpassen	
verschieben	meist zeitlich verändern; z. B. einen Termin später stattfinden lassen als geplant	
Verschwiegenheit, die	über etwas schweigen, etwas nicht weitersagen	
Versehen, das	der Fehler, Irrtum	

	Erklärung/Synonym/Antonym/Beispiel	Übersetzung
Verständnis, das	siehe: *die Nachsicht*	
Vertreter, der	1. Repräsentant (z. B. einer Firma, einer Interessengruppe) 2. jmd., der für einen Kollegen einspringt	
Vertrieb, der	der Verkauf, die Verkaufsabteilung	
verzichten auf	Nein sagen zu etwas, entweder, weil man muss oder weil man es nicht braucht	
verzögern (sich)	(sich) verspäten, verlangsamen	
vorab	im Voraus, schon vorher, z. B.: *Wir danken vorab für Ihr Angebot.*	
Vorauszahlung, die	Zahlung bevor man die Ware/den Service erhalten hat	
vorbildlich	kann als Vorbild/Ideal gelten	
Vorrang, der	die Priorität; Das, was am wichtigsten ist, hat ~.	
Vorstand, der	die Direktion	
Vorteil, der	die positive Seite; z. B.: *Der Vorteil von Schokolade ist, dass sie gut schmeckt.*	
Vortrag, der	die Rede, die Präsentation, das Referat	
vorübergehend	temporär, für eine bestimmte Zeit, nicht lange	
vorziehen (etwas/jmdn.)	bevorzugen, lieber mögen	
Vorzug, der	der Vorteil	
Wahrung, die	der Schutz, die Erhaltung	
warten	*hier:* eine Maschine pflegen und reparieren	
Wartung, die	Pflege und Reparatur (z. B. einer Maschine)	
Website, die	Fast jedes Unternehmen hat im Internet eine Website, auf der man sich über die Firma und ihre Produkte oder Dienstleistungen informieren kann.	
Wechselkurs, der	der Preis, zu dem man eine andere Währung kaufen kann; z. B.: *Wie viele Euro bekomme ich für ein Pfund?*	
weigern (sich)	etwas nicht tun, weil man es nicht tun will	
Werbeetat, der	der Betrag/das Budget, das eine Firma für Werbung ausgeben kann	
Werbekampagne, die	organisierte Werbeaktion, z. B. gleichzeitig im TV, Internet, in den Zeitungen	
werben	Werbung oder Reklame machen	
Werksbesichtigung, die	Fabrikbesichtigung; Rundgang durch eine Fabrik, mit Erklärungen durch einen Fabrikmitarbeiter	
Wertstoff, der	Material, das wiederverwendet werden kann, z. B. Glas, Papier, Metalle, Gold, Silber	
Widerruf, der	Wenn ein Kunde z. B. zu viel bestellt hat, kann er die Bestellung vielleicht stornieren.	
widersprechen	dagegen sprechen z. B.: *Nein, so ist es nicht!*	
Wiedervereinigung, die	z. B.: *die Wiedervereinigung Deutschlands* (etwas Geteiltes wird wieder zu einem Ganzen)	
Wiederverwertung, die	das Recycling; wenn man Material mehrmals benutzt	
Wirtschaftsteil, der	Teil einer Zeitung, der sich mit Wirtschaft beschäftigt	
Zahlungsaufschub, der	mehr Zeit zum Zahlen einer Rechnung bekommen/geben	

	Erklärung/Synonym/Antonym/Beispiel	Übersetzung
Zahlungseingang, der	der Erhalt der Zahlung	
Zahlungsfrist, die	der Zeitraum, in dem gezahlt werden muss	
Zahlungsverzug, der	Verspätung der Zahlung	
Zeitarbeit, die	siehe: *Leiharbeit*	
zeitaufwendig	kostet viel Zeit	
Zeitdruck, der	sehr wenig Zeit für viel Arbeit haben (unter Zeitdruck stehen)	
zeitnah	bald, so bald wie möglich	
Zielgruppe, die	die Menschen, denen man etwas verkaufen möchte	
Zinsen *(Pl.)*	bekommt man, wenn man spart; bezahlt man, wenn man einen Kredit zurückzahlt	
Zinssatz, der	wie viel Prozent Zinsen z. B. ein Kredit kostet oder ein Sparvertrag einbringt	
Zollerklärung, die	Wenn man Waren in ein Land einführt, muss man diese beim Zoll melden.	
zu Lasten *(+ Gen.)*	zum Nachteil von	
zufolge *(+ Gen./Dat.)*	*zufolge eines Berichts/einem Bericht zufolge* = Der Bericht sagt es.	
Zugeständnis, das	z. B. in einer Verhandlung eine Forderung des Verhandlungspartners akzeptieren = ein ~ machen	
zugunsten *(+ Gen.)*	zum Vorteil von jmdm.	
zukünftig	Adj./Adv. für: in der Zukunft	
Zulieferer, der	eine Firma, die einem Hersteller z. B. Bauteile für seine Produktion liefert	
zurückhaltend	abwartend	
Zuschlag, der	*hier:* der Auftrag	
zustellen	zusenden	
zuverlässig	Man kann sich auf jmdn. verlassen. Er/Sie ist ~.	
Zuverlässigkeit, die	Man kann sich auf jmdn./etwas verlassen. Ein Mensch hält, was er verspricht.	
zuversichtlich	optimistisch, sicher, dass etwas gut wird	
zuvorkommend	sehr hilfsbereit; Jemand hilft, bevor er/sie gefragt wird.	
zweifeln an *(+ Dat.)*	nicht sicher sein, dass etwas stimmt	

Index

Lösungen

Teil I

Seite 10 • Ü1 **der:** Herbst, Fabrikant, Eistee, Mittwoch, Monitor, Setzling, Chauffeur, Sozialist, Feminismus, Hefter, Demonstrant, Assistent **die:** Genehmigung, Gewerkschaft, Stunde, Bürokratie, Garage, Bilanz, Brauerei, Ärztin, Konsequenz, Materie, Konstruktion, Menschheit, Neutralität, Sauberkeit, Natur, Politik, Legislative **das:** Verzeichnis, Thema, Nikotin, Leben, Rädchen, Tischlein, Maximum

Seite 10 • Ü2 die Abteilung, das Büro, der Computer, die Datei, das Dokument, die Seite, das Bearbeiten, die Korrektur, der Monitor, die Tastatur, die Schublade, der Drucker, der Hefter, die Heftklammer, der Locher, die Schere, der Ordner, der Brief, das Porto, die Adresse, der Empfänger, das Datum, das Meeting, die Konferenz, die Besprechung, die Diskussion, die Abstimmung, die Präsentation, der Beamer, die Grafik, die Frage, die Belegschaft, das Zeugnis, die Geschäftsleitung, das Marketing, die Werbung, die Produktion, die Ware, das Erzeugnis, die Quantität, das Kilo, die Tonne, die Verpackung, das Recycling, die Kaffeemaschine, die Tasse, der Becher, die Pause, die Kantine, das Essen, die Gesundheit

Seite 10 • Ü3 **1.** das Komma **2.** der Termin **3.** die Lieferfrist **4.** der Experte **5.** die Erlaubnis

Seite 12 • Ü4 **1.** Die Auszubildende wird Mechatronikerin. **2.** Der Betrieb ist ein Ausbildungsbetrieb. **3.** Das Geschäft bleibt ein Familienunternehmen. **4.** Der Bewerber wird unser neuer Mitarbeiter.

Seite 12 • Ü5 **1.** den Brief **2.** die Nachricht **3.** den ersten April **4.** die Bücher in das Regal **5.** den Meister

Seite 12 • Ü6 **1.** dem Käufer **2.** mit dem Arbeitgeber **3.** auf der ersten Seite **4.** den Vorstellungen **5.** der Existenzgründerin **6.** dem Dokument

Seite 12 • Ü7 **1.** des Unternehmens **2.** der Marke **3.** des Geschäfts **4.** des hohen Preises **5.** der Firma **6.** der Feiertage

Seite 12 • Ü8 **1.** der, des **2.** der **3.** des, das **4.** Die, dem **5.** Die, des, den **6.** Die, den

Seite 13 • Ü9 **1.** Der Journalist fragt den Experten. **2.** Der Assistent hilft dem Kollegen. **3.** Der Student widerspricht dem Dozenten. **4.** Wer kennt den Namen des Praktikanten? **5.** Sie notieren den Gedanken des Philosophen. **6.** Der Spezialist antwortet dem Journalisten. **7.** Der Laie vertraut dem Spezialisten. **8.** Der Kunde reklamiert den Automaten. **9.** Wir schicken dem Kunden einen neuen Automaten. **10.** Der Experte berät den Laien. **11.** Sprichst du mit dem Kunden? **12.** Der Chef interviewt den Kandidaten. **13.** Ich bestelle bei dem Lieferanten. **14.** Die Kollegin telefoniert mit Herrn Huber.

Seite 14 • Ü10 ... einen Termin mit Herrn Scheuber – ... Ihren Namen? – ... ist mein Name. Mein Assistent hatte ... – Stimmt, Herr Hällig. – Herr Scheuber ist ... mit einem Kandidaten. – ... einen weiteren Repräsentanten. – ... Ihren Kollegen, den Franzosen Herrn Bernaux, gebeten, an der Sitzung ... – Sie kennen Herrn Bernaux doch, oder? – Ja, er ist ebenfalls Spezialist ... – Aber hatten Sie mich als Experten ... – ... auf den Gedanken? – Wir haben zu der Sitzung auch unseren Lieferanten, einen Biologen, unseren Produzenten, einen Journalisten und seinen Pressefotografen eingeladen. – ... mit keinem Menschen ... – ... ist uns eine Herzensangelegenheit!

Seite 15 • Ü11 **1.** Verkaufs- und Lieferbedingungen sind Bestandteil unserer Allgemeinen Geschäftsbedingungen **2.** Bonitätsprüfung **3.** Eigentumsvorbehalt; Zahlungseingang **4.** Qualitätsmängeln; Ersatzlieferungen **5.** Existenzgründer/innen, Geschäftsplan, Anfangsphase, Orientierungshilfe **6.** Arbeitsaufwand, Gewinnaussicht, Marktanalyse **7.** Rechtsform **8.** Geschäftsidee, Investitionsmöglichkeit **9.** Haftungsbegrenzungen, Geschäftspartnern **10.** Zielgruppe **11.** Qualitätsanspruch **12.** Öffentlichkeitsarbeit **13.** Vorgehensweise, Verlustfall **14.** Geschäftsplan, Erfolgschancen, Wachstumsprognose **15.** Durchhaltevermögen, Durchsetzungskraft, Geduldreserven, Geldgeber, Geschäftsmodell **16.** lösungsorientierte, kommunikationsstarke **17.** Gehaltserhöhung, Urlaubstage, Anwesenheitspflicht **18.** Mittagessen, Unternehmenskantine, Reklamationsmanagement, Situationskomik, Leistungsdruck, Abteilungsleiterin **19.** Dienstleistungshandwerk, Wirtschaftszweig **20.** Arbeitszeiten, Arbeitsvertrag **21.** Tarifverhandlungen, Gewerkschaften, Arbeitgebern, Arbeitnehmer **22.** Präsentationsdauer, Informationsmaterial, Wissensdurstige

Seite 17 • Ü1 **A:** unserem Kurzinterview; meine erste Frage; eine Zukunft **B:** Ihre Einladung; Ihrer Frage; eine Zukunft; unserem Leben **A:** Ein Einwand; den Menschen **B:** Einwände; der Einwand; keine Roboter; die Roboter **A:** einen Arbeitgeber; Roboter; Menschen **B:** Ein Roboter; kein Gehalt; keinen Urlaub; keine Pausen **A:** ihre Arbeit; die Produkte; kein Geld; ein menschliches; ein ökonomisches Problem **B:** Das Problem; die Erfahrung; Arbeitsplätze; neue Arbeitsplätze **A:** keine Sorgen; keine Angst; ein Chatbot **B:** die Sorge

Seite 18 • Ü2 **1.** –, das **2.** –, die **3.** –, –, –, – **4.** –, den **5.** –, –, –, – **6.** –, –, –, (die)

Seite 18 • Ü3 **1. A:** ein; **A:** kein, einen, das, keinen **B:** den, dem, Der **A:** einen, seinen **B:** meinen, Mein **A:** die, – **B:** –/Das, –/den, – **A:** der, – **B:** den **A:** –, – **B:** die, unserem, Die, – **A:** unseren **A:** Den

Seite 19 • Ü1 **1.** Ja, das ist meiner. **2.** Ja, das ist seine. **3.** Ja, er hat einen. **4.** Ja, ich habe ihm eine gegeben. **5.** Ja, das ist seiner. **6.** Nein, ich habe ihm keinen angeboten. **7.** Nein, er braucht kein(e)s. **8.** Nein, ich verlange keine von ihm. **9.** Nein, leider habe ich kein(e)s. **10.** Ja, das ist meiner.

Seite 19 • Ü2 **A:** Ich konnte in der Eile noch keinen finden. **B:** Warum nehmen wir nicht den aus dem Büromaterialschrank? Der ist dort immer in Reserve. **A:** Ach ja, und Herr Sonderson hat mich gebeten, einen Laptop zu organisieren, weil er seinen zur Reparatur gegeben hat. **B:** Ich kann ihm meinen leihen. Meiner steht hier nur rum. **B:** Super, von denen sind alle immer begeistert. **B:** Gut. Natürlich die mit unserem Logo.

Seite 20 • Ü3 **1.** sie **2.** er **3.** es **4.** Sie **5.** uns, Ihnen **6.** euch **7.** Ihnen **8.** Sie, sie **9.** du, es **10.** wir, Sie **11.** sie, Ihnen **12.** er, ihm **13.** er **14.** er, ihm **15.** sie, ihn

Seite 21 • Ü4 **1.** mich **2.** sich **3.** dich **4.** euch **5.** uns, uns **6.** dir **7.** mir

Seite 21 • Ü5 **1.** mein **2.** mein, dein, sein, ihr, unser, euer, Ihr/ihr **3.** seine **4.** seinen **5.** meines, deines, seines, ihres **6.** unserem **7.** deine, eure, ihre

Seite 21 • Ü6 **I.** sie; sie; Ihnen; ihr; ihnen; uns; ihnen; Sie; Ihre **II.** Ihre; Ihnen; ihr; Er; Sein; ihm; sich; uns; Keiner; sich

Seite 22 • Ü7 **1.** dieses; Beim Kauf jenes/des Produkts erhalten Sie nur 5 Prozent Rabatt. **2.** diesem; Bei jenem/dem (Produkt) ist die Verpackung inklusive. **3.** dieses; Die Garantie für jenes/das (Gerät) beträgt nur zwei (Jahre). **4.** dieses; Der Akku jenes/des Gerätes ist leider schnell leer. **5.** diesen; Zu jenen (Geräten)/den Geräten/denen erhalten wir häufig Reklamationen.

Seite 23 • Ü8 **1.** diejenigen **2.** diejenigen **3.** denjenigen **4.** denjenigen **5.** diejenigen **6.** demjenigen **7.** derjenigen **8.** denjenigen **9.** Diejenigen

Seite 24 • Ü9 **1.** Nein, wir haben den gleichen Kopierer wie Firma XYZ. **2.** Ja, morgen sitzen wir in demselben Flieger um 8.00 Uhr. **3.** Nein, die gleiche Lampe steht auf Ihrem Schreibtisch. **4.** Nein, Firma DEF arbeitet mit genau den gleichen Maschinen wie wir. **5.** Ja, wir vertrauen derselben Computermarke wie Sie.

Seite 24 • Ü10 **A:** diejenigen, die **A:** Dasselbe sage ich **A:** diesen Drucker; diese Woche **A:** zwar dasselbe **B:** dasselbe? **A:** Dieser hier; der dort; zu diesem Drucker **B:** das Modell **A:** für diesen Drucker **B:** den gleichen Drucker **A:** diese Geräte **B:** dasselbe Modell **A:** diese Geräte

Seite 26 • Ü11 **A:** jemand **B:** etwas; alles **A:** Einige Fragen **B:** jemanden **A:** Irgendjemand **B:** Einige Firmen **A:** jede Firma; niemand **B:** alle **A:** mehrere Mails; niemand; etwas; alles **A:** man **B:** Beide **A:** jemand; nichts **B:** Man **A:** alle Fragen; man **B:** alles **A:** man **B:** alles

Seite 27 • Ü1 **1.** kleine, wichtigen, günstige **2.** lange, jungen **3.** duale, graue, bunten **4.** neuen, großen, meisten **5.** alte, defekte, netten, bekannten

Seite 28 • Ü2 **1.** Die letzte Stellenanzeige ... der neuen Firma ... die meisten Bewerbungen. **2.** Die Ware aus der letzten Saison ... der überarbeiteten Verkäuferin mit dem roten Schild ... versehen. **3.** Die aktuellen Stellenanzeigen wurden von der arbeitssuchenden alleinerziehenden Mutter mit der größten Sorgfalt gelesen. **4.** Bei dieser überzeugenden Bewerbung griff die erstaunte Personalchefin zum nächsten Telefon, um den nächstmöglichen Vorstellungstermin zu vereinbaren. **5.** Die kleine Firma hat mit diesem innovativen Produkt den ersten Erfolg. **6.** Dieser alte Kaffeeautomat des kleinen Familienbetriebes ... der neue Kopierer ... in die nächste Reparatur. **7.** ... die zehn besten Kandidaten/innen ... zu dem zweiten Vorstellungsgespräch ... **8.** Die gestresste Personalchefin liest jetzt schon die hundertste Bewerbung und trinkt die zehnte Tasse Kaffee. **9.** Die beste Werbung ist der gute Ruf ... ihre neuen Produkte problemlos. **10.** Während des langen Vorstellungsgesprächs wurden der berufserfahrenen Kandidatin die verschiedensten Fragen gestellt. **11.** Die neue Mitarbeiterin fragt die hilfsbereite Kollegin nach den üblichen Pausenzeiten. **12.** Die hilfsbereite Kollegin antwortet der neuen Mitarbeiterin und zeigt ihr auch den langen Weg zu der gemütlichen Kantine. **13.** In der gemütlichen Kantine sehen sich die beiden Kolleginnen zuerst die verschiedenen Gerichte an und entscheiden sich dann für das vegetarische Essen. **14.** Während der kurzen Mittagspause lernt die neue Mitarbeiterin alle anderen Kolleg/innen kennen und staunt über das entspannte Betriebsklima.

Seite 29 • Ü3 **1.** a **2.** b **3.** a **4.** c **5.** b **6.** c **7.** c **8.** b **9.** b **10.** a **11.** c **12.** b **13.** c **14.** a **15.** a

Seite 29 • Ü4 **1.** langen ... höhere **2.** Ungefähre ... interessierte **3.** Durch die wachsende Bedeutung erneuerbarer Energiequellen werden neue Arbeitsplätze geschaffen. **4.** Ist dies ein aktuelles oder ein veraltetes Schaubild? Man sieht kein genaues Datum darauf. **5.** In einem interessanten Artikel ... für eine kürzere Arbeitszeit ... eine bessere Lebensqualität ... **6.** In einer globalen Wirtschaft ... gute Fremdsprachenkenntnisse ... **7.** Ein schriftlicher Vertrag ... eine mündliche Vereinbarung **8.** Oft sind keine Nachrichten gute Nachrichten.

Seite 30 • Ü5 **1.** feinsten Salat(e)s/feinster Salate; beste Ware aus ökologischem Anbau **2.** höchste Qualität, absolute Frische und genaue Haltbarkeitsdaten **3.** aromatischem Feldsalat, zartem Chicorée, herzhaften Radieschen, knackigem Eisbergsalat, zartbitterem Rucola, frischen Karotten, nahrhaften Sojasprösslingen und/oder süßen Maiskörnern. **4.** interessante Dressings; traditioneller italienischer Art, cremiges French Dressing, leichtes Joghurt-Dressing, mildes Balsamico-Dressing ... **5.** Leichtere Küche; vitaminreicheres Essen; größerem Genuss und abwechslungsreicherer Auswahl/ohne schlechtes Gewissen ... **6.** ... handsortierte, für Sie gewaschene und geputzte Ware. **7.** Mit großer Freude; höchste Zufriedenheit **8.** ... hochwertigen Hochlandkaffee und sprudelndes Wasser gratis. ... mit bestem Service und erstklassiger Qualität!

Seite 31 • Ü6 **1. I.** Die renovierte Kantine ... des nächsten Monats ... eine kleine Feier ... die neue Einrichtung ... der kurzen Veranstaltung ... die verschiedenen Vorteile der neuen Kantine ... die innovativen, beeindruckenden Menüoptionen ... die strikten Vegetarier/innen ... ein eigenes Menü ... die vielen Diätbewussten ... die genauen Kalorienwerte ... jedes angebotene Gericht ... dem nächsten Monat ... einen guten Appetit

II. den großen Erfolg ... willkommenen Anlass ... dem großartigen Projekt ... unserer ehrenamtlichen Projektleiterin ... unserem schnellen Intranet freie Plätze ... gewünschte Mitfahrten ... unser Treibstoff einsparendes Projekt ... die jetzige Geschäftsleitung ... allen festen Mitarbeiter/innen ... zur freien Verfügung ... unseren riesigen Parkplatz ... einen hübschen Park

2. A: die neue **B:** eine gute Idee ... die populären Wintersportarten ... unsere großartige Winterkollektion ... bestes Sportgeschäft ... führendes Modehaus **B:** großen Skilift ... das riesige Tor ... die winterlichen Sportarten ... das große mittlere Schaufenster ... beiden äußeren Schaufenstern ... unsere hochwertigen Cashmeremäntel, warmen Schals und kuscheligen Pullover ... Die exquisiten und handgefertigten Schuhe ... die exklusiven Taschen

3. B: einen neuen Kühlschrank **A:** ein bestimmtes Modell; eine spezielle Marke **B:** ein größerer und stromsparender Kühlschrank **A:** diesem außergewöhnlichen Modell **B:** Ein knallroter Kühlschrank **A:** in verschiedenen Farben; das extragroße Gefrierfach **B:** einen riesigen Gefrierschrank **A:** einen ebenso großen Kühlschrank; der bekannten und hervorragenden Marke; die lange Liste; ein kleines Radio **B:** die ganzen Lebensmittel **A:** hohe Qualität **B:** einen hohen Stromverbrauch **A:** Einen kleinen Moment **A:** der großen Kasse; eine feste Lieferzeit **A:** kostenfreie Lieferung **B:** Ihre freundliche Hilfe **A:** dem neuen Kühlschrank

Seite 33 • Ü7 schneller, am schnellsten; günstig, günstiger; teurer, am teuersten; weit, am weitesten; lieber, am liebsten; interessant, interessanter; mehr, am meisten; schwach, am schwächsten; wichtig, wichtiger; näher, am nächsten; alt, älter; jung, am jüngsten; zuverlässiger, am zuverlässigsten; klug, klüger; länger, am längsten; nett, am nettesten; besser, am besten

Seite 34 • Ü8 **1.** größer, am größten **2.** klüger, am klügsten **3.** interessanter, am interessantesten **4.** kleiner, am kleinsten **5.** neuer, am neu(e)sten **6.** teurer, am teuersten **7.** besser, am besten **8.** mehr, am meisten **9.** dringender, am dringendsten **10.** älter, am ältesten **11.** höher, am höchsten **12.** motivierter, am motiviertesten **13.** flexibler, am flexibelsten **14.** lieber, am liebsten **15.** näher, am nächsten

Seite 34 • Ü9 **1.** Könnte es nicht besser sein? **2.** Könnte es nicht wärmer sein? **3.** Könnte es nicht morgens früher hell und abends später dunkel werden? **4.** Könnte sie nicht schneller sein? **5.** Könnte sie nicht näher sein? **6.** Könnte sie nicht kürzer sein? **7.** Könnte er nicht langsamer sprechen? **8.** Könnte ich nicht mehr bekommen? **9.** Könnte er nicht ruhiger sein? **10.** Könnten sie nicht zufriedener und dankbarer sein? **11.** Könnte ich nicht lieber im Personalwesen arbeiten?

Seite 34 • Ü10 **1.** c **2.** a **3.** j **4.** g **5.** b **6.** d **7.** e **8.** f **9.** h **10.** i

Seite 35 • Ü11 **Beispielantworten: 1.** Bewerber A wirkt belastbarer und kundenorientierter als Bewerberin B. **2.** Bewerberin B scheint nicht so durchsetzungsfähig wie Bewerber C zu sein. **3.** Bewerber C ist definitiv kollegialer und lösungsorientierter als Bewerber A. **4.** Bewerber A scheint weniger flexibel als Bewerberin D zu sein. **5.** Bewerberin D wirkt motivierter, lernfreudiger und hilfsbereiter als alle anderen.

Seite 35 • Ü12 **1.** Der PC ist neuer als das Handy. Das Handy ist älter als der PC. Das Handy ist nicht so neu wie der PC. Der PC ist nicht so alt wie das Handy. **2.** Herr Mertens verdient weniger als ... Frau Erkan verdient mehr als ... Frau Erkan verdient nicht so wenig wie ... Herr Mertens verdient nicht so viel wie ... **3.** Das Semester ist länger als die Semesterferien. Die Semesterferien sind kürzer als ... Das Semester ist nicht so kurz wie ... Die Semesterferien sind nicht so lang wie ... **4.** Im Büro ist es kälter als in der Kantine. In der Kantine ist es wärmer als ... In der Kantine ist es nicht so kalt wie ... Im Büro ist es nicht so warm wie ... **5.** Der Messestand Nr. 3 ist größer als der Messestand Nr. 4. Der Messestand Nr. 4 ist kleiner als ... Der Messestand Nr. 4 ist nicht so groß wie ... Der Messestand Nr. 3 ist nicht so klein wie ... **6.** Ein Sparkonto ist sicherer als Aktien. Aktien sind riskanter als ein Sparkonto. Aktien sind nicht so sicher wie ... Ein Sparkonto ist nicht so riskant wie ... **7.** Die Zinsen sind höher als die Inflationsrate. Die Inflationsrate ist niedriger als ... Die Inflationsrate ist nicht so hoch wie ... Die Zinsen sind nicht so niedrig wie ... **8.** Eine Jahresplanung ist langfristiger als eine Tagesplanung. Eine Tagesplanung ist kurzfristiger als ... Eine Tagesplanung ist nicht so langfristig wie ... Eine Jahresplanung ist nicht so kurzfristig wie ... **9.** Diese Übung ist leichter als die letzte Übung. Diese Übung ist nicht so schwierig wie ... Die letzte Übung war schwieriger als diese Übung. Die letzte Übung war nicht so leicht wie ... **10.** Im Büro ist es stiller als auf dem Flur. Auf dem Flur ist es lauter als ... Im Büro ist es nicht so laut wie ... Auf dem Flur ist es nicht so still wie ... **11.** Die Chefin macht öfter Kundenbesuche als ihr Vertriebsleiter. Ihr Vertriebsleiter macht seltener Kundenbesuche als ... Die Chefin macht nicht so selten Kundenbesuche wie ... Ihr Vertriebsleiter macht nicht so oft Kundenbesuche wie ... **12.** Das Handbuch ist dicker als die Broschüre. Die Broschüre ist dünner als ... Die Broschüre ist nicht so dick wie ... Das Handbuch ist nicht so dünn wie ... **13.** Ich bin heute unkonzentrierter als gestern. Gestern war ich konzentrierter als ... Gestern war ich nicht so unkonzentriert wie ... Heute bin ich nicht so konzentriert wie ... **14.** Die Buchhalterin ist ruhiger als die Vertrieblerin. Die Vertrieblerin ist extrovertierter als .... Die Buchhalterin ist nicht so extrovertiert wie ... Die Vertrieblerin ist nicht so ruhig wie ... **15.** Der neue Arbeitsablauf ist effizienter als der alte. Der alte Arbeitsablauf war ineffizienter als der neue. Der neue Arbeitsablauf ist nicht so ineffizient wie ... Der alte Arbeitsablauf war nicht so effizient wie ... **16.** Mit der U-Bahn zu fahren ist umweltfreundlicher als mit dem Auto zu fahren. Mit dem Auto zu fahren ist umweltbelastender als ... Mit der U-Bahn zu fahren ist nicht so umweltbelastend wie ...

Mit dem Auto zu fahren ist nicht so umweltfreundlich wie ... **17.** Der erste Bericht ist für uns relevanter als der zweite. Der zweite Bericht ist für uns irrelevanter als ... Der erste Bericht ist nicht so irrelevant wie ... Der zweite Bericht ist nicht so relevant wie ... **18.** Die Arbeit im Kundendienst ist stressiger als die Arbeit im Backoffice. Die Arbeit im Backoffice ist entspannter als die Arbeit im Kundendienst. Die Arbeit im Kundendienst ist nicht so entspannt wie ... Die Arbeit im Backoffice ist nicht so stressig wie ...**19.** Er ist früher im Büro als sie. Sie kommt etwas später ins Büro als er. Er ist nicht so spät im Büro wie sie. Sie ist kommt nicht so früh ins Büro wie er. **20.** Die Kollegin ist sportlicher als der Kollege. Der Kollege ist bequemer als die Kollegin. Die Kollegin ist nicht so bequem wie ... Der Kollege ist nicht so sportlich wie ... **21.** Seine neue Arbeit ist interessanter als seine alte Arbeit. Seine alte Arbeit war langweiliger als ... Seine neue Arbeit ist nicht so langweilig wie ... Seine alte Arbeit war nicht so interessant wie ... **22.** Unser Vertrieb arbeitet internationaler als unser Einkauf. Unser Einkauf arbeitet regionaler als ... Unser Vertrieb arbeitet nicht so regional wie ... Unser Einkauf arbeitet nicht so international wie ...

Seite 36 • Ü13 **A:** die neueste Nachricht **B:** die besten, preiswertesten und erfolgreichsten Solaranlagen, zufriedenere Kunden **A:** keine besseren Anlagen **B:** Je sonniger **A:** Einen treueren und überzeugteren Kunden, eine größere Liefermenge, die größte und leistungsstärkste Solarfarm, weniger Kohle, mehr auf Solarenergie. **A:** vertrauter, längere Zeit, am besten, günstigere Bedingungen, hochwertigere Qualität, kompetentere Installation und gewissenhafteres Training **B:** lieber, das komfortabelste Hotel und die billigsten Flüge **C:** das Neueste **B:** noch internationaler, Am meisten, öfter

Seite 37 • Ü14 die günstigeren Preise, kürzere Lieferzeiten, eine längere Zahlungsfrist – hochwertiger – keine bessere Ware – eine bessere und preiswertere Qualität – weniger flexibel – sorgfältiger – häufiger, lieber – die schwierigste Aufgabe – eine schnellstmögliche Lieferung – leichter

Seite 37 • Ü15 den rasantesten Innovationsrhythmus, die kostenintensivsten Investitionen, interessiertesten Firmen, den größten Anteil, weniger Geld, der neu(e)sten technologischen Herausforderungen, einen sehr viel größeren Anteil, eine stärkere Förderung, häufiger, eine gute Investition, mehr Trends, hohe Anteile, zu den wichtigsten Einnahmequellen, die geringfügigsten Beträge

Seite 38 • Ü1 **1.** freundlicherweise **2.** keinesfalls, Bestenfalls, Andernfalls **3.** Glücklicherweise, vertragsgemäß **4.** Üblicherweise, ausnahmsweise

Seite 38 • Ü2 **1.** Zeitweise kommt es leider zu Verspätungen. **2.** Glücklicherweise haben wir noch genug Material ... **3.** Wir hoffen, dass die Ware diesmal sachgemäß verpackt wird. **4.** Gerne möchten wir bei Ihnen probeweise den Artikel Nr. 10 bestellen. **5.** Schlimmstenfalls haben Sie die Lieferung ... **6.** Normalerweise bestehen wir auf Zahlung per ... **7.** Die Automatisierung der Arbeitsplätze erfolgt schrittweise. **8.** Verständlicherweise prüft die Firma die Bonität ... **9.** Erfahrungsgemäß reicht eine halbtägige Mitarbeiterschulung aus. **10.** Bedauerlicherweise können wir Ihren Auftrag nicht ausführen. **11.** Andernfalls müssten wir uns an einen anderen Anbieter wenden. **12.** Teilweise zahlen unsere Kunden bar.

Seite 39 • Ü1 **1.** vier, fünf **2.** Eines **3.** zweien **4.** dreier **5.** sieben

Seite 40 • Ü2 **1.** zu Millionen **2.** Dutzende von Banken ... Milliarden **3.** eines der Investmentinstitute **4.** zu hundert Prozent

Seite 40 • Ü3 **1.** 74: vierundsiebzig **2.** 56: sechsundfünfzig **3.** 11: elf **4.** 27: siebenundzwanzig

Seite 41 • Ü4 **1.** vom vierten März **2.** den siebzehnten August **3.** am Dritten des Monats **4.** Ab dem elften Achten **5.** Bis zum fünften Zehnten

Seite 41 • Ü5 **2.** viertbekannteste **3.** drittgünstigsten **4.** zweitschnellsten 5. fünftletzte

Seite 42 • Ü6 **1.** die Hälfte **2.** ca. anderthalb Tonnen **3.** einem Vierteljahr **4.** ein Achtel **5.** ein Zehntel **6.** ein Fünftel **7.** drei Viertel **8.** eine halbe Million **9.** Nach einer Viertelstunde **10.** ein Drittel

Seite 42 • Ü7 **a)** 1 Liter Milch; 500 Gramm Butter; 2 Pfund/Kilo Tomaten; 1 Bund Frühlingszwiebeln; $^1/_2$ Dutzend Eier; 250 Gramm Schokokekse; 3 Stück Käsekuchen; 1 x 10 Liter Abfalltüten; 1 Paar Flipflops; 20 Euro

b) Lösungsmöglichkeit: 0,5 Liter Orangensaft, 1 Kilo Kartoffeln, 1 Pfund Zwiebeln, 250 Gramm Edamer Käse, 1 Paar Topflappen, 1 Dutzend Brötchen, 3 Stück Kopfsalat ...

Teil II

Seite 46 • Ü1 **1.** Er schickt eine Mail. Er schickte eine Mail. Er hat/hatte eine Mail geschickt. Er wird eine Mail schicken. Er wird eine Mail geschickt haben. Er würde eine Mail schicken. Er hätte eine Mail geschickt. **2.** Wir kaufen alte Bücher. Wir kauften alte Bücher. Wir haben/hatten alte Bücher gekauft. Wir werden alte Bücher kaufen. Wir werden alte Bücher gekauft haben. Wir würden alte Bücher kaufen. Wir hätten alte Bücher gekauft. **3.** Ihr lernt eine neue Sprache. Ihr lerntet eine neue Sprache. Ihr habt/hattet eine neue Sprache gelernt. Ihr werdet eine neue Sprache lernen. Ihr werdet eine neue Sprache gelernt haben. Ihr würdet eine neue Sprache lernen. Ihr hättet eine neue Sprache gelernt. **4.** Sie brauchen einen Kredit. Sie brauchten einen Kredit. Sie haben/hatten einen Kredit gebraucht. Sie werden einen Kredit brauchen. Sie werden einen Kredit gebraucht haben. Sie bräuchten einen Kredit. Sie hätten einen Kredit gebraucht. **5.** Ich sage Bescheid. Ich sagte Bescheid. Ich habe/hatte Bescheid gesagt. Ich werde Bescheid sagen. Ich werde Bescheid gesagt haben. Ich würde Bescheid sagen. Ich hätte Bescheid gesagt. **6.** Du holst den neuen Katalog. Du holtest den neuen Katalog. Du hast/hattest den neuen Katalog geholt. Du wirst den neuen Katalog holen. Du wirst den neuen Katalog geholt haben. Du würdest den neuen Katalog holen. Du hättest den neuen Katalog geholt. **7.** Sie übt die Grammatik. Sie übte die Grammatik. Sie hat/hatte die Grammatik geübt. Sie wird die Grammatik üben. Sie wird die Grammatik geübt haben. Sie würde die Grammatik üben. Sie hätte die Grammatik geübt. **8.** Er fragt sie. Er fragte sie. Er hat/hatte sie gefragt. Er wird sie fragen. Er wird sie gefragt haben. Er würde Sie fragen. Er hätte Sie gefragt.

Seite 46 • Ü2 **1.** empfiehlst, empfahl, Hast ... empfohlen **2.** gibst, gab, Hast ... gegeben **3.** nimmst, nahm, Hast ... genommen **4.** sprichst, sprach, Hast ... gesprochen **5.** hilfst, half, Hast ... geholfen **6.** triffst, traf, Hast ... getroffen **7.** läufst, lief, Bist ... gelaufen **8.** wirfst ... weg, warf ... weg, Hast ... weggeworfen **9.** fährst, fuhr, Bist ... gefahren **10.** hältst, hielt, Hast ... gehalten **11.** wirst, wurde, Bist ... geworden **12.** trägst ... ein, trug ... ein, Hast ... eingetragen **13.** empfängst, empfing, Hast ... empfangen **14.** rätst, riet, Hast ... geraten **15.** siehst, sah, Hast ... gesehen

Seite 47 • Ü3 **1.** Gibst du den Interessenten Bescheid oder gebe ich ihnen Bescheid? **2.** Empfiehlst du dem Kunden das Produkt oder empfehle ich es ihm? **3.** Liest du die Bedienungsanleitung vor oder lese ich sie vor? **4.** Lässt du die Kundin unterschreiben oder lasse ich sie unterschreiben? **5.** Fährst du zur Messe oder fahre ich? **6.** Siehst du die Rechnungen durch oder sehe ich sie durch? **7.** Vertrittst du den Kollegen oder vertrete ich ihn? **8.** Empfängst du den Gast oder empfange ich ihn? **9.** Fängst du die Präsentation an oder fange ich sie an? **10.** Berätst du die Kund/innen heute oder berate ich sie? **11.** Isst du zuerst zu Mittag oder esse ich zuerst zu Mittag? **12.** Triffst du morgen unsere Geschäftspartnerin oder treffe ich sie? **13.** Wirbst du mit den Flyern für das Produkt oder werbe ich damit? **14.** Sprichst du mit dem Einkäufer oder spreche ich mit ihm? **15.** Läufst du noch schnell zum Supermarkt oder laufe ich? **16.** Lädst du die Bewerberin zum Gespräch ein oder lade ich sie ein?

Seite 47 • Ü4 **1.** Ich habe das Angebot (schon) geschrieben. **2.** Ich bin (schon) einkaufen gegangen. **3.** Ich habe den Kunden (schon) weiterverbunden. **4.** Ich habe dieses Produkt (schon) empfohlen. **5.** Ich habe die Ware (schon) in Empfang genommen. **6.** Ich bin (schon) in die Pause gegangen. **7.** Ich habe (schon) zu Mittag gegessen. **8.** Ich habe den Druckfehler (schon) gefunden. **9.** Ich habe (schon) mit dem Projekt begonnen. **10.** Ich habe (schon) beim Einarbeiten geholfen. **11.** Ich bin (schon) zur Post gefahren. **12.** Das Projekt ist gut gelaufen. **13.** Unser Umsatz ist (schon) gestiegen. **14.** Die Lieferung ist (schon) gekommen. **15.** Ich bin (schon) am Messestand gewesen. **16.** Unser Aktienkurs ist (schon) gesunken. **17.** Ich habe (schon) mit dem Kunden gesprochen. **18.** Wir haben (schon) einen Kompromiss geschlossen.

Seite 47 • Ü5 **1.** Ich kannte die Firma. Ich habe die Firma gekannt. **2.** Wussten Sie, dass das Meeting erst morgen stattfindet? Haben

Sie gewusst, dass das Meeting erst morgen stattfindet? **3.** Sie nannte mir ihren Namen. Sie hat mir ihren Namen genannt. **4.** Das Unternehmen sandte/sendete alle Güter per Seefracht zu. Das Unternehmen hat alle Güter ... zugesandt/zugesendet. **5.** Dachten Sie gerade an Ihre Präsentation? Haben Sie gerade an Ihre Präsentation gedacht? **6.** Er wandte sich an den Kundendienst. Er hat sich an den Kundendienst gewandt/gewendet.

Seite 48 • Ü6 **1.** Hast ... gehört (schw) **2.** sind ... geblieben (st) **3.** Haben ... erhalten (st) **4.** hat ... gefunden (st) **5.** habe ... verlassen (st) **6.** hat ... gelesen (st) **7.** Seid ... gefahren (st) **8.** bin ... geflogen (st) **9.** Haben ... gewusst (m) **10.** habe ... gearbeitet (schw)

Seite 49 • Ü7 **1.** wirft ... weg, hat ... weggeworfen **2.** schaltet ... ein, hat ... eingeschaltet **3.** geht ... durch, ist ... durchgegangen **4.** hört ... ab, hat ... abgehört **5.** schreibt ... auf, hat ... aufgeschrieben **6.** begrüßt, hat ... begrüßt **7.** beantwortet, hat ... beantwortet **8.** stellt ... durch, hat ... durchgestellt **9.** ruft ... zurück, hat ... zurückgerufen **10.** wiederholt, hat ... wiederholt **11.** unterschreibt, hat ... unterschrieben **12.** bestellt, hat ... bestellt **13.** empfängt, hat ... empfangen **14.** bietet ... an, hat ... angeboten **15.** kündigt ... an, hat ... angekündigt **16.** unterbricht, hat ... unterbrochen **17.** entschuldigt sich, hat sich ... entschuldigt **18.** überweist, hat ... überwiesen **19.** sendet ... zu, hat ... zugesandt **20.** nimmt ... an, hat ... angenommen **21.** übergibt, hat ... übergeben **22.** fährt ... herunter, hat ... heruntergefahren **23.** zieht ... über, hat ... übergezogen **24.** durchsucht, hat ... durchsucht **25.** hebt ... ab, überzieht; hat ... abgehoben, (hat) ... überzogen **26.** kauft ... ein, hat ... eingekauft **27.** unterhält sich, hat sich ... unterhalten **28.** erholt sich, hat sich ... erholt

Seite 50 • Ü8 **1.** uns **2.** dich **3.** sich **4.** mich **5.** euch **6.** sich **7.** sich **8.** mich **9.** euch **10.** sich **11.** dich **12.** sich

Seite 50 • Ü9 **1.** b, d **2.** a, e **3.** f, g **4.** c, j **5.** h, k **6.** i, l

Seite 50 • Ü10 **1.** mir **2.** dir **3.** euch **4.** sich **5.** sich **6.** uns **7.** sich **8.** mir **9.** dir **10.** dir

Seite 51 • Ü11 **1.** Unterschreiben Sie hier, bitte! Unterschreib hier, bitte! Unterschreibt hier, bitte! **2.** Geben Sie das Passwort ein! Gib das Passwort ein! Gebt das Passwort ein! **3.** Rufen Sie an! Ruf an! Ruft an! **4.** Kommen Sie herein! Komm herein! Kommt herein! **5.** Schließen Sie das Fenster! Schließ das Fenster! Schließt das Fenster! **6.** Bitte nehmen Sie Platz! Bitte nimm Platz! Bitte nehmt Platz! **7.** Vergessen Sie das Wichtigste nicht!/Vergessen Sie nicht das Wichtigste! Vergiss das Wichtigste nicht!/Vergiss nicht das Wichtigste! Vergesst das Wichtigste nicht!/Vergesst nicht das Wichtigste! **8.** Seien Sie froh! Sei froh! Seid froh! **9.** Fahren Sie vorsichtig! Fahr vorsichtig! Fahrt vorsichtig! **10.** Lesen Sie lieber zuerst die AGB! Lies die AGB! Lest die AGB!

Seite 52 • Ü12 **1.** Einigt euch bitte! **2.** Beeilt euch! **3.** Entscheide dich bitte bald! **4.** Ruh dich aus! **5.** Bewirb dich doch um die Stelle! **6.** Holen Sie sich ...! **7.** Lassen Sie sich Zeit! **8.** Vergewisser(e) dich lieber! **9.** Ärger(e) dich nicht! **10.** Macht euch keine Sorgen! **11.** Sieh dich vor! **12.** Entschuldige dich ...! **13.** Melden Sie sich ... an! **14.** Erkundigt euch ...! **15.** Beschwer dich ...! **16.** Versprecht euch nicht ...! **17.** Nimm dir noch Kaffee! **18.** Tragen Sie sich bitte hier ein! **19.** Lass dich nicht einschüchtern! **20.** Merk dir das Passwort!

Seite 52 • Ü13 **1.** fragen ... sich **2.** überlegen ... sich **3.** wechseln ... ab **4.** schreiben **5.** fügen ... ein **6.** vergessen **7.** bieten **8.** seien **9.** verzichten ... auf **10.** nehmen ... sich **11.** notieren ... sich **12.** üben **13.** lassen **14.** setzen **15.** abonnieren/lesen **16.** sehen ... sich an
a) **2.** überlege dir **3.** wechsle ... ab **4.** schreib(e) **5.** füg(e) ... ein **6.** vergiss **7.** biete **8.** sei **9.** verzichte auf **10.** nimm dir **11.** notier dir **12.** üb(e) **13.** lass **14.** setz(e) **15.** abonnier/lies **16.** sieh dir an
b) **2.** überlegt euch **3.** wechselt ... ab **4.** schreibt **5.** fügt ... ein **6.** vergesst **7.** bietet **8.** seid **9.** verzichtet auf **10.** nehmt euch **11.** notiert euch **12.** übt **13.** lasst **14.** setzt **15.** abonniert/lest **16.** seht euch an

Seite 53 • Ü14 **1.** Hier darf niemand parken. **2.** Die Firma muss mehr verkaufen. **3.** Der Betrieb will jetzt auch ausbilden. **4.** Die Bewerberin möchte sich vorstellen. **5.** Das Unternehmen kann sofort liefern. **6.** Die Kundin möchte nicht warten. **7.** Du musst das Dokument speichern. **8.** Ihr sollt euch beeilen. **9.** Ich kann diese Schrift nicht lesen. **10.** Darfst du schon gehen? **11.** Das Geschäft will Kunden binden. **12.** Wer soll das bezahlen? **13.** Wir müssen den Klimawandel stoppen. **14.** Was willst du damit sagen?

Seite 54 • Ü15 können, möchte, muss, kann, soll, soll, darf, möchte

Seite 54 • Ü16 **1.** Darf/Kann **2.** Können **3.** soll/darf/will/möchte, kann **4.** will **5.** muss, darf/kann **6.** müssen **7.** Darf/Kann **8.** soll/möchte **9.** möchte/will, muss **10.** soll/darf/kann **11.** soll/möchte **12.** dürfen **13.** müssen

Seite 55 • Ü17 ... was kann ich für Sie tun? – ... Ich möchte mit Frau Martens sprechen. – ... Darf ich fragen, worum es geht? – Natürlich. Ich möchte Frau Martens unsere neue Verwaltungssoftware vorstellen. Kann ich sie später erreichen? – ... Dann kann sie Sie bei Bedarf zurückrufen. – Richten Sie ihr bitte aus, sie möchte/soll mich unbedingt zurückrufen. ... Die muss sie sehen! ... Das darf/kann Frau Martens sich nicht entgehen lassen. – Das kann ich nicht beurteilen. – Soll/Darf/Kann mein Assistent später versuchen einen Termin zu vereinbaren? – Man wird Sie ja erreichen können, wenn Bedarf besteht.

Seite 56 • Ü18 **1.** mir **2.** der **3.** den **4.** der **5.** ihm **6.** dem **7.** uns **8.** dem **9.** Mir **10.** Uns **11.** ihr **12.** dem -en **13.** der **14.** dem -en **15.** der **16.** -em **17.** der **18.** Ihnen **19.** dir **20.** ihm **21.** Ihnen **22.** wem **23.** dir **24.** mir

Seite 56 • Ü19 ..., dass uns die zugesandten Waren wenig nützen, da ... Außerdem fehlen uns die drei versprochenen Behälter .../..., dass uns nichts anderes übrig bleibt, als .../..., dass es Ihnen gelingt, die Ware ... Unsere Kunden vertrauen der Qualität .../... würde unserem Firmenimage schaden. Bitte antworten Sie uns umgehend, ob ...

Seite 57 • Ü20 ... hiermit danken wir Ihnen für Ihre Anfrage ... Gerne entsprechen wir Ihrem Wunsch und ... Um Ihnen zu helfen, .../... möchten wir Ihnen besonders zu Artikel, Nr. 123 auf Seite 20 raten. ... Würde Ihnen eine Lieferfrist von fünf Werktagen genügen? ... können wir Ihnen gerne im Preis entgegenkommen. Unsere Liefer- und Zahlungsbedingungen entnehmen Sie bitte unseren AGB im Katalog. Bei Fragen stehen wir Ihnen jederzeit gerne ... zur Verfügung.

Seite 57 • Ü21 **1.** Ihnen **2.** Ihnen **3.** Sie **4.** Ihnen **5.** Ihnen **6.** Ihnen **7.** Sie **8.** Sie **9.** Ihnen **10.** Ihnen **11.** Sie **12.** Ihnen **13.** Sie **14.** Ihnen **15.** Sie **16.** Ihnen **17.** Sie **18.** Ihnen **19.** Ihnen **20.** Ihnen **21.** Ihnen **22.** Sie

Seite 58 • Ü22 **1.** der **2.** dir **3.** ihn **4.** ihr **5.** mir **6.** sie **7.** ihm, ihn **8.** der, ihr **9.** dem **10.** den

Seite 58 • Ü23 **1.** Wir stimmen dem Vorschlag zu. **2.** Er gibt dem Chef eine wichtige Nachricht. **3.** Die Bank genehmigt dem Kunden das Darlehen. **4.** Die Qualität der Ware entspricht nicht unseren Vorstellungen. **5.** Der Lieferant gewährt dem Käufer einen Zahlungsaufschub. **6.** Der Einkauf teilt der Verwaltung die neuen Rohstoffpreise mit. **7.** Die Firma hat mir einen zu hohen Betrag vom Konto abgebucht. **8.** Wir müssen Sie bitten, uns den Schaden zu ersetzen. **9.** Gerne bescheinigen wir Ihnen die Teilnahme an der Fortbildung. **10.** Wegen des Baulärms überlässt das Hotel dem Gast kostenfrei einen Mietwagen. **11.** Der Hersteller erstattet seinem Reisenden die Spesen für alle Kundenbesuche. **12.** Wir schulden unserem Lieferanten die letzten zwei Rechnungen. **13.** Ihre Adresse verdanken wir einem Geschäftspartner. **14.** Wir schicken Ihnen gerne unseren aktuellen Katalog zu. **15.** Der Lieferant gibt dem Kunden eine Gutschrift für die reklamierte Ware. **16.** Der Monteur berechnet seinen Kund/innen 20 Euro für die Anfahrt. **17.** Können Sie mir die Unterlagen reichen?

Seite 58 • Ü24 **1.** Hiermit bestätigen wir den Erhalt Ihres Schreibens vom 04.09. d. J. **2.** Wir bedauern die Ihnen entstandenen Unannehmlichkeiten. **3.** Selbstverständlich liefern wir Ihnen umgehend den gewünschten Ersatz. **4.** Unser Spediteur kann die Ware gleich morgen austauschen. **5.** Allerdings überraschen uns die von Ihnen genannten Mängel. **6.** Vielleicht hat ein Zwischenfall beim Transport die Schäden verursacht? **7.** Wenn unsere Untersuchung den Grund Ihrer Reklamation bestätigt, sind wir bereit, Ihnen als Entschädigung die Transportkosten zu erlassen. **8.** Unsere Entscheidung können wir Ihnen voraussichtlich nächste Woche mitteilen. **9.** Wir garantieren Ihnen zukünftig wieder einwandfreie Lieferungen.

Seite 59 • Ü25 **1.** Die Geschäftsleitung legt einen Termin fest. Ein Termin wird (von der Geschäftsleitung) festgelegt. **2.** Der Assistent bucht den Konferenzraum und die Hotelzimmer. Der Konferenzraum und die Hotelzimmer werden (vom Assistenten) gebucht. **3.** Die Geschäftsleitung beschließt die Tagesordnung. Die Tagesordnung wird (von der Geschäftsleitung) beschlossen. **4.** Der Assistent teilt den Teilnehmer/innen die Tagesordnung mit. Die Tagesordnung wird den Teilnehmer/innen (vom Assistenten) mitgeteilt. **5.** Einige Teilnehmer/innen bereiten Präsentationen vor. Präsentationen werden (von einigen Teilnehmer/innen) vorbereitet. **6.** Die Geschäftsleitung plant die Sitzordnung. Die Sitzordnung wird (von der Geschäftsleitung) geplant. **7.** Der Assistent druckt die Namensschilder für die Teilnehmer/innen aus. Die Namensschilder für die Teilnehmer/innen werden (vom Assistenten) ausgedruckt. **8.** Der Assistent überprüft Flipchart, Notebook und Beamer. Flipchart, Notebook und Beamer werden (vom Assistenten) überprüft. **9.** Der Assistent bringt Getränke und Notizblöcke in den Seminarraum. Getränke und Notizblöcke werden (vom Assistenten) in den Seminarraum gebracht. **10.** Die Geschäftsleitung begrüßt die Teilnehmer/innen. Die Teilnehmer/innen werden (von der Geschäftsleitung) begrüßt. **11.** Der Assistent bietet allen Teilnehmer/innen Kaffee und Tee an. Kaffee und Tee wird allen Teilnehmer/innen (vom Assistenten) angeboten. **12.** Die Geschäftsführerin beginnt die Konferenz mit einer Rede. Die Konferenz wird (von der Geschäftsführerin) mit einer Rede begonnen. **13.** Sie nennt kurz die wichtigsten Zahlen. Die wichtigsten Zahlen werden kurz (von ihr) genannt. **14.** Ihr Kollege unterbricht sie. Sie wird (von ihrem Kollegen) unterbrochen. **15.** Er sucht verzweifelt den Beamer. Der Beamer wird verzweifelt (von ihm) gesucht. **16.** Der Assistent behebt das Problem. Das Problem wird (vom Assistenten) behoben. **17.** Dann legt der Geschäftsführer die geschäftliche Situation dar. Dann wird die geschäftliche Situation (vom Geschäftsführer) dargelegt. **18.** Die Teilnehmer/innen stellen viele Fragen. Viele Fragen werden (von den Teilnehmer/innen) gestellt. **19.** Danach besprechen alle die Strategie für das nächste Jahr. Danach wird (von allen) die Strategie für das nächste Jahr besprochen. **20.** Endlich bestellt man das Mittagessen. Endlich wird das Mittagessen bestellt.

Seite 60 • Ü26 **1.** wird … genannt **2.** wird … überwiesen **3.** wird … zurückerstattet **4.** wird … nicht erstattet, verbraucht werden; wird … gegeben **5.** wird … erstellt **6.** wird … eingetragen **7.** finanziert wird/wurde **8.** wird … aufgeführt **9.** wird aufgelistet **10.** wird … berechnet, gefördert werden **11.** werden … geordnet, erfüllt wird **12.** werden … abgeschrieben, gemindert wird **13.** wird vorgenommen, beschädigt wird **14.** wird gegeben, belohnt wird **15.** werden … verbucht, abgezogen werden … berechnet werden **16.** werden gebildet, gespart wird, verringert wird

Seite 62 • Ü1 Ich heiße Sie im Namen der Firma willkommen. Bevor wir unsere kleine Firmenbesichtigung beginnen, möchte ich Ihnen …
Der Firmengründer hatte lange mit verschiedenen Zusammensetzungen experimentiert, bis er im Jahr 1970 das Erfolgsrezept fand. Zusammen mit einem Partner schuf er die Grundlage …
In diesem Nebengebäude, das Sie auf unserem Rundgang sehen werden, befindet sich heute … Nach fünfzig Jahren im Betrieb zog sich der Gründer im Jahr 2015 vom Geschäft zurück und übergab die Leitung seiner Tochter, die bis dahin im Finanzsektor tätig gewesen war. Seine Tochter hatte übrigens schon in ihrer Jugend Interesse am elterlichen Unternehmen gezeigt.
… leitet auch heute noch den Betrieb, wie Sie sicher aus der Presse erfahren haben. Unter ihrer Leitung hat das Unternehmen internationale Produkte in sein Spezialitätensortiment aufgenommen und hat/ist stark expandiert. Sollten Sie zu den Globetrottern gehören, werden Sie vielleicht bestätigen, dass man unsere Produkte in allen größeren Supermärkten der Welt finden kann.
Auf unserem Weg durch das Werk werden wir immer wieder an Schaukästen vorbeikommen. Darin werden Sie die Maschinen sehen, mit denen der Gründer begann. Am Ende unseres Rundgangs werden Sie hoffentlich viel gelacht, gestaunt und Neues gelernt haben. Vielleicht werden Sie sogar etwas gewonnen haben, denn an jedem Schaukasten gibt es ein Rätsel zu lösen.
Zum Schluss werden wir bei Kaffee und Kuchen gerne Ihre Fragen beantworten, bevor wir uns von Ihnen verabschieden.

Seite 63 • Ü2 **1.** Zurzeit wird eine Studie durchgeführt. **2.** In einem Jahr werden die Ergebnisse der Studie dem Vorstand vorgelegt werden.
3. Dann wird die Produktqualität aufs Neue verbessert werden.
4. Auf der Messe sind viele Innovationen vorgestellt worden.
5. Dieses Produkt zum Beispiel ist ursprünglich in einem Start-up entwickelt worden. **6.** Dann wurde die Erfindung von einem Konzern gekauft. **7.** Auch eine weitere Zusammenarbeit wurde vertraglich vereinbart. **8.** Neue Funktionen werden laufend in das Produkt integriert werden. **9.** Wahrscheinlich wird das Produkt auch in diesem Jahr wieder als Innovation Nr. 1 prämiert werden.
10. Damit wird es zum fünften Mal ausgezeichnet worden sein.
11. Und die Kosten für die Erfindung werden sich rentiert haben.

Seite 63 • Ü3 **1.** Sollen die Paletten noch verladen werden? Die Paletten sind schon verladen. **2.** Sollen die Lieferscheine noch ausgefüllt werden? Sie sind schon ausgefüllt. **3.** Sollen noch neue Lieferscheine bestellt werden? Sie sind schon bestellt. **4.** Soll die eingetroffene Ware noch geprüft werden? Sie ist schon geprüft. **5.** Soll der Versandbereich noch aufgeräumt werden? Er ist schon aufgeräumt. **6.** Soll die Lieferung an den Kunden B noch vorbereitet werden? Sie ist schon vorbereitet. **7.** Soll die Lieferadresse im System noch aktualisiert werden? Sie ist schon (im System) aktualisiert. **8.** Soll das Kleingeld noch gezählt werden? Es ist schon gezählt. **9.** Soll das Verpackungsmaterial noch aufgefüllt werden? Es ist schon aufgefüllt. **10.** Sollen die Aufgaben für morgen noch notiert werden? Sie sind schon notiert.

Seite 64 • Ü4 **1.** Lässt sich der Speicherplatz vergrößern? **2.** Wie lässt sich der Stromverbrauch messen? **3.** Lässt sich die Bestellung noch stornieren? **4.** Lassen sich die Daten automatisch aktualisieren? **5.** Lässt sich diese Schriftart leicht lesen? **6.** Lässt sich das Material bei 40 °C waschen? **7.** Wie lange lassen sich gekaufte Produkte umtauschen? **8.** Lässt sich der Text anders formatieren? **9.** Lässt sich unser Logo auch hier einfügen? **10.** Lässt sich die Lampe ohne Schrauben montieren? **11.** Lässt sich der Termin verschieben? **12.** Lässt sich die Sache anders regeln?

Seite 64 • Ü5 **A:** verhandelbar **A:** zahlbar **B:** spürbar **A:** begleichbar **B:** denkbar **A:** erreichbar **B:** verfügbar **A:** aufteilbar **B:** machbar **A:** annehmbar

Seite 64 • Ü6 **1.** Die Ware lässt sich binnen 24 Stunden liefern. Die Ware ist binnen 24 Stunden lieferbar. **2.** Der Fehler lässt sich leicht korrigieren. Der Fehler ist leicht korrigierbar. **3.** Die einzelnen Bauteile lassen sich austauschen. Die einzelnen Bauteile sind austauschbar. **4.** Das Dokument lässt sich nun herunterladen. Das Dokument ist nun herunterladbar. **5.** Die Software lässt sich in nur drei Schritten installieren. Die Software ist in nur drei Schritten installierbar.

Seite 65 • Ü7 **1.** Die Ware lässt sich optimal darstellen. Die Ware ist optimal darstellbar. **2.** Durch nutzerfreundliches Design lässt sich die Abbruchrate reduzieren. … ist die Abbruchrate reduzierbar. **3.** Werbung lässt sich je nach Land und Kultur lokalisieren. Werbung ist … lokalisierbar. **4.** Die Konversionsrate lässt sich mit Analysetools messen. Die Konversionsrate ist … messbar. **5.** Durch korrekte Produktbeschreibungen lassen sich Reklamationen vermeiden. … sind Reklamationen vermeidbar. **6.** Die CO_2-Emissionen lassen sich wegen der vielen Kurierfahrten nicht verringern. Die CO_2-Emissionen sind … nicht verringerbar.

Seite 65 • Ü8 **1.** Sie ist verspätet aufgewacht. **2.** Sie ist sofort aufgestanden und hat eilig gefrühstückt. **3.** Sie hat sich geduscht und (hat) sich angezogen. **4.** Sie ist zur U-Bahn gelaufen. **5.** Der U-Bahnhof ist leer gewesen. **6.** Sie ist in die U-Bahn gestiegen und (ist) fünf Stationen gefahren. **7.** Sie ist ausgestiegen und (ist) zur Firma gegangen. **8.** Vor der Firma haben keine Autos gestanden. **9.** Sie ist an der Eingangstür angekommen. **10.** Die Tür ist verschlossen gewesen. **11.** Plötzlich ist der Hausmeister aufgetaucht. **12.** Er hat sie gesehen und (hat sie) erstaunt gefragt: … **13.** Sie ist aus allen Wolken gefallen. **14.** Fröhlich ist sie nach Hause gefahren und (ist) den ganzen Tag auf dem Balkon geblieben.

Seite 66 • Ü9 haben … geschrieben, beschäftigt haben – hat … fasziniert, hat … gebracht – haben … erwähnt – konnte … verlassen – Haben … erkannt – gefallen ist, war – haben … festgestellt oder entwickelt – haben … wohlgefühlt – hat … gemacht, musste … anmelden – erklärt habe, habe … gesammelt, hat … interessiert – haben … entschieden – war, hat … angesprochen – haben … vorbereitet – ist … geworden, Hat … ausgeschrieben, hat … betreut – haben … angeboten, hat … gemeldet

Seite 67 • Ü10 **I.** war, begann, agierte, wurden, trugen … bei, boten … an, gelang, zeigte, verstand, gab, stärkte, auswirkte
II. bestand, wurde … übertragen, bewies, führte … aus, lernten … kennen, war

Seite 68 • Ü11 (1) werden, (2) wird, (3) werden, (4) wird, (5) werden, (6) werden, (7) wird, (8) werden, (9) wird, (10) wird

Seite 68 • Ü12 wird … erwärmt haben, werden … umgestellt haben, wird … geschmolzen sein, werden … gefunden haben, wird … geschaffen haben, werden … gewöhnt haben

Seite 69 • Ü13 **1.** werde **2.** wirst **3.** wird **4.** wird **5.** wird **6.** werden **7.** werdet **8.** werden **9.** Wirst **10.** Werdet

Seite 69 • Ü14 Dann wird die Sicherung wohl raus sein. (V) – Aber die Computer werden doch abgesichert sein. (V) – Das wird sich erst mit der neuen Anlage im Herbst ändern. (Z) – Der Kunde wird keine höhere Gewalt anerkennen. (V) – ... werde ich morgen aber ansprechen (A), ... – Der PC wird den Text schon abgespeichert haben. (V) – ..., dann werde ich wohl nicht alles neu schreiben müssen. (V) – ..., ob die Bauteillieferung pünktlich beim Kunden eintreffen wird? (Z) – Die Maschinenteile werden schon längst in seiner Fabrik angekommen sein. (V) – ... ich werde dort anrufen. (A) – Da wird niemand mehr im Betrieb sein. (V) – Da wird jemand die Sicherung wieder eingedreht haben. (V) – ... ich werde jetzt endlich Feierabend machen! (A)

Seite 70 • Ü15 **1.** Herr Hebig sollte die Präsentation bis zum nächsten Tag fertigstellen. **2.** Frau Barching konnte den Auswärtstermin nicht absagen. **3.** Frau Fuchs wollte nicht verspätet ankommen und das Meeting stören. **4.** Herr Leins musste auf der Landebahn im Flieger sitzen und durfte nicht aussteigen. **5.** Frau Merz musste dringend den Monatsbericht abschließen. **6.** Herr Dorch konnte ein Geschäftsessen nicht absagen. **7.** Herr Kintig wollte sich unbedingt Zeit für die Klienten nehmen. **8.** Alle konnten glücklicherweise per Handy absagen. **9.** Am nächsten Tag wollten sie wissen, wie das Meeting war. **10.** Sie mussten hören, dass unter anderem ein Bonus diskutiert werden sollte. **11.** Da aber so viele nicht kommen konnten, musste man die Diskussion verschieben. **12.** Sie wollten sich schon ärgern. **13.** Eine Kollegin musste lachen. **14.** Dann durften sie das Protokoll lesen. **15.** Darin konnten sie lesen, dass alle Mitarbeiter/innen tatsächlich einen Jahresbonus bekommen sollten.

Seite 70 • Ü16 konnten, mussten, wollten, wollten, durften, sollte

Seite 71 • Ü17 **1.** Die Geschäftsleitung hat/hatte nichts davon wissen wollen. **2.** Der Betriebsrat hat/hatte sich einschalten müssen. **3.** Er hat/hatte keine Einigung mit der Geschäftsleitung erreichen können. **4.** Trotz guter Auftragslage haben/hatten die Arbeiter/innen seit Jahren nicht genug verdienen können. **5.** Sie haben/hatten die Arbeit niederlegen wollen. **6.** Endlich hat/hatte man die Geschäftsleitung zum Kompromiss bewegen können.

Seite 71 • Ü18 **1.** finden können **2.** begleichen müssen **3.** liefern können **4.** ablehnen können **5.** benutzen dürfen **6.** abwarten wollen

Seite 71 • Ü19 **1.** Mit dem Startkapital wird er die Anfangsphase überstehen können. **2.** Bei dem Umsatz werdet ihr den Kredit problemlos zurückzahlen können. **3.** Aufgrund der hohen Startkosten wird die Existenzgründerin keine GmbH gründen wollen. **4.** Wegen des Personalmangels wirst du keinen Urlaub machen dürfen. **5.** Wegen der Sparmaßnahmen wird der Mitarbeiter auf den Firmenwagen verzichten müssen.

Seite 72 • Ü20 **1.** Der Katalog soll verschickt werden. **2.** Die Uhr muss repariert werden. **3.** Der Betriebsrat musste informiert werden. **4.** Die Bewerberin konnte eingestellt werden. **5.** Das Produkt durfte ausprobiert werden. **6.** Das Gehalt hat/hatte verhandelt werden müssen. **7.** Die Nachricht hat/hatte nicht weitergeleitet werden können. **8.** Die fehlerhafte Ware wird nicht verkauft werden dürfen. **9.** Die Maschine wird ausgetauscht werden müssen. **10.** Der Betrag wird überwiesen werden können. **11.** Könnten die Kosten reduziert werden? **12.** Die Qualität sollte geprüft werden. **13.** Die Gläser hätten so nicht transportiert werden dürfen.

Seite 72 • Ü21 **1.** d **2.** h **3.** a **4.** g **5.** b **6.** c **7.** f **8.** i **9.** e **10.** j

Seite 73 • Ü22 **1.** A **2.** P **3.** A **4.** P **5.** A

Seite 73 • Ü23 **1.** d **2.** f **3.** g **4.** c **5.** a **6.** e **7.** b

Seite 73 • Ü24 ist ... zu reinigen, hat ... zu wahren, hat ... zu benachrichtigen, ist ... einzureichen, sind ... abzusprechen, ist ... zu ändern, ist ... zu überweisen, sind ... auszugleichen, ist ... zu gewährleisten

Seite 74 • Ü25 **1.** Defekte Maschinen sind sofort vom Wartungsdienst zu reparieren. **2.** Der Lärmpegel im Produktionsbereich ist leicht zu reduzieren. **3.** In der Fabrik sind Schutzhelme zu tragen. **4.** Zum Glück ist das Gerät zu reparieren. **5.** Datenschutz ist nicht hundertprozentig zu garantieren. **6.** Jede Rechnung ist auf ihre Richtigkeit zu prüfen. **7.** Diese Angelegenheit ist vertraulich zu behandeln. **8.** Die Mehrwertsteuer ist gesondert aufzuführen. **9.** Hierfür ist eine Zollerklärung abzugeben. **10.** Die Arbeitszeiten sind auf Formblättern einzutragen. **11.** Geschirr und Besteck sind nach der Nutzung zu spülen. **12.** Die Qualität ist in Stichproben zu prüfen. **13.** Erstbestellungen sind vorab zu zahlen. **14.** Die Ware ist sachgemäß zu verpacken. **15.** Der Spesenabrechnung sind Quittungen beizulegen. **16.** Jede Bestellung ist ins ERP-System einzugeben. **17.** Produktneuheiten und Aktionen sind dem Kundendienst mitzuteilen.

Seite 74 • Ü26 **1.** Der Käufer hat die Transportkosten zu übernehmen. **2.** Der Lieferant hat die Ware sachgemäß zu verpacken. **3.** Der Hersteller hat die Maschinen regelmäßig zu warten. **4.** Der Wartungsdienst hat defekte Maschinen umgehend zu reparieren. **5.** Der Empfänger hat die Lieferung sofort auf eventuelle Mängel zu überprüfen. **6.** Der Exporteur hat eine Zollerklärung abzugeben. **7.** Die Mitarbeiter/innen haben die Arbeitszeiten auf Formblättern einzutragen. **8.** Neukunden haben die erste Bestellung im Voraus zu bezahlen. **9.** Ein Selbstständiger hat beim Finanzamt seine jährliche GuV-Erklärung einzureichen. **10.** Bei Reklamationen hat der Kunde den Kassenbeleg vorzuweisen. **11.** Unsere Lieferungen haben termingerecht beim Kunden einzutreffen. **12.** Reisende haben ihrer Spesenabrechnung Quittungen beizulegen. **13.** Der Spediteur hat die Ware pünktlich zu übergeben. **14.** Der Kommissionär hat die Bestellung zusammenzustellen. **15.** Die Firmenwagen haben E-Autos zu sein. **16.** Unsere Bank hat nur in nachhaltige Projekte zu investieren.

Seite 75 • Ü27 **1.** h **2.** e **3.** a **4.** c **5.** g **6.** b **7.** d **8.** f **9.** i

Seite 76 • Ü28 **1.** Könnten Sie mich mit der Geschäftsleitung verbinden? **2.** Könnten/Würden Sie einen Moment warten? **3.** ... Könnte Ihnen jemand anderes weiterhelfen? **4.** Möchten Sie eine Nachricht hinterlassen? **5.** Könnten Sie (etwas) notieren? **6.** Könnten/Würden Sie Ihren Namen buchstabieren? **7.** Möchten Sie, dass er Sie zurückruft? **8.** Darf ich fragen, worum es geht? **9.** Ich möchte Informationen über Ihr Sortiment. **10.** Könnte ich Sie heute Nachmittag zurückrufen? **11.** Wäre es möglich, für nächste Woche einen Termin zu vereinbaren? **12.** Hätten Sie auch günstigere Geräte? **13.** Darf ich Sie um einen Gefallen bitten? **14.** Könnten Sie mir das schriftlich geben? **15.** Könnten/Würden Sie einen Moment am Telefon bleiben? **16.** Dürfen wir Sie zur Messe einladen?

Seite 77 • Ü29 **1.** Wenn ich doch heute frei hätte!/Hätte ich doch heute frei! **2.** Wenn uns doch eine Lösung einfiele!/Würde uns doch eine Lösung einfallen! **3.** Wenn die Ware nur pünktlich einträfe/eintreffen würde!/Würde die Ware nur pünktlich eintreffen! **4.** Wenn er die Rechnung doch bald begliche/begleichen würde!/Würde er die Rechnung doch bald begleichen! **5.** Wenn ich nur die Datei finden könnte!/Könnte ich nur die Datei finden! **6.** Wenn ich doch (bloß) die Telefonnummer noch wüsste!/Wüsste ich doch (bloß) die Telefonnummer noch! **7.** Wenn wir bloß die Zusage bekämen!/Würden wir bloß die Zusage bekommen! **8.** Wenn ich mich doch (nur) entscheiden könnte!/Könnte ich mich doch (nur) entscheiden! **9.** Wenn die Firma doch wenigstens anriefe/anrufen würde!/Riefe die Firma doch wenigstens an!/Würde die Firma doch wenigstens anrufen! **10.** Wenn sich der Termin doch verschieben ließe/verschieben lassen würde!/Würde sich der Termin doch verschieben lassen!

Seite 77 • Ü30 **1.** Wenn Sie heute noch bestellten/bestellen würden, hätten Sie morgen schon die Ware. **2.** Wenn Sie einen Wartungsvertrag hätten, würden wir Ihre Geräte jederzeit kostenfrei reparieren. **3.** Wenn Sie uns Zahlungsaufschub gewähren könnten, wären wir Ihnen verbunden. **4.** Wenn wir ihm im Preis entgegenkämen, würde uns der Kunde einen Großauftrag geben. **5.** Wenn nicht alle gleichzeitig sprächen/sprechen würden, wäre das Meeting produktiver. **6.** Wenn wir Flexzeit einführen würden, müssten unsere Mitarbeiter/innen weniger freinehmen. **7.** Wenn wir unseren Energieverbrauch reduzierten/reduzieren würden, würden wir die Umwelt weniger belasten. **8.** Wenn das Institut Drittmittel bekäme, könnte es das Projekt finanzieren.

Seite 77 • Ü31 bräuchten, wären, könnten, würden, wäre, anriefe/anrufen würde, käme/kommen würde, gäbe, wären, liefern könnten, böten/bieten würden, entspräche

Seite 78 • Ü32 gäbe, könnten; wäre; anlegten/anlegen würden, bliebe; Müsste; wären, hätten; ginge; hätten; eröffnete/eröffnen würde; bekämen, wäre; suchte/suchen würde; wollten, bräuchten; einrichtete/einrichten würde; erhielten, wüsste, abschlössen/abschließen würden; läge; dürften; käme; wären

Seite 79 • Ü33 Wäre es nicht konstruktiver, wenn Pflegeberufe angemessen bezahlt (werden) würden? **2.** ..., wenn Umweltschutzmaßnahmen verstärkt (werden) würden? **3.** ..., wenn Massentierhaltung untersagt (werden) würde? **4.** ..., wenn die Menschrechte besser geschützt (werden) würden? **5.** ..., wenn Plastik durch kompostierbare Materialien ersetzt (werden) würde?

Seite 79 • Ü34 **1.** d **2.** a **3.** b **4.** f **5.** c **6.** e

Seite 79 • Ü35 **1.** wären **2.** hätte **3.** hätte **4.** hätten **5.** wäre **6.** wären

Seite 79 • Ü36 **1.** Beinahe hätte ich den Termin vergessen. **2.** Fast hätte ich den Fehler übersehen. **3.** Beinahe hätte ich die falsche Datei gelöscht. **4.** Beinahe wäre ich in den falschen Zug gestiegen. **5.** Fast wäre ich über die Tasche gestolpert. **6.** Beinahe hätte ich Sie nicht wiedererkannt. **7.** Beinahe hätte ich den Kaffee verschüttet. **8.** Fast wäre ich vor dem Computer eingeschlafen. **9.** Fast hätte ich die Mail ohne Betreff versandt. **10.** Beinahe hätte ich das Meeting verpasst.

Seite 80 • Ü37 **1.** Unter anderen Bedingungen hätte das Unternehmen Gewinn gemacht. **2.** ... wären die Verkaufszahlen gestiegen. **3.** ... wäre die Firma an die Börse gegangen. **4.** ... wäre der DAX gefallen. **5.** ... hätten die Anleger die Aktien gekauft. **6.** ... hätte die Firma nachhaltig investiert. **7.** ... wären die CO_2-Emissionen gesunken. **8.** ... hätte das Klima sich nicht erwärmt. **9.** ... hätte die Presse darüber berichtet. **10.** ... wären die erneuerbaren Energien stärker gefördert worden.

Seite 80 • Ü38 **1.** b **2.** d **3.** e **4.** c **5.** a

Seite 80 • Ü39 gewusst hätte, hätte ... genommen; genommen hätte, hätte ... gewandt/gewendet; gegangen wäre, hätten ... bekommen; erhalten hätten, hätten ... geschrieben; geschrieben ... hätten, hätte bekommen; eingestellt hätte, hätte; gehabt hätte, hätte ... gelesen; gelesen hätte

Seite 81 • Ü40 **1.** erklären können **2.** installieren sollen **3.** zurückrufen müssen **4.** annoncieren sollen **5.** fahren dürfen

Seite 81 • Ü41 **1.** In dem Fall hätte der Mitarbeiter auf seine Weiterbildung verzichten müssen. **2.** ... hätte die Geschäftsleitung weitere Erfolge verzeichnen können. **3.** ... hätte der Kunde später zahlen dürfen. **4.** ... hätte der Vorstand die Aktionäre informieren müssen. **5.** ... hätte das Subunternehmen rentabel arbeiten können.

Seite 81 • Ü42 **1.** d **2.** b/c **3.** b/c **4.** e **5.** a

Seite 82 • Ü43 **1.** Sonst wäre die Produktion nicht automatisiert worden. **2.** ... wäre die Qualität garantiert worden. **3.** ... wäre Ersatz geleistet worden. **4.** ... wären die Löhne nicht erhöht worden. **5.** ... wäre die Ware fristgemäß geliefert worden. **6.** ... wäre der Mitarbeiterin gekündigt worden. **7.** ... wäre die Rechnung beglichen worden. **8.** ... wäre keine Mahnung verschickt worden.

Seite 82 • Ü44 **1.** Aber die Qualität hätte geprüft werden müssen. **2.** Aber die Rechnung hätte bezahlt werden müssen. **3.** Aber das Informationsmaterial hätte verteilt werden sollen. **4.** Aber die Spedition hätte benachrichtigt werden müssen. **5.** Aber der Automat hätte nicht nass gereinigt werden dürfen. **6.** Aber der Kunde hätte nicht angemahnt werden dürfen. **7.** Aber die Aushilfskraft hätte eingesetzt werden können. **8.** Aber die Verbraucher hätten informiert werden müssen. **9.** Aber diese Kosten hätten gespart werden können. **10.** Aber Gerüchte und Fake News hätten nicht verbreitet werden dürfen.

Seite 82 • Ü45 **1.** f **2.** a **3.** d **4.** h **5.** b **6.** c **7.** e **8.** g

Seite 83 • Ü46 **1.** Unmöglichkeit **2.** Möglichkeit **3.** Möglichkeit **4.** Unmöglichkeit **5.** Unmöglichkeit **6.** Möglichkeit **7.** Unmöglichkeit **8.** Unmöglichkeit **9.** Möglichkeit **10.** Möglichkeit **11.** Unmöglichkeit

Seite 83 • Ü47 **1.** Wenn ich Naturwissenschaft studierte/studieren würde, könnte ich später in die Forschung gehen./Wenn ich Naturwissenschaft studiert hätte, hätte ich in die Forschung gehen können. **2.** Wenn ich die Geisteswissenschaften wählen würde, würde ich mich auf Philosophie spezialisieren./Wenn ich die Geisteswissenschaften gewählt hätte, hätte ich mich auf Philosophie spezialisiert. **3.** Wenn ich in der Tourismusbranche arbeitete/arbeiten würde, würde ich viele Menschen und Kulturen kennenlernen./Hätte ich in der Tourismusbranche gearbeitet, hätte ich viele Menschen und Kulturen kennengelernt. **4.** Wenn ich eine Ausbildung als Gärtnerin machte/machen würde, müsste ich nicht im Büro sitzen./Wenn ich eine Ausbildung als Gärtnerin gemacht hätte, hätte ich nicht im Büro sitzen müssen. **5.** Wenn ich Informatik studierte/studieren würde, würde ich überall einen Job finden./Wenn ich Informatik studiert hätte, hätte ich überall einen Job gefunden. **6.** Wenn ich eine Banklehre absolvierte/absolvieren würde, hätte ich später gute Karrierechancen./Wenn ich eine Banklehre absolviert hätte, hätte ich gute Karrierechancen gehabt. **7.** Wenn ich Krankenschwester/-pfleger würde/werden würde, könnte ich Menschen helfen./Wenn ich Krankenschwester/-pfleger geworden wäre, hätte ich Menschen helfen können. **8.** Wenn ich Grafikdesign studieren würde, würde ich später für meine Kreativität bezahlt (werden)./Wenn ich Grafikdesign studiert hätte, wäre ich für meine Kreativität bezahlt worden. **9.** Wenn ich als Buchhalter arbeiten würde, könnte ich in Ruhe in einem Büro Einnahmen und Ausgaben prüfen./Hätte ich als Buchhalter gearbeitet, hätte ich in Ruhe in einem Büro Einnahmen und Ausgaben prüfen können. **10.** Wenn ich Sprachen lernte/lernen würde, könnte ich später international arbeiten./Hätte ich Sprachen gelernt, hätte ich international arbeiten können.

Seite 84 • Ü48 **1.** Teilnehmer A: a) Wir könnten das Produkt eine Zeitlang günstiger verkaufen! Dann würden es mehr Kunden ausprobieren. b) Wenn wir das Produkt eine Zeitlang günstiger verkauften/verkaufen würden, würden mehr Kunden es ausprobieren. c) Würden wir das Produkt eine Zeitlang günstiger verkaufen, würden es mehr Kunden ausprobieren. **2.** Teilnehmer B: a) Wir könnten das Design verbessern! Dann würde das Produkt attraktiver wirken. b) Wenn wir das Design verbesserten/verbessern würden, würde das Produkt attraktiver wirken. c) Würden wir das Design verbessern, würde das Produkt attraktiver wirken. **3.** Teilnehmer C: a) Wir könnten mit einem witzigen Slogan werben! Dann würden sich die Kunden daran erinnern. b) Wenn wir mit einem witzigen Slogan werben würden, würden sich die Kunden daran erinnern. c) Würden wir mit einem witzigen Slogan werben, würden sich die Kunden daran erinnern. **4.** Teilnehmer D: a) Wir könnten einen guten Zweck unterstützen! Dann könnten wir damit werben. b) Wenn wir einen guten Zweck unterstützten/unterstützen würden, könnten wir damit werben. c) Würden wir einen guten Zweck unterstützen, könnten wir damit werben. **5.** Teilnehmer B: a) Wir könnten Gewinnspiele veranstalten! Dann würden wir Kunden gewinnen. b) Wenn wir Gewinnspiele veranstalteten/veranstalten würden, würden wir Kunden gewinnen. c) Würden wir Gewinnspiele veranstalten, würden wir Kunden gewinnen. **6.** Teilnehmer A: a) Wir könnten in den sozialen Medien aktiver sein. Dann würden wir unsere Zielgruppe hundertprozentig erreichen. b) Wenn wir in den sozialen Medien aktiver wären, würden wir unsere Zielgruppe hundertprozentig erreichen. c) Wären wir in den sozialen Medien aktiver, würden wir unsere Zielgruppe hundertprozentig erreichen. **7.** Teilnehmer C: a) Wir könnten Aktionswochen veranstalten! Dann könnten wir Kunden direkt in Geschäften ansprechen. b) Wenn wir Aktionswochen veranstalteten/veranstalten würden, könnten wir Kunden direkt in Geschäften ansprechen. c) Würden wir Aktionswochen veranstalten, könnten wir Kunden direkt in Geschäften ansprechen. **8.** Teilnehmer B: a) Wir könnten Kundendaten sammeln und auswerten! Dann könnten wir Kundentreue aufbauen und belohnen. b) Wenn wir Kundendaten sammelten und auswerteten/sammeln und auswerten würden, könnten wir Kundentreue aufbauen und belohnen. c) Würden wir Kundendaten sammeln und auswerten, könnten wir Kundentreue aufbauen und belohnen. **9.** Teilnehmer A: a) Wir könnten das Produkt in Filmen oder Fernsehserien platzieren! Dann würde es indirekt empfohlen werden. b) Wenn wir das Produkt in Filmen oder Fernsehserien platzierten/platzieren würden, würde es indirekt empfohlen werden. c) Würden wir das Produkt in Filmen oder Fernsehserien platzieren, würde es indirekt empfohlen werden. **10.** Leiter: a) – b) Wenn wir das Produkt in Filmen oder Fernsehserien zeigten/zeigen würden, wäre das unerlaubte Schleichwerbung. c) Würden wir das Produkt in Filmen oder Fernsehserien zeigen, wäre das unerlaubte Schleichwerbung. **11.** Teilnehmer C: a) Wir könnten die Qualität optimieren! Dann könnten wir „Jetzt noch besser" auf die Verpackung schreiben. b) Wenn wir die Qualität optimierten/optimieren würden, könnten wir „Jetzt noch besser" auf die Verpackung schreiben. c) Würden wir die Qualität optimieren, könnten wir wir „Jetzt noch besser" auf die Verpackung schreiben. **12.** Teilnehmer D: a) Wir könnten eine komplette Werbekampagne starten! Dann würden die Konsumenten aufmerksam (werden). b) Wenn wir eine komplette Werbekampagne starteten/starten würden, würden die Konsumenten aufmerksam (werden). c) Würden wir eine komplette Werbekampagne starten, würden die Konsumenten aufmerksam (werden). **13.** Leiter: a) – b) Wenn wir eine komplette Werbekampagne organisierten/organisieren würden, könnten wir unser Budget nicht einhalten. c) Würden wir eine komplette Werbekampagne organisieren, könnten wir unser Budget nicht einhalten. **14.** Teilnehmer A: a) Wir könnten einen Blog starten. Dann könnten wir mehr Verkehr auf unsere Website leiten. b) Wenn wir einen Blog starteten/starten würden, könnten wir mehr Verkehr auf unsere Website leiten. c) Würden wir einen Blog starten, könnten wir mehr Verkehr auf unsere Website leiten. **15.** Abteilungsleiter: a) – b) Wenn wir einen Blog starteten/ starten würden, bräuchten wir dafür viel Zeit. c) Würden wir einen Blog starten, bräuchten wir dafür viel Zeit. **16.** Teilnehmer B: a) Wir könnten einen Influencer für das Produkt gewinnen! Dann würde der Umsatz garantiert steigen. b) Wenn wir einen Influencer für das Produkt gewännen/gewinnen würden, würde der Umsatz garantiert steigen. c) Würden wir einen Influencer für das Produkt gewinnen, würde der Umsatz garantiert steigen. **17.** Teilnehmer D: a) Wir könnten einen SEO-Spezialisten einstellen! Dann würde unsere Website bei jeder Suche ganz oben stehen. b) Wenn wir einen SEO-Spezialisten einstellten/einstellen würden, würde unsere Website bei jeder Suche ganz oben stehen. c) Würden wir einen SEO-Spezialisten einstellen, würde unsere Website bei jeder Suche ganz oben stehen. **18.** Teilnehmer A: a) Wir könnten eine Werbeagentur beauftragen! Dann würden wir uns unnötige Zeit und Mühe sparen. b) Wenn wir eine Werbeagentur beauftragten/beauftragen würden, würden wir uns unnötige Zeit und Mühe sparen. c) Würden wir eine Werbeagentur beauftragen, würden wir uns unnötige Zeit und Mühe sparen. **19.** Leiter: a) – b) Wenn wir eine Werbeagentur fragten/fragen würden, würde ich meinen Hut nehmen/nähme ich meinen Hut. c) Würden wir eine Werbeagentur fragen, würde ich meinen Hut nehmen/nähme ich meinen Hut.

Seite 84 • Ü49 **1.** a) Hätten wir das Produkt eine Zeitlang günstiger verkauft, hätten mehr Kunden es ausprobiert. b) Wenn wir das Produkt eine Zeitlang günstiger verkauft hätten, hätten mehr Kunden es ausprobiert. **2.** a) Hätten wir das Design verbessert, hätte das Produkt attraktiver gewirkt. b) Wenn wir das Design verbessert hätten, hätte das Produkt attraktiver gewirkt. **3.** a) Hätten wir mit einem witzigen Slogan geworben, hätten sich die Kunden daran erinnert. b) Wenn wir mit einem witzigen Slogan geworben hätten, hätten sich die Kunden daran erinnert. **4.** a) Hätten wir einen guten Zweck unterstützt, hätten wir damit werben können. b) Wenn wir einen guten Zweck unterstützt hätten, hätten wir damit werben können. **5.** a) Hätten wir Gewinnspiele veranstaltet, hätten wir Kunden gewonnen. b) Wenn wir Gewinnspiele veranstaltet hätten, hätten wir Kunden gewonnen. **6.** a) Wären wir in den sozialen Medien aktiver gewesen, hätten wir die Zielgruppe hundertprozentig erreicht. b) Wenn wir in den sozialen Medien aktiver gewesen wären, hätten wir die Zielgruppe hundertprozentig erreicht. **7.** a) Hätten wir Aktionswochen veranstaltet, hätten wir Kunden direkt in Geschäften ansprechen können. b) Wenn wir Aktionswochen veranstaltet hätten, hätten wir Kunden direkt in Geschäften ansprechen können. **8.** a) Hätten wir Kundendaten gesammelt und ausgewertet, hätten wir Kundentreue aufbauen und belohnen können. b) Wenn wir Kundendaten gesammelt und ausgewertet hätten, hätten wir Kundentreue aufbauen und belohnen können. **9.** a) Hätten wir das Produkt in Filmen und Fernsehserien platziert, wäre es indirekt empfohlen worden. b) Wenn wir das Produkt in Filmen oder Fernsehserien platziert hätten, wäre es indirekt empfohlen worden. **10.** a) Hätten wir das Produkt in Filmen oder Fernsehserien gezeigt, wäre das unerlaubte Schleichwerbung gewesen. b) Wenn wir das Produkt in Filmen und Fernsehserien gezeigt hätten, wäre das ... **11.** a) Hätten wir die Qualität optimiert, hätten wir "Jetzt noch besser" auf die Verpackung schreiben können. b) Wenn wir die Qualität optimiert hätten, hätten wir „Jetzt noch besser" auf die Verpackung schreiben können. **12.** a) Hätten wir eine komplette Werbekampagne gestartet, wären die Konsumenten aufmerksam geworden. b) Wenn wir eine komplette Werbekampagne gestartet hätten, wären die Konsumenten ... **13.** a) Hätten wir eine komplette Werbekampagne organisiert, hätten wir unser Budget nicht einhalten können. b) Wenn wir eine komplette Werbekampagne organisiert hätten, hätten wir ... **14.** a) Hätten wir einen Blog gestartet, hätten wir mehr Verkehr auf unsere Website geleitet. b) Wenn wir einen Blog gestartet hätten, hätten wir ... **15.** a) Hätten wir einen Blog gestartet, hätten wir dafür viel Zeit gebraucht. b) Wenn wir einen Blog gestartet hätten, hätten wir ... **16.** a) Hätten wir einen Influencer für das Produkt gewonnen, wäre der Umsatz garantiert gestiegen. b) Wenn wir einen Influencer für das Produkt gewonnen hätten, wäre ... **17.** a) Hätten wir einen SEO-Spezialisten eingestellt, hätte unsere Website bei jeder Suche ganz oben gestanden. b) Wenn wir einen SEO-Spezialisten eingestellt hätten, hätte ... **18.** a) Hätten wir eine Werbeagentur beauftragt, hätten wir uns unnötige Zeit und Mühe gespart. b) Wenn wir eine Werbeagentur beauftragt hätten ... **19.** a) Hätten wir eine Werbeagentur gefragt, hätte ich meinen Hut genommen. b) Wenn wir eine Werbeagentur gefragt hätten, hätte ich ...

Seite 85 • Ü50 **a) 1.** Wir hätten schneller auf erneuerbare Energien umstellen müssen! **2.** Wir hätten den Fleischkonsum stärker begrenzen müssen! Der Fleischkonsum hätte stärker begrenzt werden müssen! **3.** Wir hätten auf die meisten Plastikverpackungen verzichten müssen! **4.** Wir hätte die Ölförderung früher stoppen müssen! Die Ölförderung hätte früher gestoppt werden müssen! **5.** Wir hätten die Öko-Landwirtschaft viel entschiedener fördern müssen! Die Öko-Landwirtschaft hätte viel entschiedener gefördert werden müssen! **6.** Wir hätten den Flugverkehr reduzieren müssen!
b) 1. Wir werden schneller auf erneuerbare Energien umstellen müssen! **2.** Wir werden den Fleischkonsum stärker begrenzen müssen! Der Fleischkonsum wird stärker begrenzt werden müssen! **3.** Wir werden auf die meisten Plastikverpackungen verzichten müssen! **4.** Wir werden die Ölförderung früher stoppen müssen! Die Ölförderung wird früher gestoppt werden müssen! **5.** Wir werden die Öko-Landwirtschaft viel entschiedener fördern müssen! Die Öko-Landwirtschaft wird viel entschiedener gefördert werden müssen! **6.** Wir hätten den Flugverkehr reduzieren müssen! Der Flugverkehr hätte reduziert werden müssen!

Seite 85 • Ü51 ... und der Kunde muss noch angerufen werden und muss gefragt werden, ob der Liefertermin um einen Tag verschoben werden darf. Dem Reisebüro müsste noch gesagt werden, dass die Geschäftsreise storniert werden soll. Die Korrespondenz hätte noch unterschrieben werden sollen. Jetzt wird sie erst morgen früh verschickt werden können. Also wird morgen für einige Dokumente ein Kurier bestellt werden müssen. Die Ware muss auch noch versandfertig gemacht werden. Dann könnte sie heute noch vom Spediteur abgeholt werden. Der Lieferschein müsste noch ausgefüllt (werden) und der Spediteur (müsste) noch angerufen werden. Die reklamierte Ware könnte von ihm auch gleich ausgetauscht werden. Der Ersatz wird also auch noch verpackt werden müssen. Dem Außendienstler hätten die Terminänderungen schon längst durchgegeben werden müssen. Dann müsste jetzt nicht noch eine Mail geschrieben werden. ... Wie soll das alles bis 17.00 Uhr geschafft werden?

Seite 86 • Ü52 ... Das kann nicht stimmen! Das muss ein Irrtum sein! – ... DEF soll ein günstigeres Angebot gemacht haben. – Das mag ja wahr sein, aber da dürfte er zuviel versprochen haben. – Das mag ja stimmen, aber dann ... Auf Dienstreise will er gewesen sein. – Das könnte doch so sein. – Natürlich, aber er müsste doch trotzdem mit seiner Firma in Kontakt gewesen sein. – Naja, die Firma dürfte nicht nur das Thema Fuhrpark beschäftigen. – Die Chefin müsste meine Mail schon gelesen haben. Sie muss enttäuscht sein. ... Das soll gestern beschlossen worden sein. – ... Da könnte sie mit DEF gesprochen haben. – Na, da dürfte uns allen ein Stein vom Herzen fallen.

Teil III

Seite 90 • Ü1 **1.** Die Firma hat den Bewerber vor einer Woche angerufen. Vor einer Woche hat die Firma den Bewerber angerufen./Den Bewerber hat die Firma vor einer Woche angerufen. **2.** Der neue Mitarbeiter kann die Kolleg/innen immer fragen./Die Kolleg/innen kann der neue Mitarbeiter immer fragen. **3.** Aus Versehen hat der Assistent die Nachricht nicht weitergegeben./Der Assistent hat die Nachricht aus Versehen nicht weitergegeben./Die Nachricht hat der Assistent aus Versehen nicht weitergegeben. **4.** Die Firma sucht seit langem einen Geschäftspartner in Indien./Seit langem sucht die Firma einen Geschäftspartner in Indien./Einen Geschäftspartner sucht die Firma seit langem in Indien./In Indien sucht die Firma seit langem einen Geschäftspartner. **5.** Sie hat das Unternehmen im Jahr 2015 gegründet./Im Jahr 2015 hat sie das Unternehmen gegründet./Das Unternehmen hat sie im Jahr 2015 gegründet. **6.** Dann soll die Assistentin noch den Besuchstermin bestätigen./Die Assistentin soll dann noch den Besuchstermin bestätigen./Den Besuchstermin soll die Assistentin dann noch bestätigen. **7.** Aus geschäftlichen Gründen muss der Geschäftspartner den Termin verschieben./Der Geschäftspartner muss den Termin aus geschäftlichen Gründen verschieben./Den Termin muss der Geschäftspartner aus geschäftlichen Gründen verschieben. **8.** Allerdings wird die Auswahl der Kandidat/innen noch etwas dauern./Die Auswahl der Kandidat/innen wird allerdings noch etwas dauern. **9.** Nicht alle Firmen bestätigen den Erhalt der Bewerbungsunterlagen./Den Erhalt der Bewerbungsunterlagen bestätigen nicht alle Firmen. **10.** So haben wir uns die optimale Kandidatin vorgestellt./Die optimale Kandidatin haben wir uns so vorgestellt. Wir haben uns die optimale Kandidatin so vorgestellt. **11.** Im Vergleich zum Vorjahr steigen die Preise für Lebensmittel weiter./Die Preise für Lebensmittel steigen im Vergleich zum Vorjahr weiter. **12.** Die Firma stellt drei Ausbildungsplätze zur Verfügung./Drei Ausbildungsplätze stellt die Firma zur Verfügung. **13.** Seit einem Jahr schreibt die neue Firma schwarze Zahlen./Die neue Firma schreibt seit einem Jahr schwarze Zahlen. Schwarze Zahlen schreibt die neue Firma seit einem Jahr. **14.** Viele Firmen konkurrieren um höhere Marktanteile weltweit./Um höhere Marktanteile konkurrieren viele Firmen weltweit./Weltweit konkurrieren viele Firmen um höhere Marktanteile. **15.** Einige Firmen nehmen Umweltschutz und soziales Engagement ernst./Umweltschutz und soziales Engagement nehmen einige Firmen ernst. **16.** Heute haben wir wegen Inventur geschlossen./Wegen Inventur haben wir heute geschlossen./Wir haben heute wegen Inventur geschlossen.

Seite 90 • Ü2 **Beispielantworten:** Die Mitarbeiterin hat dem Azubi gestern die Aufgabe erklärt./Dem Azubi hat die Mitarbeiterin gestern die Aufgabe erklärt./Gestern hat die Mitarbeiterin dem Azubi die Aufgabe erklärt./Die Aufgabe hat die Mitarbeiterin gestern dem Azubi erklärt.; Der Kollege zeigt der Mitarbeiterin heute das Protokoll./Heute zeigt der Kollege der Mitarbeiterin das Protokoll./Der Mitarbeiterin zeigt der Kollege heute das Protokoll.; Der Verkäufer kann dem Kunden den Rabatt gewähren./Dem Kunden kann der Verkäufer den Rabatt gewähren./Den Rabatt kann der Verkäufer dem Kunden gewähren. usw.

Seite 91 • Ü3 **1.** S, kV, A, Ort **2.** Zeit, kV, S, A, präp. Obj. **3.** S, kV, D, präp. Obj. **4.** Zeit, kV, S, D, G, A **5.** S, kV, D, Zeit, präp. Obj., G

Seite 91 • Ü4 **1.** die Menge der Bewerbungen; die Auswahl; der Bewerbungen **2.** Wer/Was ...? Was bietet ...? Wem ...? die Firma; attraktive Sozialleistungen; ihren Mitarbeitern **3.** Wer ...? Worin ...? In welchen Fragen ...? die IHK; in vielen Fragen; in Fragen der Ausbildung und Existenzgründung **4.** Wer/Was ...? Wen/...? Wann ...? die Marketingabteilung; eine neue Mitarbeiterin; ab nächster Woche **5.** Wer/Was ...? Was ...? Wem ...? Wessen ...? Wann ...? Wie ...? die Vorgesetzte; die Entscheidung des Vorstands; ihrem Team; des Vorstandes; gestern; per E-Mail **6.** Wer/Was ...? Wem ...? Wobei ...? Wie ...? die Kollegen; dem neuen Mitarbeiter; bei der Anwendung der Software; gerne **7.** Wer/Was ...? Wen/Was ...? Wann ...? Wo ...? die Firma; das neue Produkt; im Herbst; auf der Messe

Seite 92 • Ü5 **1.** Der Mechaniker installiert ihm die Kopierer/... sie dem Kunden/... sie ihm. **2.** Die Bedienungsanleitung empfiehlt ihm die regelmäßige Wartung/... sie dem Benutzer/... sie ihm. **3.** Die Lieferfirma bietet ihm einen Wartungsvertrag/... ihn dem Käufer/... ihn ihm. **4.** Der Käufer überlässt ihr die Wartung/... sie der Firma/... sie ihr. **5.** Der Lieferant garantiert ihm das einwandfreie Funktionieren/... es dem Kunden/... es ihm. **6.** Der Käufer überweist ihm den Rechnungsbetrag/... ihn dem Lieferanten/... ihn ihm. **7.** Der Lieferant gewährt ihm zwei Prozent Skonto/... sie dem Kunden/... sie ihm. **8.** Der Programmierer beantwortet ihm alle Fragen/... sie dem technischen Leiter/... sie ihm. **9.** Er zeigt ihm alle neuen Funktionen/... sie dem technischen Leiter/... sie ihm. **10.** Der technische Leiter präsentiert ihr die neue Software/... sie der Firmenleitung/... sie ihr. **11.** Die Firmenleitung verspricht ihm eine Bonuszahlung/... sie dem Programmierer/... sie ihm. **12.** Die Firma beschreibt ihnen die neue Software/... sie ihren Stammkunden/... sie ihnen in einer E-Mail. **13.** Einige Kunden schicken ihr eine Antwort/... sie der Firma/... sie ihr. **14.** Die Firma gewährt ihnen ein Musterexemplar/... es den interessierten Kunden/... es ihnen. **15.** Ein Kunde sendet ihr sofort eine Bestellung/... sie sofort der Firma/... sie ihr sofort. **16.** Die Forschungsabteilung will ihr den neuen Prototyp/... ihn der Geschäftsleitung/... ihn ihr präsentieren.

Seite 93 • Ü6 **1.** ... nicht weiterhelfen **2.** ... nicht geliefert **3.** ... nicht nächste Woche ... **4.** Nicht Firma X ... **5.** ... nicht per Bahnfracht ... **6.** ... nicht den Drucker ... **7.** ... nicht berücksichtigt **8.** Ich glaube nicht, dass .../Ich glaube, dass die Lieferung sich nicht verspäten wird. **9.** ... nicht in dem grünen Ordner ... **10.** ...nicht nur als Textverarbeitungsdatei ... **11.** ... nicht ich habe das gesagt ...

Seite 93 • Ü7 **1.** keinen anderen **2.** keinem anderen **3.** keines anderen **4.** keine vergleichbaren **5.** kein anderer **6.** keine besseren **7.** keinem konkurrierenden **8.** keine einzige pünktliche **9.** keine nennenswerten **10.** keinen weiteren; keine verspäteten

Seite 94 • Ü8 **1.** keine **2.** nicht **3.** nicht **4.** keine **5.** nicht **6.** nicht **7.** nicht **8.** nicht **9.** keine **10.** nicht; nicht **11.** keine; keine

Seite 95 • Ü9 berufserfahren, dynamisch, flexibel und .../Wir erwarten, dass ... mitbringt, sondern .../... Computerkenntnisse, stete Lernbereitschaft .../... stellen, sind .../... den Wunsch, in .../... vertreten, aber .../... suchen, sollten .../... freundliches Team, ein überdurchschnittliches Gehalt, ausgezeichnete Sozialleistungen ... ... fühlen, schicken .../... dafür, dass ...

Seite 95 • Ü10 **1.** Nantes, den **2.** Sehr geehrte Damen und Herren, **3.** Ihre Stellenanzeige, die mich sehr ansprach, ... **4.** Deshalb möchte ich Sie bitten(,) mir folgende ... **5.** Erstens möchte ich wissen, welche ... **6.** Zweitens wäre ich Ihnen dankbar, wenn ..., welche ... **7.** Deutsch-, Englisch-, Spanisch- und ... **8.** Drittens wäre es interessant zu wissen, wie häufig ... **9.** ... die Möglichkeit(,) im Homeoffice ... **10.** gut zu wissen, für welche Abteilung ... **11.** Über eine baldige Antwort würde ich mich sehr freuen, damit ich ..., ob es sinnvoll wäre(,) ... **12.** kein Komma

Seite 95 • Ü11 **1.** ... empfohlen, mit der er **2.** ... expandieren, brauchen ... Mitarbeiter/innen, die ... **3.** ... zu gewinnen, haben ... **4.** aber, dass **5.** ... Rat, wie ... **6.** kein Komma

Seite 97 • Ü1 **1.** ..., denn es ist ein Markenartikel. **2.** ..., sondern sie zieht auch internationale Aussteller an. **3.** ..., doch alle Stände waren schon reserviert. **4.** ... und unser Produkt war erfolgreich. **5.** ... oder wir buchen sie von Ihrem Konto ab. **6.** Aber wo ist meine Girokarte?

Seite 98 • Ü2 **1.** Deshalb schicken wir Ihnen Ersatz./Wir schicken Ihnen deshalb Ersatz. **2.** Danach machte sie eine Pause./Sie machte danach eine Pause. **3.** Infolgedessen kam es zum Streik./Es kam infolgedessen zum Streik. **4.** Allerdings haben wir noch ein Problem./Wir haben allerdings noch ein Problem. **5.** So haben wir den Auftrag erhalten./Den Auftrag haben wir so erhalten. **6.** Trotzdem steht die Rechnung noch offen./Die Rechnung steht trotzdem noch offen. **7.** Inzwischen hat sich das Problem erledigt./Das Problem hat sich inzwischen erledigt. **8.** Folglich trat der Kunde vom Auftrag zurück./Der Kunde trat folglich vom Auftrag zurück. **9.** Stattdessen wandte er sich an die Konkurrenz./Er wandte sich stattdessen an die Konkurrenz. **10.** Auf diese Weise sparen Sie 20 Prozent./Sie sparen auf diese Weise 20 Prozent.

Seite 98 • Ü3 **1.** ..., dann bewarb sie sich. **2.** ..., währenddessen machte sich der Personalchef Notizen. **3.** ..., seitdem hat es fünfzig neue Mitarbeiter/innen eingestellt. **4.** ..., inzwischen hatte diese jedoch eine andere Stelle gefunden. **5.** ..., vorher hat sie dort auch ihre Ausbildung gemacht. **6.** ..., inzwischen bewirbt er sich auch bei anderen Firmen.

Seite 98 • Ü4 **1.** Nachdem **2.** Nachdem **3.** Sobald **4.** Sobald

Seite 99 • Ü5 **1.** Solange **2.** Während **3.** Solange **4.** Während

Seite 99 • Ü6 **1.** Während er zur Bushaltestelle läuft, telefoniert er mit dem Kollegen. **2.** Während er seine Monatskarte herausholt, schaltet er das Handy aus. **3.** Während er in den Bus steigt, fällt sein Handy herunter. **4.** Bevor er zur Bushaltestelle läuft, zieht er seinen Mantel an. **5.** Bevor er seine Monatskarte herausholt, läuft er zur Bushaltestelle. **6.** Bevor er in den Bus steigt, holt er seine Monatskarte heraus. **7.** Bevor er das Handy ausschaltet, telefoniert er mit dem Kollegen. **8.** Bevor er in den Bus steigt, schaltet er sein Handy aus. **9.** Nachdem er seinen Mantel angezogen hat, läuft er zur Bushaltestelle. **10.** Nachdem er zur Bushaltestelle gelaufen ist, holt er seine Monatskarte heraus. **11.** Nachdem er seine Monatskarte herausgeholt hat, steigt er in den Bus. **12.** Nachdem er mit dem Kollegen telefoniert hat, schaltet er das Handy aus. **13.** Nachdem er das Handy ausgeschaltet hat, fällt es ihm herunter.

Seite 99 • Ü7 **1.** Wenn **2.** Als **3.** Als **4.** Wenn **5.** Als **6.** Wenn

Seite 99 • Ü8 **1.** Bis Sie unsere Lieferung erhalten, müssen wir Sie um Geduld und Nachsicht bitten. **2.** Bis die Zahlung bei uns nicht eingeht, kann der Kunde nicht über die Ware verfügen. **3.** Seit(dem) sie bei der Firma arbeitet, macht sie Überstunden. **4.** Bis das Unternehmen mehr Aufträge hat, arbeiten seine Mitarbeiter in Teilzeit. **5.** Seit(dem) das Unternehmen mehr Aufträge hat, kann es seine Mitarbeiter besser bezahlen.

Seite 100 • Ü9 **1.** h **2.** a **3.** e **4.** b **5.** c **6.** d/f **7.** d/f **8.** g

Seite 100 • Ü10 **1.** Während sich Frau Rath bei der IHK beraten ließ, notierte sie neue Ideen. **2.** Seit sie sich von der IHK beraten ließ, versteht sie den Grund für einen Geschäftsplan. **3.** Während sie mit ihrer Geschäftspartnerin spricht, entscheiden sie, wer welche Aufgaben übernehmen wird. **4.** ... Währenddessen spricht ihre Geschäftspartnerin, Frau Seifler, mit einer Werbeagentur. **5.** Sobald Frau Rath einige passende Hersteller gefunden hat, bittet sie diese um Angebote. **6.** Nachdem Frau Seifler mit der Werbeagentur gesprochen hat, ruft sie Frau Rath an. **7.** Frau Rath will sich mit Frau Seifler treffen. Zuvor überprüft sie die erhaltenen Angebote. **8.** Die beiden Geschäftspartnerinnen arbeiten weiter an ihrem Geschäftsplan, bis sie damit zufrieden sind. **9.** ... Währenddessen besichtigt Frau Rath Büroräume. **10.** Bevor sie zu ihrem Banktermin gehen, bereiten sie sich auf mögliche Fragen vor.

Seite 100 • Ü11 **1.** ..., darum bewarb er sich bei der Firma. **2.** ..., deshalb bekommt sie viele Bewerbungen. **3.** ..., darum kontaktierte er den Bewerber. **4.** ..., daher sagt er das Vorstellungsgespräch ab. **5.** ..., aus diesem Grund hat sich der Bewerber verspätet. **6.** ..., deswegen muss der nächste Kandidat warten.

Seite 101 • Ü12 **1.** Da wir nicht mehr genug Büromaterial haben, müssen wir neu bestellen. **2.** Weil dieses Geschäft bald schließt, verkauft es alle Waren zum halben Preis. **3.** Da der Existenzgründer Geschäftsreisen gemacht hat, kann er seine Reisekosten bei der Steuererklärung absetzen. **4.** Der lokale Einzelhandel hat es nicht leicht, weil viele Kunden im Internet kaufen. **5.** Der Kunde hat die Rechnung noch nicht beglichen, da sie einen Fehler enthält. **6.** Da es kurz vor 20.00 Uhr ist, bitten wir unsere Kunden, sich zum Ausgang zu begeben. **7.** Da die Verspätung der Ware uns Unannehmlichkeiten bereitet hat, müssen wir um Schadenersatz bitten. **8.** Die Verkaufsleiterin nimmt das Produkt aus dem Sortiment, weil es ein Ladenhüter ist. **9.** Da das Geschäft in seine Mitarbeiter/innen investiert, sind seine Mitarbeiter/innen loyal und motiviert. **10.** Die neue Firma ist eine UG, weil die Firmengründer/innen nicht genug Startkapital für eine GmbH hatten.

Seite 101 • Ü13 **1.** Da/Weil **2.** Deshalb **3.** denn **4.** da/weil **5.** deshalb **6.** denn **7.** da/weil **8.** deshalb

Seite 101 • Ü14 **1.** ..., folglich befindet sich der Lieferant im Lieferverzug./..., der Lieferant befindet sich folglich ... **2.** ..., demzufolge müssten Sie die Transportkosten übernehmen./..., Sie müssten demzufolge ... **3.** ..., folglich erhält sie sehr selten Reklamationen./..., sie erhält folglich ... **4.** ..., infolgedessen hat es treue Kunden./..., es hat infolgedessen ... **5.** ..., demzufolge müssten Sie eine Reparatur selbst bezahlen./..., Sie müssten demzufolge ...

Seite 102 • Ü15 **1.** ..., sodass man das Produkt im Internet, im Fernsehen und auf Plakaten sieht. **2.** ..., sodass der Lieferant ihn ein zweites Mal mahnen muss. **3.** ..., sodass sie nun ihren Dispokredit abbezahlen muss. **4.** ..., sodass Import/Export-Unternehmen im europäischen Raum kaum auf Wechselkurse achten müssen. **5.** Die Konsumenten sind derzeit so sparsam, dass der Einzelhandel mit Umsatzverlusten rechnet. **6.** ... so teuer, dass die Firma einen anderen Anbieter sucht. **7.** ..., sodass er eine höhere Provision von seinen Auftraggebern verlangen kann. **8.** Das neue Produkt verkauft sich so gut, dass sich die Investition in seine Entwicklung wirklich gelohnt hat.

Seite 102 • Ü16 **1.** d **2.** a **3.** e **4.** f **5.** b **6.** g **7.** c

Seite 102 • Ü17 **1.** ... viele Wert-und Giftstoffe, sodass er sachgemäß entsorgt werden muss./... Demnach muss er sachgemäß entsorgt werden. **2.** ..., sodass Verbraucher/innen alte Geräte in den Geschäften zurückgeben können./... Somit können Verbraucher/innen alte Geräte in den Geschäften zurückgeben. **3.** ..., sodass diese nicht recycelt werden können./Also können diese nicht recycelt werden. **4.** ..., sodass von sachgemäßer Entsorgung keine Rede sein kann./ Folglich kann von sachgemäßer Entsorgung keine Rede sein. **5.** ..., sodass es auf internationaler Ebene zu lösen ist./Demzufolge ist es auf internationaler Ebene zu lösen. **6.** ..., sodass die Verbraucher/innen bald neue Geräte kaufen müssen./Folglich müssen die Verbraucher/innen bald neue Geräte kaufen. **7.** ..., sodass man ein defektes Gerät reparieren könnte./Also könnte man ein defektes Gerät reparieren. **8.** ..., sodass viele Menschen lieber gleich neue Geräte kaufen./Infolgedessen kaufen viele Menschen lieber gleich neue Geräte. **9.** ..., sodass wir uns mit dem Problem der Müllvermeidung beschäftigen müssen./Demnach müssen wir uns mit dem Problem der Müllvermeidung beschäftigen. **10.** ..., sodass wir umdenken müssen./Also müssen wir umdenken. **11.** ..., sodass wir sie schonen müssen./Folglich müssen wir sie schonen.

Seite 103 • Ü18 **1.** Vielmehr soll sie das Doppelte kosten. **2.** Indessen verlangt der Verkäufer den doppelten Preis. **3.** Allerdings verlässt der erste Kunde ärgerlich das Geschäft. **4.** ..., sondern er wendet sich auch an den Verbraucherschutz. **5.** ..., jedoch akzeptiert ein anderer Kunde den Preis. **6.** Dennoch wird der Verbraucherschutz aktiv. **7.** ..., aber laut Geschäft war die günstige Ware zu schnell ausverkauft. **8.** Stattdessen behält es den hohen Preis bei. **9.** Nur erfährt jetzt die Presse davon. **10.** Allerdings kommen nur wenige Kunden, um die Rückzahlung zu erhalten.

Seite 103 • Ü19 **1.** Anstatt die Personalabteilung mit der Personalsuche zu beauftragen, wollten wir sie gerne selbst durchführen. **2.** Anstatt eine Annonce für die Projektleitung zu schalten, haben wir aus Versehen eine für eine/n Projektmitarbeiter/in formuliert. **3.** Anstatt das Stellenprofil genau zu beschreiben, haben wir die Annonce sehr vage gehalten. **4.** Kandidat 1 ist teamfähig, wohingegen Kandidat 2 Führungskraft ist. **5.** Kandidat 1 ist Linguist, während Kandidat 2 Wirtschaftswissenschaftler ist. **6.** Kandidat 1 arbeitet auch ehrenamtlich, wohingegen Kandidat 2 vorwiegend profitorientiert denkt. **7.** Kandidat 1 reist gerne, wohingegen Kandidat 2 ortsgebunden ist. **8.** Während Kandidat 1 seine erste Arbeitsstelle sucht, war Kandidat 2 bereits bei vier Firmen angestellt. **9.** Anstatt dass wir uns auf die Suche nach einer Projektleitung konzentrieren, denken wir nun auch über eine Stelle für Kandidat 1 nach.

Seite 104 • Ü20 **1.** c **2.** e **3.** a **4.** b **5.** d **6.** i **7.** j **8.** g **9.** f **10.** h

Seite 104 • Ü21 **1.** ..., dagegen kann unser Ladengeschäft im Stadtzentrum mehr Kunden gewinnen. **2.** ..., wohingegen es profitabler ist, im Zentrum präsent zu sein. **3.** ..., jedoch wird es schwieriger, Mitarbeiter/innen für das Büro zu finden. **4.** ..., demgegenüber stehen die Geschäftsräume in der Innenstadt sofort zur Verfügung. **5.** ..., während andere unsere Firma verlassen würden. **6.** ..., stattdessen befürworten sie vehement die zentrale Lage. **7.** ..., wohingegen zum Stadtrand nur alle halbe Stunde ein Bus fährt. **8.** ..., vielmehr würden sie sich ein Auto kaufen. **9.** ..., allerdings belastet selbst ein Elektroauto die Umwelt. **10.** Anstatt unseren Bericht zu lesen, veranstaltet die Geschäftsleitung eine Versammlung, ... **11.** Anstatt dass sich die Geschäftsleitung für eine der beiden Alternativen entscheidet, will sie den Standort nun ins Ausland verlegen.

Seite 105 • Ü22 **1.** ..., trotzdem ist die Lieferung überfällig. **2.** ..., dennoch unterlaufen uns manchmal Fehler. **3.** ..., nichtsdestotrotz könnten wir Ihnen noch ein Prozent Skonto einräumen. **4.** ..., allerdings sind die von Ihnen gewünschten zehn Prozent zu viel. **5.** ..., jedoch verzeichnet sie nur einen einstelligen Prozentanteil an der Lebensmittelbranche. **6.** ..., indessen stagnieren die Löhne und Gehälter noch. **7.** ..., dennoch bekam sie die Stelle nicht. **8.** ..., indessen sind viele Produkte noch in Plastik verpackt. **9.** ..., allerdings erscheinen ihr die Kosten für den Stand zu hoch. **10.** ..., nichtsdestotrotz müssen wir Ihnen Mahngebühren berechnen, wenn der überfällige Betrag nicht binnen der nächsten Woche auf unserem Konto eingeht.

Seite 105 • Ü23 **1.** Obwohl die Auftragslage gut ist, hat das Unternehmen Liquiditätsprobleme. **2.** Obwohl der Umsatz steigt, wird die Gewinnmarge schmaler. **3.** Obwohl ein Darlehen möglich wäre, will die Firma keinen neuen Kredit aufnehmen. **4.** Obwohl die Firma viele Außenstände hat, werden die überfälligen Beträge nicht angemahnt. **5.** Obwohl das jetzige Investitionsgut noch lange haltbar ist, will der Betrieb in neue Maschinen investieren. **6.** Obwohl die alte Verpackungsmaschine laufend repariert werden muss, wird keine neue Maschine angeschafft. **7.** Obwohl die Rohstoffpreise steigen, will der Hersteller den Preis seiner Produkte nicht erhöhen. **8.** Obwohl die Bonität des Neukunden gut ist, besteht der Lieferant auf Vorauszahlung. **9.** Obwohl das Unternehmen kaum in Werbung investierte, wurde sein Produkt ein Verkaufsschlager. **10.** Obwohl die Produktionsanlage eine hohe Kapazität hat, reicht sie aufgrund des gestiegenen Auftragsvolumens nicht mehr aus.

Seite 106 • Ü24 **1.** Obwohl das Programm dreimal installiert wurde, treten immer wieder Probleme auf./Das Programm wurde dreimal installiert, dennoch treten immer wieder Probleme auf. **2.** Obwohl ich eine neue Druckerpatrone eingesetzt habe, zeigt die LED-Anzeige immer noch: „Patrone wechseln!"/Ich habe eine neue Druckerpatrone eingesetzt, trotzdem zeigt die LED-Anzeige immer noch: „Patrone wechseln!" **3.** Obwohl der Mechaniker den Kopierer gerade repariert hat, zieht der Kopierer die Seiten immer noch schief ein./Der Mechaniker hat den Kopierer gerade repariert, allerdings zieht der Kopierer die Seiten immer noch schief ein. **4.** Obwohl uns vor drei Wochen prompte Zahlung zugesagt wurde, haben wir noch keinen Zahlungseingang feststellen können./Uns wurde vor drei Wochen prompte Zahlung zugesagt, indessen haben wir noch keinen Zahlungseingang feststellen können. **5.** Obwohl uns Qualitätskontrolle sehr wichtig ist, unterlaufen auch uns manchmal Fehler./Uns ist Qualitätskontrolle sehr wichtig, nichtsdestotrotz unterlaufen auch uns manchmal Fehler. **6.** Obwohl das Büro im zehnten Stock ist, zieht Frau Martens es vor, die Treppe zu steigen./Das Büro ist im zehnten Stock, trotzdem zieht Frau Martens es vor, die Treppe zu steigen **7.** Obwohl das Unternehmen nur wenig in Marketing investierte, verkauften sich die meisten seiner Produkte bestens./Das Unternehmen investierte nur wenig in Marketing, indessen verkauften sich die meisten seiner Produkte bestens. **8.** Obwohl es bei Ihrem letzten Auftrag leider zu einem Missverständnis kam, hoffen wir auf weiterhin gute Geschäftsbeziehungen./Es kam bei Ihrem letzten Auftrag leider zu einem Missverständnis, dennoch hoffen wir auf weiterhin gute Geschäftsbeziehungen. **9.** Obwohl nichtsdestotrotz ein kompliziertes Wort ist, ist es manchmal sehr nützlich./Nichtsdestotrotz ist ein kompliziertes Wort. Nichtsdestotrotz ist es manchmal sehr nützlich. **10.** Obwohl die Mitarbeiter Teamarbeit schätzen, arbeiten sie zeitweise auch gern allein./Die Mitarbeiter schätzen Teamarbeit. Allerdings arbeiten sie zeitweise auch gern allein.

Seite 106 • Ü25 **1.** Damit will sie die Kundenbindung stärken. **2.** Auf diese Weise verhindern wir Lieferungen an falsche Adressen. **3.** So kann die Ladenkette das Sortiment kundenfreundlicher gestalten. **4.** Damit können sie dann günstig Markenprodukte erwerben.

Seite 106 • Ü26 **1.** wodurch **2.** Ohne ... dass **3.** Ohne ... zu **4.** wodurch **5.** Ohne ... zu **6.** indem

Seite 107 • Ü27 **1.** Wir können die Umwelt schonen, indem wir die notwendigen Gesetze erlassen. **2.** Wir können die Umwelt dadurch schützen, dass wir E-Flugzeuge entwickeln. **3.** Wir sollten weniger Nutztiere halten, wodurch wir die Umwelt schützen können. **4.** Wir sollten weniger Chemikalien benutzen, dadurch können wir die Umwelt schützen. **5.** Wir sollten nicht so viele Flugreisen buchen. Auf diese Weise können wir die Umwelt schützen. **6.** Ohne dass wir alle Verpackungen recyceln, können wir die Umwelt nicht schützen. **7.** Ohne auf organische Landwirtschaft umzustellen, können wir die Umwelt nicht schützen. **8.** Dadurch dass wir die Einhaltung der Gesetze kontrollieren, können wir die Umwelt schützen. **9.** Wir können die Umwelt schützen, indem wir nicht so oft neue Elektronikgeräte kaufen. **10.** Ohne dass wir Umweltschutz in der Schule unterrichten, können wir die Umwelt nicht schützen.

Seite 107 • Ü28 **1.** b **2.** d **3.** f **4.** c **5.** a **6.** e

Seite 108 • Ü29 **1.** c **2.** a **3.** d **4.** e **5.** b

Seite 108 • Ü30 **1.** Der Kunde ruft an, um einen Termin zu vereinbaren. **2.** Um mich konzentrieren zu können, schalte ich das Handy aus. Damit ich mich konzentrieren kann, schalte ich das Handy aus. **3.** Das Geschäft veranstaltet einen Tag der offenen Tür, um den Verkauf zu fördern. **4.** Um Informationen über unsere neuesten Angebote zu erhalten, drücken Sie bitte die Eins. **5.** Hinterlassen Sie uns bitte auch Ihre Telefonnummer, damit wir Sie zurückrufen können. **6.** Damit wir Sie direkt mit ihrem zuständigen Berater verbinden können, geben Sie bitte Ihre Kundennummer ein. **7.** Viele Verbraucher nehmen Finanzierungsangebote wahr, um sich teure Güter schneller leisten zu können. **8.** Es gibt Finanzierungsangebote, damit Konsumenten teure Güter schneller kaufen können. **9.** Damit die Marke keinen schlechten Ruf bekommt, achtet der Konzern auf die faire Bezahlung der Mitarbeiter/innen. **10.** Um die Umwelt zu schützen, müssten auch Alternativen zu Plastik gefunden werden. **11.** Um unseren Newsletter zu erhalten, geben Sie hier Ihre E-Mail-Adresse ein.

Seite 109 • Ü31 **1.** vorausgesetzt **2.** vorausgesetzt **3.** es sei denn **4.** Angenommen **5.** vorausgesetzt **6.** es sei denn **7.** Angenommen **8.** vorausgesetzt **9.** angenommen **10.** vorausgesetzt **11.** es sei denn

Seite 109 • Ü32 **1.** Angenommen, Sie geben uns den Auftrag noch heute, (dann) könnten wir schon morgen liefern. **2.** Vorausgesetzt, Sie kommen uns im Preis entgegen, geben wir Ihnen den Auftrag gerne. **3.** Außerdem bestehen wir auf einer Zahlungsfrist von 30 Tagen, es sei denn, Sie bieten uns Skonto. **4.** Wir bieten gerne Skonto, vorausgesetzt, Sie bezahlen per Vorauskasse. **5.** Angenommen, wir sind mit Vorauskasse einverstanden, wie viel Skonto bekommen wir? **6.** Wir gewähren 2 Prozent Skonto, es sei denn, es handelt sich um einen Erstauftrag. **7.** Wenn Sie uns trotz unseres Erstauftrags zwei Prozent Skonto geben, sind wir zufrieden. **8.** Wenn Sie mit allem einverstanden sind, unterschreiben wir den Vertrag sofort. **9.** Wir sind ebenfalls zur Unterschrift bereit, vorausgesetzt, Sie bieten uns Lieferung frei Haus. **10.** Wir können nicht frei Haus liefern, es sei denn, Sie bestellen ab 3 000 Stück. **11.** Angenommen, Sie liefern nicht frei Haus, welche Transportkosten kämen/kommen auf uns zu? **12.** Unsere Lieferbedingung lautet FOB, es sei denn, Sie verzichten auf Skonto.

Seite 110 • Ü33 **1.** Wenn die Lieferung frei Haus erfolgt, muss der Käufer keine Transportkosten bezahlen. **2.** Wenn der Verkäufer ab Werk liefert, muss der Käufer alle Transportkosten übernehmen. **3.** Wenn der Liefertermin nicht eingehalten wird, befindet sich der Verkäufer im Lieferverzug. **4.** Falls sich die Lieferung verspätet, muss der Käufer den Verkäufer mahnen. **5.** Sollte der Verkäufer auch nicht auf die letzte Nachfrist reagieren, kann der Käufer vom Vertrag zurücktreten. **6.** Wenn ein Kaufvertrag geschrieben wird, werden auch die Lieferbedingungen darin festgelegt. **7.** Falls Sie wegen des Unwetters nicht fristgerecht liefern können, geben Sie uns bitte Bescheid. **8.** Sollten die Rohstoffe nicht rechtzeitig ankommen, müsste die Produktion unterbrochen werden. **9.** Falls Ihnen dies hilft, könnten wir wenigstens einen Teil der Bestellung sofort liefern. **10.** Sollte die Ware beim Transport beschädigt worden sein, senden wir Ihnen natürlich sofort Ersatz.

Seite 110 • Ü34 **1.** Er bestätigt, dass das Unternehmen momentan in den roten Zahlen ist. **2.** Er weiß, dass der Aktienkurs höher sein könnte. **3.** Er sagt, dass die Geschäftsbereiche reduziert werden müssten. **4.** Er erklärt, dass sich das Unternehmen auf seinen Kernbereich konzentrieren sollte. **5.** Er bestreitet nicht, dass die Mitarbeiter/innen Erstaunliches geleistet haben. **6.** Aber er kritisiert, dass die Personalkosten viel zu hoch sind. **7.** Er ist der Ansicht, dass der defizitäre Geschäftsbereich verkauft werden müsste. **8.** Er fügt hinzu, dass die Herstellung ausgelagert werden sollte. **9.** Er meint, dass das Controlling dringend verstärkt werden muss. **10.** Er unterstreicht, dass die Firma großes Potenzial hat.

Seite 111 • Ü35 **1.** Die Kundin hofft, dass ihr ein Preisnachlass gewährt wird. **2.** Wir nehmen an, dass die Exportzahlen nächstes Jahr steigen werden. **3.** Der Experte ist der Ansicht, dass die Krise bald ausgestanden ist. **4.** Wir befürchten, dass die Firma dieses Jahr Verluste machen wird. **5.** Es ist gut, dass der Zinssatz vorerst nicht erhöht wird. **6.** Es ist wichtig, dass die vollständige Marktstudie bis Ende der Woche vorliegt. **7.** Die Projektleiterin verlangt, dass ihr Team die Qualität der Dienstleistung verbessert. **8.** Der Geschäftsführer ist davon überzeugt, dass die technische Leiterin das neue Produkt bald vorstellen wird.

Seite 111 • Ü36 **1.** Ich möchte wissen, ob Sie noch diese Woche liefern können. **2.** Können Sie mir sagen, wie die Vorwahl von Hamburg lautet? **3.** Es wäre gut zu wissen, wann wir mit einer Entscheidung rechnen können. **4.** Ich weiß nicht, wer für diesen Bereich zuständig ist. **5.** Können Sie mir sagen, wie viel Stück auf einer Palette sind? **6.** Ich habe keine Ahnung, wovon er spricht. **7.** Ich bin mir nicht sicher, welcher Produktname besser ist. **8.** Weiß jemand, warum der Drucker nicht funktioniert? **9.** Der Kunde möchte wissen, wo die Textilien hergestellt wurden. **10.** Wer weiß, ob die Ware geliefert wurde? **11.** Die Kundin fragt, ob sie die Ware umtauschen kann. **12.** Der Verkäufer will wissen, ob ich den Kassenbon dabei habe. **13.** Der Autobesitzer möchte wissen, wie lange die Reparatur dauert. **14.** Die Kollegin fragt, ob das ihr Kaffee ist. **15.** Der Kandidat fragt die Personalchefin, wann sie ihm Bescheid sagt. **16.** Der Kunde möchte wissen, wo seine Lieferung ist.

Seite 112 • Ü37 **1.** Kapital ist Geld, das investiert werden kann. **2.** Eine Investition ist eine Geldausgabe, die Gewinn bringen soll. **3.** Ein Kredit ist geliehenes Geld, das mit Zinsen zurückgezahlt werden muss. **4.** Ein Überziehungs- oder Dispo(sitions)kredit ist ein Kredit, der dem Bankkunden erlaubt, mit seinem Konto ins Minus zu gehen. **5.** Buchhaltung ist eine Tätigkeit, die die finanziellen Aktivitäten einer Firma dokumentiert. **6.** Konsumgüter sind Waren, die von Verbraucher/innen für den privaten Konsum gekauft werden. **7.** Investitionsgüter sind Güter wie z. B. Maschinen, die möglichst langfristig im Produktionsprozess benutzt werden. **8.** Der Euro ist eine Währung, die im europäischen Wirtschaftsraum benutzt wird. **9.** Der Verbraucherschutz, der sich für die Rechte der Verbraucher/innen engagiert, prüft viele Produkte und Dienstleistungen.

Seite 113 • Ü38 **1.** den **2.** die **3.** das **4.** die

Seite 113 • Ü39 **1.** Der Kredit, den die Firma aufnimmt, hat eine Laufzeit von 48 Monaten. **2.** Die Zinsen, die ein Kontoinhaber für einen Dispokredit zahlt, werden per annum berechnet. **3.** Der Dauerauftrag, den die Bankkundin der Bank gibt, ist für die Miete. **4.** Die Einzugsermächtigung, die der Telefonanbieter verlangt, gehört zu den bargeldlosen Zahlungsmitteln. **5.** Der Handel, den wir zur Güterverteilung benötigen, gehört zum Tertiärsektor. **6.** Der Einzelhandel, den der Großhandel beliefert, verkauft die Güter an die Verbraucher. **7.** Das Unternehmen, das wir seit Jahren kennen, hat noch nie rote Zahlen geschrieben. **8.** Der Betrieb, den die Geschäftsführung umstrukturiert hat, ist endlich wieder rentabel. **9.** Das Sortiment, das die Firma erweitern will, umfasst Lebensmittel aller Art. **10.** Dieses Kochbuch, das ein kleiner Verlag herausgegeben hat, ist für Vegetarier/innen.

Seite 113 • Ü40 **1.** dem **2.** der **3.** dem **4.** denen

Seite 113 • Ü41 **1.** Eine GmbH, der Insolvenz droht, muss ihre Geschäftspartner informieren. **2.** Der Interessent, dem wir ein günstiges Angebot unterbreitet haben, ist bereit zu bestellen. **3.** Der Kunde, dem der Lieferant herzlich dankt, hat soeben einen Großauftrag gegeben. **4.** Unsere Kund/innen, denen unser Kundendienst stets zur Verfügung steht, sind treu. **5.** Anbei erhalten Sie unser Angebot, dem Sie auch alle notwendigen Produktinformationen entnehmen können. **6.** Gestern erhielten wir Ihr Schreiben, dem leider nicht der gewünschte Prospekt beilag. **7.** Ein Geschäftspartner, dem wir Ihre Adresse verdanken, hat uns Ihre Firma empfohlen. **8.** Die Firma, der man zum Jubiläum gratuliert, besteht seit 50 Jahren. **9.** Die Mitarbeiterin, der ein Fehler unterlaufen ist, entschuldigt sich. **10.** Wir danken Ihnen für die Lieferung, der jedoch keine Rechnung beiliegt.

Seite 114 • Ü42 **1.** dessen **2.** deren **3.** dessen **4.** deren

Seite 114 • Ü43 **1.** Der Mitarbeiter, dessen Uhr stehen geblieben ist, verspätet sich. **2.** Der Kunde, dessen Bestellung gerade bearbeitet wird, bittet um Expresslieferung. **3.** Wo ist die Kundin, deren Kundenkarte hier noch liegt? **4.** Wir bestellen bei der Firma, deren Angebot uns am besten gefallen hat. **5.** Hiermit bestellen wir den Artikel Nr. 123, dessen Spezifikationen Sie uns gestern geschickt haben. **6.** Der Geschäftsreisende, dessen Handy andauernd klingelt, macht alle Mitreisenden nervös. **7.** Das Geschäft, dessen Gründerin ihre Arbeit im eigenen Wohnzimmer begann, ist heute ein globales Unternehmen. **8.** Die Firma, deren Vertriebsleiter sehr aktiv ist, ist jetzt auch auf dem asiatischen Markt vertreten. **9.** Das Unternehmen, dessen Kundenstamm stetig wächst, ist im Bereich erneuerbare Energien tätig. **10.** Das Wirtschaftsjournal empfiehlt die Aktien, deren Kurs kontinuierlich steigt. **11.** Der Konzern, dessen Marktanteil bei 30 Prozent liegt, übernimmt ein weiteres Unternehmen. **12.** Firmen, deren Kundendienst zuvorkommend ist, bleiben häufig erfolgreich. **13.** Unternehmen wählen gerne einen Standort, dessen Infrastruktur einwandfrei ist. **14.** Die Forschungsabteilung, deren Budget erhöht wurde, entwickelt ein neues Produkt. **15.** Die Bewerberin, deren Bewerbung uns überzeugt hat, möchten wir gerne kennenlernen. **16.** Unsere Kund/innen, deren Meinung uns wichtig ist, können unseren Service jederzeit bewerten.

Seite 114 • Ü44 **1.** für die **2.** auf der **3.** mit dem **4.** von dem **5.** mit denen **6.** über den **7.** wegen der

Seite 115 • Ü45 **1.** Wie heißt der Bericht, in dem die Geschäftslage eines Unternehmens beschrieben wird? **2.** Das Geschäft, an dem wir finanziell beteiligt sind, ist erfolgreich. **3.** Ihre schnelle Lieferung, für die wir Ihnen danken, hat uns sehr geholfen. **4.** Wir feiern die Wiedereröffnung unseres Betriebes, zu der wir Sie herzlich einladen. **5.** Die Auftragslage, wegen der Kurzarbeit eingeführt wird, liegt weit unter der Kapazität der Fabrik. **6.** Bei Kurzarbeit verringert sich das Gehalt, mit dem die Arbeiter/innen auskommen müssen. **7.** Der Börsengang ist ein wichtiger Schritt, durch den ein Unternehmen neues Kapital gewinnen kann. **8.** Die Assistentin macht schon seit Monaten Überstunden, gegen die sie sich nun wehren wird. **9.** Erinnern Sie sich an die Messe vor fünf Jahren, während der wir unseren ersten Kaufvertrag geschlossen haben? **10.** Die Firma X & Co. KG hat ein neues Produkt entwickelt, um das sich die Kunden schon auf der Messe reißen. **11.** Auf das Stelleninserat antworteten viele, von denen nur drei Kandidat/innen zum persönlichen Gespräch eingeladen wurden. **12.** Grammatik gibt jeder Sprache eine Struktur, ohne die es schwer wäre, sich zu verständigen. **13.** Die OHG ist eine Firmenform, bei der das gegenseitige Vertrauen der Partner/innen besonders wichtig ist. **14.** Viele Aktionär/innen gehen zur jährlichen Hauptversammlung, auf der sie über die Geschäftsentwicklung informiert werden und ihre Meinung äußern können.

Seite 115 • Ü46 **1.** der **2.** dessen **3.** der **4.** den **5.** dessen **6.** die **7.** das **8.** mit der **9.** dem **10.** denen **11.** durch die **12.** für die **13.** unter der **14.** zu der **15.** seit der **16.** ohne die

Seite 116 • Ü47 Der Manager, für den ein Taxi bestellt worden war, kam aus dem Bürogebäude. Der Taxifahrer, der schon zehn Minuten wartete, vertrieb sich die Zeit mit Zeitunglesen. Der Manager, der gleichzeitig am Handy war, stieg ein und gab dem Fahrer die Adresse. Der Fahrer startete den Wagen, der ein bisschen stotterte, und fuhr los. Der Manager telefonierte mit seiner Geschäftspartnerin, die er lange nicht gesehen hatte. Er hatte mit ihr einen Termin vereinbart hatte, der in ihrem Büro stattfinden sollte.
Der Taxifahrer versuchte nicht zuzuhören und stellte das Radio an, das die Verkehrsnachrichten brachte. Man sollte die Innenstadt meiden, hieß es, in der es ein komplettes Verkehrschaos und kilometerlange Staus gab. Leider hörte der Fahrer, dessen Handy gerade klingelte, das nicht. Er versprach seiner Frau, die heute Spätschicht hatte, auf dem Weg nach Hause noch Lebensmittel einzukaufen. Als der Fahrer in die Hauptstraße bog, sah er einen Stau, der sehr lang schien. Der Manager, der sich auf sein Telefonat konzentriert hatte, stutzte, als der Wagen hielt. „Was ist denn da los?", fragte er den Fahrer, der sich am Kopf kratzte und mit den Schultern zuckte. ... Der Manager sprach ins Handy, das er hatte sinken lassen. ...
Dann kam er zurück zu dem Thema, über das die beiden gerade gesprochen hatten. Das Radio wiederholte die Verkehrsnachrichten, die der Fahrer und der Manager diesmal hörten. ... Der Fahrer, der schon wieder seine Zeitung vor sich hatte, antwortete: „Jetzt hilft nur Geduld." ... Der Fahrer, der gerade einen interessanten Artikel las, lachte: „Drehen Sie sich doch mal um." ... Dann besprach er weiter mit der Geschäftspartnerin die Punkte, über die sie sich eigentlich im Büro unterhalten wollten. Nach und nach löste sich der Stau und der Fahrer, der jetzt nicht mehr weiterlesen konnte, kam immerhin einen Meter pro Minute vorwärts. Der Manager, der gerade einen Mengenrabatt für seine Bestellung aushandelte, wurde immer ungeduldiger.
... Diesmal waren die Straßen frei, auf denen die Autos gerade noch Stoßstange an Stoßstange gestanden hatten. In zehn Minuten waren sie vor dem Bürogebäude des Managers, von dem sie vor einer Stunde losgefahren waren. ... Der Manager, der gerade für die Fahrt bezahlte, stutzte. Der Fahrer, der sich über den hohen Betrag und das Trinkgeld freute, fuhr weiter.

Seite 117 • Ü48 **1.** b **2.** d **3.** a **4.** c **5.** f **6.** e

Seite 117 • Ü49 **1.** Die Mitarbeiter/innen wollen einen Betriebsrat bilden. **2.** Man hört den Verkaufsleiter sprechen. **3.** Wegen Personalmangels bleibt viel Arbeit liegen. **4.** Der Chef wird den Lohn seiner Angestellten um drei Prozent erhöhen. **5.** Alle Fehler lassen sich nicht vermeiden. **6.** Eine gestresste Führungskraft lernt delegieren. **7.** Die Fluggäste fühlen das Flugzeug beim Start stark beschleunigen. **8.** Wir könnten einen neuen Standort suchen. **9.** Das Unternehmen sieht die Verkaufszahlen durch die Werbekampagne steigen. **10.** In der neuen Schwimmhalle gehen viele Menschen gerne schwimmen. **11.** Die Firma lässt eine Umfrage durchführen. **12.** Der Fluggast geht im Duty-free-Shop einkaufen. **13.** Der Fluggast hört den Lautsprecher seinen Namen ausrufen. **14.** Er muss sich beeilen. **15.** Man spürt die Maschine durch Turbulenzen fliegen. **16.** Die Fluggäste sollen sich anschnallen. **17.** Bei der Ankunft sieht der Fluggast seinen Geschäftspartner schon winken. **18.** Sie werden gleich zusammen ins Geschäft fahren.

Seite 118 • Ü50 **1.** Die Firma plant(,) ihr Geschäft zu diversifizieren. **2.** Der Pressesprecher bedauert(,) zurzeit nichts Genaueres sagen zu können. **3.** Der Azubi hofft(,) nach der Ausbildung beim Ausbildungsbetrieb bleiben zu dürfen. **4.** Man bemüht sich(,) den Verkaufsleiter ohne Mikrofon sprechen zu hören. **5.** Ist es notwendig(,) den Jahresbericht noch diese Woche zu publizieren? **6.** Bitte vergessen Sie nicht(,) bei der Überweisung die Auftragsnummer anzugeben. **7.** Die Mitarbeiterin denkt darüber nach(,) berufsbegleitend ein Fernstudium zu absolvieren. **8.** In der Branche der Finanztechnologie erwägt man(,) Bargeld abzuschaffen. **9.** Durch den Online-Handel beginnen lokale Geschäfte(,) Umsatz zu verlieren. **10.** Die Firma versichert(,) nur regenerative Energien für ihre Produktion einzusetzen. **11.** Der Betriebsrat motiviert die Belegschaft(,) sich solidarisch zu verhalten. **12.** Der Supermarkt versucht(,) durch Kundenkarten die Kund/innen zu binden. **13.** Die Kollegin bietet dir an(,) deine Schicht zu übernehmen. **14.** Der Anrufer bittet die Rezeptionistin(,) ihn mit dem Chef zu verbinden **15.** Dem Team erscheint es schwierig(,) die Vorgaben genau einzuhalten.

Seite 119 • Ü51 **1.** Wir hoffen(,) Ihnen mit unserer Expresslieferung gedient zu haben. **2.** Wir bedauern(,) Ihnen mitteilen zu müssen, dass unsere Rechnung noch offensteht. **3.** Sicher hatten Sie bisher keine Gelegenheit(,) den Betrag zu überweisen. **4.** Wir bitten Sie(,) die Rechnung baldmöglichst zu begleichen. **5.** Sollte bis Monatsende keine Zahlung eingehen, würden wir uns gezwungen sehen(,) Ihnen Mahngebühren zu berechnen. **6.** Bitte helfen Sie uns(,) dies zu vermeiden.

Seite 119 • Ü52 **1.** bezüglich Ihres Schreibens vom ... haben wir unsere Buchhaltung angewiesen(,) den überfälligen Rechnungsbetrag sofort zu überweisen. **2.** Wir bitten Sie(,) unser Versehen zu entschuldigen. **3.** Leider sind wir zurzeit aufgrund eines finanziellen Engpasses nicht in der Lage(,) die offenstehende Rechnung zu begleichen. **4.** Wir müssen Sie bitten(,) uns den Betrag bis zum 30.04. d. J. zu stunden. **5.** Wir sind zuversichtlich(,) bis zu dem genannten Datum wieder liquide zu sein. **6.** Aufgrund unserer bisher guten Geschäftsbeziehung hoffen wir auf Ihre Bereitschaft(,) uns in dieser Angelegenheit entgegenzukommen.

Seite 119 • Ü53 **1.** – **2.** – **3.** zu **4.** zu **5.** zu **6.** – **7.** zu **8.** – **9.** zu **10.** zu **11.** – **12.** – **13.** – **14.** – **15.** zu **16.** zu **17.** zu **18.** – **19.** zu **20.** zu **21.** – **22.** – **23.** zu **24.** zu **25.** zu **26.** zu **27.** –

Seite 120 • Ü54 **1.** Es **2.** Es, es **3.** es **4.** es **5.** Es **6.** es **7.** Es **8.** es **9.** es, es **10.** es **11.** es **12.** es **13.** Es **14.** es **15.** es **16.** es

Seite 121 • Ü55 **1.** – **2.** Es **3.** Es **4.** – **5.** Es **6.** – **7.** – **8.** Es **9.** – **10.** Es **11.** – **12.** Es **13.** es **14.** Es **15.** – **16.** es

Seite 121 • Ü56 **1.** Es ist wichtig, guten Kundendienst zu bieten. **2.** Wir freuen uns, Ihnen folgendes Angebot unterbreiten zu können. **3.** Es ist notwendig, alle Belege für die Steuererklärung aufzubewahren. **4.** Es stört die Website-Besucher/innen, dass das Laden der Seite so lange dauert. **5.** Es tut uns leid, dass wir Ihnen in dieser Angelegenheit nicht weiterhelfen können. **6.** Es ist spannend, die Entwicklung des Start-ups zu verfolgen. **7.** Es stimmt, dass viele Unternehmen ihre Geschäfte diversifizieren wollen. **8.** Es kann sein, dass der Kunde sich verspätet. **9.** Es mag riskant sein, bei Im- und Export nicht auf Zahlung per Akkreditiv zu bestehen. **10.** Es ist sicher, dass die EZB den Zinssatz erhöhen wird. **11.** Es ist sinnvoll, vor einem Kauf die Preise zu vergleichen. **12.** Es ist schade, dass es kaum noch kleine Geschäfte gibt. **13.** Es ist möglich, dass sich der Wechselkurs bis zum Zahlungstermin ändert.

Seite 121 • Ü57 **1.** Es tut uns leid, dass Sie unsere Lieferung nicht in einwandfreiem Zustand erhalten haben. **2.** Sie schreiben uns, dass es gleich bei der Inbetriebnahme der Geräte zu Störungen kam. **3.** Zu unserem Bedauern ist es uns nicht möglich, die Ware sofort auszutauschen. **4.** Leider dauert es noch eine Woche, bis wir Ersatz leisten können. **5.** Wenn es für Sie akzeptabel ist, könnten wir allerdings die defekte Ware reparieren. **6.** Es würde uns freuen, Sie bei der nächsten Bestellung mit einem Rabatt entschädigen zu können.

Seite 122 • Ü58 **1.** Je länger ..., desto genauer ... **2.** Je besser ..., desto sicherer ... **3.** Je öfter ..., desto leichter ... **4.** Je weiter ..., desto größer ... **5.** Je länger ..., desto wichtiger ...

Seite 122 • Ü59 **1.** Entweder der PC ist kaputt oder der Stecker steckt nicht in der Steckdose./Entweder ist der PC kaputt oder ... **2.** Entweder die Veranstaltung findet/findet die Veranstaltung nicht statt oder wir haben uns im Datum geirrt. **3.** Im Warenhaus kann man entweder die Rolltreppe nehmen oder (man kann) auf den Aufzug warten. **4.** Entweder wir erweitern/erweitern wir unser Sortiment oder wir verlieren Kunden. **5.** Entweder wir stellen/stellen wir eine neue Mitarbeiterin ein oder wir können das Auftragsvolumen nicht erfüllen. **6.** Entweder wir ergreifen/ergreifen wir verkaufsfördernde Maßnahmen oder wir werden Verluste schreiben. **7.** Entweder die Industrie denkt um/denkt die Industrie um oder der Klimawandel ist nicht aufzuhalten. **8.** Entweder wir finden/finden wir einen Kompromiss oder wir müssen einen anderen Lizenznehmer suchen. **9.** Unsere Kunden können die Ware entweder selbst mitnehmen oder (sie können) sie sich liefern lassen. **10.** Entweder Sie liefern/liefern Sie die Ware noch diese Woche oder wir müssen vom Auftrag zurücktreten. **11.** Entweder Sie geben/geben Sie uns einen Preisnachlass oder wir müssen Ihrer Konkurrenz den Zuschlag geben. **12.** Der Geschäftsreisende kann entweder den Flieger nehmen oder (er kann) mit der Bahn reisen. **13.** Entweder die Menschheit wird/wird die Menschheit umweltfreundlich oder die Umwelt wird menschenfeindlich. **14.** Entweder wir reduzieren/reduzieren wir unsere CO_2-Emissionen oder wir verursachen eine Klimakatastrophe.

Seite 123 • Ü60 **1.** sowohl ... als auch/nicht nur ..., sondern auch **2.** nicht nur ..., sondern ... auch **3.** sowohl ... als auch/nicht nur ..., sondern auch **4.** sowohl ... als auch/nicht nur ..., sondern auch **5.** nicht nur ..., sondern ... auch **6.** sowohl ... als auch/nicht nur ... sondern auch

Seite 123 • Ü61 **1.** Wir bieten Ihnen sowohl höchste Qualität als auch günstigste Preise./Wir bieten Ihnen nicht nur höchste Qualität, sondern auch ... **2.** Wir stellen nicht nur Sportbekleidung, sondern auch Fitnessgeräte her./Wir stellen sowohl Sportbekleidung als auch Fitnessgeräte her. **3.** Der Käufer verlangt nicht nur schnelle Lieferung, sondern auch einen Rabatt von drei Prozent./Der Käufer verlangt sowohl schnelle Lieferung als auch ... **4.** Die Firma hat sowohl eine Filiale in der Innenstadt als auch zwei Filialen am Stadtrand./... hat nicht nur eine Filiale in der Innenstadt, sondern auch ... **5.** Die neue Mitarbeiterin spricht sowohl zwei romanische Sprachen als auch Englisch und Deutsch./... spricht nicht nur zwei romanische Sprachen, sondern auch ... **6.** Die Geschäftsführung wird vom Aufsichtsrat sowohl kontrolliert als auch beraten./... wird vom Aufsichtsrat nicht nur kontrolliert, sondern auch beraten. **7.** Wir können Ihnen nicht nur im Stückpreis entgegenkommen, sondern auch die Transportkosten übernehmen./Wir können Ihnen sowohl im Stückpreis entgegenkommen als auch die Transportkosten übernehmen. **8.** Bei Zahlungsverzug müssen wir Ihnen leider sowohl Mahngebühren als auch Verzugszinsen berechnen./... leider nicht nur Mahngebühren, sondern auch Verzugszinsen berechnen. **9.** Der Landwirtschaftsbetrieb verkauft nicht nur an den Großhandel, sondern auch direkt an den Verbraucher./... sowohl an den Großhandel als auch direkt an den Verbraucher. **10.** Da Ihre Reklamation berechtigt ist, werden wir Ihnen nicht nur die Ware ersetzen, sondern auch einen Preisnachlass von zehn Prozent gewähren. **11.** Das Unternehmen achtet nicht nur auf die Sicherheit am Arbeitsplatz, sondern es bietet seinen Mitarbeiter/innen auch hervorragende Sozialleistungen. **12.** Unser Kundendienst garantiert nicht nur telefonischen Rat rund um die Uhr, sondern er bietet auch die sofortige Reparatur defekter Geräte vor Ort. **13.** Unser Handelsvertreter berät Sie nicht nur persönlich in Ihren Räumlichkeiten, sondern er ist auch nach der Lieferung bei allen Fragen gerne für Sie erreichbar. **14.** Ein Franchisenehmer erhält vom Franchisegeber nicht nur das Firmenkonzept, sondern er wird auch technisch und kaufmännisch vom Franchisegeber geschult und unterstützt.

Seite 124 • Ü62 **1.** In diesem Geschäft gibt es weder Lebensmittel noch (gibt es) Haushaltswaren. **2.** Vegane Produkte enthalten weder

Fleisch noch (enthalten sie) Milchprodukte. **3.** Bio-Agrarbetriebe dürfen weder Chemikalien verwenden noch (dürfen sie) Gentechnik einsetzen. **4.** Der Kunde wollte weder ein E-Book noch ein Taschenbuch. **5.** Die Geschäftspartnerin ist weder mit dem Auto gekommen noch hat sie den Zug genommen. **6.** Der kleine Familienbetrieb braucht weder eine Personalabteilung noch (braucht er) ein Organigramm. **7.** Wir sind weder mit dem Preis noch (sind wir) mit den Lieferbedingungen einverstanden. **8.** Die bestellten Bildschirme kamen weder in den bestellten Größen noch (kamen sie) in den gewünschten Farben. **9.** Leider können wir weder die gewünschte Menge kurzfristig liefern noch können wir Ihnen einen anderen Fabrikanten empfehlen. **10.** Die AG hat weder in diesem Quartal Gewinn gemacht noch (hat sie) im letzten Quartal schwarze Zahlen geschrieben. **11.** Die Verbraucher wissen oft weder, wo noch unter welchen Bedingungen eine Firma produzieren lässt. **12.** Wegen eines finanziellen Engpasses können wir Ihre Rechnung weder in zwei noch in drei Wochen begleichen. **13.** Leider passt es mir weder diese (Woche) noch nächste Woche. **14.** Weder fossile Energiequellen noch Atomkraft sind umweltfreundlich. **15.** Manche Menschen haben weder ein Mobiltelefon noch einen Zugang zum Internet. **16.** Wir lassen weder Kataloge noch Broschüren drucken.

Seite 125 • Ü63 **1.** Zwar ... aber **2.** Einerseits ... andererseits **3.** zwar ... aber **4.** einerseits ... andererseits **5.** einerseits ... andererseits **6.** Zwar ... aber

Seite 125 • Ü64 **1.** Einerseits sind Meetings notwendig, andererseits sind sie zeitaufwendig. **2.** Einerseits verlangen die Käufer Qualität, andererseits erwarten sie günstige Preise. **3.** Zwar finden wir Ihre Produkte sehr gut, aber wir halten Ihre Preise für überhöht. **4.** Zwar könnten wir Ihnen einen Rabatt einräumen, aber wir müssen auf Lieferung ab Werk bestehen. **5.** Einerseits möchten wir gerne bei Ihnen bestellen, andererseits bietet Ihr Konkurrent die günstigeren Konditionen. **6.** Zwar ist es gut/Es ist zwar gut, immer erreichbar zu sein, aber es verringert die Zeit der Erholung. **7.** Einerseits würde ich gerne eine Zeitung abonnieren, andererseits habe ich nicht genug Zeit, sie zu lesen. **8.** Zwar ist die GmbH eine sichere Unternehmensform, aber das benötigte Startkapital ist hoch. **9.** Einerseits kann ein Kredit die Liquidität einer Firma erhöhen, andererseits verursacht ein Kredit zusätzliche Kosten. **10.** Einerseits macht Massenproduktion viele Konsumgüter erschwinglicher, andererseits schafft das Handwerk individuelle Produkte. **11.** Zwar ist die konstante Entwicklung von neuen Elektronikgeräten verblüffend, aber man muss sich fragen, wie all die alten Geräte entsorgt werden sollen. **12.** Zwar verfügt der erste Bewerber über alle erforderlichen Qualifikationen, aber der zweite Bewerber scheint flexibler und lernfähiger zu sein.

Seite 125 • Ü65 **1.** Je ... desto **2.** Zwar ... aber **3.** entweder ... oder **4.** sowohl ... als auch/weder ... noch **5.** sowohl ... als auch/nicht nur ... sondern auch/weder ... noch **6.** nicht nur ... sondern auch **7.** Einerseits ... andererseits **8.** Entweder ... oder **9.** sowohl ... als auch/nicht nur ... sondern auch/weder ... noch **10.** Je ... desto **11.** Einerseits ... andererseits **12.** sowohl ... als auch/weder ... noch/nicht nur ... sondern auch **13.** Entweder ... oder

Seite 126 • Ü66 **1.** weder ... noch; entweder ... oder **2.** sowohl ... als auch/nicht nur ... sondern auch **3.** nicht nur ... sondern auch; entweder ... oder **4.** weder ... noch; sowohl ... als auch; entweder ... oder **5.** Je ... desto

Seite 127 • Ü67 **1.** Einerseits ... andererseits; sowohl ... als auch **2.** weder ... noch; zwar ... aber **3.** zwar ... aber; nicht nur ... sondern auch; sowohl ... als auch; Je ... desto **4.** entweder ... oder **5.** Einerseits ... andererseits

Seite 128 • Ü68 **A:** dass; Folglich **B:** Aber **A:** deshalb; bevor **B:** Bevor **B:** Also; bis; was **B:** Wenn; Aber; dass; sobald **B:** aber; Obwohl; Aber **B:** Da **B:** sobald; Wenn

Seite 129 • Ü69 **1.** a) dass **2.** b) Jedoch **3.** c) Um **4.** c) Falls **5.** a) Da **6.** b) wenn **7.** b) wie lange **8.** a) Somit **9.** b) Obwohl **10.** a) es sei denn **11.** c) Demzufolge **12.** a) bevor **13.** b) Außerdem **14.** b) sodass **15.** c) Allerdings

Seite 130 • Ü70 Aber, trotzdem, Deshalb, denn, Vorher, Also, Deswegen, Allerdings, Demzufolge, Oder

Seite 130 • Ü71 Jedoch, Zuerst, aber, Folglich, Zwar, aber, Deshalb, stattdessen

Teil IV

Seite 133 • Ü1 **1.** b **2.** f **3.** j **4.** e **5.** i **6.** h **7.** g **8.** c **9.** d **10.** a

Seite 134 • Ü2 **1.** die **2.** der **3.** unserer **4.** den **5.** der **6.** seiner/der **7.** der **8.** Ihrem **9.** unserem/diesem/dem **10.** dem **11.** der/unserer **12.** die **13.** unserem/diesem/dem **14.** dieser/der **15.** dem

Seite 134 • Ü3 **1.** Der große Schreibtisch steht hinter dem modernen Aktenschrank. **2.** Der bequeme Stuhl steht auf dem großen Schreibtisch. **3.** Der defekte Drucker steht auf dem bequemen Stuhl. **4.** Der neue Computer steht neben dem bequemen Stuhl. **5.** Der graue Papierkorb steht auf dem defekten Drucker. **6.** Der neue Kalender liegt in dem grauen Papierkorb. **7.** Der alte Kalender hängt an der weißen Wand. **8.** Der moderne Aktenschrank steht neben dem hohen Fenster. **9.** Die bunten Jalousien liegen auf dem gefliesten Fußboden. **10.** Die ergonomische Tastatur liegt zwischen den bunten Jalousien und dem hohen Fenster. **11.** Das mobile Telefon liegt auf dem schmalen Fensterbrett. **12.** Die aktuellen Termine stehen auf einem kleinen Zettel. **13.** Der kleine Zettel klebt an dem schwarzen Monitor. **14.** Der schwarze Monitor steht auf dem modernen Aktenschrank. **15.** Die wichtige Korrespondenz liegt unter dem schwarzen Monitor. **16.** Die praktische Ablage steht neben dem großen Schreibtisch auf dem gefliesten Fußboden. **17.** Das breite Regal steht neben der offenen Tür.

Seite 135 • Ü4 **1.** Ich stelle den großen Schreibtisch auf den hellen Teppich vor das hohe Fenster. **2.** Ich stelle den neuen Computer unter den großen Schreibtisch. **3.** Ich stelle den schwarzen Monitor auf den großen Schreibtisch. **4.** Ich lege die ergonomische Tastatur vor den schwarzen Bildschirm. **5.** Ich stelle den bequemen Stuhl an den großen Schreibtisch auf den hellen Teppich. **6.** Ich stelle die praktische Ablage neben den schwarzen Bildschirm. **7.** Ich lege die wichtige Korrespondenz in die praktische Ablage. **8.** Ich stelle den modernen Aktenschrank an die weiße Wand neben das hohe Fenster. **9.** Ich stelle das breite Regal neben den modernen Aktenschrank. **10.** Ich stelle den grauen Papierkorb unter den großen Schreibtisch. **11.** Ich werfe den alten Kalender in den grauen Papierkorb. **12.** Ich hänge den neuen Kalender an die weiße Wand. **13.** Ich hänge die bunten Jalousien vor das hohe Fenster. **14.** Ich stecke das mobile Telefon in meine schwere Tasche. **15.** Ich schreibe die aktuellen Termine in den bunten Terminkalender. **16.** Ich werfe den kleinen Zettel in den grauen Papierkorb. **17.** Ich stelle alle leeren Kisten und den defekten Drucker auf den hellen Flur. **18.** Ich stelle den vollen Kaffeebecher auf den großen Schreibtisch zwischen die ergonomische Tastatur und die praktische Ablage. **19.** Ich hänge meine warme Jacke an die kleine Garderobe. **20.** Ich lege die heutige Zeitung auf den großen Schreibtisch neben den vollen Kaffeebecher. **21.** Ich setze mich auf den bequemen Stuhl an den großen Schreibtisch.

Seite 135 • Ü5 zu, vor, Im, auf, aus, an, zu, hinter, über, in, von, aus, an

Seite 136 • Ü6 **1.** bis **2.** Durch **3.** durch **4.** entlang **5.** für **6.** gegen **7.** ohne **8.** um **9.** um **10.** für **11.** Gegen

Seite 137 • Ü7 **1.** Ab **2.** aus **3.** Bei **4.** Von **5.** zu **6.** gemäß/entsprechend **7.** mit **8.** zufolge **9.** Laut **10.** Laut

Seite 137 • Ü8 **1.** gegenüber **2.** Seit **3.** bei **4.** Entgegen **5.** Außer **6.** nach **7.** Bei, zu **8.** ab **9.** Dank **10.** Dank

Seite 137 • Ü9 **1.** Anlässlich **2.** Trotz **3.** Anstatt/Anstelle/Statt **4.** Wegen/Aufgrund **5.** Bezüglich

Seite 138 • Ü10 **1.** Anlässlich **2.** anstatt/anstelle/statt **3.** Bezüglich **4.** binnen/innerhalb **5.** Trotz **6.** Während **7.** Aufgrund/Wegen **8.** außerhalb **9.** Hinsichtlich/Bezüglich **10.** zugunsten

Seite 138 • Ü11 **1.** Wegen/Dank **2.** Zufolge **3.** binnen/innerhalb **4.** hinsichtlich/bezüglich **5.** trotz **6.** aufgrund/wegen **7.** Zwecks **8.** Bezüglich/Hinsichtlich

Seite 138 • Ü12 für, aufgrund, Anstatt, durch, Für, bei, binnen, Angesichts, auf, um

Seite 139 • Ü13 zu, Seit, bei, Laut, bei, mit, durch, Ab, für, Aufgrund, mit, ohne, auf

Seite 139 • Ü14 **1.** c **2.** e **3.** i **4.** d **5.** b **6.** g **7.** h **8.** f **9.** j **10.** a

Seite 139 • Ü15 **1.** Über **2.** Durch **3.** auf, um **4.** auf **5.** Gemäß **6.** Infolge **7.** Ohne **8.** statt **9.** Für **10.** Mit

Seite 140 • Ü16 zum größten Teil aus der europäischen Arbeiterbewegung ... Seit ihrem Bestehen ... für die Verbesserung ... mit den Arbeitgeberverbänden über höhere Löhne, bessere Arbeitsbedingungen ... Ohne die Arbeit ... bei den Verhandlungen über die Tarife

Durch einen kurzen Überblick ... zugunsten der Arbeitnehmer/innen ... Während der Industrialisierung ... infolge des rasanten technischen Fortschritts zur Entstehung ... auf dem Markt gegenüber der Konkurrenz ... Entsprechend ihres Profitstrebens ... Aus diesem Grunde ... unter unmenschlichen Bedingungen ...
Angesichts dieser unerträglichen Zustände ... zu den Begründern ... um die Arbeiter/innen ...
Trotz konstanter Repressionen seitens der Unternehmer und der Monarchie ... Nach einer Reform ... Zwischen den Jahren ... durch das harte Sozialistengesetz ... nach langen Gesprächen ... mit dem er je gesprochen hätte.
Während der Zeit des Nationalsozialismus ... Nach dem Zweiten Weltkrieg ... in der Bundesrepublik ... In der DDR ...
In den 1990er-Jahren ... aus verschiedenen Gründen ... Durch die Automatisierung und die Verlagerung ... in der hiesigen Industrie. ... Statt einer Motivierung ... durch die Möglichkeit ... in vielen modernen Betrieben ... Infolge eines Trends ... zu einer Entsolidarisierung ... Für viele zugewanderte Arbeitnehmer/innen
Trotz dieser genannten Gründe ... in einer globalen Wirtschaft von existentieller Bedeutung ... in der Technologiebranche beginnen.

Seite 141 • Ü17 ... aus einem festen Arbeitsverhältnis oder aus der Arbeitslosigkeit für die Selbstständigkeit ... Über ein gewisses Maß an unternehmerischem Denken ... Bei einer Existenzgründung aus der Arbeitslosigkeit ... mit verschiedenen Mitteln ... über die Möglichkeiten und die Bedingungen bei Ihrer zuständigen Agentur ... durch die örtliche IHK ...
Bei der notwendigen Erarbeitung ... mit entsprechenden Seminaren ... Für die genaue Entwicklung ... ohne ein klares Konzept bei keiner Bank ... Für einen detailliert ausgearbeiteten Geschäftsplan ... in den ersten Jahren an diesem Plan ... von verschiedenen Seiten ... nach der Art ... zwischen den freiberuflichen und den gewerblichen Tätigkeiten ... Zu den Freiberufler/innen ... Außer den Freiberufler/innen ... in das/dem Handelsregister ... vor einer Firmengründung über die verschiedenen Rechtsformen ... Über die Vor- und Nachteile ... in den üblichen Medien ... bei den zuständigen Handelskammern ... Infolge der Anzahl an verschiedenen Rechtsformen ... wegen der hohen Startkosten ... Wegen dieser finanziellen Hürde ... bei der aber ... statt eines üblichen Startkapitals ...
Trotz eines vielfältigen Beratungsangebots ... um eine ehrliche Selbstanalyse ... Aufgrund der oft unerwarteten Situationen ... zu Ihren persönlichen Qualitäten eine große Portion ... überdurchschnittliches Durchhaltevermögen und stete Lernbereitschaft ...
Vor dem Entschluss zu einer selbstständigen Tätigkeit ... um den Rat Ihrer Freunde ... auf das Verständnis aus Ihrer familiären Umgebung ... in der Anfangszeit

Seite 141 • Ü18 **1.** anstelle, binnen **2.** zufolge/nach **3.** nach/zufolge, durch **4.** Anlässlich, über **5.** zugunsten

Seite 142 • Ü19 **1.** d **2.** f **3.** g **4.** a **5.** h **6.** b **7.** c **8.** e

Seite 142 • Ü20 **1.** e **2.** c **3.** h **4.** f **5.** a **6.** g **7.** d **8.** b

Seite 142 • Ü21 **1.** c **2.** h **3.** a **4.** b **5.** d **6.** g **7.** e **8.** f

Seite 143 • Ü22 **1.** f **2.** a **3.** e **4.** c **5.** b **6.** g **7.** h **8.** d

Seite 143 • Ü23 **1.** c **2.** d **3.** e **4.** b **5.** a

Seite 143 • Ü24 **1.** b **2.** a **3.** e **4.** c **5.** d

Seite 143 • Ü25 **1.** c **2.** a **3.** e **4.** b **5.** d **6.** g **7.** f

Seite 144 • Ü26 **1.** d **2.** a **3.** b **4.** f **5.** e **6.** c **7.** h **8.** g

Seite 144 • Ü27 **1.** c **2.** d **3.** b **4.** a **5.** e

Seite 144 • Ü28 **1.** b **2.** a **3.** d **4.** f **5.** c **6.** e

Seite 144 • Ü29 **1.** b **2.** e **3.** f **4.** c **5.** a **6.** d

Seite 145 • Ü30 **1.** c **2.** d **3.** a **4.** b **5.** g **6.** e **7.** h **8.** f

Seite 145 • Ü31 **1.** e **2.** d **3.** a **4.** f **5.** b **6.** c **7.** h **8.** g

Seite 145 • Ü32 **1.** auf **2.** um **3.** Über **4.** auf **5.** auf **6.** über **7.** an **8.** mit **9.** mit **10.** auf

Seite 146 • Ü33 **1.** mit **2.** auf **3.** von **4.** zu **5.** an **6.** an **7.** auf **8.** für **9.** für **10.** um **11.** mit **12.** für **13.** an **14.** an **15.** zu **16.** um **17.** um **18.** von **19.** über **20.** auf **21.** über **22.** für **23.** von **24.** an **25.** für

Seite 146 • Ü34 **1.** von der **2.** auf die -e **3.** als **4.** zu **5.** um **6.** Für eine -e **7.** Über eine -e **8.** auf -e -e **9.** an die **10.** auf **11.** auf **12.** mit -en **13.** aus -en **14.** auf -em **15.** für -e **16.** an -en **17.** an -en **18.** um -e **19.** mit dem

Seite 147 • Ü35 ..., da Sie auf die Herstellung ... spezialisiert sind. Unsere Firma beschäftigt sich mit dem Vertrieb ... Wir interessieren uns besonders für ... Über die Zusendung ... würden wir uns freuen.
Sollten Sie an einer Zusammenarbeit interessiert sein, können Sie mit laufenden Aufträgen rechnen. Wir freuen uns auf Ihre baldige Antwort.

Seite 147 • Ü36 (1) für den Umweltschutz, (2) um das Recycling, (3) über den Verpackungsmüll, (4) zu den Firmen, (5) auf umweltbewusstes Handeln, (6) mit der Herstellung, (7) um Güter, (8) auf jede unnötige Verpackung, (9) mit der sorgfältigen Auswahl, (10) auf die erneuerbaren Energien, (11) über eine eigene Solaranlage, (12) von den konventionellen Stromanbietern, (13) auf die optimale Qualität, (14) über ein fehlerhaftes Produkt, (15) an unserem Logo, (16) an dieses Schreiben, (17) nach unseren Produkten, (18) bei jeder Verbraucherzentrale nach der Bewertung, (19) zu dem Kauf, (20) auf die Herstellungsweise und die Qualität, (21) an das Portemonnaie, (22) über unsere verbraucherfreundlichen Preise, (23) über unsere günstigen Preise, (24) von Produktion, (25) an unseren Erzeugnissen, (26) an der wir teilnehmen, (27) über unsere Produkte, (28) für Ihr Interesse, (29) auf Ihren Besuch

Seite 148 • Ü37 mit der Besprechung – für meine Verspätung, mit einem Käufer, mit dem Gespräch – auf eine ausführliche Kundenberatung – auf gute Kundenberatung, auf einen Folgeauftrag – an die Uhrzeit, an die Tagesordnung – an dieser Besprechung – um eine Sache, für uns – über eine Standortverlegung – von einer Standortverlegung – mit einer höheren Profitabilität, um Ihr Einverständnis – Über welchen/Von welchem Standort – Für einen bestimmten Standort, um die Führung – über den Standort, zu der Frage – auf die generelle Reaktion auf einen Standortwechsel, zu einem Umzug, über die Frage – auf so eine Frage, diesen Punkt für verfrüht – auf diesen ersten Punkt, auf einen anderen Tag, für Ihre Teilnahme, auf ein Protokoll – über so etwas – auf unsere Arbeit, für unnötige Meetings – über so eine Kleinigkeit, auf den Quartalsabschluss

Seite 149 • Ü38 **1.** Worauf **2.** Bei wem **3.** darauf **4.** Womit, damit **5.** dafür **6.** davon **7.** darauf **8.** darauf **9.** davon **10.** Wodurch **11.** Wofür, dafür **12.** Worüber, darüber **13.** Wozu **14.** Wozu, Dazu **15.** Worüber, darüber **16.** Womit

Seite 150 • Ü39 **1.** kommen **2.** bemerken **3.** sind ... überzeugt **4.** liegt **5.** nachdenken **6.** gehört **7.** wäre **8.** halten, erkundigen **9.** erinnern **10.** gehe ... aus, danke

Seite 150 • Ü40 Es geht uns darum, jeden einzelnen Kunden zufriedenzustellen. **2.** Viele Firmen konzentrieren sich darauf, das Stammgeschäft zu erweitern. **3.** Der neue Geschäftsführer arbeitet daran, das Unternehmen zu expandieren. **4.** Der Möbelhersteller denkt daran, seine Online-Präsenz auszubauen. **5.** Immer mehr Geschäfte sind dazu bereit, elektronische Zahlungen zu akzeptieren. **6.** Die Schuldnerberatung hilft Schuldner/innen dabei, ihre Schulden zu tilgen. **7.** Der Vorstand der Bank entschließt sich dazu, die Gebühren zu erhöhen. **8.** Die Kund/innen scheuen sich nicht davor, gegen die Erhöhung zu protestieren. **9.** Der Telefonkunde hofft darauf, seinen Vertrag vor Vertragsablauf kündigen zu können. **10.** Der Chef denkt darüber nach, einen Betriebskindergarten einzurichten. **11.** Die Verbraucherzentrale rät dazu, Produkte vor dem Kauf zu vergleichen. **12.** Wir müssen darauf achten, unsere Rechnungen pünktlich zu bezahlen. **13.** Experten warnen davor, weiter fossile Energien zu nutzen. **14.** Die IHK bittet uns darum, diesen Fragebogen auszufüllen. **15.** Einige Firmen halten nichts davon, ihre Mitarbeiter/innen im Homeoffice arbeiten zu lassen. **16.** Viele Start-ups fürchten sich davor, ihre Investoren zu verlieren. **17.** Diese Firma verlässt sich darauf, sich durch Crowdsourcing finanzieren zu können. **18.** Wir freuen uns darauf, Sie bei uns begrüßen zu dürfen. **19.** Der Kunde besteht darauf, sein Geld zurückzubekommen. **20.** Wir müssen Sie daran erinnern, die letzte Rechnung bald zu begleichen.

Teil V

Seite 153 • Ü1 **1.** die Installation (das Installieren) **2.** die Inbetriebnahme (das Inbetriebnehmen) **3.** die Schulung (das Schulen) **4.** die Wartung (das Warten) **5.** die Zustellung (das Zustellen) **6.** der Einbau (das Einbauen) **7.** das Erhalten **8.** die Herstellung (das Herstellen) **9.** die Garantie **10.** das Aufstellen **11.** die Reklamation **12.** die Berechtigung

Seite 153 • Ü2 **1.** (Die) Installation und (die) Inbetriebnahme werden von unseren Technikern übernommen. **2.** Die Schulung der Mitarbeiter ist Bestandteil des Kaufvertrags und im Gesamtpreis inbegriffen. **3.** Die Wartung der Maschinen ist über unseren Servicepartner möglich. **4.** (Die) Zustellung und (der) Einbau von Ersatzteilen erfolgen in der Regel binnen 24 Stunden nach dem Erhalt der Bestellung (nach Bestellungserhalt). **5.** Die Garantiezeit beträgt zwei Jahre, kann aber durch (die) Zahlung eines Aufpreises verlängert werden. **6.** Die Herstellung der Geräte erfolgt im europäischen Raum. **7.** Die Garantie des Herstellers (Herstellergarantie) beinhaltet Sofort-Service bei Reparaturen sowie das Aufstellen der Leihgeräte bei größerem Schaden. **8.** Bei Reklamation eines Gerätes wird die Berechtigung der Reklamation (Reklamationsberechtigung) durch unsere Techniker/innen überprüft, bevor es zur kostenlosen Lieferung eines Ersatzgerätes kommt.

Seite 154 • Ü3 **1.** Die Einstellung/Das Einstellen von Mitarbeiter/innen ist Aufgabe der Personalabteilung. **2.** Die Beschaffung von Material (Die Materialbeschaffung) ... des Einkaufs. **3.** Die Akquise von Kunden (Die Kundenakquise) ... des Vertriebs. **4.** Die Entgegennahme von Bestellungen ... des Vertriebs. **5.** Die Suche nach Lieferanten ... des Einkaufs. **6.** Die Befragung von Kund/innen (Die Kundenbefragung) ... der Marketingabteilung. **7.** Die pünktliche Überweisung der Gehälter ... der Buchhaltung. **8.** Das Aushandeln von Rabatten ... des Einkaufs. **9.** Die sachgemäße Verpackung der Ware ... des Versands/der Versandabteilung. **10.** Die Anmahnung von Außenständen ... der Buchhaltung. **11.** Die Benachrichtigung des Spediteurs ... des Versands. **12.** Die Einhaltung von Zahlungsterminen ... der Buchhaltung. **13.** Das Führen von Mitarbeiter/innengesprächen ... der Personalabteilung. **14.** Die Planung der Produktion/Die Produktionsplanung ... der Produktion(sabteilung). **15.** Die Genehmigung von Urlaubsanträgen ... der Personalabteilung. **16.** Der fristgemäße Versand/Das fristgemäße Versenden bestellter Ware ... des Versands.

Seite 155 • Ü4 **1.** Kann unser Unternehmen die Ware auf dem europäischen Markt absetzen? **2.** Bitte geben Sie uns noch einen Monat Zeit, den Rechnungsbetrag zu begleichen. **3.** Wir bedauern, dass sich die Lieferung verspätet. **4.** Es wurde versprochen, dass das Gerät leicht zu bedienen ist./..., dass sich das Gerät leicht bedienen lässt. **5.** Die Firma verspricht, die Ware umgehend auszutauschen/..., dass sie die Ware umgehend austauschen wird. **6.** Wir haben einen Termin, um die Geschäftsräume zu besichtigen. **7.** Der Berater findet es störend, dass der Kunde dauernd telefoniert. **8.** Wir bitten Sie, uns ein entsprechendes Angebot zu erstellen. **9.** Wir verlangen, dass Sie uns den Reisepreis erstatten. **10.** Die Mitarbeiterin nimmt an einer Fortbildung teil. **11.** Es ist wichtig, dass wir neue Geschäftsbeziehungen aufbauen. **12.** Wir möchten Büromaterial bestellen.

Seite 155 • Ü5 **Beispielantworten: 2.** Gleich zu Beginn gebe ich Frau Lüber das Wort, damit sie das neue Produkt vorstellen kann./Gleich zu Beginn wird Frau Lüber das neue Produkt vorstellen. **2.1.** Sie wird besonders die innovativen Funktionen hervorheben. **2.2.** Dann wird sie dieses Modell/unser Produkt mit den Produkten der Konkurrenz vergleichen. **2.3.** Anschließend/Als Nächstes wird Frau Beck unsere neue Verkaufsstrategie darlegen. **2.4.** Im Anschluss daran/Danach haben wir Zeit, eventuelle Fragen zu beantworten beziehungsweise Ihre Meinungen und Kommentare anzuhören./... gibt es Zeit, Fragen zu stellen und Ihre Meinungen und Kommentare zu äußern. **3.** Als Tagesordnungspunkt 3 wird Herr Konzel uns von der Messe berichten. **4.** Als letzten Tagesordnungspunkt werden wir unsere Ziele für das kommende Geschäftsjahr festlegen. Damit wird das Meeting enden./Damit beenden wir unser Meeting.

Seite 155 • Ü6 **Beispielantworten: 2.** Als Liefertermin hatten wir den 1.11. d. J. vereinbart./Wir hatten mit Ihnen den 1.11. d. J. als Liefertermin vereinbart./Wir hatten mit Ihnen vereinbart, dass Sie die Ware spätestens bis 1.11. d. J. liefern. **3.** Bis heute, den 15.11. haben wir weder die Ware noch eine Benachrichtigung von Ihnen erhalten./Trotzdem steht die Lieferung bis heute, den 15.11., noch aus. Auch haben wir von Ihnen leider keinerlei Nachricht erhalten. **4.** Da die Ware bereits um zwei Wochen verspätet ist, müssen wir unsere Kunden enttäuschen .../haben wir nun Unannehmlichkeiten mit unseren Kunden./Leider haben wir durch Ihren Verzug bereits Probleme mit unseren Kunden (, denen wir pünktliche Lieferung versprochen hatten). **5.** Bitte benachrichtigen Sie uns umgehend beziehungsweise liefern Sie die Ware per Express./Deshalb müssen wir Sie dringend um (eine) Benachrichtigung beziehungsweise Expresslieferung bitten./Sie werden verstehen, dass wir von Ihnen eine sofortige Benachrichtigung sowie eine Expresslieferung auf Ihre Kosten erwarten. **6.** Wir hoffen, dass Sie uns die bestellte Ware so schnell wie möglich liefern./In der Hoffnung auf nun prompte Lieferung verbleiben wir ...

Seite 156 • Ü7 **1.** c **2.** d **3.** a **4.** f **5.** j **6.** e **7.** h **8.** g **9.** b **10.** i **11.** n, **12.** k, **13.** m, **14.** l

Seite 157 • Ü8 **1.** Da die Rohstoffpreise (an)gestiegen waren, erhöhten sich die Produktionskosten. **2.** Da die Firma viele Aufträge hatte, lief die Produktion auf Hochtouren. **3.** Nachdem er die Messe besucht hatte, konnte der Mitarbeiter seiner Firma einige Neuaufträge vorweisen. **4.** Während (der) Betriebsrat und (der) Arbeitgeber verhandelten, wurde eine für beide Seiten akzeptable Lösung erarbeitet. **5.** Obwohl er die dritte Mahnung erhalten hat, hat der Kunde noch nicht reagiert. **6.** Als die eingegangene Lieferung kontrolliert wurde, stellte sich heraus, dass einige Produkte beschädigt waren. **7.** Wenn technische Probleme auftreten, rufen Sie bitte den Kundendienst an. **8.** Bevor sie das Produkt präsentierte, notierte die Handelsvertreterin ihre Verkaufsargumente. **9.** Nachdem er den neuen Arbeitsvertrag erhalten hatte, kündigte Herr Diets bei seiner Firma. **10.** Bevor wir in eine neue Technologie investieren, müssen wir von deren Leistungsfähigkeit überzeugt sein. **11.** Rufen Sie uns bitte an, damit wir den Auftrag besprechen können. **12.** Während er den Kopierer reparierte, stellte der Mechaniker fest, dass ... **13.** Wenn Sie Rechnungen ausstellen, vergessen Sie bitte nicht, die Mehrwertsteuer gesondert anzugeben. **14.** Indem wir das neue ERP-System installieren, erleichtern wir die Auftragsbearbeitung. **15.** Als die Temperaturen stiegen, stiegen auch die Verkaufszahlen wieder. **16.** Um die Qualität zu gewährleisten, haben wir eine Qualitätskontrolle.

Seite 157 • Ü9 **1.** Vor dem Schließen des Dokuments vergessen Sie nicht, es zu speichern. **2.** Für Auskünfte zu neuen Serviceangeboten drücken Sie bitte die Drei. **3.** Beim Erlernen einer neuen Sprache hilft nichts besser als: üben, üben, üben. **4.** Durch konsequente Trennung von Müll/... Mülltrennung leisten wir einen Beitrag zum Umweltschutz. **5.** Wegen der Verschlechterung der Auftragslage musste die Firma Kurzarbeit einführen. **6.** Bis zum Beginn des Projekts haben wir noch zwei Wochen Zeit. **7.** Seit der Einführung des Euros haben sich innereuropäische finanzielle Transaktionen vereinfacht. **8.** Nach der (Durchführung der) Werbekampagne verzeichnete das Unternehmen einen Umsatzanstieg. **9.** Während der Messe knüpfte die Firma viele neue Kontakte. **10.** Trotz eines hohen Werbeetats fielen die Verkaufszahlen des Unternehmens. **11.** Trotz Versand der dritten/Trotz dritter Mahnung konnten wir noch keinen Zahlungseingang feststellen. **12.** Mit der Erweiterung seines Sortiments hat das Geschäft einen Schritt in die richtige Richtung getan. **13.** Durch (den) Abschluss einer Zusatzversicherung können Sie sich vor eventuell hohen Kosten schützen. **14.** Bis zum Ende des Quartals müssen wir dieses Umsatzziel erreichen. **15.** Trotz des Preisanstiegs/der Preissteigerung im zweiten Halbjahr veränderte sich das Kaufverhalten der Verbraucher nicht.

Seite 158 • Ü10 **1.** A **2.** P **3.** P **4.** A **5.** P **6.** P **7.** P **8.** A **9.** P **10.** P **11.** A **12.** A **13.** A **14.** P **15.** P **16.** A **17.** A **18.** A **19.** P **20.** A **21.** P **22.** P **23.** P **24.** A **25.** P **26.** A

Seite 158 • Ü11 **3.** die Gelder, die investiert werden/wurden **4.** die Aktionär/innen, die fragen/fragten **5.** das Management, das oft kritisiert wird/wurde **6.** die Rede, die gehalten wird/wurde **7.** die Dividendenausschüttung, die angekündigt wird/wurde **8.** die Aktionär/innen, die sich freuen/freuten **9.** die Diversifizierung des Geschäfts, die geplant ist/war **10.** die Fragen, die ... gestellt werden/wurden **11.** die Journalistin, die Fragen stellt/-e **12.** das Nachrichtenmagazin, das berichtet/-e **13.** der Experte, der kommentiert/-e **14.** der Artikel, der viel gelesen wird/wurde **15.** der Experte, der ... gefragt wird/wurde **16.** das Publikum, das aufmerksam zuhört/-e **17.** das Unternehmen, das expandiert/-e **18.** die Investor/innen, die profitieren **19.** das Management, das bestätigt wird/wurde **20.** das Geschäftsjahr, das neu beginnt/begann **21.** die Investitionen, die geplant sind/waren **22.** die Mitarbeiter/innen, die eingestellt werden/wurden **23.** die Löhne und Gehälter, die ausgezahlt werden/

wurden **24.** der Marktanteil, der wächst/wuchs **25.** die Kosten, die reduziert werden/wurden **26.** die Geschäftspartner, die verhandeln/verhandelten

Seite 159 • Ü12 **1.** b) bewilligte **2.** a) umfassenden **3.** b) unterschriebenen **4.** a) wiederkehrenden **5.** a) laufende **6.** b) abgebuchten

Seite 159 • Ü13 **1.** heruntergefahrenen **2.** telefonierenden **3.** eingegangenen **4.** sprechende **5.** anstehenden **6.** geplante **7.** klärendes **8.** angeforderter **9.** eintretende, bestellte **10.** gefragten, gebrühten

Seite 159 • Ü14 das vorgestellte Produkt (PII), der alles erklärende Repräsentant (PI), der versammelten Menge (PII), alle gestellten Fragen (PII), ein ankommender Wirtschaftsreporter (PI), einen zuhörenden Messebesucher (PI), der begeistert sprechende Repräsentant (PI), der zuhörende Messebesucher (PI), dem fragenden Reporter (PI), mit einer abwehrenden Handbewegung (PI), der sich konzentrierende Reporter (PI), das vorgestellte (PII), autonom fahrende E-Auto (PI), verblüffende Funktionen (PI), eingebaute Programme (PII), ein nicht irreführendes Navigationsprogramm (PI), einen empfindlich reagierenden Distanzsensor (PI), eine eingebaute Radarkontrollenwarnung (PII), die begeisterte Menge (PII), der grummelnde Reporter (PI), dem selbst denkenden Menschen (PI)

Seite 159 • Ü15 ... Der Repräsentant, der alles erklärt, beantwortet der Menge, die versammelt ist, alle Fragen, die gestellt werden. Ein Wirtschaftsreporter, der ankommt, fragt einen Messebesucher, der zuhört, was der Repräsentant, der spricht, bisher erzählt hat. Aber der Messebesucher, der zuhört, zeigt dem Reporter, der fragt, mit einer Handbewegung, die abwehrt, dass er weiter zuhören will. Der Reporter, der sich konzentriert, versucht nun alles zu verstehen. Das E-Auto, das vorgestellt wird und autonom fährt, hat viele Funktionen, die verblüffen. Es verfügt über verschiedene Programme, die eingebaut sind, wie zum Beispiel ein Navigationsprogramm, das nicht irreführt, einen Distanzsensor, der empfindlich reagiert, sogar eine Radarkontrollenwarnung, die eingebaut ist, und und und. Die Menge, die begeistert ist, bemerkt nicht, dass der Reporter, der grummelt, weitergeht. „Was wird aus dem Menschen, der selbst denkt?"

Seite 160 • Ü16 **1.** Die Firma, die auf der Messe ausstellt, produziert Haushaltsgeräte. **2.** Die Haushaltsgeräte, die von der Firma produziert werden, sind in Halle B zu sehen. **3.** Der Designer, der den Messestand entwirft/entworfen hat, ist bekannt. **4.** Der Messestand, der vom Designer entworfen wurde, ist beeindruckend. **5.** Die Messeleitung, die internationale Messen organisiert, sorgt für einen reibungslosen Ablauf. **6.** Die Messe, die von der Messeleitung organisiert wurde, ist gut besucht. **7.** Die Messebesucher, die mit der Bahn anreisen, können an einem Bahnhof direkt vor den Messehallen aussteigen. **8.** Der Bahnhof, der direkt vor den Messehallen gebaut wurde, ist äußerst praktisch für die Messebesucher. **9.** Die Aussteller, die aus aller Welt kommen, können auf der Messe ihre Innovationen präsentieren. **10.** Die Innovationen, die auf der Messe gezeigt werden, ziehen ein großes Fachpublikum an. **11.** Die Messe, die drei Hallen beansprucht, dauert fünf Tage. **12.** Die fünf Tage bringen den Ausstellern viele Bestellungen, die schon gleich am Stand getätigt werden. **13.** Die Messe, die alle zwei Jahre stattfindet, bringt der ganzen Stadt wirtschaftliche Vorteile. **14.** Besonders die Hotellerie und Gastronomie freuen sich über die Messe, die viele Gäste bringt. **15.** Deshalb fürchtet man hier eine Messe, die nur noch digital stattfindet. **16.** Deshalb meint die IHK: Es geht nichts über Kontakte, die analog geknüpft werden. **17.** Der persönliche Austausch kann Geschäftsbeziehungen schaffen, die lang andauern. **18.** Bei einem persönlichen Gespräch lässt sich für fast jede Forderung, die vom Kunden gestellt wird und unannehmbar scheint, ein Kompromiss finden.

Seite 161 • Ü17 **1.** Für jedes von ihm verkaufte Reinigungsgerät erhält er fünf Prozent des Kaufpreises. **2.** Er spricht einen zum Stand kommenden Kunden an. **3.** Er beantwortet alle vom Kunden gestellten Fragen. **4.** Außerdem betont er die stets streng geprüfte Qualität. **5.** Er demonstriert dem Kunden die auf dem PC installierte Software. **6.** Er bittet den sich alles skeptisch ansehenden Kunden, die Reinigungsmaschine auszuprobieren. **7.** Der Kunde gibt einen ihm gerade einfallenden Programmwunsch ein. **8.** Sofort beginnt die alle Funktionen beinhaltende Reinigungsmaschine, den Fußboden zu wischen. **9.** Der neugierig gewordene Kunde gibt einen neuen Programmwunsch ein. **10.** Das sofort mit dem Wischen aufhörende Gerät schaltet den Staubsauger ein. **11.** Der triumphierende Verkäufer sieht dem Gerät lachend zu. **12.** Aber nun geschehen überraschende und so nicht eingeplante Dinge. **13.** Die auf Hochtouren arbeitende Maschine verlässt den Stand und begibt sich auf den mit Besuchern überfüllten Hallengang. **14.** Dort bringt sie alle gerade gemütlich durch die Halle schlendernden Messebesucher durcheinander. **15.** Der sich beim Kunden entschuldigende Verkäufer gibt den Programmwunsch „Stop!" ein und versucht, die gerade den Stand der Konkurrenz reinigende Maschine einzufangen. **16.** Durch das Chaos werden viele Messebesucher auf den Reinigungsmaschinen verkaufenden Stand aufmerksam. **17.** Am Abend lobt der Chef den glücklichen, aber erschöpft über die hundert neuen Bestellungen lächelnden Verkäufer.

Seite 161 • Ü18 die folgenden Erklärungen des Kunden ... die ihm mitgeteilte IBAN und bei grenzüberschreitenden Zahlungen ... werden am im Datensatz angegebenen/genannten Fälligkeitstag mit dem vom Zahlungsempfänger genannten/angegebenen Betrag ... kein für die Einlösung der Lastschrift ausreichendes Guthaben ... oder als wiederkehrende Zahlung ... Bei einer nicht erfolgten/ausgeführten autorisierten Zahlung oder einer verspätet ausgeführten/erfolgten Zahlung ... eines hierdurch entstandenen Schadens verlangen.

Seite 162 • Ü19 **1.** Der Vertrag, der unterschrieben werden muss, kommt Ihnen in den nächsten Tagen zu. **2.** Das Gerät, dass repariert werden kann, wird nicht verschrottet. **3.** Die Kosten, die nun erwartet werden müssen, sind höher als geplant. **4.** Die Grammatik, die gelernt werden muss, gibt jeder Sprache ihre Struktur. **5.** Die Gebäude, die man in der Altstadt besichtigen kann/die in der Altstadt besichtigt werden können, sind eine Touristenattraktion. **6.** Das Produkt, das nicht mehr verkauft werden kann, wird aus dem Sortiment genommen. **7.** Die AGB, die nicht übersehen werden dürfen, enthalten wichtige Informationen. **8.** Die Löhne und Gehälter, die ausgehandelt werden müssen, sollen steigen. **9.** Wie lautet das Passwort, das eingegeben werden muss? **10.** Das Material, das nicht verwertet werden kann, wird entsorgt.

Seite 162 • Ü20 **1.** Die zu liefernde Ware steht zum Versand bereit. **2.** Die nicht in der Maschine zu waschende Jacke ist aus Wolle. **3.** In dieser Tabelle stehen die einzusparenden Kosten. **4.** Die zu aktualisierende Datenbank ist die Kundendatenbank. **5.** Die zu bezahlende Rechnung liegt auf Ihrem Schreibtisch. **6.** Die zu prüfende Reklamation fordert Schadenersatz. **7.** Die jetzt zu hörende Lautsprecheransage ist schwer verständlich. **8.** Der zu übersetzende Text ist ein wissenschaftlicher Beitrag.

Seite 162 • Ü21 **1.** zu lösende **2.** vorherzusehende **3.** zu lesenden **4.** zu beanstandende **5.** zu erstellende **6.** zu versichernden **7.** zu gewährleistende **8.** zu überweisende

Seite 163 • Ü22 **2.** zu genehmigenden **3.** Zu beanstandende **4.** anzugebenden

Seite 163 • Ü23 zu reparierende, zu unterschreibende

Seite 164 • Ü24 gehöre, zahle, erhalte, festsetze, würden ... verlangt und extra bezahlt, seien, sei, sei, produziere, würden ... nicht verkürzt, seien; arbeiteten, werde, könne, würden ... ignoriert, sei, komme; seien, bemühe, orientiere

Seite 164 • Ü25 **1.** Der Firmengründer sagt, die Sicherheit am Arbeitsplatz werde bei ihm großgeschrieben. **2.** Die Gewerkschaften verkünden, sie seien hart am Verhandeln. **3.** Ein Experte stellt fest, dass man zur Arbeit im Homeoffice viel Eigenmotivation brauche. **4.** Eine Zeitarbeitsfirma argumentiert, dass Zeitarbeit viele Jobs geschaffen habe. **5.** Der Vorsitzende erklärt, er spende die Vergütung für seine Aufsichtsratsarbeit.

Bildquelle:

Adobe Stock, ty (Cover)

Vecteezy.com (Cover, S. 7, 43, 87, 131, 151, 165)